本书为国家社科基金青年项目"当代杰出新闻学者口述实录研究"（项目编号：10CXW001）结项成果

北京大学新闻学研究会学术文库 ⑱

大道同源

当代中国新闻传播学术精神寻踪

陈娜 著

中国社会科学出版社

图书在版编目（CIP）数据

大道同源：当代中国新闻传播学术精神寻踪／陈娜著．—北京：中国社会科学出版社，2020.8

（北京大学新闻学研究会学术文库）

ISBN 978-7-5203-6943-5

Ⅰ.①大… Ⅱ.①陈… Ⅲ.①新闻学—传播学—研究—中国 Ⅳ.①G219.2

中国版本图书馆 CIP 数据核字（2020）第 146819 号

出 版 人	赵剑英
责任编辑	田 文
责任校对	张爱华
责任印制	王 超

出　　版	中国社会科学出版社
社　　址	北京鼓楼西大街甲 158 号
邮　　编	100720
网　　址	http://www.csspw.cn
发 行 部	010-84083685
门 市 部	010-84029450
经　　销	新华书店及其他书店

印　　刷	北京君升印刷有限公司
装　　订	廊坊市广阳区广增装订厂
版　　次	2020 年 8 月第 1 版
印　　次	2020 年 8 月第 1 次印刷

开　　本	710×1000　1/16
印　　张	21.5
插　　页	2
字　　数	364 千字
定　　价	118.00 元

凡购买中国社会科学出版社图书，如有质量问题请与本社营销中心联系调换
电话：010-84083683
版权所有　侵权必究

"北京大学新闻学研究会学术文库"
总　序

程曼丽　　［新加坡］卓南生[*]

　　经过一番甄选与琢磨，"北京大学新闻学研究会学术文库"即将陆续出版。它既是学会复会六年来所开展的学术研究与学术活动的集萃，也是吾辈向创会前辈敬献的一份厚礼。

　　历史上的北大新闻学研究会成立于1918年10月14日，由时任校长蔡元培亲自发起并担任会长，他同时聘请留美研习新闻学归国的徐宝璜、《京报》社长邵飘萍担任研究会的导师，这三人也因此被称为北大新闻学研究会的三驾马车。

　　蔡元培校长亲自起草研究会章程，确立研究会宗旨为"灌输新闻知识，培养新闻人才"。学会拟定的章程、宗旨，学会开设的课程，出版的刊物、教材，成为中国新闻学科建设最初的范本，也使北京大学毫无疑问地成为中国新闻教育和新闻学研究的摇篮。

　　北大新闻学研究会的会员很多是当时的进步学生，其中的一些后来成为中国最早的马克思主义者，中国共产党的早期领导人，也有一些成为著名的新闻人。据史料记载，在获得证书的55人中，就有毛泽东、罗章龙等人的名字。这段往事已经在中国新闻发展史上留下了深刻的印记。

　　2008年4月15日，北京大学新闻学研究会恢复成立，按照惯例，许智宏校长任会长，并聘请首批10位海内外学者担任研究会导师。《光明

---

[*] 程曼丽，北京大学新闻学研究会执行会长、北京大学新闻与传播学院教授、中国新闻史学会会长。

卓南生，新加坡旅华学者，北京大学新闻学研究会导师兼副会长、北京大学新闻与传播学院客座教授、日本龍谷大学名誉教授。

日报》用整版篇幅介绍了北京大学新闻学研究会的历史及恢复成立的情况；人民网对导师聘任仪式进行了全程直播报道。

恢复成立后的北京大学新闻学研究会一方面继承和发扬历史传统，另一方面力求开拓进取，创造新的业绩。

复会以来，研究会连续举办了五届年会，主题分别为"纪念五四运动 90 周年暨五四时期新闻传播专题史研究"、"东亚新闻学与新闻事业的回顾与反思"、"新闻史论教育与研究面临的难题与困惑"、"如何研究新闻史？如何弘扬学术精神——以《新闻春秋》公开发行为契机"、"新闻传播学的本土化与主体性的再思考"。

复会以来，研究会传承历史，连续举办了五届新闻史论师资特训班，截至 2013 年，毕业学员达到 100 名。学员来自国内三个新闻机构、一所海外大学和 64 所国内高校，包括北京大学、清华大学、中国人民大学、复旦大学、中国传媒大学、河南大学、河北大学、湖南大学、厦门大学、广西大学、西北大学、暨南大学、上海大学、华中科技大学，等等。2011年，特训班学员自行成立了同窗会，2012 年和 2014 年又相继成立了两湖分会和东北分会。

复会以来，研究会与北京大学世界华文传媒研究中心联合举办了 40 多次北大新闻学茶座。光临茶座的有来自美国、英国、加拿大、日本、新加坡以及中国大陆、中国香港、中国台湾的学者和业界人士。茶座讲座的部分内容刊登在《国际新闻界》《世界知识》《参考消息》《新闻春秋》、新加坡《联合早报》等报刊和财团法人卓越新闻基金奖的网站上。近年来，北大新闻学茶座吸引了一批志同道合的中青年学者、学子，形成了一个跨国、跨界、跨校、跨学科的学术共同体。

复会以来，研究会出版《北大新闻学通讯》13 期（第 14 期正在编辑中），并且开设了专门的网站（http：//ioj.pku.edu.cn）和专门的公共邮箱（iojpku@126.com）。

在广泛开展学术交流活动的基础上，2013 年 7 月，学会成员首次走出国门，与韩国言论学会联合举办有关两国媒介产业发展的研讨会，搭建起了中韩两国学者可持续交流的平台。

2013 年 11 月 9 日，在国务院新闻办的支持下，北大新闻学研究会和新闻与传播学院联合举办了"十年再出发——中国新闻发布实践与创新论坛"，各部委十数位新闻发言人与会并围绕如何推动新闻发布制度建设等问题进行了探讨。人民网、中国网全程直播,《人民日报》《中国青年报》等作了大篇幅的报道。论坛文集《十年——新闻发言人面对面》已由清华大学出版社出版。

复会以来,北大新闻学研究会开展的一系列学术活动在海内外新闻传播学界产生了较大的影响,获得了广泛的认可。在北京大学新闻与传播学院建院十周年之际,新闻学著名教授、中国新闻史学会创会会长、北大新闻学研究会学术总顾问方汉奇先生对于北大的新闻学教学、研究作出这样的评价:"北大新闻与传播学院建院十周年了。她在新闻学研究和新闻教育方面拥有四个全国第一,加上站在她背后的北大的声望和影响,近年来发展十分迅速,已经后来居上,跻身于中国新闻教育的第一团队。希望她脱颖而出,为中国新闻学研究和新闻教育的发展继续努力,不断作出新的贡献。"(参见方汉奇教授2011年5月29日的微博)2013年12月21日,在纪念北京大学新闻学研究会成立95周年、复会五周年的学术研讨会上,方汉奇教授作为学会成长的见证者在发言中强调:"从复会到现在,会员们对新闻理论与实践中的众多问题进行了研究和探讨……北大新闻学研究会复会后五年的工作已经为中国新闻传播学研究的发展作出了贡献,我们期待她百尺竿头再进一步,为中国新闻传播学研究的发展,作出更多的贡献。"

"北京大学新闻学研究会学术文库"即是研究会复会六年来所开展的学术研究与学术活动的全面展示。它主要由四个部分组成:经典新闻学著作的再版,研究会导师的研究成果,特训班学员的优秀成果以及研究会学术活动荟萃。我们的初衷和心愿是:通过"文库"的出版,贯通"古今",延续血脉,传承薪火,砥砺来人,让北京大学新闻学研究会的优良传统在新的时代发扬光大。对于吾辈而言,这也是一份历史责任。

2014年10月14日
复会六周年纪念

序 有美思，有文采：一部新颖的新闻学术史

李 彬

2009年是中华人民共和国六十大庆，也是复旦大学新闻学院八十华诞。按照孔老夫子的说法，这一年适逢笔者知天命（不敢自视知天命）。记得那年岁末某天晚上，黄浦江畔，彤云四垂，寒风瑟瑟，我与本书作者用餐后一边漫步，一边热火朝天地聊起这部书稿。当时她是复旦大学新闻学院一年级博士生，也是天津师范大学新闻传播学院的青年教师。

说是书稿，并不确切，因为八字还没一撇。我们只是谈起这个研究设想，擘画来年国家社科基金项目的课题。之所以考虑这个选题，是由于我刚刚获批2009年度国家社科基金重点项目"新中国六十年新闻事业史研究"，觉得新中国新闻学经过一甲子，也需进行系统考察，"辨章学术，考镜源流"（章学诚）。如今想来，当年我们对青萍之末的丕变有种朦胧感觉：一个旧时代即将过去，一个新时代终将到来，新闻学也到了一个新的历史节点。而今，习近平新时代已经清晰展现，也使我们的朦胧求索一下子显得豁然开朗。

2010年，陈娜顺利拿到国家社科基金青年项目。说实话，我没想到二十来岁的博士生，申报国家项目能够一举成功。也没想到这个课题从立项到成果出版，转眼已八年，离浦江漫步，谈及此事则近十年。而更没想到的是，她把这个项目做得如此风生水起，摇曳生姿。借用方汉奇先生的嘉许："既有美思，又有文采，清新俊逸，风韵天然。"

其间，除了获得博士学位、晋升副教授以及完成这部《大道同源：当代中国新闻传播学术精神寻踪》等，她还获得若干名副其实的荣誉，

包括首届全国高校青年教师教学竞赛文科组一等奖第一名（工科组一等奖第一名在清华大学）、霍英东基金会高校优秀青年教师奖、"全国五一劳动奖章""天津市优秀共产党员"。习近平在2018年元旦献词中说道，"幸福都是奋斗出来的"，陈娜的成长也是一个明证。

不难想象，这一切成果与荣誉背后是怎样的付出和心血。八年来，在积累百万字研究史料和近百小时的访谈音视频资料之际，陈娜陆续完成了一系列对当代中国新闻传播学者的深度访谈和文字勾画，发表了数十万字的研究成果。

这部书稿以三十位新闻传播学者学术历程为主体内容，以新中国的时代风云与学术流变为背景，既分别展现不同代际新闻传播学者之间的相互勾连和演化轨迹，又对当代中国新闻传播学术精神的传承演化及其规律进行深入探求，提出一定独到见解。另外，从方法论角度而言，本书更为中国特色新闻学提供了新视野和新路径。

当然，这部书稿也难免存在缺憾，从而既为作者，也为后来者留下进一步探索的空间。在我看来，其中对当代中国新闻学的反思意识尚待强化，对一些人事包括我的访谈与分析，尊重有余，批判不足，多仰视，少平视，更缺俯视，即站在新的历史高度和理论高度予以审视。当然，作者与读者都能理解，所谓爱之深，期之殷，责之切也。

2018开年之际，卓南生教授与程曼丽教授邀请我为北大新闻茶座做了一场报告，题为《反思中国传播学》，其中谈及的问题也适用于新闻学。我谈到，对中国传播学来说，狄更斯的名言也一语中的——最好的时代与最糟的时代。最好的时代在于，经过四十年的引进、吸收和消化，中国传播学开始思考摆脱西方学术殖民的处境和西方理论的神话，针对鲜活的社会历史与传播经验，有机吸纳各种理论的科学因素，创造性地开创中国理论与流派，产生一批立足中国问题、中国意识、中国立场的学术著述。最糟的时代在于，研究越来越精细，方法越来越规范，文章越来越漂亮，但立足中国本土、切实体现独立之精神与自由之思想的研究及其成果，相对于每年滔滔不绝的发表还显得薄弱贫乏。中国传播学要确立自身在中国与世界学术共同体的地位，不仅应把放逐的政治带回来，而且必须围绕中国革命、建设与改革的历史巨变，对传播学进行重新奠基，展现焕然一新的研究格局，催生黄钟大吕的理论建树。反思当代新闻学，又何尝没有同样的问题呢。

暮春三月，江南春长，杂花生树，群莺乱飞。中国特色社会主义已经进入新时代，中国新闻学随着进入十一门具有支撑意义的学科也将面临新局面，陈娜一代新闻学者由此势必迎来自己的学术春天。

题于 2018 年春

目　录

自　序　/　1

甘惜分：我信仰真正的马克思主义　/　1
方汉奇：史蕴漫谈　/　12
丁淦林：为自己的学科添砖加瓦　/　20
张允若：不反思历史，就无法推进现实　/　28
赵玉明：教师是我一辈子的身份　/　37
曹　璐：时代变革中感悟新闻教育　/　47
白润生：中国新闻史是中华民族新闻史　/　58
邱沛篁：在团结协作中发展新闻传播教育　/　69
刘建明：执着与勤奋的新闻学探索者　/　81
卓南生：研究的起点是找准自我定位　/　94
赵传蕙：不舍初衷成就专业重建梦　/　107
吴廷俊：机遇·敬畏·反思　/　117
郑保卫：在学术人生中追寻新闻理想　/　126
李良荣：没有理想就不要搞学术　/　137
范以锦：新闻教育需要多种学术思想的交锋　/　148
郭镇之：学问的真挚与从容　/　159
刘家林：做学术要有大理想　/　167
孟　建：寻求超学科临界点的突破　/　176
熊澄宇：杏坛国士有奇风　/　187
刘卫东：学术事业的发展离不开集体力量　/　203
黄　瑚：新闻教育要注重实践品格　/　216

尹韵公：学术研究是为给历史一个交代 / 227

蔡铭泽：哲思浸润学术人生 / 238

芮必峰：我不做人云亦云的研究 / 248

潘忠党：学术研究应摒弃实用主义 / 258

李　彬：以中国为中心，以中国为方法 / 266

魏　然：做学术研究必须对理论有创建 / 279

张举玺：苏俄媒体研究是中国发展的镜鉴 / 288

赵月枝：不做自我异化的学术 / 298

胡正荣：追寻最具解释力的学术体系 / 307

结束语　学术精神寻踪：历史书写的另一种尝试 / 318

后　记 / 325

自　　序

　　我实在没有想到，这本书停停走走，竟然写了十年。

　　2009年，我考入复旦大学新闻学院攻读博士学位，师从李良荣教授。彼时，我在天津师范大学新闻传播学院留校任教已两年，对即将开启的求学生涯充满了期待。我至今仍记得初入复旦大学时的欢欣，偶尔骑着单车在小巧精致的校园里转悠，那种哼着小曲儿怡然自得的心境至今再不复得。尽管难免清苦，这三年却是予我的精神世界以最大滋养的一段时光，此间的许多触动与体悟难以言语道尽。

　　面对名师云集、资源丰硕的学术环境，我在倍加珍惜之余，也不免对深文大义的学问背后那些真切且具体的"人"产生了强烈的探求欲：他们究竟是什么样的人？他们经历过什么样的人生？他们的阅历际遇与学术思想之间到底有着什么样的关联？这些朦朦胧胧的问题，是我在近距离仰望新闻学术殿堂时最初的好奇。

　　在好友陈栋的启发和带领下，我开始跃跃欲试于做一些学术访谈，我的第一个访谈对象就是自己的博导李良荣教授。我至今记得李老师是在复旦大学新闻学院三楼的办公室里接受了我的约访，畅聊之前，他特地把我怯生生摆放在他面前的录音设备往自己身边拉近了些，这个细小的举动令我倍感温暖。在我的理解中，这是对我起步之时无言的鼓励与信任。

　　2010年的整个寒假，我在位于南昌的家中苦思斟酌、奋笔疾书，那段时间父母对每日埋头蹙眉无意假期的我颇为不解。几个月后，我在复旦大学北区的宿舍里得知了自己年初申报的课题获批国家社科基金青年项目立项的消息，那一刻，宿舍墙壁上的镜子照映出了我顿然间无比兴奋而又释怀笃定的神情。然而除了庆幸，连我自己都没有想到的是，这个课题的确立竟然对我甫一振翅的学术道路产生了绵延至今的深远影响。对此，我感恩于对课题价值慧眼赏识的每一位评审，更感恩于对项目申报予以厚望并且悉心指点的李彬老师。

准确地说,我是在初生牛犊不怕虎的状态下,跌跌撞撞地开启了一段并非易事的跋涉求索。回望十年,尽管结项工作早已完成,但未曾褪色的初心使命始终氤氲在我的精神世界里挥之不去。那些执着叩开每一扇陌生大门、虔诚走进每一个心灵深处、努力唤起每一段记忆瞬间、潜心书写每一篇人生文章的过往串联起了我曾经四方游走、不辞奔忙的生活,而十年后这本书的最终成稿,既是我对往昔蹒跚步履的诚恳总结,也是我对未来继续出发的自我召唤。

本书收录的三十位学者都是出生于20世纪10年代至60年代之间,在新闻传播学各个领域潜心治学、建树卓著的杰出代表。他们是构建新中国新闻传播学术体系、学科体系、话语体系的奠基者和中流砥柱,他们的人生故事是挖掘中国特色新闻传播学术精神的鲜活素材。

对三十位学者文字肖像的描摹是我在无一雷同的时空情境中与对方的学术领地和生平际遇相互汇合得以凝练的成果。坦率地说,书稿中清晰可辨我在不同阶段对这种呈现形式的探索与尝试,也无可遮掩地将我与这种研究方法磨合过程中的默契与隔阂袒露而出。正因为如此,从记忆到表达,从语言到文字,从聆听到书写,从旁证到解读,它自始至终都是一场冒险的学术旅程,给每一位参与者洞开了一片既须无比审慎也可无比敞阔的空间。为此,我由衷感谢在这场冒险的旅程中与我携手并进的每一位学术前辈,若非他们对于我这个陌生年轻人出于支持和信任的接纳,这份闯入记忆世界中探头探脑为中国新闻传播学术精神的轮廓钩沉发微的炽热情怀也终将无法安放。

还不得不说明的是,由于许多篇章完成时间较早,当事之人随时过境迁大都发生了诸多变化,有的学者已然在新的领域中开疆拓土另立成就,有的学者已然远聘高升在新的岗位上经世谋业,而还有的学者甚至已溘然长辞徒剩追思。因之,除却对每位学者个人简介部分的增删修订,所有的正文部分我均以当年的采撷捕捉为据并标注以年份刻度,至于其他便不再加饰。现在看来,在这些当年的记录中,许多刻绘或浓或淡,许多认识或浅或深,许多判断或偏或全,而无论高明与否,当它们甫一诞生其实就已经汇入了等候历史鉴证的洪流之中,又何须再描。

另外,在编辑书稿的过程中还遇到了一个问题,那就是在"当代中国新闻传播学术精神寻踪"的书名之下,美籍华人学者魏然教授、加拿大籍华人学者赵月枝教授、新加坡籍华裔学者卓南生教授又该如何划属？几经思量，我决定把几位外籍学者同归一统。因为，无论外界如何认定，他们对中国新闻传播学术事业的贡献已然与中国新闻传播学术的史脉交联相融，而他们多元文化背景的在场不也正是我试图摹状的中国新闻传播学术精神的真实图景之一么？

基于以上，便是这本初探之作草创由来的大致心路了。

从十年前于无畏之中走单骑筑蹊径，到光阴荏苒几近不惑之年方知此间奥义，这部书稿的渐次成型也见证了我自己一步一叩首的成长。遥想当年青灯寒舍亦敢不坠青云之志，如今已然为人妻、为人母、为人师，于人事浮沉间更比从前平添几分明察了然，既然初心尚暖，来日方长，此去任凭万事艰辛，又怎能有些许畏葸踟蹰。

所有对时代以及对他人如实记录的努力尝试，莫不包含着每一个作者自我心灵映照的投射，我将这份青涩作品呈现于世，等待着时光沉淀之后对它最中肯的态度。

2020 年春于天津

甘惜分：我信仰真正的马克思主义[*]

从贫苦的孤儿到秘赴延安的革命青年；从年轻的政治教员到党的新闻工作者；从新华社西南总分社的采编部主任到北京大学新闻专业的副教授、教授；从政治浩劫中的"顽固分子"到学术解放后的开宗立派；从长期受缚于"左"的思想到脱胎换骨、"涅槃"重生……甘惜分，这位接近期颐之年的老人，不仅以他丰富的阅历和精深的思想为中国新闻学研究与新闻教育奉献了不菲的精神财富，更为重要的是，在他沧桑的人生故事中，翻云覆雨的时代变迁与峰回路转的个体命运所辉映出的，正是老一代中国知识分子悲喜交集的集体记忆和历史共鸣。

深邃又简单，通融又倔强，无畏又谨慎，饱经风霜的过往令甘惜分的个性矛盾却真实。抚今追昔，他的学术威望已是一个符号，他的学术成就已是一面旗帜，他的学术思想已是一座丰碑。

"不参加共产党就没有我这一生"

1916年4月17日，甘惜分出生在四川省邻水县的一户穷苦家庭，小名"甘在碧"，三岁时父母先后离世，由哥哥艰难抚养。初中毕业后，他辍学当上了乡村小学教师，上中学时已经改名为"甘霞飞"，他有一次在小学校园的墙壁上看到一条古人陶侃的格言"古人惜寸阴，吾人当惜分阴"，当时他深受触动并依此为自己更名为"甘惜分"，这个名字就这样跟随了他一生。

从那时起，读书读报就成了年轻的甘惜分最大的喜好，在偏僻的西南小县城，来自上海的进步报刊对甘惜分很有吸引力，"我当小学教员的工

---

[*] 本文撰写于2014年。

资大部分都汇到上海生活书店、读书出版社等进步出版社邮购书刊了，我还利用五哥在县民众教育馆当管理员的机会，多方订阅上海进步书刊。我的思想变化与上海的进步书刊有很大关系"。不仅如此，思想激变后的甘惜分为了反抗旧社会，还团结了一批进步青年，以县民众教育馆阅览室为联络点，成立秘密读书会，开展读书活动。而除了两三年的小学教师经历，甘惜分早年还在县政府当过一个管理度量衡的小职员，1935 年，正是因为到成都接受度量衡业务培训的机缘，他见到了中学时代的老朋友——熊复①。

"帮助我接近共产党、接近进步思想的有两个朋友，一个是我表哥熊寿祺，他在大革命时期便到武汉参加革命，跟着毛泽东上了井冈山，他那时经常给我写信，教我学习马克思主义。另外一个朋友熊复，他与我是从小的同乡，又一同奔赴延安，解放后他曾担任党中央宣传部副部长。"同为四川邻水人的熊复是中国共产党的新闻宣传活动家，新中国成立后曾任中央宣传部副部长、新华总社社长、《红旗》杂志总编辑等要职。对于那段早年的情谊，甘惜分回忆道，"他初中毕业后去上海、成都考大学，眼界比我宽得多，我俩就开始经常通信，痛快淋漓地评论天下事。在成都时，我们经常在祠堂街一带的书店里看书。这里的书店卖的大都是上海的进步出版物，正合我们的需要。1935 年成都也爆发了'一二·九'运动，我和熊复都参加了"。然而最令甘惜分记忆深刻的，还是三年后熊复给他寄来的一封信。"抗战爆发后，我们的秘密读书会公开了，改叫'抗日移动宣传队'，在邻水县城和乡镇上演抗日戏剧，张贴宣传画。有一天，我突然收到熊复写来的一封信，很简单：'接信后速来我家，同赴延安'。"而对于这封信，甘惜分用了这样一句话来形容他那一刻的心情："哎哟，当时真是高兴得要死！"

就这样，1938 年 2 月 26 日，不到 21 岁的甘惜分与熊复辗转抵达朝思暮想的圣地延安。"我走后，县长发出了通缉令。我对我的家庭算是叛逃了"，甘惜分歉疚却淡然，"我满脑子想的全是革命的大问题，我的思想哪在邻水？在全国、全世界"。

延安是甘惜分革命生涯的起点，也是对他日后政治思想和学术观点的形成起决定性影响的分水岭。从 1938 年赴延安，到 1940 年转山西，再到

---

① 熊复（1915—1995），四川邻水人，中国共产党早期新闻宣传活动家。

1949年进重庆，甘惜分开始了他作为"革命青年"的全新征程。

"到延安以后，我进入抗日军政大学，很快转入政治教员训练班。不久，这个班转到中央马列学院，我被分配到政治经济学研究室，学了一年马列经典著作，收获不少。"到延安后没几个月，甘惜分就经抗大队长尚耀武和区队长陈秉德的介绍，加入了中国共产党。1939年夏天，党中央为减轻延安的米粮负担，将抗大和其他多所学校迁往敌后根据地，甘惜分随之到达了位于河北西部的晋察冀边区。甘惜分说，"这时正逢贺龙将军率领的八路军120师从冀中平原率部来到晋察冀边区休整待命，日寇的一个联队跟踪追来，被120师歼灭。战后，贺龙对时任抗大校长罗瑞卿提出派两个政治教员给部队干部提高马列理论修养，罗瑞卿一口答应，派出的其中一位就是我。这是我人生历史上的又一大转折"。

1939年冬，八路军120师奉党中央调令，在1939年底从河北迁回晋西北，安扎晋绥地区，甘惜分也随军迁徙，从此在山西待了十年。"到山西时刚24岁，30多岁在全国解放以后才离开山西，我把全部青春都献给了山西"，甘惜分无限感慨。这期间，甘惜分先后在晋西党校、120师高级干部研究班做教员，在晋绥军区政治部政策研究室做研究员。1945年内战爆发后，他开始转而从事晋绥军区军事宣传工作，并于冬天奉命北上绥包前线担任前线记者。1946年，甘惜分调往新华社绥蒙分社任记者并参与创建《绥蒙日报》。1947年，他又调回晋绥地区，担任新华社晋绥分社编辑。1949年，甘惜分南下重庆，担任新华社西南总分社采编部主任，直至1954年，西南总分社随着各大行政区的撤销而撤销，甘惜分才结束了这段"战与火"的记者生涯。

回忆过往，甘惜分满怀喟叹："一生当中，我的第一个转折就是从四川一个偏僻的小县大胆地走向了延安。这步跨得非常大，也跨得很正确。不学习马克思主义、不参加共产党就没有我这一生，我这一生中第一步跨对了"。

"认识真理是逐步的发展过程"

"1954年以后，是我生命史的后一段，是命运的分界线和转折点。1954年，我奉调到北京大学工作，以后又到了中国人民大学，开始了我的学术生涯。"

在中宣部的安排下，38岁的甘惜分离开重庆，成为了北京大学中文系新闻专业的副教授，主讲新闻理论。四年后，北京大学新闻专业合并到中国人民大学新闻系，甘惜分自此在中国人民大学任教，直至1998年正式退休。然而，"象牙塔"教书育人的事业并未给甘惜分带来与世无扰、平静悠然的生活，相反，"在学术圈子中摸爬滚打，几十年来就与人争论不休"。究其缘由，甘惜分却举重若轻："无非是探讨这门学科的规律，作真理的追求"。

不得不提的是，甘惜分新闻学术之路的开启，恰恰伴随着中国社会在政治大潮中跌宕起伏的特殊时代背景。同时，新闻学作为一门年轻的学科，草创之初难免各家争鸣、意见分殊。再加上当时的甘惜分正值年富力强、精力旺盛、执着敢言。于是乎，明枪不躲，暗箭不防，"生就一副犟脾气"的甘惜分卷入了一系列的政治漩涡，驻足回首，又是一串唏嘘。

1957年夏天，北京召开了两次首都新闻座谈会，用毛泽东的话说，第一次是"否定"，第二次是"否定之否定"，也就是对第一次"否定"的反击，即反右派斗争。当时还在北大的甘惜分出席了这两次座谈会，并且在第二次会议中将同样从事新闻理论研究的来自复旦大学的王中[①]作为了主要的批判对象。

"我与王中，新闻观点是始终有分歧的。我认为他的观点有的是可取的，但在有些问题上有不小的片面性。如果他更冷静些，更客观些，多一点科学分析，少一点火气，他所起的作用就会更大。"综合起来，甘惜分大体批判了王中的如下几个观点：一是"报纸是社会需要的产物"而不是阶级需要的产物；二是报纸具有商品性和政治性两大属性；三是"读者需要论"。甘惜分说，"经过几十年来的反复思索，我认为我与王中同志的根本分歧在怎样看待新闻与政治的关系上。王中竭力想使新闻与政治分离，或者是，在新闻中淡化政治。我则认为新闻与政治是分离不了的，新闻与政治紧密相连"。

无论如何，这场持续了几十年的恩怨并没有随着20世纪90年代王中的去世而消隐，相反，却在甘惜分的心中留下了难以磨灭的心结和反思。"1957年批判王中同志并没有批判他在理论上有什么错误、有哪些失误，

---

① 王中（1914—1994），山东高密人，曾任复旦大学新闻系系主任、教授。

而是动不动就把人家上纲到反党反社会主义，上纲到反革命分子。其实，王中以及和王中一样同遭文字之灾的大批新闻界和各个学术界的朋友们，都是无罪的，他们从爱国爱民的立场出发，对执政党的政策有所建议，有所批评，也应当是容许的。也就是说，反右派斗争中的被批判者和批判者双方都蒙在鼓里，低头被批判者不知自己因何得祸，振振有词的批判者也不知自己滔滔不绝的发言将带来什么后果。我在那次政治大潮中，似乎清醒而实为糊涂地批判了王中，过了两三年，我又成了被批判者。此中的翻云覆雨，又过了若干年才了解全部真义，已经悔之晚矣。"

时过境迁，甘惜分的这番肺腑之言令人扼腕。而当年曾被视作新闻理论南北两派代表性人物的王中与甘惜分，如今一位早已作古，徒余叹息；一位已值迟暮，白发婆娑。此间的物是人非，个中得失又如何不教人追忆。当下重提"甘王之争"，其意义除了让人积极反思之外，更重要的或许还是提醒知识分子须时刻看清学术与政治之间难以割裂的关联。

值得一提的是，90年代时，甘惜分曾表示要出一本书——《我与王中》，详细记述这场论争的前因后果。然而当此次再被追问出书一事时，甘惜分则表示"没有必要了"。"我其实对王中了解很少，只是与他有过一场争论。我追求真理，我和他的争论就是这样。我很年轻的时候就到了延安，受马克思主义影响比较深，他解放前后一直在上海，他坚持他的东西，我坚持我的东西。所以，他要说服我，我要说服他，都不容易。现在他早已经不在了，还论战干什么？不用了。那本《我与王中》，也不准备写了。"

实际上，甘惜分与王中在50年代末期的那场论争仅仅只是掀开了他其后"暴风疾雨"论争人生的开始。1960年，他卷入中国人民大学清查"修正主义"和"右倾机会主义"的运动，以孤军之力遭到批判，所幸"真理在手，无所畏惧"，最终在中宣部工作组的调查下澄清了是非。

有过冤屈，有过愤懑，有过懊悔，也有过酣畅，但甘惜分将这一切都视为是他追求真理的必经过程。"我是个打不倒的老家伙，我没有东倒西歪，就是坚持马克思主义，坚持共产主义的世界观、人生观、方法论。认识真理是逐步的，有一个发展过程。我之所以有这么大胆量，是因为我信仰的是真正的马克思主义。"

"我的具体思想发生了几次转折"

经历浩劫之后的甘惜分，对新闻界极"左"之害已有切肤之痛，怀着"空抛了许多大好时光"的遗憾，他将郁积多年的深思熟虑倾泻笔端，开始了思想解放的曲折历程。也恰恰是在其后的几十年，他用日夜兼程的速度为新中国新闻理论的殿堂悄悄地打下了根基。

1979 年，他写完《打破报纸批评的禁区》一文，用洋洋洒洒两万字考证了"报纸不能批评同级党委"这个"禁区"并非党中央的根本方针。1981 年，他再一次冒天下之大不韪，写出《论我国新闻工作中"左"的倾向》一文，直指年初党中央下发的《中共中央关于当前报刊新闻广播宣传方针的决定》中对肃清"左"的流毒不够重视，认为该决定存在片面性。有人曾经评价说，"相信很多人对这个问题有过思考，或有同感。但是，只有他敢说出来"［周克冰：《新中国新闻思想的探索者——访老新闻学者甘惜分》，收录于《甘惜分文集》（第三卷）］。

更为重要的是，1980 年，被誉为新中国马克思主义新闻理论奠基之作的《新闻理论基础》一书，由甘惜分在他 64 岁这一年仅仅历时四个月就独立完成。对此，甘惜分无比欣慰："如果说 1960 年我在全国反右倾之浪潮中大反极'左'思潮，打出了中国马克思主义的第一炮，那么 1980 年我写出《新闻理论基础》，就是放出了马克思主义新闻学的第二炮"。对此，《人民日报》曾报道说：甘惜分是运用马克思主义的立场、观点和方法研究中国新闻学的第一人。

但这仅仅只是开始。

1986 年，在《新闻理论基础》之上重新修订的《新闻原理纲要》一书问世，甘惜分借此几乎重新建构了自己对新闻工作及新闻规律认识的脉络。同年，甘惜分创建了中国第一家舆论研究所并出任所长，开始使用更加科学的研究方法了解民情舆情，摸清社会脉搏。1988 年，论文集《新闻论争三十年》出版，收录了甘惜分自 1979 年至 1986 年初的主要学术代表作，他表示："我的新闻思想到此算是一个总结，新的思想征程正在开始"。1993 年，由甘惜分主编的《新闻学大辞典》杀青，煌煌 180 万字，由一百多位新闻研究者共同努力达三年之久完成，是中国第一部详尽全面的大型新闻学辞书。1996 年，80 岁高龄的他又在学生们的建议下，将自己的学术历程与学术心路铺于纸上，用四个月完成了《一个新闻学者的自白》一书，并几经周折于2005年在香港出版。在这期间，甘惜分还陆续提出了自己日臻成熟的新闻理论，包括"新闻三环理论""新闻三角理论""新闻真实论""新闻控制论""多声一向论"等等。而更令人敬重的是，作为新中国第一批新闻学博士生导师，甘惜分从1983年开始，不仅培养了国内第一位新闻学博士——童兵，并且他的十位博士生，如今都已成为了中国新闻学界的领军人物。

甘惜分曾经这样总结自己四十余年来的学术生涯："在以马克思主义作为总的思想指导之下，我的具体思想发生了几次转折。第一时期，'文化大革命'以前，这十多年内，我是一个完全的正统派，对马克思、恩格斯、列宁的革命思想十分信服和崇拜。第二时期，从'文化大革命'到80年代前半期的思想徘徊。我在那个十年对毛泽东逐渐进行具体分析，思路逐渐清晰。我在革新与保守、创造与拘谨之间徘徊近十年之久。我有所前进，却还不敢大胆革新，在学术上有个脱胎换骨的过程。第三时期，1978年以后，我完成了觉醒的过程，彻底同陈腐思想告别。我经历了一番'涅槃'，达到了新的境界。简而言之，这个过程就是：探索、徘徊、清醒"。

甘惜分说，新闻学是政治性极其强烈的一门学科，党把新闻工作视为"喉舌"，所以，新闻学研究必须服从党的需要，从党的领导角度考虑新闻问题是完全可以理解的。但是，这只是其中一种思维方式。还有一种思维方式，是以研究科学规律为出发点的科研人员的思维方式，也就是要探索新闻的规律性。"就我自己来说，由于长期受党的教育，又在新华社工作过十年，我的新闻思维方式开始是完全正统的，也可以说是官方的思维方式。但是经过后来四十多年的长期研究，对科学真理的追求，再加上四十来年中国各方面情况包括新闻工作情况的几次急剧变化，我的思维方式逐渐向第二种转变，即向严格的科学思维方式转移。"

值得注意的是，甘惜分新闻思想的形成确如他所言，经历了几次鲜明的转折过程，以至于有人曾用"左""右"不讨好来质疑这位革命几十年的老知识分子前后如此巨大的思想变化。但实际上，无论是"左"还是"右"的简单标签，都无法涵盖甘惜分在不同时期的思想内核。从本质上说，正是他一如始终所坚守的马克思主义信仰，才支撑着他从未流于一个左右摇摆的风派人物。因此，他的思想转折其实恰恰暗合了他在政治生活中一路亲历的文化觉醒，以及依据于此而从未停止过的自我反省与否思。

但就像甘惜分所自我比喻的那样："我是一只在笼子里长大的鸟"。当重新解读他的学术心路与思想体系便不难发现，甘惜分的不平凡之处并不在于他学术观点的无懈可击，而恰恰在于他不但极其清醒"笼中鸟"的人生现实，并且敢于正视这一点、承认这一点。同时，在他的有生之年，他也坦坦荡荡、豁达无畏地从未放弃过对不同阶段思想牢笼超越与抗争。

"最自豪的是我没有认错路"

在中国新闻学术史的书写中，甘惜分的名字是与马克思主义新闻观离不开的。而马克思主义对于甘惜分的意义，则让人看到了精神信仰的强大力量。

"我认为马克思主义的世界观、方法论、价值观、人生观是正确的，是到目前为止最科学的世界哲理。马克思主义的崇高理想——建立一个无剥削、无阶级的共产主义社会，这是全人类的最后归宿。资本主义绝不是一个永恒的制度，它的贫富悬殊、两极分化的社会制度最后必然为共产主义所代替"，甘惜分斩钉截铁，笃信不疑。

甘惜分说："我最自豪的事是从20岁左右就走到马克思主义的轨道上来，到现在为止，我这个人没有认错路，我把正确的东西告诉了群众"。他继续说道，"我最讨厌的就是把报纸看作是简单的情况交流，这种看法太浅薄了。我们在交流之中，实际上应该把一种正确的、先进的思想，一种真理传播到群众中去，而不是简单的信息交换就完了。所以我最反对仅仅把报纸看作一种信息交流，而没有把它看作一种先进思想和落后思想的交流。我们要克服群众中的错误思想，要把先进思想传达到报纸上去，要从群众中来，反过来再回到群众中去"。

近百岁高龄的甘惜分每天依旧坚持看书、读报，从新闻中了解国事民情。尽管现如今听力有些减退，体力也大不如前，但依旧思路清晰，思维敏捷，更重要的是，他从未停止思考。"人家夸奖我，说我是中国马克思主义新闻理论的奠基人。我说我不希望人家给我扣好帽子，也不希望人家给我扣坏帽子,实事求是就行了。我只是始终忠于马克思主义,坚定地站在马克思主义的理论基础之上来研究新闻学,到了什么地步,我不敢说,但是不是奠基者,还是让历史来评价,让历史来做结论罢。"

令人欣慰的是,2012 年,150 万字三卷本的《甘惜分文集》由人民日报出版社出版,文集系统收录了甘惜分从 1946 年到 2011 年间陆续发表的新闻作品、理论文章、访谈、信札以及学术代表作,较为全面地反映了他在不同时期新闻实践与新闻思想的发展变化。但是甘惜分似乎对自己仍不满意:"那部三卷本文集,到现在为止,我的新闻观点都在里头了。但是我还想压缩它,压到十来万字,使它更加理论化、系统化。现在全世界这么多的人受新闻传播的影响,我怎么才能够把新闻工作的地位、作用,把新闻事业和群众的关系高度概括出来?我现在觉得有很多话,已经到了门边。但我还想把它更加准确地、简练地概括到几句话中去。我在向这个方向努力"。这是理论研究出身的甘惜分一直未曾停止的追求。

然而,对于马克思主义在当下社会的理解与继承,甘惜分却不无忧虑:"现在有些人,对马克思主义的书籍不但不接受,甚至有些排斥,认为都是一些教条。这是因为他们连最基本、最经典的马克思主义文献都没有真正看过。我曾经在课堂上再三反复强调,要好好阅读马克思主义的经典著作,最基本的读物都没有看过,还有什么资格来评论马克思主义?"而对于新闻工作者学习马克思主义的必要性,甘惜分则更为关切:"新闻记者不是文字匠,新闻记者是政治观察家和社会活动家。首先要掌握大局,其次要注意细节。对于新闻记者而言,马克思主义不但是正确的世界观,并且是正确的方法论,新闻记者要认真研读唯物辩证法,用马克思主义的观点观察世界"。

但凡涉及信仰问题,甘惜分的神情都是一如始终的坚定,透过他的庞眉皓发,这情景不免让人敬重且感动。在《一个新闻学者的自白》一书中,甘惜分曾经对自己的老年生涯这样描述:"颐养天年不是我的人生哲学,战斗到死才是我的人生哲学。我愿意做一个终生求索的学生,不为名,不为利,只图为人民事业做一点小小的工作"。这番宣言,更似一种写照。

"为人民服务是个大问题"

甘惜分曾经有过这样一段令人印象深刻的回忆："我的性格有一个缺陷——太书生气，几十年我都没有变过书生味道。社会交往、人情世故，我都不太关心。因为这个，吃了不少苦头。我是一个孤儿，小时候在家天天挨打，在外人家看不起，常听到的一句话是：'打死你这个没出息的东西'。我想：我将来就要有出息给你们看。于是从小就养成了内心反抗、对人忍辱的性格。改革开放以后，我为党为民写了许多有棱角的文章，敢于争取平等，敢于独立思考，敢于慷慨直言，这都是我长期受辱的反抗"。

童年的坎坷经历让甘惜分对"自由"与"平等"有着强烈的渴望，也让他的"人民关怀"格外强烈。"现在我最大的愿望就是要求人民享有真正的自由平等。我这个自由不是自由化的自由，而是要允许人民讲不同的意见，要允许人民独立思考，要允许学术自由。"为此，甘惜分毫不讳言当年的一段历史——

"1979年10月，为庆祝新中国建国三十年，中国社会科学院组织学术讨论会，我被邀请参加了新闻组的讨论，同组的都是新闻界的老同志、老领导，还有党外老报人，全部大约五个人左右。我发言指出，1948年4月2日毛泽东对晋绥日报人员谈话有这样一段：'报纸的作用和力量，就在它能使党的纲领路线、方针政策、工作任务和工作方法，最迅速最广泛地同群众见面'（《毛泽东选集》，第四卷）。这句话本身并没有错，但是如果能加上一句：'报纸的作用和力量，还在于把人民的意见、要求和批评等等集中起来，形成一股强大的舆论力量，推动我们的工作'，这样才比较全面，也就是把党性和人民性集中起来了。"

可以看出，从人民的角度出发思考问题、判断问题，是甘惜分一以贯之的立场。而当被追问到他对青年学子的寄语时，甘惜分则一字一顿地说出了五个字："为人民服务"。

"新闻记者怎么为人民服务？这是个大问题。我记得马克思、列宁都曾经说过，报纸应该更好地影响人民，引导思想前进。可这条路怎么走？不容易。全世界几十亿的人，他们既是我们的老师，也是我们的学生。用什么思想来引导，这个问题大概已经解决了，但是怎样成为人民的引导者,还要寻找更好的方法。"甘惜分继续说道,"我们天天讲为人民服务,但我们可知道人民在想什么?我们到底给了人民什么?我们的报刊有多少反映人民生活和人民思想的报道和文章?办一张真正为人民的报纸,这是我'文化大革命'之后所有论文的核心"。

赤子之心诚可鉴,钟爱书法的甘惜分曾经留下过许多墨宝,都表达了他对人民的深厚情感。无论是"写真事、说真话、讲真理;传民情、达民意、呼民声",还是"拜人民为师,而后师于人民",他的内心所流露出的是一位真正的马克思主义者应有的一切。

已故前人民日报总编辑范敬宜在甘惜分先生九十二岁寿诞时为他题诗:"大禹惜寸君惜分,满园桃李苦耕耘。舆坛多少擎旗手,都是程门立雪人"。这既是赞美,又更像是英雄相惜的会意。这位传奇般的老者在周总理"活到老,学到老"的感召下一直在思索,是阅历让他深邃,又是忠诚令他简单;是岁月让他通融,又是执着令他倔强;是信仰让他无畏,又是虔诚令他谨慎。他曾在苦难中摸爬滚打,却用坚守与追求写就了充盈饱满的人生。

【甘惜分简介】

甘惜分(1916—2016),我国著名新闻理论家,中国人民大学荣誉一级教授,中国人民大学新闻学院教授、博士生导师。1916年4月17日生于四川邻水县。1938年奔赴延安加入中国共产党,在抗日军政大学和中央马列学院学习马克思主义。1939年调赴敌后八路军120师政治部任高级干部学习班政治教员和政策研究员。1945年抗日战争胜利后转入新华社任记者和编辑,1949年任新华社西南总分社采编部主任。

1954年调任北京大学中文系新闻专业副教授。1958年新闻专业合并,转入中国人民大学新闻系,先后任副教授、教授、博士生导师。曾任中国人民大学舆论研究所所长、中国新闻教育学会副会长、中国新闻工作者协会特邀理事、中国权威新闻理论学刊《新闻学论集》主编等。1998年离休。

从教五十余年来,主要致力于新闻学理论教学和科研工作,为我国培养了大批新闻专业人才,著有《新闻理论基础》《新闻论证三十年》《一个新闻学者的自白》《甘惜分自选集》等,主编有《新闻学大辞典》,发表论文一百多篇。

方汉奇：史蕴漫谈*

按语：2011年是新闻史学家方汉奇先生从事新闻史教学60周年的纪念之岁，从1951年冬春之季受邀为上海圣约翰大学新闻系开设新闻史专题课至今，先生甲子耕耘矢志不渝，其间之执着拔萃，令人观止。为此，笔者专程赴京拜访，希望就一些与新闻史学相关的话题求教这位开宗立派之师。可喜的是，方先生欣然允诺，爽快回应，于是便有了这次与泰斗的面谈之机；不巧的是，约见当日先生临时有会，不意间使得既定访谈计划略显仓促，而其间数番求教电话的打断，更是令我二人措手不及。也罢，笔者索性抛开访谈提纲，与方先生做了一番无纲无领、无拘无束的漫谈。即便如此，这位被学界称为"活字典""每根白发都是学问"的老人，在谈吐言行间依旧给人留下了难能可贵的回忆。因之将此番题外畅言拾记于此，以敬先生，亦飨读者。

2011年4月18日，中国人民大学宜园，方汉奇先生的家中，85岁高龄的方汉奇行动敏便，鹤发仪端，在其自谦为"螺蛳壳里开道场"的大书房里，笔者亲见了曾给太多访者留下深刻印象的细节：三面环拥的藏书，梁漱溟先生赠的题款，丁聪先生画的肖像，兄妹七人的合影，各方颁授的奖证……然而最让人难忘的，还是眼前这位声望颇隆却如此平和可亲的老人。

在现当代的新闻史学研究者中，方汉奇的贡献与地位无疑是卓著的，他是为数不多的在断代史、编年史、通史、专题史、图史等方面均有建树的新闻史学家；他在关于邸报、京报、进奏院状、邵飘萍身份考证、鲁迅报刊活动研究、太平天国新闻活动研究等领域早有开创性观点；他所倡议

---

* 本文撰写于2011年。

创办的中国新闻史学会是目前国内新闻传播学界唯一的国家一级学术团体;他所培养的学生不仅遍及全国,更多有国内新闻传播学教研重镇的中流砥柱与后起新秀。而在这六十多年[①]梯山航海、逾沙轶漠的新闻史学之路中,方汉奇更愿意从何聊起呢?在了解到笔者正在从事一项口述史的相关研究后,方先生颇为关切,话匣子竟由此打开。

意义与遗憾:谈口述历史

"口述史是很值得关注的一个研究选项,就是对健在的这些人口述的凡是涉及他个人的相关历史记录下来。华人学者从唐德刚开始,在这方面很关注,而且也很有成果。像胡适的、李宗仁的、张学良的,包括最近许倬云的、何兆武的,口述历史完成的比较多了。特别是对一些年事已高的,自己写作已经有困难的人,通过口述历史的方法给记录下来,是一个很好的积累和研究的方式。"

方汉奇对于口述历史的理解无疑是准确的,之所以这么说,是因为学界对于"口述史"到底是什么还没有完全走出误读的阶段,换言之,人们在概念理解与具体操作上还未能将口述史与采访记录、书写史和音像史彻底区分开来。用方先生所提及的最早从事中国口述史研究的专家唐德刚的话说,所谓口述历史并不是一个人讲一个人写就能完成的,口述部分只是其中史料的一部分而已。因此,口述史首先就是一种研究方法,即通过历史亲历者的经验与诠释,来帮助理解历史事件或社会生活的整体情貌。而至于其通常被理解为一种学科分支等其他方面的含义,尚需等待实践的发展与检验。

方先生继续平静地说道,"关于口述历史,国内如果能再早一点觉悟,比如说新中国成立之初就开始关注,也许能够保存下来的材料会更多一些。主要是我们前三十年尽折腾了,尽搞阶级斗争,尽搞'敌友我'一个一个地推敲,然后抓住了就斗,彼此之间也都有了戒备,每一个人都在想办法保护自己,哪有时间去做这方面的记录和研究?而且那个时代偏

---

① 据刘泱育《论方汉奇的学术研究起点》(发表于《东南传播》2009 年第 10 期)一文考证,方汉奇的第一篇新闻史论文《论中国早期的小报》发表于 1948 年 6 月,比开启新闻史教学生涯略早,故至今已逾六十年。

见也比较多,很多人被划入异类,很多人成为'贱民',都不能成为做口述历史的对象了。"

确实如此,标志着现代口述史正式诞生的哥伦比亚大学口述史研究中心正是由美国历史学家艾伦·内文斯(Allan Nevins)于1948年创立的,然而这一研究方法直到80年代才开始在中国得到发展,个中缘由自然复杂,但三十年光阴的错过却留下了不尽的遗憾。用方先生的话说:"现在算是亡羊补牢,亡羊补牢也好,可是很多人已经赶不上了,很多机会也都丢失了。比如50年代、60年代,那时候的老人里头有很多是在新中国成立前从事方方面面工作的,就拿咱们新闻学的研究来说,解放前的那些老学者、老报人在50年代、60年代、70年代都还健在,虽然有的已经是风烛残年,但是那个时候就没有做这个事情,现在你再找这些人很多都已经找不到了,很可惜。像我们这个年龄段现在算老人,但是解放前我们都还是学生,还没有做事,做事的到现在不是去世就是老的不行,除非像周有光[①]这样的很罕见。所以做口述史,我觉得要抓紧。"

在提及这一段遗憾时,方汉奇特别谈到了王中。"遗憾的是王中没有赶上,其实王中是一位大家,是内涵比较丰富的人,这个人思想比较活跃,很善于思考,而且他是老革命当中少有的高级知识分子。那个时候到解放区、抗日民主根据地去的,一般的都是中学生、小学生,真正念到大学这个档次的很少,而王中是大学外语系的学生。"方汉奇动情地说:"你看王中,可惜了,就留下一本《王中文集》,其实他有一肚子的话,有一脑袋的事儿。他是李良荣[②]的老师,但是李良荣开始接触他也是在他平反以后,他之前一直戴着右派的帽子啊。1985年《大众日报》四十五周年的时候,我跟王中住在一个房间,那个时候他已经高龄了,记忆力和精力已经不济了,后来大概是90年代去世的,没有把他那一肚子的学问、经历和见解完全留下来,可惜了……"

在众多已故或者受时代原因被耽误过的老学者、老报人当中,方汉奇唯独念兹在兹地谈及复旦大学的王中先生,这无疑是令人印象深刻的。作为创办过华东新闻学院、复旦大学分校(现上海大学文学院),担任过复

[①] 周有光,中国著名语言学家,2017年去世,享年112岁。

[②] 李良荣,复旦大学新闻学院教授,王中平反后招收的第一位硕士研究生,详情见本书《没有理想就不要搞学术——记复旦大学新闻学院教授李良荣》。

旦大学副教务长、图书馆副馆长等职，并先后两度出任复旦大学新闻系主任的王中教授，曾因大胆探索并始终坚持其具有中国特色的无产阶级新闻理论体系而在政治风云突变的1957年被划为"右派"，并且一压制就是二十余年。时至今日，王中的很多理论都被证明是正确的，而新闻理论界"南王北甘"的学派渊源亦常常被人津津乐道。然而，斯人已逝，我们没能留下王中先生以及与其相似的很多已故学者、报人的更多第一手资料，尽管这不能单线条的归咎于口述史研究的起步太晚，但其结果也确如方先生数度叹息的那几句"可惜了"。"所以，这个东西得赶紧做了"，方汉奇语重心长。

学生与先生：谈读书育人

为了给笔者提供更多的参考资料，方先生特地打开了一份他的弟子名录，"尹韵公在社科院①，郭镇之在清华大学，谷长岭在中国人民大学，杨磊在全国记协……"方先生的如数家珍不是没有道理，在这份长长的"方门弟子通讯录"中实在汇聚了太多当今国内的新闻传播界名家，像胡太春、蔡铭泽、陈昌凤、倪宁、程曼丽、李彬、李磊、涂光晋、彭兰、周小普等等这些"方门弟子"都堪称学界一时之选，在学术的百花园中各领风骚。方汉奇淡淡地说，"他们个人成就都不一样，一离开校门就是修行靠个人了。"即便如此淡然处之，这绝非偶然的满门繁华依旧令人倍感好奇，在笔者追问是否有什么独特的调教章法之后，方先生做了如下相告：

"我们一般是一个月碰一次头，碰头的时候他们交读书报告，然后根据读书报告交换意见。当然事先会开阅读的书目，都是新闻史的家底儿，最基本的都要让他们看一些，像戈公振的《中国报学史》，搞新闻史的人都应该好好看一看。书目会随时调整，而且会根据不同的学生对象做一些增减。再就是根据他的研究题目、研究方向，缺什么补什么，需要什么关注什么。每个月半天，就坐在这儿（指书房沙发）。"

与众多博导一样，方汉奇非常注重学生的广泛涉猎与博闻强记，"一

---

① 尹韵公曾任中国社会科学院新闻与传播研究所所长，2018年出任湖南师范大学新闻与传播学院院长。

般第一年希望他们看的多一些，博士要'博'。现在的教育有它的先天局限，高中、初中的应试教育基本上都为了应付高考，不像我们那个时代，中学就看很多书，看的也很杂，但现在的中学生哪有时间看书啊。所以通过现在的中学、本科上来的人，很多都没看过太多的书，就连最基本的文化读物都看得很少。如果考进来是新闻史方向的，那对文学、历史应该非常熟悉，特别是对历史，起码你得知道'门牌号码'，你知道有问题上哪儿去找，这都得靠平常积累啊。所以为了弥补我们这几十年教育的缺陷，第一年我都是鼓励他们多看书，不要考虑论文题目。如果第一年就谈论文写什么题目，下次就会围着论文题目看书了，就会放不开。"而关于这一点，方汉奇专门提到了其众多得意门生中的一位："在这方面能够做到的、做得最好的是李彬，李彬看书看得多、看得快。对别的学生往往是第一年鼓励他多看书，李彬是到了下学期让他悠着点，因为他看得太多，看得太快。所以第二年就建议他别看太多的书了，因为看得太多怕他的论文就不够集中了，应该围绕论文来看"。

不独清华大学的李彬教授，方汉奇的很多弟子都在其离开校门后在各自的学术领域厚积薄发尽展风流，这其中缘由大概也与方先生倡导的博览群书、有的放矢不无关系。在方先生的书房中摆放着好几张他与众学生的合影，而方先生每年的寿诞，更是八方弟子不约而同云集团聚的宜机。单是散见于书籍报刊中由其弟子所撰写的访谈或札记，或是一篇篇方先生为其弟子亲作的书序，都能显见方汉奇与学生间亦师亦友、互敬互爱、彼此砥砺，这令人称羡的佳境。

85岁高龄的方汉奇至今都没有完全卸下重担，"我现在还带着研究生呢，手头没有毕业的还有五个，今年还招了一个，所以就不能不看书。你要当好先生就要先当好学生"，方汉奇如是说。西汉扬雄曾经有云："师哉！师哉！桐（童）子之命也"，意谓教师乃学生前途命运之所在，尽管方汉奇一再将其弟子的各有成就归功于个人的修行，但却反倒让笔者愈发敬重这谦恭谨饬之风给满门俊贤所带来的濡染与惠泽。

退役与守望：谈学术政治

方先生饶有兴致地讲了两个笑话：

"俞平伯老年的时候给研究生讲课，说昨天看了个对联特别好，学生问怎么个好法？俞平伯说，上联忘了，下联是什么什么什么'春'，就剩一个'春'字了（笑）。原来中国社会科学院副院长、《新华日报》总编辑潘梓年也是，他年轻的时候博闻强记，等到了中国社会科学院当副院长时就不行了。有次参加会议签到，拿起笔来问旁边，'我叫什么？'人家告诉他，'潘梓年'。这都是笑话，但都是真的（笑）。"

毕竟已逾仗朝之年，心力不济无疑是令每一位笔耕不辍、饱读诗书的知识分子无奈却必须要面对的现实，方先生缓缓地说，"我现在不写文章了，写文章精力不行。课也不讲了，主要是记性不好，会突然卡壳，讲着讲着也会突然记不起来"。而关于人所周知的方先生的卡片与集报，方汉奇继续平静地说道，"我带博士生，第一堂课就是教他们做卡片。可现在我的卡片都送掉了，送给接班的人，给中国人民大学新闻学院搞新闻史的。我的资料也开始送人了，现在我基本上也不搞什么了，虽然不搞了也还是忙不过来看不过来，新闻学的东西实在是太多了"。望着眼前这位置身书林满头银丝本就不该再担重负的老人，这番讲述真是令人既欣慰又伤感，不想方先生却达观地说道，"新闻工作者是社会的瞭望者、守望者、记录者，而新闻史的研究工作者是新闻事业的瞭望者、守望者、记录者，所以在这个领域就必须随时关注现实的发展。我一直是在紧跟啊，我在守望着新闻事业的发展、新闻传播活动的发展、新闻教育的发展。搞新闻史研究我虽然是个退役的老兵，但我一直在守望着"。

方汉奇确实做到了，他毫不陌生地跟笔者聊起网络、飞信、微博，甚至IPAD……在每天的作息时间表中，读报纸看电视亦是他必做的功课，而每晚十一点凤凰卫视的《时事开讲》更是老先生钟爱的节目。他还鼓励年轻人多与国际接轨，并为自己每天中午必须小憩的习惯"耿耿于怀"，因为这让他与没有午休的国际惯例总是有那么一些不"兼容"。"我这老头适应不了，一吃完饭就犯困。其实中午也就三刻钟的时间，但是中午没的休息，一个下午一个晚上都没精神"，老先生为此悻悻的，但恰是如此，一代尊师的可亲可爱顿然鲜亮。

方先生直言不讳地说道，"我以前讲课历来都是不带讲稿的，我讲课一直都是这样。我不喜欢苏联专家那种讲法，在50年代、60年代所有的老师都念稿子，一个是跟苏联专家学的，一个是受政治运动的影响，怕讲错话。那时候我在北大，北大的老师像林庚、吴组缃、游国恩、王瑶、王力这些都是大师级的人物，哪个人都是满肚子学问，可是都用讲稿。像吴组绌,念完了这一段说,'下面另起一行'。其实这些人都是放开可以海阔天空的人,就是怕讲错话。"

明显的是,方汉奇在谈及学术与政治的关系时有着某种复杂的情感,在其先前的不少访谈或文字中很容易发现他对政治运动与时代背景对其自身学术研究所产生影响的反思。但同时,作为一名蔚然大家的学者,他又太过清楚政治环境与学术研究之间千丝万缕的关联与逻辑:"新闻史和政治的关系很密切,新闻事业受整个宏观政治的影响,宏观政治宽松了,新闻事业就宽松了,否则反是。像二十多年前曾经提出过的'三宽',即宽松、宽厚、宽容,和新近提出的'三善',即善管、善用、善待,就都体现了不同的把握的尺度和分寸。新闻事业受整个政治的影响,新闻史研究同样受整个新闻事业的影响,也受整个学术研究的宽松程度、思想活跃程度和思想解放程度的影响"。

在由此所提到的同样因政治环境与时代背景对三卷本《中国新闻事业通史》在体例结构与内容表达等方面所带来的局限上,方汉奇坦陈,"《通史》的撰写是八十年代结束的,所以它下限仅到1987年,基本上是完成于思想解放了那么一点但又没有完全解放的时候。但是后来出的书已经开始调整了,像2009年出版的《中国新闻传播史》第二版教材,下限到2008年的年底,很多内容和提法已经调整了,只是仍然不够"。

传承与革新永远是史学研究中一对不可偏废的主题,对真理的追求越是坚毅,对自我的审视越会严苛。方汉奇一直强调新闻史研究既要反对"左",即不能以论代史,又要反对"右",即不能数典忘祖,这确是历经时代沧桑的老一代学者对学术研究呕心沥血、坚韧自持的肺腑之言。知识分子的功力、真性、良知、担当是绝非朝夕就能兑现的,正是六十年的雄关漫道不悔初衷才塑造了今天的方汉奇以及他的史学世界,也正是六十年的风雨如晦行远自迩见证了方汉奇传世的学术地位与价值。

可喜的是,由南京师范大学新闻与传播学院刘泱育博士撰写的学位论文《方汉奇60周年新闻史学道路研究》[①]已于今年2月杀青,一方面我们需对刘博士为新闻学界健在者做个案研究的学术勇气表示敬意,另一方面我们则更应该关注到当下时代对以方汉奇为代表的老一辈杰出新闻学者

---

① 以该篇博士论文为基础的专著《以兴趣为职业的"记"者:方汉奇》已于2016年由江苏人民出版社出版。

的学术人生及思想体系进行回顾梳理工作的意义和必要。

"人之彦圣，若己有之"，这是方汉奇常以自勉的座右铭，在此借用，以祝愿方汉奇先生始终守望着的新闻学术与新闻事业大师代出，春色满园。

【方汉奇简介】

方汉奇，1926年出生于广东普宁，中国人民大学新闻学院教授，博士生导师。1950年毕业于国立社会教育学院（后并入苏州大学）新闻系。1950年至1953年任上海新闻图书馆研究组馆员，同时在上海圣约翰大学新闻系讲授新闻史专题。1953年调北京大学中文系新闻专业任教，1958年调中国人民大学新闻系任教。1972年至1978年再度到北京大学中文系新闻专业任教。1978年至今，在中国人民大学新闻学院任教。1954年被评为讲师，1979年被评为副教授，1983年被评为教授，1985年起任博导。曾任中国人民大学学位委员会委员、中国三S研究会常务理事、中国新闻学会常务理事、首都新闻学会副会长、国务院学位委员会第三届学科评议组成员、国务院学位委员会第四届新闻传播学学科评议组召集人、《中国大百科全书·新闻出版卷》编委兼"中国新闻事业"部分主编、中国新闻史学会会长。任北京大学、清华大学、浙江大学、南京大学等高校的新闻传播院系顾问、兼职教授、课程教授、首席教授，南京大学新闻传播学院名誉院长，中国新闻史学会名誉会长。1991年起享受国务院政府特殊津贴，2017年获第六届吴玉章人文社会科学终身成就奖。

丁淦林：为自己的学科添砖加瓦*

自1951年考入复旦大学新闻系以来，丁淦林教授在新闻学的治学之路上锤炼耕耘了几十年。回首半个多世纪的成就，这位桃李满门、德高望重的鹤发老人却平和蔼然得令人既敬又亲。两个多小时的交谈，老先生的身体始终微微前倾，清淡怡人的大家之风就这样在不疾不徐的讲述中慢慢铺展，"我觉得老老实实地为自己的学科添砖加瓦，这是最重要的"，丁淦林如是说。

"中学老师对我的影响很大"

谈起自己的成长经历，丁淦林兴致盎然，"我家里祖宗几代基本上都是手工业者，后来逃荒到吉安，既参加劳动又做小生意。我很感谢祖辈，特别是我父亲，因为他教育我：'小孩子一定要读书！'"

正是在丁淦林的读书生涯中，两位中学老师的出现带给了他一生的影响。丁淦林说，"有两位中学老师对我的影响很大，一位叫陈启昌，一位叫王泗原"。

丁淦林在位于江西吉安的一所私立中学——至善中学度过了他难忘的初中岁月，而陈启昌正是这所中学的校长兼英语老师。丁淦林介绍到，陈启昌是位非常正直的进步人士，曾经受国民党上将刘峙所托，在其家乡吉安创办了扶园中学。然而，由于学校地下党活动比较频繁，进步色彩较浓，很快校长就做不下去了。离开扶园中学后，陈启昌变卖家产，创办了后来丁淦林所就读的至善中学。当年校长变卖家产创办学校的事情在丁淦林心中留下了很深的印迹，正如他所说，"陈启昌给我最主要的印象就是

---

* 本文撰写于2010年。

事业心"。因此直到今天，这位并非共产党员的陈校长，在那个特殊年代里所表现出来的进步、耿直与坚毅依旧打动着丁淦林。而回想当年所发生的一些故事，丁淦林同样历历在目。

"陈校长解放前曾经在报纸上发文章骂国民党，很激进、很激烈的。但有一次我们几个同学受到进步思想的影响，准备自己排一个戏表达对国民党的不满。这个事情后来被老师知道了，早晨训话的时候，陈校长讲得痛哭流涕，尽管他自己对国民党抨击得很厉害，但是他又保护学生，他是真的担心我们出事情。"

丁淦林不止一次地说道，"这位老师真的很好，他对学生既很严，又很亲，很难得。他对我从小就形成为人要正直、要刻苦、要有事业心的影响打下了很深的根基"。

除了陈启昌校长之外，作为丁淦林初中和高中语文老师的王泗原也同样令他久久不能忘怀，"因为他初中高中都教过我，所以我同他接触最多。他最主要的特点是：潜心做学问，古文背得烂熟"。

出身书香门第的王泗原与著名作家叶圣陶私交甚笃并相互赏识，他出过的几本书例如《语言例析》《离骚疏解》曾被予以了很高的评价。丁淦林说，"我看现在研究《离骚》的人恐怕没有一个有他下的功夫细致，这是一个真正有学问的教师"。

丁淦林还不无感激地回忆道，"我对写文章，对语文的兴趣，还是受他的启发。因为开始我语文作文并不好，他就经常叫我到他身边，当面手把手地告诉我这个文章怎么改。几次教下来，就领会了，我以后语文也就不错了"。回想起这位授业恩师，丁淦林动情地讲道，"王泗原是一位扎扎实实做事情的老师，他给我影响最深的就是认真做学问，不求闻达"。

在人生成长的关键时期，两位中学老师的出现给了丁淦林一生难以磨灭的教诲。事实上，无论是陈启昌的"事业心"还是王泗原的"认真做学问"，都早已潜移默化地犹如血液般从此流进了丁淦林的学术生命，并也成为了他自己一生坚守、不离不弃的美德。

"复旦确定了我的人生"

在复旦大学钻研工作了几十年的丁淦林，乐呵呵地称自己是复旦大学的"土产"，然而在谈及往事的时候，他毫不避讳地说，"我开始的时候是想上北大学经济"。

"我当时考大学是在杭州考的，那时全国分华北、中南、华东几个大区，开始的时候说老实话我是想上北大学经济。可是报名的时候我正好感冒发烧，迷迷糊糊的，一看见窗口打开，就进去报了名，结果出来一看，报的是华东区。当时报了华东就不能再报华北，所以阴差阳错我就第一志愿报了复旦大学新闻系。"丁淦林笑道，"当时如果不是因为报错了，大概现在就在搞经济了"。尽管如此，他还是不无自豪地谈道，"复旦大学新闻系大家都知道，是相当有名不容易考上的，我们那届全国总共只有三十个人考进来，当时被录取了很高兴。从1951年进到复旦大学新闻系以来，我就一直没有离开"。

正如丁淦林所言，正是因为那一下阴差阳错，从此以后的几十年，他的人生就与复旦大学结下了不解之缘。岁月流转、时境变迁，丁淦林伴着这座东南之冠的巍巍学府教书育人，著书立说，终成一代之大家。复旦大学在2005年一百周年校庆之时曾经出过一套书，叫做《复旦改变了我的人生》，丁淦林说，"复旦不是改变了我的人生，而是确定了我的人生，就是让我在新闻系教师这条路上走下去。所以对我来说不好讲是'改变了'，而就是'确定了'"。

尽管有着难以言喻的情感，但在回答与他相伴一生的"复旦"二字对于他人生的意义时，丁淦林却几乎没有用任何华丽的辞藻，他稍稍停顿一下便静静地说道："'复旦'就是'旦复旦兮'，就像《礼记》讲的'苟日新，日日新，又日新'，它给我最深刻的印象就是要不断地前进"。

"1958年我搞了两个第一"

丁淦林认为，新闻专业的教师一定要懂得实践，否则课总归是教不好的，"对新闻实践的东西要经常去了解，这样看问题就不会发空论，就会有一种实际感情"。在谈及自己的经历时，丁淦林说，"我虽然几十年来一直在复旦，但各种工作都做过，实践锻炼还是很多的。1958年我搞了两个第一，一个是办了全国第一份公开出版的招生报《招生通讯》，一是第一个带领复旦新闻系学生创办了基层报《合金钢》"。

1958年到1960年，丁淦林曾连续三年借调到上海招生委员会参与全上海的高考招生工作。"在招生办里面我是全国第一个办《招生通讯》这个小报的。1958年办了这个小报以后，高教部学生司司长就找我了，他说你办这个报纸作用不错，你总结总结。结果后来全国各地都办了这种招生报纸。那个时候是铅印四开小报，一般是四版到八版，不定期，上面有专业介绍，考生怎么准备考试等等，大概每一年招生会出十来期，一直到七八十年代还有。"丁淦林微笑着回忆当年的往事，"直到七八十年代，他们念旧，出这个报纸还会送给我一份"。

而另一个"第一"则与当时的大背景不无关联。1958年，时任校党委书记的杨西光同志亲自抓基层锻炼，丁淦林带着学生去到上钢五厂，也就是现在的宝钢，帮他们办报纸。丁淦林回忆道，"那个时候带学生下去办基层报，是党委书记杨西光直接抓的，就是后来搞'实践是检验真理的唯一标准'的光明日报的总编。虽然说是合作办报，但当时是'大跃进'，也正是他们建厂期间，他们没什么人，所以基本上就是我们做他们的宣传部。开始是十几个，后来是三十几个学生在那里，一边劳动一边办报"，丁淦林说，"我们那张报纸还蛮有成就的，市里的领导都很注意，学生走了后还办了好几年"。

招生，办报，给报社做编辑，办政治学习班，指导学生去基层，带领教师下农村，丁淦林各种各样的工作干过不少。他对当年发生的许多细节仍然记忆犹新，津津乐道之余也让人一遍遍地感受到老一辈学人对实践工作的深为重视。1958年的两个"第一"也正是丁淦林乐于实践、敢于创新的体现，如其所言，"不是说我几十年来就一直闷在这里当教师不动了。新闻系的老师一定要同新闻实践单位有联系，你没有联系的话，学问做得再好，也解决不了实际问题，所以我们这代人很注意这个"。

"新闻系要好好搞，这是望老的事业"

丁淦林不求闻达，不迷做官，只愿踏踏实实地教书做学问，这样的特点在他人生所面临的取舍抉择中每每体现得非常鲜明。

1963年复旦大学机构改革，成立社会科学处并下设教学、科研两个组，丁淦林被任命为科研组组长，主抓全校的文科科研工作，同时还负责复旦学报社会科学版的编辑任务。尽管那是在很多人看来难能可贵的晋升机会，但是在丁淦林眼里却似乎没有太多的吸引力。一年之后，"四清运动"开始，丁淦林想趁搞运动的机会离开在学校担任的行政岗位，他说，

"当时还有个条件,就是叫我做领队带全校的六四届青年教师下去锻炼。那时候全校留了一百来个人,我带了六十几个人下到农村去搞'四清运动',这样我就同学校行政工作脱离了,又回去当老师了"。说到这里,丁淦林竟畅快地大声笑了起来,好像在回忆当年的一场胜仗,而战利品不是别的,却是还他书生本色、予他三尺讲台。

然而,由于"文化大革命"期间教师队伍与工宣队之间的矛盾,当时作为业务组组长的丁淦林在粉碎"四人帮"之后不但没有留下来教书,反而被转派到农村学大寨工作队。从1976年到1977年,丁淦林在上海奉贤县(今天的奉贤区)待了整整一年,帮助整顿公社,负责内查外调。不久,"文化大革命"后的复旦大学新闻系很快就面临着办学招生的问题,"那个时候学院已经没有领导班子,工宣队虽然没有撤走,但根本不懂教学这一套",谈到这里,丁淦林动情道,"所以我很感谢新闻系的老师,因为当时正是他们向组织提出要马上调我回来"。

有关于此,丁淦林还特地回述了一段往事,"1952年,复旦新闻系本来是要停办的,后来汇报到周总理那里,周总理讲:新闻系是陈望道的事业,要问问他。据说后来还汇报到毛主席那里,毛主席也说陈望道要办就让他办啊。这样,新闻系才保留下来了"。正因如此,丁淦林在1977年从农村调回新闻系做革委会副主任主管教学与行政工作时,学校党委书记同他谈话并嘱咐道,"新闻系在全国很有影响,这个是望老的事业,你要好好搞"。正是这一番谈话,给了丁淦林更大的使命感,而这位不愿做官的知识分子日后竟成为了复旦大学新闻学院历史上唯一一位由教师公选的院长。

1986年,复旦大学新闻学院成立,第一任院长是曾担任复旦大学党委宣传部部长的徐震。1989年徐震生病,学院一时无人领导,于是教师们决定投票选举院长。丁淦林聊道,"我当时不想参加,后来组织部对我讲'你是党员,应该参加'。结果一选,我的票是绝对多数,这样我就做了一任的院长,当到1993年。虽然在具体工作上,大家有不少意见,对我的工作有些东西不一定都赞成,但是在大的方面上,他们和我完全一致,所以说我很感谢新闻系这些老同事啊"。

直到2001年退休之前,丁淦林还一直在学院的学位委员会、学术委员会、新闻研究所、文化与传播研究中心、博士后流动站兼任着各项职务。及至今天,作为教育部社会科学委员会委员的他依旧活跃在新闻学研究的阵地，为学科建设和学术发展不遗余力地贡献着自己的力量。这位屡屡谈及不愿张扬显达、但求踏实做事的学者，确实在用一生默默坚守着他的性格与他的理想。

"我对学生的影响，一个是治学态度，一个是治学方法"

丁淦林喜欢教书，喜欢学生，用他的话说，"和学生之间的关系使自己的心态非常舒畅、年轻化，我看这个是其他任何职业都不可能有的"。而当谈到自己的择才标准与育才之道，丁淦林畅快坦言："从我个人来讲，向来觉得应该默默无闻地做工作，也就是从我中学老师那里接过来的淡泊明志、宁静致远这种思想。但是这么多年，说老实话，我觉得自己脑子也比较开阔了，也不能排斥同你个性不一样的学生。你应该允许各种人，存在的就是合理的。如果从学术研究的内容来讲，我带的学生里面有研究中国的，有研究外国的，有研究新闻史的，也有研究新闻理论的，还有研究传播学的，什么都有，我都不排斥。研究新闻史的，我可以直接指导你的研究内容，有的我不能指导内容的，我可以从方法上、材料的提供上给予指导"。

丁淦林继续说道："我觉得我传给学生最多的不是学问方面的东西。因为我们学科本身的东西就是这些，也没有什么秘密好传给他们。我对他们的影响，一个是治学态度，也就是扎扎实实做学问的态度；还有一个呢，就是治学方法。我觉得教师对学生的影响，传授知识是一方面，但更重要的是给他正确的思维和做学问的方法，树立做人治学的典范作用"。

作为研究新闻史的专家，丁淦林还特别谈到了培养新闻史教师的两个重要原则：一是要通专并举，二是要特别注重掌握第一手资料。

"从我的本行来看，我觉得要成为真正内行的、合格的新闻史教师，需要'通'和'专'同时并举。比如说，过去凡是参加我们这个队伍的老师，也就是搞新闻史的老师，我都要求他们对这一门课程要能通讲，也就是对整个脉络有全局的了解，这是一点要求。第二又同时要求他，你要有自己的领地，也就是要有自己的专长。所以每个人既要有'通'，能总揽全局，又要能抓住一个重点深入，这是真正想成为一个合格的新闻史教师都需要做的。这样也就各有各的面貌，因人而异，各有所长。"

而关于对第一手资料的重视，丁淦林接着表示这是复旦大学新闻系新闻史研究的传统和特点，也就是要明白历史研究一定要回到第一手材料，从历史的角度上亲自通过当时的情况去分析，因为人家介绍得再好，也是人家的第二手看法，不是原始的。丁淦林说："这个治学方法，我也是继承了前人的传统，并接过来再传下去的。所以对第一手资料的重视，可能对整个复旦新闻系都有影响"。

如今的丁淦林，早已是桃李满天下，他的不少学生也都成为了国内新闻传播学界的一流学者，并且在各自的领域里为学科的建设和发展贡献着异彩纷呈的力量。正如丁淦林所说，"我坚持一点，就是要分析学生的特点，根据他的特点来规划他的方向，而不能够按照我的脚印来走"。杏坛一生，身为名师的他确实用博大包容、春风化雨的大家之风做到了这一点。

"新闻史需要一个根本的创新"

自从大学一毕业即被分到新闻史教研室之后，丁淦林就在这条史学研究的道路上一直坚守着再也没有动摇。他欣然表示，搞新闻史很有意思，因为历史是活的，是同现实相连的，所以分析历史情况就像分析现实生活一样，很有趣很生动。回首几十年来的学术生涯，丁淦林不但不觉得苦，反而一再用"有趣""有味道"来形容，用他的话说，"总的来讲，这个事情是有趣的，是我喜欢的"。但尽管如此，丁淦林还是对中国新闻史的研究现状提出了比较尖锐的看法，这些看法中既有反思，更有对后辈学人的殷殷期盼。

"我认为，我们的新闻史还是比较闭塞的新闻史，真正把中国新闻史摆在世界范围内来写，用世界的眼光来写，还很不够。但这个不是一下子能解决的，需要几代人的努力。"他举例说道，"比如说抗日战争，原来是写解放区抗战，国民党抗战就不写。现在是加了个国民党抗战，但也不去写同世界上的联系。可抗战是全世界反法西斯战争的一部分啊！再比如说辛亥革命，我们研究辛亥革命都是关注中国媒体怎么报道，你怎么不去看看当时在中国出版的外文报纸，像《字林西报》《大陆报》怎么报道？它们是怎么看辛亥革命，怎么看孙中山的？所以说我们还缺乏世界眼光"。

丁淦林接着谈道，"和新闻理论比起来，中国新闻史研究的发展比较平稳，但直到今天，新闻史的体系基本上还是深受五十年代学苏联的影响。我们将来需要找一个符合中国情况的、新的新闻史的理论体系，要能充分反映国家的实际情况，要能符合中国的历史特点。所以我觉得今后的新闻史，还要有一个根本的创新，包括理论体系和框架。将来究竟要怎么写，还要把各方面综合在一起研究。当前对新闻史研究的范式已经开始反思了，但具体怎么走出去，还要看我们长期研究的结果。当然，新的框架还没有形成就用老的，没有新的东西代替，你就先不要把老的东西统统都弄掉，我赞成未立不破"。

丁淦林对当前中国新闻史的研究状况所提出的问题是宏观且深刻的，即便是在功成名就的今天，他依旧保持着对自己毕生研究精华的不断反思和修正。他说，"我们这代人最大的贡献就是把中国新闻史的研究向前推进了一步，有了一个完整系统的框架，尽管大家对这个框架还有意见，还需要靠几代人的继续努力"。

整个访谈中，丁淦林谦逊温和的气质贯穿始终，他平实如水的回忆娓娓而至，但对于他所触及并思考的一切问题又表现出高度的清醒和敏锐的慎思。他不爱用华丽的词汇，更不爱溢美之词，甚至于当被问及对"大师情怀"怎么理解时，这位已然令人高山仰止的一代大家，却用一种坦诚而肯定的语气郑重说道，"我们中国的新闻学、传播学，现在还没有出大师的条件。这一方面是因为学科发展的局限性，我们的积淀还不是很深；另一方面是我们自身的学术素养，离大师还差得很远，不好比。所以我觉得还是老老实实地为自己的学科添砖加瓦，这是最重要的"。

【丁淦林简介】

丁淦林（1932—2011），江西南昌人，复旦大学新闻学院教授、博士生导师。曾任复旦大学新闻学院院长兼新闻系主任、教育部社会科学委员会委员、国务院学位委员会学科评议组成员、中国新闻史学会副会长等职务。曾兼任上海大学传媒研究院学术委员会主任、南昌航空大学文法学院名誉院长等。1992年获国务院表彰为有突出贡献的专家学者，享受国务院政府特殊津贴。1996年获韬奋园丁奖一等奖。1997年被授予复旦大学首席教授称号。

张允若：不反思历史，就无法推进现实[*]

与大多数三十年代出生的人一样，张允若的人生也是伴随着新中国的苦难与挫折向前行进的。这位生于长江北岸的农家子弟，在经历了童年时代窘困动荡的乡间生活与青年时代突如其来的政治厄运之后，又用二十余载的艰苦磨炼换来了天命之年的复归与新生。而当人到中年方才站立在新闻教育事业的起点上，对错过光阴的无比惋惜又让他不得不夜以继日、急起直追，用张允若的话说，只有这样，"才能多挽回一点时光，多弥补一点损失"。

事实上，新中国的新闻教育在那个特殊的历史年代也经历着与知识分子个体命运相似的车辙：从1957年到1976年，特殊的政治环境给刚刚起步的新中国新闻学带来了长达二十年的停滞。而张允若从1958年被错划"右派"到70年代末期恢复政治名誉后转入新闻教育岗位的辗转际遇，也恰恰印证了国内新闻传播学在历经坎坷后的恢复与重生。

"青山遮不住，毕竟东流去"，老人饱经风霜的眼神里始终流露着言语也诉说不尽的感喟。访谈那天，我静静地与他对坐在书房的一角，感受着这位鹤发学者命运中流淌的点滴起落。他的语速和缓低沉，说到激动时也会偶尔拍打起沙发的扶手，但最令人动容的，却是他几次突然间的停顿，眼眶里飘闪过的红润和惆怅，静默了那段不可往复的时空。

"苦难就是人生的学校"

张允若将他的人生划分为四个时期：一是成长期，从1935年出生到

---

[*] 本文撰写于2013年。

1957年夏天；二是挫折期，从1958年补划为"右派"到1978年底；三是新生期，从1979年拨乱反正到2003年；四是反思期，从2003年离开教学岗位直到如今的安享晚年。他说："我的人生，饱经沧桑和坎坷，但正因为此，也显得更加丰富多彩"。

张允若出生于江苏海门的一户农家，祖父生前务农，父亲早年就读于师范学堂，后在家乡行医，被人们敬称为"张先生"。"他们这一辈生活的年代，正值农耕经济开始解体、近代的工业经济开始兴起之时。尽管乡间多数人家依旧过着日出而作、日没而息的农耕生活，但是我的父辈却已受到工业化、城市化的影响，开始摆脱乡土的局限，开展多种经营或是到城市去寻找新的生活出路了。在20世纪前期，这种动向在我家乡算是比较新潮的，它使我的父辈在经济上有了某些改善，尽管这种改善是有限的，极不稳定的。"1948年，年少聪颖的张允若通过了上海市中等教育研究会举办的贫困生考试，被号称为"民主堡垒"的教会学校——上海市麦伦中学录取，并在那里接受了革命的启蒙，参加了中共地下外围组织的种种活动。一年半后，受时局影响，张允若转学至陶行知创办的育才学校就读，1950年夏天，他又顺利考上了复旦大学新闻系。"我当时还不满15岁，是全校年龄最小的少年大学生。在校期间学习成绩良好，政治积极上进，被选担任了系、校学生会干部。当时的大学生都是国家出资培养的，1953年，由于第一个五年计划建设的需要，政务院决定全国各大学三、四年级学生同时毕业。我在提前修完了专业课程后，被分配到中央军委工作，后来又转到中共上海市委。"

1957年是张允若人生的重大转折点，当时正在上海市委工作的他，认真响应党组织号召，"积极鸣放""向党交心"，在党的会议上如实汇报了对时政的看法以及对"反右"作法的质疑，不料却被视为"右派的一丘之貉"，在"反右"补课中被凑数上报，当了"反面教员"。"先是批判、斗争，后来就扣上帽子，发配到市委下面的农场劳动，过了几年说是改造得不错，给我摘帽，继而又下放到江西从教。我先是在抚州地区的一个中学教书，后来调到了南昌。在南昌一开始也是教中学，'四人帮'粉碎后，上海市委来人说是要给我改正历史问题，认为我这是大材小用，于是把我调到了江西财经学院教英语。到了1984年，当地的江西大学中文系新闻专业准备分出来设立新闻系，很需要人，于是我又调到了江西大学。"张允若继续说道，"我当时认为既然是错划，现在要改正，按情理就应该让我回归上海，毕竟我是江浙人，父母亲和岳父母都在上海，可是上海当时有几十万知青等着回城，户口很紧张，我就被卡住了。直至1987年底，杭州大学中文系的新闻专业要扩展成新闻系，我才从江西调到了杭州"。

张允若坦言："这场'反右'运动对我人生的影响，那是不言而喻的，它葬送了我的全部青春，毁坏了我的大半个人生。不过，被毁的不只是我一个，而是一整代人，而且被毁的不只是我们这种打入另册的人，即使侥幸免于大难的朋友，那些年华基本上也被糟蹋了。所以当我'重回人民队伍'的时候，发现我和幸免于大难的朋友并没有太大的差距。这些朋友甚至主动告诉我，说我们实际上是在同一起跑线上。果然，后来经过一番努力，我还是赶了上来"。

回首这段过往，张允若有着一番自己的解读："苦难从来就是人生的学校。在此期间，我逆境中求生的毅力和耐力大有长进；而且告别了官僚机构，来到了社会底层，得以直接体察民间疾苦，从教之余也有了较多时间读书进修，这些都是挫折中的前进、压抑中的成长，倒也聊可自慰。古人说，'世事洞明皆学问，人情练达即文章'。从我个人的人生苦难，再加上我所看到听到的亿万人民的苦难，我确实对世事'洞明'了不少。记得那位至死未获自由的大人物说过，经历了'文化大革命'，让人有了'大彻大悟'。我对此颇有同感。许多人至今还没有'彻悟'，在我看来实在有点悲哀，我倒要为之叹息"。

"终于回归了新闻专业"

张允若的新闻教育生涯正是从1984年进入江西大学新闻系开始的。"我盼望着到新闻专业来，这是我的回归，回归我的专业"，张允若谈到这里，言语间充满了欣慰。

"回归到这个岗位以后，我主要承担了三门课程：一个是新闻理论，一个是传播学，还有一个是外国新闻事业史。新闻理论是老课程，我在学校的时候就比较感兴趣。当时正值新闻理论界在对过去的理论体系和观念进行反思，我也参与其中，做过一些讨论和研究，写过一些文章。比如说在大众传播理论的背景下重新构建新闻理论体系；对新闻做出新的定义，并对与新闻相关的概念（新闻的延伸概念、和新闻相关的并立概念）做出辨析和澄清；对新闻的社会功能进行科学地阐述；对新闻和宣传、新闻和舆论、新闻和广告的区别和关联做了辨析；对一些热点问题，如人民性、党性、商品性等问题做了探析；对新闻自由问题做过系统的阐述和论辩。许多问题人家国外早就解决了，我们故步自封走了几十年的弯路。"

说到这里，张允若继续如数家珍："第二块是传播学。传播学作为一门学科，在西方形成于20世纪三四十年代。尽管50年代复旦大学新闻系的郑北渭老师介绍过这一信息，但基本上没有引起学界的注意。直至80年代，国门打开后它才真正被介绍了进来。复旦大学新闻系在王中先生的倡议下，1978年7月出版了内部刊物《外国新闻事业资料》（季刊），1980年3月改名为《世界新闻事业》，翻译介绍国外新闻事业的一些资料，其中也包括有关传播学的一些信息。这些刊物取材于当时已经开始订阅的某些外国报刊和开始少量购买的港台和进口的外国书籍。译者有郑北渭、舒宗侨老师，还有最早几位新闻学研究生，如居延安、俞旭、俞璟璐等人，如今他们都在国外。后来复旦大学出版了正式刊物《新闻大学》，取代了早先的内部刊物；中国人民大学出版了《国际新闻界》，两家都有对国外信息和传播学理论的译介。在传播学方面除了上述教师外，早期还有张隆栋、陈韵昭等人的文章。直至80年代初，新华出版社出版了施拉姆等人著的《报刊的四种理论》（1980年），以及施拉姆的《传播学概论》（1984年），许多人才得以直接接触原著、系统地了解和研究传播学，各校新闻系也开始设立传播学讲座或课程。1982年，中国社会科学院新闻研究所牵头召开了第一次传播学研讨会，以后连续开了多次全国性的传播学研讨会，1986年在北京、1993年在厦门、1995年在成都、1997年在杭州、1999年在上海、2001年在南京……"

张允若回归新闻教育岗位的时候，正值传播学在大陆的起步与发展之际，而他也恰好成为了国内较早一批参与传播学研究的学者之一。"我是1985年开始讲授传播学的，在我的教学和研究过程中，着重辨析和澄清了一些重要的概念，包括传播、信息、讯息、媒介、渠道等；努力构建了便于教和学的传播学教学体系，形成了自己的教学大纲和教材，得到了同行们的肯定；同时，我还对西方传播媒介的四种理论，特别是社会责任论作了系统评析；对新兴的网络媒介的性质、定位、功能等提出了自己的见解。"

张允若继续饶有兴致地谈道："至于外国新闻事业史这门课程，我花费的时间是最多的。这门课程也是'文化大革命'结束以后才开设的。国门打开后,复旦大学和中国人民大学除了在上面说到的刊物上陆续译介外国新闻事业的材料之外,又开始进口港台和国外有关的书籍。我当时还在江西,内地的学校没有这等条件,便去复旦和人大查阅,并且一批一批地进行复印。当时复旦的舒宗侨先生开设了'外国新闻事业',人大的张隆栋、傅显明老师开设了'外国报刊史',他们是这门课程的先驱和开拓者。当时大家根本没有教材,课堂上总是老师讲、学生记。1984年《国际新闻界》连载了'外国报刊史讲授提纲',这是当时全国最早正式刊发的外新史讲授提纲。1985年全国新闻教育学会牵头在黄山召开了'外国新闻事业教学研讨会',有14个学校的主讲老师参加,由张隆栋老师主持。会议经过讨论,对课程的名称、地位、教学目的和内容进行了探讨,达成了重要共识,并推举由我来执笔形成了一个会议纪要。我从1984年开始讲授这门课程,以后编写了多本教材,直至2006年彻底退出为止。"

纵观张允若的学术生涯,他在外国新闻事业史方面的成就的确是最多的。从自学考试大纲,到自学考试统编教材,从普通高校新闻专业适用的国家级教材,到供学生自学考试使用的题库、练习册,张允若虽然自称是"踩在前人的肩膀上攀登",但作为早期课程建设的参与者,他是功不可没的。而对于此,张允若还有着殷切的期待:"我希望年轻的后来人,能够把国外可资借鉴的东西研究得更充分一些,在研究历史的基础上进一步探讨新闻事业与政治权力、新闻事业和经济实力之间的相互制约和互动关系。要有新的视角和新的方法,通过研究历史,更好地揭示新闻事业内部和外部的发展规律。我已经力不从心了,但是这方面的研究是永无止境的,长江后浪推前浪,我相信年轻的后人一定会做出比我们更加辉煌的成绩来"。

"我们面临着保守思想的阻力"

实际上,无论是新闻理论、传播学,还是外国新闻事业史,每一步的前进都并非是一帆风顺的。"在这些过程中,我们遇到了许多阻力,经历了许多斗争。这些阻力主要是来自于保守势力,来自于僵化的保守思想。特别是传播学,有人总把它视为资产阶级的理论,加以歧视甚至批判。至于外国新闻史的开设,尽管阻力没有传播学那么大,但也并非没有,主要表现在：一是有些系的负责人不重视，认为业务课才是真本事，重业务、轻史论。二是教学思想仍然受到'极左'观念的干扰，讲西方总是批判当头，对共产国际和苏俄总是一味膜拜。所以，在教材编写和讲授过程中，思想斗争也是不可避免的。新闻学理论研究也是这样，经常碰到干扰或者是抵制，说这些研究不符合毛泽东思想，那些不符合阶级斗争学说等等。"有关于此，张允若还专门举了几个例子：

"1985年，复旦大学新闻系牵头搞了一个传播学研讨会，并且请了一些外国专家过来，结果开完会后，与会的我国学者被要求留下来集体'消毒'，要对外国专家的资产阶级观念进行批判，肃清影响、肃清流毒。当时传播学一直被认为是资产阶级的成果，不是真正科学的东西，直到后来才慢慢地摆正了它的学科位置。"

"至于外国新闻事业史，建国之后一直没有开设这门课程，我们除了长期讲解苏联的新闻事业和党报理论之外，对其他国家的情况介绍几乎是没有的。"张允若不无感慨地说，"实际上涉及到苏联，我们的总结也是远远不够的。1991年苏联解体到现在已经二十多年了，他们的学者对自己的历史已经研究得比较深了，连俄共中央书记都认为苏联之所以解体，是经济垄断、政治垄断、思想意识垄断带来的后果。可是我们有人还在只为苏联的解体惋惜，却不去深入研究苏联体制的教训，包括新闻事业方面的教训。"

不仅如此，张允若还略带激动地回忆起了当年他参与过的中国新闻理论界的几场重大论争。"1998年，复旦大学的《新闻大学》发表了时任中国社会科学院新闻研究所所长喻权域的长篇文章《对新闻学中一些基本问题的看法》，引起了许多学者的质疑。姚福申、陈力丹（笔名李位三）、孙旭培、刘建明和我等人先后在同一刊物上发文，对喻文在理论上的错误和逻辑上的混乱表示异议。这场论争涉及了新闻学中的许多重大问题，例如新闻的定义、新闻的商品属性、党性和人民性、新闻自由、新闻体制等等，对澄清观念、明辨是非、推进我国新闻理论研究具有重大意义，但因遭到外来干预，没有能够充分展开。《新闻大学》在发表了五位学者的质疑文章和喻权域的强词辩解后就被迫中止了进一步的讨论。"

对于这一段历史，张允若的话显得意味深长："近代以来，我国新闻传播领域始终存在着民主和极权、自由和控制之争。20世纪40年代以前，新闻自由的口号是很响亮的，它是中国人民争取民主自由斗争的重要组成部分。可是新中国成立后一段时期以来,新闻自由之说被作为资产阶级的东西打入了冷宫。其原因有很多:有的人将其视为异端,不愿或不让别人谈论;有些人为保生存,避而远之,不敢谈论;有些人心里明白,但觉得无力回天,说也白说;当然,也有些人不事张扬,默默地为人民的民主和自由努力着,并且做出了许多牺牲。说到底,新闻理论界的许多命题是与社会责任息息相关的,比如新闻自由,只有出于高度的社会责任感,才会有对它的真正渴求;只有从国家和社会的进步着眼,才会有对它的勇敢追求。由于时代和历史的原因,我们国家的新闻传播学研究与教学,都是在破除重重阻力的过程当中前进的。并且在不同的时期,这种阻力还会以不同的形式和面目存在,甚至还会持续相当长久的时间"。

"绝不应该为研究而研究"

尽管如此,张允若老师还是不无欣慰地谈道,"现在看来,这几门课程在三十年间都有了很大的突破和发展。首先,它们的学科地位已经得到了正式的肯定,传播学已和新闻学一起并列为一级学科,许多学校都设立了传播学的硕士点或博士点。外新史也被公认为新闻专业的必修课和基础课,它的重要性已得到广泛的肯定。其次,传播学已由引进、吸收、消化而进入了自主创新的阶段,人们正在为创建中国自己的传播学而努力。同时,外新史的教学和研究水平也有了很大的提高。现在这两门课程都有了较为成熟的教材,还有了一定规模的师资队伍,其中有些人直接在国外学习过、考察过,这些都是可喜的现象"。

不过,张允若语重心长地指出,"我认为需要注意的问题是,讲授和研究这几门课程都不能脱离现实,都必须为推进和改革我们当今的新闻事业服务。我认为,传播学研究要反对从概念到概念,甚至故弄玄虚、捣弄概念的学风,要反对钻进象牙之塔、满足于创建新名词、炫耀新花样、发明种种并无实际价值的'新理论'。传播学研究也不能满足于那种只研究传播策略和手段以便为特定的政治目的或商业需要服务的做法,这是雇佣文人的实用主义研究。要加强对传播体制、传播思想的研究,要研究传播怎样免遭权势的控制、怎样有助于社会的变革进步、良性运行。外新史研究,更要重视总结和探讨新闻事业发展的内部规律、新闻事业和政治经济的互动规律,以史为鉴,古为今用,外为中用,用历史的经验教训,来推动现实的新闻改革和政治改革"。

"对未来新闻传播领域的教学和研究，我总的希望是要加强和社会现实的联系。不管是论、是史，绝不应该为研究而研究，不应该脱离现实去作纯理论的研究、去做无聊的概念游戏。当今的中国正处在历史发展的关键时期，在大众传播领域、在新闻事业领域，有许多值得关注、值得研究的问题，有待我们去思考、去破解。我们要增强社会责任心，以天下为己任，让我们的教学和研究切实推动现实的变革和进步，为实现政治民主、社会公平、人民幸福、国家富强的中国梦，切实贡献力量。"

"我们做了这代人该做的事"

当被问及如何评价同时代的学者对新中国新闻传播学领域的贡献时，张允若略微停顿了一下说："这是很重要的一代，我们做了这代人该做的事"。

"我们这一代新闻人，同这一代大多数知识分子一样，历尽沧桑饱经磨难，从而形成了一些共同特点。一般来说，这代知识分子都受过优秀的传统文化的熏陶，也都受到过民主革命思想的洗礼，多数人怀有远大的理想和抱负，追求政治民主、社会公正、人民幸福、国家富强；多数人具有较强的社会责任心和较高的道德操守，执着地追求真理，愿为国家和人民尽责效力。我们以无比的热情迎接了新中国的成立，在受尽折磨历尽坎坷之后，又认真地帮助党和国家总结教训，拨乱反正，寻求正确的前进道路。几十年间，新闻教学和研究领域是'极左'路线的重灾区，先是全盘苏化，照搬苏联党校的全部理论和资料；后来是阶级斗争为纲，最后发展到全部下厂下乡，正常的新闻教学和研究全部中断。进入改革开放时期以后，这一代新闻人破除了'极左'思潮的桎梏，破除了'新闻无学''新闻就是政治'等谬论流毒，几乎是在一片废墟上重建了新闻学的理论体系和教学体系。所以，我国当代的新闻学基本上是在拨乱反正之后起步的，而我们这代新闻人，实际上为我国社会主义新闻学的建立和发展，发挥了重要的奠基作用。我本人有幸成为这代新闻人中的一员，参与了重建我国新闻学和新闻教学体系的工作，在继往开来、共同探索的过程中，在互相交流探索中贡献了自己的一些见解和绵薄之力。"

张允若曾经在他的文集里写下过这样一段话："我自问体内还有点中

国进步文化的基因,血管里还流淌着中国正直文人的血液,哪怕再苦再难,也要做个具有良知的知识分子、做个具有社会责任感的文人,以回报养育了自己的社会和人民"。这是一个历经苦难的老人在回忆自己人生轨迹时依旧无悔的独白,也是他在付出了"沉重的代价"过后,始终执着坚守的寄托。正如苏珊·桑塔格所说,"人经历了苦难便获得了话语权"。这其中的分量,沉甸得令人敬畏。

张允若告诉我,退休以后,他在好几个网站上开设了专栏博客,并且将注意力从学术研究转移到了历史和时政问题上。

"是因为历史问题不研究好,现实问题就解决不了吗?"我问。

"对,不反思历史,就无法推动现实向正确的道路前进",他答道。

【张允若简介】

张允若,1935年出生,江苏海门市人,浙江大学新闻与传播系教授、博士生导师。1953年毕业于复旦大学新闻系。主要著作有《西方新闻事业概述》《外国新闻事业史》(全国高等教育自考教材)、《外国新闻事业史教程》(普通高校"十五"国家规划教材)、《张允若新闻传播文集》《追梦与反思》等。发表新闻和传播领域论文150余篇,译文10万字。在多家网站设有专栏或博客。

赵玉明：教师是我一辈子的身份[*]

赵玉明，这位生于旧中国，长在红旗下的古稀老人习惯称自己为"十七年一代"[①]的知识分子。"十七年"，正是这段浓缩了一个时代苦乐的特殊历史时期，造就了那一代人的集体面孔：乐于服从，甘于牺牲，兢兢业业，任劳任怨。他们对工作有着炽烈的事业心，对国家有着强烈的责任感。更重要的是，他们受缚于时代，又感恩于时代。在他们的个体命运中，映衬着家国命运的流变轨迹，烙刻着历史造就的集体情怀。简单地说，他们是时代的产物，也是时代的信徒。

"我们这代人的特点就是服从分配"

1936年，赵玉明生于山西汾阳的一个农村，父亲早年在天津经商，40年代初，全家人迁往了天津。"到天津大概是1942年，在我六七岁的时候，我是在天津上的中小学。我的小学过去叫天津私立第一小学，现在这学校已经没了。初中也是一所私立中学，叫通澜中学，然后考上了公立的天津三中。三中是一所百年老校，当时在红桥区铃铛阁。我在天津住过的几个地方，基本上都是围绕着鼓楼，先在南门里，再在东门里，最后在北门里。现在我们家的旧址找不着了，初中也找不着了，高中还有，但不在铃铛阁，已经迁新址了。"时至今日，赵玉明对天津的许多地界都记忆犹新、如数家珍，"我的中小学都在那儿念的，我可以算半个天津人了"。

因为父亲生病的缘故，没过几年，家人又从天津搬回了老家，只留下

---

[*] 本文撰写于2013年。
[①] 指中华人民共和国成立（1949年）至无产阶级"文化大革命"前（1966年）这一段特定历史时期。

赵玉明一人在天津上学，直至 1955 年高中毕业。"高中毕业的时候准备报考大学，我当时学习还可以，文科理科都凑合，我们的班主任是语文老师，希望大家学文科，所以我就报了中文系。"因为老师的影响，赵玉明一口气填报了北大中文系、南开中文系和北师大中文系三个志愿，并最终被北大中文系顺利录取。谁知报到以后，赵玉明又面临了一个抉择："北大中文系有三个专业：文学、语言、新闻，我们必须再报专业。当时我第一不知道新闻专业学什么，第二觉得自己一口天津话，语言专业肯定不行，所以我报的是文学专业，但最后我还是被分给了新闻专业"，说到这里，赵玉明非常感慨，"我们这代人的特点就是这样，让干啥干啥，让到哪到哪，大家都服从分配。就这样，我成为了北大中文系新闻专业 55 级 2 班的学生"。

赵玉明对北大求学的那段经历记忆犹新："当年北大中文系大概招了 200 多人，新闻专业一共三个班，一个班 30 多人，占了将近一半。那时候我们的老师有甘惜分、方汉奇、张隆栋、郑兴东、何梓华，还有去年去世的罗列。1958 年 6 月，北大新闻专业和中国人民大学新闻系合并，罗列老师带着我们全体师生从北大燕园搬到了铁狮子胡同 1 号，也就是早先人大在城内的校址，现在叫张自忠路"。赵玉明说，"因为人大新闻系 1955 年招收了第一届学生，我们在北大也是 1955 年入学，所以 1959 年，我们又成为了中国人民大学新闻系的第一届毕业生"。特殊的年代造就特殊的轨迹，从 55 级的北京大学新生到 59 届的中国人民大学校友，赵玉明的新闻求学之路折射的是新中国新闻学学科建设的坎坷缩影。他回忆说，1998 年北京大学百年校庆的时候，他们这批同学也收到了来自北大校友会的邀请，成为了"北大加人大"校友，而能够得到两所著名学府的共同承认，他感到由衷的荣幸和自豪。

如果说北京大学的求学经历给赵玉明打下了新闻学史论基础的话，那么在中国人民大学所经历的则是理论与实践的结合与反思。"在人大印象比较深的是安岗老师，他当时是《人民日报》副总编兼新闻系主任，给我们讲新闻业务课。我们到人大时正赶上'大跃进'，课上得零零星星，主要就是实习。1958 年夏天，我到当时还在天津的河北日报社实习，10 月份又到了山西日报社，实习半年多后我们就面临毕业分配了。"

赵玉明继续说道，"那时候毕业分配也可以填志愿，但我印象当中大家的第一志愿都是服从分配，没有人在第一志愿中说我要上哪儿，只是在第二、第三志愿才填自己的想法。我们都不知道自己最后会去哪儿，等待分配的时间是最难熬的"。

1959年夏天，一辆大车把包括赵玉明在内的中国人民大学新闻系十几个毕业生拉到了他们未来的工作地点。一座五层的灰楼，两个篮球场大的院子，这就是中央广播事业局刚刚兴办的北京广播学院。而这个位于复兴门外的旧址，现已改建为中国广播电视音像资料部，也正是从这里开始，赵玉明跨越半个多世纪的教学人生拉开了大幕。

"我这辈子没离开广院"

1959年4月，经国务院批准，以1954年的中央广播事业局广播技术人员训练班为基础开办的北京广播专科学校正式升格为北京广播学院，开启了本科办学层次的新里程。刚刚大学毕业的赵玉明成为了这个新兴院校正在组建当中的师资队伍里的一员。

"北京广播学院本身条件并不算好：就师资来讲，不论是广播局来的老师还是我们这些应届生，几乎都没有授课经验；就设备条件看，也非常简陋，跟现在没法比"，赵玉明回忆道，"当时北京广播学院要办新闻系、无线系、外语系，其中新闻系的业务课准备靠我们这十几个人大新闻系的应届毕业生来承担。报到后不久，新闻系领导就问我们，有编辑、采访、理论、历史，这几门课你们愿意上哪门，可以表个态。我当时想，我这个人比较喜欢历史，三国水浒这些历史小说很喜欢看，在人大也学过方汉奇老师讲的报刊史。至于理论，我觉得比较深奥，编采业务又没做过。所以我就说我愿意讲广播史，这样我就到了广播史教研组。当时北京广播学院新闻系的老师一半是我们这些应届毕业生，一半是中央广播局的老干部、老同志，我们就跟着这些老编辑和老记者们，一边学习一边备课，一切都是从头开始"。

为了给59级的学生讲好广播史课程，赵玉明再次回到母校去旁听报刊史的课。"听了报刊史，照猫画虎，再准备广播史，因为那时候广播和报纸虽然工具不同，但宣传内容是一样的，讲课的大框架也都是一样的。"不仅如此，赵玉明还饶有兴致地回忆道，"我们最早的广播史课是'三老带一小'，就是把广播史分成四段，三位'老广播'分别讲三段，我再讲一段。到第二年给60级上课的时候，四段变成两段，我讲其中的两段,另外一位老同志讲两段。再到后来,就我一个人讲了。"

显而易见,赵玉明起步艰难的教学经历也是新中国第一批广播电视学教师集体故事的缩影。值得回味的是,在其后的几十年时间里,伴随着中国广播电视学科和广播电视教育事业的发展壮大,赵玉明也逐渐从一个初出茅庐的大学毕业生成长为了广播电视学的教授,慢慢从一个蹒跚学步的青涩教师走上了本系以及学校广电教学科研的领航之路。而这半个多世纪的跋涉所凝聚起来的,既是无数个个体命运的酸甜苦辣,更是整个新中国广播电视教学科研事业的起转腾挪。

60年代末,"文化大革命"风暴中的北京广播学院被"四人帮"一伙污蔑为"黑基地",全校师生被迫迁往河北保定的望都县农村进行"斗、批、改",赵玉明也在这段时期跟随着大家一边拿镰刀,一边喊语录。"70年代初,北京广播学院在'试行停办'声中下马,停止招生将近十年。学校解散后,我们到干校劳动改造,一般人基本在干校待了三四年,直到北京广播学院恢复后才回来。而我只待了两三个月就回来了。"回忆起那段经历,赵玉明一直觉得自己非常幸运。"1970年11月初,中央广播局因为要筹备延安广播历史展览,所以紧急把我从五七干校调回北京。一年以后,展览告一段落,我打点行李准备返回干校,但没想到组织又分配我去中央人民广播电台新闻部上班,我参与了报摘、联播节目的编辑工作,干了将近一年半有余。"

1973年春,历尽低谷的北京广播学院恢复招生,赵玉明从中央台又回到了当时百业待兴的广院,一边修整校园,一边迎新备课。"文化大革命"结束后,学校工作逐步转入正轨,赵玉明也渐渐迎来了他事业的发展:1979年,他成为了北京广播学院第一批硕士生导师;1983年晋升为副教授;1984年调升为新闻系副主任,后历任代主任、系主任;1988年晋升为教授;1989年3月,经民主评议,出任北京广播学院副院长,至1998年2月离职;1999年,赵玉明成为了北京广播学院的第一批博士生导师,招收新闻学专业中国广播电视史研究方向的博士生;2004年,他又随着学校博士后科研流动站的建立担任了流动站的合作导师。"1988年我晋升为教授时已经52岁了,这在当时还算比较年轻的,和现在30多岁的优秀青年教师即可晋升教授比,简直不可同日而语。"赵玉明事业推进的每一个足迹,几乎都折射了北京广播学院事业发展的步履从容以及不同时代背景下的个体与环境的特殊。

"笼统地说，我教了三十年本科生，二十年硕士生，十几年博士生，前后已经五十多年了。艾红红是我的第一个博士生，是方汉奇老师的第一个博士后。郭镇之是我的第一个硕士生，是方老师的第一个女博士，我都在给方老师送人才"，赵玉明不无骄傲地笑道。

正如他所说的，从1959年走上北京广播学院本科教学的讲台，到1979年招收第一位广播史方向的硕士研究生，再到1999年招收的第一位广播电视史方向博士研究生，年逾古稀的赵玉明如今已然桃李天下，然而他最念念不忘的却是自己不改初衷、坚守如一的三个"没离开"："我这辈子没离开广院，没离开广电史，没离开学生。"他说得淡然，却令人动容。

"我为学校办了几件实事"

赵玉明说，"'十七年一代'的知识分子最怕的就是名利思想、个人主义。'文化大革命'前，凡是涉及这些问题，严重的就会被批判。所以那时候评职称，一般来讲你给我什么就是什么，不给我也就算了。很多老同志按说应该当教授了，可是在当时的政治环境里，有人会觉得教授都是资产阶级，所以给都不要。'文化大革命'前新闻系没有教授、副教授，只有两个讲师，到'文化大革命'后他们才开始评"。赵玉明接着介绍，"还有一个就是那时候总在不停地搞运动，大家写完了东西不敢印出来，怕被批判。所以实际上我们这代人还是我刚才说的，让干什么就干什么，不让干就不干。直到80年代初，我组织征集的许多广播回忆录，编印的教学参考资料，无论内部出版，还是公开出版，署名都是'北京广播学院新闻系'，起码在名利思想上可以避嫌。在这样一个政治环境下，我们这代人都比较谨言慎行，写东西也比较慎重，同时也对学术研究形成了一个无形的束缚"。

特殊的年代造就了这一代知识分子特殊的价值观和荣辱取舍，随着时间的推移，政治环境的变迁虽然给他们带来了思想的解放，但集体主义的工作作风和务实低调的行事风格却依旧延续。"有人评价说我们这代人的思想解放是在77级学生的带动下开始的，我觉得这样说有他的道理。"

1980年，赵玉明参与了中国广播史上的一项重要考察，对延安新华广播电台的创建史和中国人民广播事业创建纪念日进行了重新考证。"为了实地考察延安台的早期旧址，北京广播学院组织了以齐越教授为首的调查组，我是成员之一。在温济泽、杨兆麟等几位'老广播'的指导帮助下，我们历时20多天，对延安（陕北）台的编辑室、播音室和发射台等14处旧址分别做了实地考察并撰写了调查报告。"1980年底，中央广播局听取讨论了"老广播"的建议并报中宣部批准后，发出了关于更改人民广播创建纪念日的《通知》，将人民广播事业的创建日从1945年9月5日追溯到1940年12月30日，这个更改可谓意义重大。

基于此，在盛世修史的大背景下，广播事业的历史研究得到了广泛重视。随后，赵玉明组织并参与了解放区广播回忆录的征集梳理，民国时期广播历史档案的搜集考证以及多份广播历史书刊的编印工作，为继承并弘扬中国人民广播事业的光荣传统提供了丰富的教材。

1989年，赵玉明离开了工作近30年的新闻系走上了北京广播学院的领导岗位担任副院长，直至1998年，62岁的他才"超期退役"。恰恰是在这9年中，北京广播学院的整体面貌和办学水平发生了翻天覆地的变化，一转70年代的颓势，渐渐发展成为了一所培养广播电视专业人才的重镇学府。赵玉明回忆道，"9年的时光，3000多个日夜，忙于日常的教学科研行政事务，个人经历的酸甜苦辣，实在是一言难尽。但值得认真回忆的也就是几件或是自己首创或是参与较多的实事"。

1989年，经赵玉明负责筹划，中央三台在广院设立奖学金，用于奖励优秀师生，这是广院第一个社会性的奖学金。除此之外，浙江《改革月报》社、山东滨州九环集团公司、北京星光集团等等先后在赵玉明的联系和促成下在北京广播学院设立奖学金，在校企之间实现了双赢。

1989年，赵玉明开始分管《中国广播电视年鉴》日常工作兼任副主编，在较短的时间里，赵玉明与编辑部同志合力解决了《年鉴》出版经费困难的问题，不仅实现了扭亏为盈，更提高了《年鉴》质量，为按期保质出版奠定了坚实的物质基础。

1993年，赵玉明负责筹建北京广播学院董事会并出任副董事长（常务）兼秘书长，负责董事会日常工作。短短几年时间，董事会完成了近千万元的基金筹措，为学院管理体制改革的推动和深化做出了切实的贡献。

1996年，赵玉明基于广电部未在所属高校设立部级科研立项和部级科研奖励的情况，在学院的支持下起草了《关于全国哲学社会科学"九五"规划工作暨项目评审会议情况汇报——兼谈对我部设立高校科研立项和奖励的建议》，为学院缓解了科研水平总体较低，成果较少，以及难以获得部级科研立项和奖励的难题。

更为重要的是，作为学院分管科研工作的校领导，赵玉明在任期间非常重视广院图书馆的建设问题，多方筹措图书资料经费，初步改变了图书馆经费紧缺的局面，为北京广播学院的长远发展造福铺路。

赵玉明说，"这些事情的促成不是谁想弄就弄，不是一个人的力量。一个人可以号召，但是事情要办成，需要大家一起努力"。他所说的，确是肺腑之言。但无论如何，在北京广播学院事业发展如火如荼、办学水平蒸蒸日上的时代，赵玉明既是这个艰难过程的见证者，更是这项系统工程的参与人。而在他们卸下重任，安享晚年的今天，中国传媒大学实至名归的闻名国内和载誉世界便是对这些老一辈创业者们最好的回报。

"要有所为，有所不为"

与国内很多知名教授所不同的是，赵玉明50余年的教学生涯中亲自招收并培养的硕士、博士以及合作的博士后从数量上看并不多。前后算起来，总共带了10位硕士，12位博士，以及3位博士后。

"我是从1979年开始招收硕士生的，那时候还在新闻系。担任校领导后，虽然还在招硕士生，但基本就是毕业一个招一个，因为多了也带不过来。"1999年开始招博士生之后，赵玉明就不再招硕士生了，三年带一个学生的工作量让他在三十余年的导师生涯中实现了"有所为，有所不为"的精力分配，兑现了"少招生、勤交流、严要求"的工作方针，而这样的原则也为他日后为传媒大学实现"全国百篇优秀博士论文"评选这一零的突破埋下了重要的伏笔。

"薛文婷是我的博士研究生，2010年，她的博士论文《中国近代体育新闻传播历史研究（1840—1949）》被评为全国优秀博士论文。这是自1999年全国百篇优秀博士论文评选以来，传媒大学第一次获得这项殊荣。我也因此获得了教育部、国务院学位委员会颁发的'全国优秀博士论文指导教师'荣誉证书。其实这个全国优博的产生，绝非我个人之功，但要说几十年来指导学生的做法和体会，我也乐于分享。"

赵玉明认真地说道，"教书这项工作需要严肃认真地对待，同时治学应当严谨，对待学生必须要求严格。要培养出一个优秀的人才，从选才就必须开始，但我觉得给学生提供宽松的环境、给他们提供优厚的条件更加重要。现在有不少学校在选拔人才的时候要求本科非得'211'不可，我觉得这其实是缺乏从实际出发考核真正人才水准的表现，也是不足取的。自古英雄不怕出身低，我们对学生应当尽量做到宽进严出"。

"论文的选题需要根据学生的处境和时代的机遇综合考虑。比如说薛文婷，她之所以写体育新闻史是因为硕士毕业后到了北京体育大学体育传播系任教，博士入学前后又正好赶上北京奥运会前夕，全国都有一个体育热，在这样的背景下最终定下了这个选题。"赵玉明意味深长地说，"确定研究选题既要适合自己，又需要有创新的价值，既要扬长，也要补短。对于我们老师而言，更要看到学生各种各样的局限性，想方设法为他们创造条件"。

在薛文婷撰写博士论文的过程中，赵玉明帮助她积累史料、扩展视野、打开思路。"我专程拜访了她的系主任，我当时是中国新闻史学会的会长，提议以中国新闻史学会名义与体育大学共同召开一次学术研讨会，这就是2007年12月在北体大举办的'奥运传播暨体育新闻传播史研讨会'的由来。薛文婷也尽心竭力地筹备了这次研讨会，会后参与主编出版了50万字的研讨会论文集。而所有这些都为她撰写论文、多方收集史料打下了良好的基础，创造了'为一篇论文，开一次研讨会'的特例。"

赵玉明的心血没有白费，薛文婷在恩师的指导和自身的努力下最终完成了一篇公认的佳作，更帮助母校在"十一五规划"的最后一年，实现了全国百篇优博的重大突破。令人起敬的是，赵玉明将学校奖励给他个人的三十万元奖金设立了一个"赵玉明教授研究生奖助学金"，专门奖励传媒大学新闻传播学专业的优秀研究生。"这是全校共同努力的结果，没有博士点，不可能有百优，没有众多老师们的合力指导，也不可能有最后这个成绩。用奖励所得设立一项奖助学金也是我对社会和学校的感恩回报，因为我上北大的时候也曾享受过助学金的资助。"

"学术没有争鸣讨论，就不能发展"

在赵玉明几十年耕耘的学术旅途中，有一个话题很少有人问及，而眼前的这位老先生却举重若轻，并不避讳，那就是关于学术争鸣的问题。

赵玉明说，"中国广播电视史是一门新兴学科，特别是对中国早期的广播史，有不同的见解和观点是正常现象。就有关问题展开讨论、争鸣也是必要的，没有学术的争鸣和讨论，学术研究也不能发展，但是我们今天对学术讨论一定要吸取过去的教训"。

"'文化大革命'前特别是'文化大革命'中的学术讨论都变成了政治批判，同意我就是革命的、爱国的，不同意我就是反革命的、卖国的，这很可怕。改革开放后学术讨论奉行不扣帽子、不打棍子、不装袋子的'三不原则'，这才慢慢回归正常。但现在的有些学术讨论还有泛政治化和情绪化的倾向。我认为学术讨论应该是摆事实、讲道理、以理服人。不能先有主观臆断，再找客观印证，也不能先有臆想结论，再寻找论据支持。总之，作为争鸣的一方，我可以不同意你的观点，但是我尊重你表达和坚持自己观点的权利。"

南京财经大学新闻学院教师刘泱育曾经写过一篇文章专门论述老一代知识分子处理学术争鸣的做法和态度，而他所用的"理"与"礼"两个字也恰如其分地概括了前辈们在这个问题上的典范价值。"正常的争鸣讨论我是支持的，否则学术发展就没有前途"，赵玉明如是说。

正是怀着对中国广播电视史学研究的一片赤诚，从教从研半个多世纪的赵玉明为中国广播电视学留下了一笔笔财富。1987年，他撰写的《中国现代广播简史》出版，被著名新闻史学家方汉奇教授评价为"填补了中国广播史研究的空白"。1989年，他主持编纂我国第一部广播电视专业辞典《广播电视简明辞典》问世，并于1999年由他主持增订后更名为《广播电视辞典》再次出版。1994年，他主持编纂并出版了我国第一部广电专业百科全书——《中外广播电视百科全书》。2004年，由赵玉明担任主编及主要撰稿人的《中国广播电视通史》正式出版。2012年，他主持完成了本校广播电视研究中心立项的教育部人文社科重点研究基地重大项目——《广播电视学学科体系建设研究》，对广播电视学的学科地位和架构等提出了比较系统、完整的见解。

时至今日，著作等身并已功成身退的赵玉明把学校颁发给他的"中国传媒大学突出贡献教授"奖牌摆放在书柜正中最高的位置，他解释说史学家他不敢当，校长、院长也都是暂时的，唯有教师这个身份是一辈子的。"我是学校的第一批博导，我们这批有八个人，70岁退休的时候，学校给了每人一个突出贡献奖，虽然没有奖金，但却是我们这些人从教一辈子的最好纪念。"值得一提的是，2013年是中国高等教育学会成立的第三十个年头，学会常务理事决定对从事高教工作逾三十年、对高等教育事业做出过重要贡献的三十位学者进行表彰，赵玉明教授成为了新闻传播学委员会中唯一获此表彰的人员，这也是国家、社会、时代对这位老教师致以的崇高敬意。

　　对赵玉明先生的访谈和梳理一直弥散着浓浓的年代感，这当然与我们相隔近半个世纪的人生阅历有关。但透过他身上所有在特定时代中涵养出的情怀和坚守，老人学术人生的年代感让我在细密捕捉之余，也愈发地感到敬重。老先生说自己现在还退而未休，对新闻教育事业的发展和新闻人才的培养一直保持着密切的关注，对于身后已然留下的车辙和财富，他淡然地表示："我们这代人做了一些基础性的工作，广播电视的史学研究没有止境，下一代人的任务就是思考怎样培植采摘创新成果，这是个大有可为的时代，你们必将大展宏图"。

【赵玉明简介】

　　赵玉明（1936—2020），山西汾阳人，中国传媒大学教授、博士生导师，中国新闻史学会名誉会长。曾任国家新闻出版广电总局《中国广播电视年鉴》主编，中国传媒大学广播电视研究中心顾问，主要从事中国新闻史、中国广播电视史教学研究工作。1992年起，享受国务院政府特殊津贴。代表著作有《中国广播电视通史》（主编兼主要撰稿人）、《中国现代广播简史》、《中国广播电视史文集》（两集）、《声屏史苑探索录——赵玉明自选集》。主编有《广播电视简明辞典》《广播电视辞典》《中国广播电视人物辞典》和《中外广播电视百科全书》等。主持征集、编选《中国人民广播回忆录》（四集）、《延安（陕北）新华广播电台回忆录新编》等。

曹璐：时代变革中感悟新闻教育[*]

曹璐的身上仿佛有一种含而不露、引而不发的力量，这是在她宽和冲淡的人生故事中流露出的别样滋味。作为新中国历史上的第一批广播教育工作者，她见证和参与了中国广播教育事业的起步与发展，艰辛与成就。特殊的历史年代造就了她"理想主义"的求学时光，也让她在其后复杂多变的政治风云中逐渐学会了"理性"与"建设性"的思维。半个多世纪以来，她享受着"广播"与"教师"这两大事业方向所给予她的力量："我从事的正是我所喜欢的，这就是人生的难得"，曹璐感恩并且珍惜。

令人难忘的是，从物质贫乏、政治动荡、辗转颠沛，甚至一度停课复课的年代中一路走来，曹璐却几番感慨"赶上了教育最好的时代"，这位七旬长者的肺腑之言不禁引人深思她对于教育之"最好"的理解。在她的心目中，最好的教育不是鳞次栉比的大楼大厦，而是静水深流的大师大家；不是高高在上的师道尊严，而是温情隽永的师生情谊；最好的教育，是对学子的接纳与成全，是对人性的包容和悲悯，是自由开放的精神涵养，是知行合一的理念导向……简单地说，透过她的娓娓道来，最好的教育便是最本色的教书与育人。

也正因如此，曹璐在她几十年的广播教育生涯中，身体力行着她言犹未尽的诠释与追求。历经知人论世的岁月年华，她淡然地为自己总结道："我就是一个当老师的料，就是一个喜欢广播的人"。

从北大到广院：新闻教育事业的起步阶段

"我是1952年来到北京上高中的，当时叫女二中（北京市第二女子

---

[*] 本文撰写于2014年。

中学），现在叫东直门中学。我高中的时候为初中生做了两年半的少先队辅导员，后面还被评为北京市优秀辅导员。因为这段经历，高中毕业的时候，我们的团委书记建议我报考学前教育专业，所以我原本第一志愿填的是北京师范大学教育系，第二志愿才填的是北京大学中文系。后来班主任说我这样填不行，得把两个调过来。就这样，我被北大中文系录取了。我们班当年考上清华北大的同学，大概有十多位。"曹璐回忆说，"我们那时候的年轻人，都是受理想主义教育长大的，从刘胡兰到卓娅舒拉，对革命英雄主义充满了美好的向往和崇拜。我高中的班级还是以英雄来命名的'保尔班'，每天早晨，我们都要念保尔的那段誓言：人的一生应当这样度过……虽然还没有经历到文革，但是已经很有仪式感了，我们就是这样一代人"。

1955年，曹璐考入北京大学中文系新闻专业。回忆起在北大的求学经历，她说道："在北大的三年还是很塑造我的，我喜欢那里开放、包容的文化氛围。进校后不久我们就要分文学、语言和新闻的专业方向，我觉得新闻专业可能对政治素养要求比较高，所以就报了自己喜欢的文学，但后来还是分到了新闻。那时候我们都是服从分配，很简单。按照北大新闻专业的课程安排，前两年新闻专业与语言文学专业合并上课，所以我当时有幸聆听了一批大师级学者的课程，包括高明凯、王力先生的语言学；游国恩、吴组缃、王瑶、林庚先生的文学史课；林涛先生的现代汉语课等等。我现在还记得老先生们上课时的情景：黑板上墨宝般的板书强劲挥洒，每位先生独具个性的话语表达和手势动作，课堂形成一种特有的气场。有些先生的方言较重，大家格外认真听课记笔记，努力追赶着课堂的速度和节奏，从中感到老先生们的深厚学养给莘莘学子带来的启迪和力量。北大新闻专业的课程也颇具特色。方汉奇先生的报刊史，几张卡片就把新闻史中的人物、事件、背景、意义讲得深入浅出，通透精辟；甘惜分先生的新闻理论，尤其是对报纸党性的讲解颇具棱角；蒋荫恩先生的报纸编辑，引用《人民日报》的版面、标题、评论做案例分析，还介绍英国《泰晤士报》《卫报》的版面标题、排版方式等。这些对于我这个缺乏社会实践、未能突破高中生式学习的人来说，都是一种全新的启发，从中也体现了50年代新闻教育的开放、包容和专业化的学理特色。这些不仅是专业课程的学习，也是一种专业精神的启蒙"。

1958年，被誉为中国新闻学和新闻教育摇篮的北京大学新闻专业被合并至中国人民大学新闻系，正值大学四年级的曹璐也随着院系的调整，成为了中国人民大学的一员。1959年7月，曹璐从中国人民大学新闻系毕业，和十多位人大新闻系毕业生一起分配至北京广播学院（现中国传媒大学）任教，从此开始了她终生学广播、教广播的教师职业生涯。

曹璐回忆说，"建校初期的北京广播学院校址在北京复兴门外木樨地附近，一座五层灰色的办公楼，和北大、人大相比，显得有点简陋。教室、办公室、宿舍、食堂、图书馆、实验室都在这幢灰楼中，好处是相对紧凑、灵活。虽然是百业待兴，但是北京广播学院从开办之日起就体现了鲜明的系统办学优势和广电学科特色。分到北京广播学院，我觉得还是挺幸运的"。

曹璐介绍道，"在我的印象中，北京广播学院的办学特色主要有这样几个方面。其一，学院决策层具有丰富的广播实践和管理经验，不仅是系统办学，也是内行办学。第一任院长周新武是解放前的老大学生、中共地下党员，参加过'一二·九'抗日学生运动，还做过多年的部队和地方宣传教育领导工作。解放后，他是第一任华东电台台长、上海电台台长。担任副院长兼新闻系主任的左荧也是一位'老广播'，是延安新华广播电台对国民党军广播的主管。解放后，他担任了广播事业局地方广播部主任、国际联络部主任，60年代他主持广播系统的录音报道研讨会，发表了《谈录音报道》（见《广播业务》，1957年第9期）一文，其中对录音报道的界定、音响要素、真实性原则等进行了规律性的梳理。这些论述至今仍是广播听觉文本规律研究的奠基性论述，也对我产生了很重要的影响"。

"其二，学院非常重视专业教学基础建设和师资队伍培养。新闻系建系初期就组建了新闻理论、新闻史、新闻编采业务等教研室，教研室骨干大多是来自广播一线的'老广播'。当时，被错划右派的一批专业人才也调进了广院，承担了重要的教学任务，在新闻系初建时期他们成为智库型教学资源。比如原广播事业局副局长温济泽，他曾经在自述中提及：'在这几年中，我又向系里建议开设两门新的课程，一门叫做《政策讲座》，聘请了党政机关有关负责人如吴晗等人来校讲课。还有一门叫做《社会知识》，组织同学们到工厂、农村参观，到新闻单位实习，使教学密切联系实际'"，曹璐介绍道。

值得一提的是，当年刚刚参加工作不久的曹璐正好担任了温济泽所承担的《政策讲座》与《社会知识》两门课程的助教，温济泽的呕心沥血与言传身教带给了曹璐一生难忘的影响，也因为这段经历，曹璐将温济泽称为"永远的老师"。曹璐继续说道，"《政策讲座》和《社会知识》两门课程为学生提供了开放的课堂，调动了同学们专业学习的积极性、创造性。很多年后一位校友还回忆说：'母校和老师给我们安排的课程尽心而实际，尤其令我难忘的是《政策讲座》和《社会知识》课，当时真的没有想到，许多内容和感悟使我们受益如此久远，乃至终身。'此外，温济泽老师还先后为新闻系59级、60级、64级、65级同学主讲新闻写作和广播业务课，校友这样评价他的讲课：'温老师讲课能从一点生发出去，纵横驰骋之后又回到原点，让你领略知识和思考的力量。'这位同学将温济泽老师称为'点燃生命之火的人'"。

"其三，新闻系开办之初很重视青年教师的培养，放手给青年教师挑担子，以老带新的方式参加课堂教学和教材基础建设。总的说来，广院的初创期还是做了很多基础性工作的，比如新闻系抽调地方台的'笔杆子'共同编写广播理论、广播史、广播业务的教学大纲，并投入大量精力编辑出版了我党从延安至60年代初有关新闻广播的政策文献和代表性文论。编辑出版了《新闻广播论集》（上下集），编辑了延安时期至60年代初的代表性广播作品选——《广播稿选》等等。今天，这些教材、教案已经变旧发黄，而老院长周新武、老主任左荧以及被学生称为'点燃生命之火'的温济泽老师都已作古驾鹤西去。但是他们传承下来的爱学校、爱专业、爱学生的敬业精神，在50多年后的今天显得更为珍贵。"谈及于此，曹璐非常欣慰。

从"文化大革命"到改革开放：
在时代变革中推动教学科研

"分到北京广播学院，一个是做广播，一个是做老师，让我慢慢对人生、事业和终生选择有了一些感悟，这一点我很感谢北京广播学院。从1959年到现在的这五十五年里，我从事的正是我所喜欢的，这就是人生的难得。"曹璐聊起了时任中央广播事业局局长的梅益。"现在想起来，真是挺佩服那时候广电局的领导梅益。1958年'大跃进'之后，自然灾害、粮食短缺都显出了端倪，国家已经开始出现了经济困难，可就是在那个时候他们居然看到了广播电视发展的前景,这确实是很有远见的。北京广播学院原来只是一个培养技术干部的培训班,后来变成专科学校,再后来升格为一个局属的大学,我想这一批广电局的领导们对广播事业的发展、广播电视队伍的培养,是高瞻远瞩的。同时,因为是广播局办学,所以北京广播学院的系统优势很明显,很重视对政治、政策、国情的了解,重视对社会的认知,这也是国家对广播电视新闻人才培养的定位,体现了它的办学思想。"曹璐谈道,"总的说来,广院的初创期还是做了很多基础性工作的,比如我们整理了从延安时期到 60 年代中央关于广播电视的所有文件,出了厚厚两本有关广播电视的文集,还有延安台和'大跃进'时期的稿选,我们还邀请了地方台一些部主任和笔杆子过来一起编写广播史、广播理论、广播业务的教材,尽管当时都还只是些油印的提纲型材料。另外,经过我们建校初期这几年的培养,也为全国输送了大批广播电视的优秀人才,他们在后来的工作岗位上都成长得非常好。所以说,北京广播学院在广播电视的研究和教育方面确实起步比较早,为新中国的广播电视教育事业起到了奠基性的作用"。

然而,由于特殊的历史原因,初建不久的北京广播学院就在时局的动荡中行进得愈发坎坷。1966 年,部分学生陆续到全国各地进行"大串联"活动。1970 年,中央广播事业局军管小组向中央报送《请求停办广播学院的报告》,全体教职工下放参加劳动锻炼,至此,北京广播学院一度停办。

"时代变革影响世界,影响社会,影响到每一个人。作为社会晴雨表的新闻业和新闻教育的发展,受到时代动因的影响更为鲜明。'文化大革命'后期,广院重办。工宣队紧急召回下放教师,紧急招收了 74 级工农兵学员入学,第二年又招收了 75 级工农兵学员入学。广院新闻系虽有 1959 年建系以来的教学基础和师资储备,但基于大环境的影响和制约,两届学员在新闻教育的理论框架和新闻规律等方面的学习存在着诸多误读。所幸这两届学员毕业前后赶上了'四人帮'倒台,经过拨乱反正的学习、培训,使他们在理论和实务层面有了新的提高。1979 年正值新闻学硕士点恢复招生,不少同学考取了新闻学硕士研究生,这才进入了人生专业与事业的新平台",曹璐回忆道。

她说,"当时全国基本上都是这样,很多大学都解散了。我先是在河北中部的望都县劳动了半年多,然后就转到了中央广播事业局在河南周口市中部的淮阳'五七'干校,前后待了一两年左右。受1971年林彪'九·一三'事件的影响,我和其他干校劳动的老师们才陆陆续续地回到了北京。回来之后,我就被分到了中央人民广播电台对台广播部,从1972年到1974年,在那里又干了两年才回到广院。经历了十年浩劫,新闻教育又迎来了新的发展时期"。曹璐如数家珍,"1977年教育部恢复高考制度,1978年初,广院新闻专业迎来了77级编采专业39名同学入学,此后的三十七年,新闻系坚持每年正常招生,并且学生人数和专业都有所拓展,这也象征着广院的新闻学教育进入了良性发展时期。1988年,新闻系筹办广告专业,1989年广告专业正式招生并成为继厦门大学之后大陆第二家广告学专业。1994年,广告专业升格为广告学系,之后又晋升为广告学院"。

不仅如此,从1979年开始招收硕士研究生的北京广播学院新闻系经过多年的发展,已经从当年的新闻史、新闻理论、广播电视新闻、新闻业务等研究方向拓展至如今的传播学、新闻心理学、报刊研究、媒体调查统计、网络与新媒体等多种研究方向。1998年,教育部批准广院设立新闻学博士点,并先后招收了新闻理论、广播电视史、广播新闻、报纸新闻、新媒体、调查统计等方向的博士生,同时还建立了新闻学博士后流动站。至此,广院新闻系实现了多层次、多专业的办学模式,而广院自改革开放以后的巨变也从一个侧面反映了中国新闻教育的整体发展。正是在这样的背景下,曹璐的教学与科研生涯也悄然发生着转变。

在1959年曹璐担任助教的时候,广播还是一家独大的强势媒体,早报摘、晚联播,几乎是全国人民的必修课。而80年代时,面对电视媒介的冲击,曹璐开始通过珠江模式,广播频率专业化、分众化、本土化、格式化,广播听觉文本和节目精品化、品牌化等话题给学生讲授如何振兴广播。进入21世纪,曹璐和学生探讨的话题又进入到了广播媒介如何在新媒体时代重塑广播的理念和传播流程重构的领域,以及如何从全球化视角、国情化背景、新媒体技术生态、受众定位变革等多元视角把握新媒体时代重塑广播的规律性认知和前瞻性战略发展。曹璐说,"过去强调课堂给学生一杯水,老师备课要准备一桶水。当今互联网时代学生获取知识渠道愈发多元,作为老师,特别是老教师就更要不断更新教学内容、教学方法,学会和年轻学子平等互动、真诚交流,使课堂和教学成为取之不尽、用之不竭的知识更新的'长流水'"。

回溯改革开放以来新闻教育发展变革的时代动因，曹璐认为可归纳为以下方面："新闻理论从以阶级斗争为纲，转变为党和人民的喉舌、媒介公共服务和以人为本。新闻传播理念从以教育者自居的灌输式、宣讲式，转变为以受众为本、真诚交流、平等互动。新闻业务从拔高、假大空转变为回归新闻规律、新闻文本规律、媒介文本规律、实事求是、讲实话、接地气"。而谈及当今的新闻教育，曹璐不无紧迫感，"移动互联网时代人人都有'麦克风'，面对媒介市场化、泛娱乐化以及媒介体制的瓶颈等问题，新闻教育如何培养坚持媒介责任、公共服务、公平正义、以人为本的新一代高素质新闻人才，是迫在眉睫的新课题"。

从在任到退休：在教书育人中感悟幸福人生

曹璐于1978年加入中国共产党，1979年转正之后就被选为新闻系的党支部书记和系主任。1996年，北京广播学院新闻系正式升级为新闻传播学院，曹璐也顺理成章地成为了新闻传播学院历史上的首任院长。这个时候的曹璐，已经是一位天命之年的资深教师，并且被学生亲切地称为"妈妈老师"。她说，"五十岁的时候，我就比较注意培养下一代了，所以我们新闻系后来出了一批学校的干部，像胡正荣、袁军、丁俊杰、黄升民，都是从我们这里抽走的。我做新闻传播学院院长的时候，把这批年轻人提起来了，1997年我就从行政岗位上卸任退休了"。从1959年大学毕业至今，她已在广院新闻系任教55年，她说，"感谢命运使我毕生和学生、课堂、广播结缘"。

出生在教师之家的曹璐，从小就在校园环境中长大，因为母亲做了一辈子的小学教师、小学校长，因此她对课堂、学生、学校、教师有一种特殊的认同。一位哲人曾说："爱一个人，就要为他的成才努力搭建梯子的'横梁'"。曹璐对这句名言的理解是，"教师是世上最美好的职业，教师对学生来讲，责任大于天。教师的素质关系着每一位学生的成才质量，包括专业素养和健全人格，而每一位学生的命运改变关系着他的未来，他的家庭、他的亲人的命运。特别是来自贫困家庭的学生更应该得到尊重、理解和细心呵护。教师这一职业定位应该是心甘情愿、尽心尽力为学生成才搭建梯子横梁，尽心尽力是状态，心甘情愿是境界"。

作为"30后"教师的曹璐，在如何面对"50后""60后"乃至"80

后""90 后"年轻学子的问题上，有着她独到的体会："和学生互动、向学生学习，发挥'反哺文化'的力量，某种程度上说是一种偏得"。而这份感悟与收获，还得从 30 多年前她担任新闻系 77 编采班班主任的经历说起。

"77 级是恢复高考以后进入高校的第一批大学生，积压了十年的人才。在'读书无用论'的时代，他们是较早觉醒、靠自身实力抓住机遇、靠自身能力改变命运的一代新人。他们如饥似渴接受着改革开放带来的新观念、新知识。面对高校管理多年形成的条条框框，难免发生碰撞和逆反。"对此，曹璐感触颇深，"接手 77 级班主任工作之初，感到同学中不信任的眼光。有位同学建议我去和同学们谈谈心，于是花名册上的 39 名同学，我一个不落地谈了一遍，有的甚至倾心交谈了几个小时，一轮谈话下来收获颇丰。原本花名册上陌生的姓名变得具体、真实、亲切了许多。我慢慢了解到，每个同学的背后都有故事，他们的大学四年关系着本人和家庭的命运。于是我开始理解同学们为什么如饥似渴地传阅着许多新书，除了三毛、王小波、弗洛伊德，还有中译本的传播学、方法论、社会学、心理学等方面的新书。于是我参加了他们买书、借书、评书的活动，从中感受到了年轻学子的开放思维，逐步突破了自己多年形成的、比较封闭的学习和阅读渠道。从观念和思维方式上，我开始向同学们靠拢，代沟逐渐缩小。我想这其中不完全是个人行为，而是改革开放使年轻人具备了时代的活力和思考的智慧。如果说我的思维方式和理念有所变化和突破，这其中的始发动因来自于学生，那么我也从中学到了如何与当代大学生平等对话、交流沟通的经验。我常常怀着感激和感动回味这一切，逐渐体验到'理解万岁'的丰富内涵"。

曹璐说，"五十五年来新闻系的历届校友在各自的岗位上做出了贡献和成就，为母校、为新闻系争了光"。2013 年 9 月，中国传媒大学新闻学院迎来了五十多位年过七旬的"亲友团"——新闻系 59 级的老校友们返回母校。"他们大多是'30 后''40 后'，上学时正值国家困难时期，进入中年又赶上十年'文化大革命'，幸好在人生事业巅峰时期迎来了改革开放的新年代。进入 21 世纪，他们大半已退休或退居二线，他们每个人的故事都像一本书，每个人的成功和感悟都是母校教育质量的样本。尽管如今他们已不再年轻，但是他们对母校和老师的思念、对同窗好友的牵挂日益强烈，所以在热心校友的精心组织和学校校友会的支持下，59 级老校友实现了重返母校的大团圆",谈及于此,曹璐感同身受。"真是'少小离校老大回,乡音未改鬓毛衰。同窗相见不相识,借问对方你是谁?'一位老校友说:'五十年后,重新找到了回家的感觉'"。说到这里,曹璐无限感慨,"从中我更加感悟到:教育要实现的不仅是学生的知识的增长,更重要的是生命的成长。教育是基于生命的事业,是生命实现自我价值、社会价值获得生命质量和意义的过程"。

1997年,曹璐从行政岗位退休后,被学校延聘,并于1999年成为北京广播学院的第一批博导,直到2007年正式退休。曹璐今年已经79岁,仍然担任博士生导师并讲授硕士研究生的广播新闻研究课程,她先后培养了15名广播新闻研究方向的博士,目前仍有两名博士生在读。她坦言,"学生做论文的过程是师生共同学术爬坡的过程,纠结、辛苦并快乐着。我很享受和学生共同'爬坡'的感觉"。

实际上,曹璐走上领导岗位历练成长的这二十年,也恰恰是北京广播学院飞速发展的20年,她与同事们在中国新闻学和传播学大发展的背景下一路披荆斩棘乘势而上,为学院抓住了最佳的发展时机,悄然间北京广播学院已发生了翻天覆地的变化。驻足回首,从当年北京良乡小平房的广播技术人员训练班,到后来真武庙灰楼的北京广播专科学校;从古运河畔的北京广播学院再到新世纪声名赫赫的中国传媒大学;从学科单一、规模较小的行业性院校,到以信息传播为主要特色的综合性大学,这所学府以有目共睹的卓越贡献,当之无愧地成为了中国广播电视人才的摇篮,这既是集体智慧的结晶,也离不开每位参与者的心血浇铸。

然而,曹璐对这些辉煌的过往却几乎只字不提。"我比较喜欢在下面做一些事情,那些光环我也不需要",她平静从容,仿佛那个轰轰烈烈的岁月于她而言只是擦肩而过。"我能做到的就是最基础的东西:关心好学生的心灵与价值观,在四年当中让学生能在精神上享受到平等、关爱和正能量",曹璐的话淡然却隽永。

"现在的世界发展很快,移动互联网的科技发展让新闻界正在重新学习,但我觉得新闻界首先还是得把最基础的东西做好,尤其是对人才的培养,以及对学生专业素养和社会责任感的熏陶。新媒体毕竟是以技术为代表的,尽管它会改变很多,但是我觉得无论什么技术平台,最终的内容生产还是人、社会和生命。所以人性、人本这些最本质的东西,任何一种新媒体技术都不可能替代,最多只是更好的辅助,我们不能忽视这一点。就以广播为例，为什么美国的广播始终发展很好，就是因为它一方面在形式上求变，另一方面又没有脱离人文关怀的本质。像广播与少数族裔，广播与老人，广播与社区，广播与气象，广播与应急，广播与残疾人等等，当广播已经被作为智慧城市的一部分通到千家万户，你就会感觉到它的重要与否并不在于它是不是最热门的一种媒介，而在于它的不可或缺。"曹璐感慨道："所以说，我们身处的这个时代太好了，一定要珍惜。新闻学归根到底就是关注人、关注社会、关注国家和民族的命运，我们如果连最基础的东西都不懂得，就太不合适了"。

谈及退休后的生活，曹璐豁达乐观，"既然人一定会变老，就要努力、积极、乐观、从容地变老。积极是一个人把自己的力量发挥至无怨无悔的人生状态。哈佛幸福心理学对幸福的最新解读就是：每天在学习和成长中的感觉。从这个角度讲，我正在享受和体验着这种幸福。我觉得自己没有什么里程碑，我们'30后'这一代人就是在红旗下长大的一代，经历了革命理想主义的教育，在国家高等教育向科学进军的口号下发展成长。我觉得我这一生得到了很多人的关爱，包括我的学生、我的领导，还有我的老师们，每次提到他们，我都是怀着特别激动的心情。尽管我做不到像他们那样，但最起码我曾经感受过大师级的教授是什么样的。教育最好的时候我能够赶上，这就是让我终身受益的地方"。

晋人袁宏曾经有言："经师易遇，人师难遭"，指的是单纯传授知识的老师容易遇到，但学高身正、为人师表，对学生能做到言传身教以启心智的老师，却很难遇到。这句话用来形容曹璐是很恰切的。在将近四个小时的聊谈中，曹璐从始至终所流露出的最本真的那一面就是她身为教师的归属感与自豪感，而她最兴味盎然的并不是自己一路走来的荣耀成就，却是那些点点滴滴与学生们之间的往事回忆。正如她所理解的自己："我就是一个特别平常的人"，这不是自谦，却是庆幸。

【曹璐简介】

曹璐，1937年出生，河北保定人，中国传媒大学教授、博士生导师。1955年考入北京大学中文系新闻专业，1959年任教于北京广播学院新闻系，历任北京广播学院（现中国传媒大学）新闻系主任、新闻传播学院院长。获中国传媒大学"有突出贡献专家学者"称号，享受国务院政府特殊津贴。

曹璐曾任中国新闻奖、中国广播电视新闻奖、金话筒奖等评委，担任过教育部新闻学教学指导委员会委员，新闻教育学会秘书长、常务理事，中国广播电视协会理事，科技新闻学会常务理事，北京新闻学会理事等社会兼职。主要著作有：《解读广播》《新闻广播专稿教程》《新闻广播业务》《广播新闻理念与实务创新研究》等。其中《广播新闻理念与实务创新研究》获中国传媒大学"211工程"项目一等奖。主讲课程包括：广播新闻、新闻采访、新闻写作、广播新闻业务研究、当代广播媒介研究等。

白润生：中国新闻史是
中华民族新闻史[*]

  白润生善于自嘲，这一点有些特别。他回忆自己"一生磕头磕得最多"，他形容自己"上大学时老实得近于窝囊"，他评价自己"一瓶子不满，半瓶子晃荡"，他总结自己"没想到能活过古稀"……这位对中国少数民族新闻史研究贡献卓著的长者，对于生活、对于命运有着毫不讳言的感恩和敬畏，字里行间平实谦和得令人感动。这不由得使人想起了那句：坚强得像一株芦苇。

  多少年来，白润生保持着"参加一个会写一篇文章，教一门课写一本书"的作风，无论走到哪里他都不忘"扛稳少数民族新闻研究这面旗帜"。如今，这位四十余岁才步入新闻学大门的古稀老人以惊人的毅力和热情完成了二十余部著作的编著、参编以及百余篇论文的撰写。他并非少数民族，却已然成为了中国少数民族新闻史研究的代名词；他为人不事张扬，却不止一次地苦口疾呼，"不懂得本民族的历史是一个很大的缺憾，中国新闻史就是中华民族新闻史"。

"上大学以前，我基本没吃过早点"

  白润生的童年颠沛困苦，六年小学，他先后更换过六所学校，究其原因，用他的话说，"每次'择校'的标准都是学费要足够的低廉，这都是因为时代环境和贫穷造成的"。

  "我出生在1939年，祖籍河北省雄县，我基本上是在北京长大的，曾祖、祖辈在北京开过双盛和玉器作坊。我的祖父27岁就去世了，我的父

---

[*] 本文撰写于2013年。

亲 4 岁就没有了父亲，19 岁没有了母亲，到他这一代时，家道中落，所谓'地主兼资本家'的老白家已衰败得一贫如洗。"解放前，白润生的曾祖母去世，作为在农村老家唯一的嫡传男孩，他"戴孝""磕头""举幡""安葬"，送走了曾祖母，在赢得了亲朋好友、街坊四邻的赞誉不久，他随后就被父亲接到河北保定上起了小学一年级。"我在那儿插班上了一年级，大概到 1947 年底 1948 年初，我来到北京，也是为了上学。来京上的第一所小学在花市东大街，名叫穆德小学①，是所回民小学，我在这里插班上的二年级。北京刚解放的时候，我又到了花市中三条一家私立学校上四年级，叫敦本小学，一两年前我查阅资料时得知末代皇妃文绣也在这里上过学。这所学校条件是比较简陋的，在一个四合院里，一、二年级一个教室，三、四年级一个教室，属于复式教学。上五年级，转到了公办小学，我考上了坐落在崇文门外花市大街南边抽分厂胡同的求智小学，在这里又上了半年。五年级的下半学期我又到了汇文中学附属义务小学，这所学校是由汇文中学的学生利用周日和每天下午课后义务教我们，不要学费。但是不知道什么原因，这所学校在我五年级结业时就不办了。这时候我又考入公立的江擦胡同小学，总算高小毕业了。"

白润生接着说，"我小学毕业以后就考上了十一中，这所学校是北京市人民政府建的。崇文门外金鱼池一带是穷苦人聚居的地方。新中国成立后，人民政府把解决劳苦大众的民生问题放在了首位。不仅在金鱼池建房修路兴建市政设施，而且把解决劳工子弟教育问题当作大事来抓。十一中就是在这一背景下创办的。可以说我正是沾了社会主义教育制度的光，才有机会成为北京市第十一中学最早的一批学生之一"。1952 年至 1958 年，家境贫寒的白润生在新中国的庇护下，完成了中学六年的求学时光，也正是在此，他的人生观经历了最早的熏陶和洗礼。

"我的中学班主任叫臧怀传，六年中学对我的帮助教育最大。初中时臧老师就到过我家家访，对我的家庭情况了如指掌。我是家里的老大，下边还有五六个弟弟、妹妹，全家十来口人，全靠父亲一人做文具——就是那种中小学生美术课上用的'十二色'，勉强维持生活。上大学以前，我

---

① 穆德小学是一所百年老校，现在叫东花市回民小学，成立于 1911 年。当时是为了帮助花市大街的贫苦回民子弟能够上学念书，由著名京剧表演艺术家马连良先生、侯喜瑞先生带领同仁唱搭桌戏，并联合了一些在花市大街开买卖的回民老表共同捐资兴建而成。

基本没吃过早点,有时有点头疼脑热才向家里要上二分钱喝一碗豆浆。在臧老师的帮助下,我初中享受了减免学费,高中又享受了一个月八九块钱的甲等助学金,我还拿回来贴补家用。在潜移默化中我逐步对中国共产党的政治纲领、性质、任务有了初步认识。'没有共产党,就没有新中国',共产党、毛主席是全国人民的大救星,这些朴素的情感在我们这一代年轻人的心灵里扎下了根。"对于这段过往,白润生心中充满了感情,"十一中对我的影响很大,我和臧老师现在都保持着联系,后来我为什么热爱教育事业,就是因为看到了老师对学生的言传身教,让我认识到了人民教师的崇高和光荣"。

2010年,白润生在北京市第十一中学六十周年校庆之际,以58届毕业生的身份为母校写下了一篇回味深长的《回忆十一中》,在这篇文章中,他还列举了诸如数学老师臧家佑、语文老师刘慧义、植物学老师李炳銮、动物学老师刘宾虞等功底扎实、学识渊博、富有教学经验的优秀教师,感念他们点燃自己照亮别人的高尚品德。他说:"说到底,是十一中培养了我,教育了我,使我走上了教书育人的光荣岗位,成为一名人类灵魂的工程师"。

"我是由国家培养的"

高中毕业后,白润生考取了北京师范学院(今首都师范大学)中文系,他至今仍觉得这是天意的安排,想当初,一念之间这位寒门子弟就差点与其后的人生失之交臂了。

"当时家里不让我再上学了,让我工作,好帮助家里。我在结束课程之后就没再看过书,一直在家里干活。后来也不知是谁替我交了报名费,让我考一考试试,我就去了。"让白润生没有想到的是,考试之前一天书都没有翻过的他,在进考场前随意翻看的历史题目,居然生生地出现在考卷上。对于白润生而言,这巧合更像是一种命运的暗示。"考试结束后我没有像其他人盼着早日发榜,早日进入大学校园,我还是该干活就干活,有招工的就去应试。偏偏就在这个时候等来了录取通知书,我被北京师范学院中文系录取了。这真是天意!"

1958年,白润生的大学生涯正式拉开了序幕,而对于报考师范学院的理由,他的回答流露着一些时代的共性:"一是家庭经济困难,上师范不交学费，管吃管住；像我这样的贫困生，学校还发给一年四季的服装，每月都发助学金；再一个更重要的原因就是，六年的中学生活早已经使我认识到了做人民教师的光荣"。

回忆到这里，白润生愈发心怀感恩。"上大学以后春夏秋冬的衣服，学校都发给我了，还给我每月4块钱的补助。那时候在学校吃饭不要钱，我终于可以吃上早点了，馒头、米饭、花卷、包子，各式各样的糕点，美味佳肴，什么都有，我觉得像是到了天堂。有时候想想家里正吃什么，父亲母亲正吃什么，心里头不是滋味。总之，我是由国家一手培养的，我感激党给了我读书深造的机会。"

大学期间，白润生把省吃俭用挤出来的零花钱都用在了买书上。"在师范学院读书的时候，我就是逛书店多，一开始不买书只看书，后来有了助学金，省下的钱就买。我毕业的时候装了一箱子的书，都是省吃俭用买来的。"那个时候，花市新华书店的工作人员都认识这位勤奋憨厚的小伙子，在那个家徒四壁、窝头咸菜的年代，逛书店、买书、读书成为了白润生最幸福的生活片段，也造就了他笃信至今的喜好和坚守。"有一次我买了一本《康熙字典》，托着就回家了，走到门道恰好碰见了我的母亲和街坊，我母亲跟旁人说，'我儿子就喜欢这个'。所以说，读书、教书、写书，一直是我的座右铭，有人说'读书无用'，但我觉得读书应该是很有用的。书读得精、读得好了，那就一定会有用的，而且会有大用。"

如今，白润生在北京的家中还装着满满一书柜当年在师范学院求学时买下的藏书，这些几乎是从牙缝中省出来的书卷已然是老一代知识分子心中最珍贵的记忆。"艰难困苦，玉汝于成"，那泛黄尘封的书页不仅浓缩了白润生清苦拮据步履蹒跚的过往年华，更像是一枚无形的印章，烙刻且印证了他与未来人生的庄重约定。

"搞新闻学，我是末路出家"

1962年，从北京师范学院毕业后，白润生被分配到了新建校的北京107中学担任初中语文老师，直到1978年经同事的推荐，调到《工人日报》担任编辑。"我这位同事原来是从全国总工会下放的，岁数比我大，他知道我以前写过一本《文言虚字》，在大学时与同学一起编过一本《工矿歌谣》。在一次聊天中，他说介绍我去《工人日报》，那个时候《工人日报》刚复刊,需要人,经过报社一番考察,我被调入工人日报社。"尽管报社的工作不像在学校那样自由,但白润生很快便适应了这里的节奏,他觉得这份工作不错,在这学到了不少写作知识。只是没有想到仅仅一年后,他的人生轨迹再次悄然发生了转变。

"我在107中学一位同事的爱人当时在中央民族学院(现中央民族大学)任教,他大概是从爱人那儿听说了我在中学时讲课、做学问的情况,有一次见面,大概是春节老同事相互拜年,他就对我说,让我去民族学院教课。实际上当时就是聊天而已,没料到1979年,我就正式调入中央民族学院中文系担任写作课教师。"刚进入民院的白润生对大学教师的岗位充满了崇敬,他说:"大学里藏龙卧虎,著书立说谈何容易,我调入民院后首先问人家我能当讲师吗?对我来说,当教授那在当时是想都不敢想的"。

从中学教师到报社编辑再到大学教师,此时的白润生早已挥别青春进入了不惑之年。"这是什么概念呢?人过40天过午,40岁是最鼎盛的时候,就像太阳当空照,40岁以后太阳就该慢慢往下落了。现在想来,我在40岁的时候都还不知道新闻史是什么意思,总之稀里糊涂的,对于新闻学还什么都不知道。"

1983年9月,中国人民大学新闻系举办教师进修班,曾在报社工作过的白润生被正在筹建新闻专业的民族学院中文系派去进修。"我到中国人民大学进修了一年,学新闻史、新闻理论,主要是进修中国新闻事业史,师从方汉奇、陈业劭两位著名教授。我那时候是班长,因为班上我岁数最大,时年45岁,所以人家说我半路出家,我说是末路出家。"为了学好新闻学,白润生下足了功夫,"为了学懂学好这门课程,我除了认真听课和学习外,还利用课余时间,时常造访方先生。从北大,再到人大林园,直到现在的宜园,他的几个住所,我都不止一次地叨扰,请他指点。从新闻学的 ABC 问起,从 ABC 学起。在方老师耐心的指导下,我终于一步步迈进了新闻学的学术殿堂"。

1984年,经国家教委批准,中央民族学院创办了学制四年的新闻专业,由汉语言文学系(后曾改名中国汉语言文学系,简称中文系)领导。从中国人民大学进修回来的白润生就此投入了中央民族学院新闻专业的创建,成为了新闻专业仅有的两名教师中的一员。白润生坦言,正是在人大进修班的经历让他不仅接受了新闻学的启蒙教育,更让他在方汉奇先生的点拨下，决定把少数民族新闻学作为自己的研究方向。

"1984年我回来讲课，一开始讲的是新闻事业概论，不是新闻史，那时候还没有开这门课。第二年才开中国新闻史的课，讲什么呢，我还没有备好课，没东西可讲啊，就让中国人民大学的谷长岭老师代课。当时来这念书的学生基本上都是少数民族，他们将来需要回到民族地区工作，但我发现新闻专业开设的课程中没有一门是有关民族的，我读过的那么多新闻史书中也没看见哪本写少数民族，我觉得这是不完整、不科学的。不懂得民族的历史是一个很大的缺憾，中国新闻史就应该是中华民族新闻史。"

正是在这样的反思和感召下，为了弥补这个缺憾，填补这块空白，年近半百的白润生开始了他在民族新闻学领域"末路出家"的艰辛跋涉，"要有少数民族的新闻史，这说得容易，但你往哪儿搜集材料去？没有啊，太不好找了"。

"'少数民族没有新闻'，这句话对我是激励"

史料搜集的过程是艰难的，白润生把这个过程比喻为"寻找散落民间的珍珠"。"确实是珍珠，很珍贵，但你拿不到，至少不容易拿到。因为很多少数民族新闻史料都在边远地区，由于经历了战乱、'文化大革命'，当地又缺乏保存史料的意识，所以损失都很大。"为了挖掘民族新闻史的一手资料，白润生没有少费过功夫，"有时候开学术会议，凡是见到从民族地区来的人，我就会向人家要点材料。即使是口述历史，也要将其挖掘出来，这就是所谓的'掏'；因为当时没有科研经费，就直接给民族地区的报社发信要材料，这就是所谓的'讨'。但是追着人家'讨'，人家也不一定给，发出去的信给我回复的也不到百分之三十。这些史料太有限了，说实话有时候连一篇文章都很难组成。"

白润生回忆道，当年刚开始从事民族新闻研究时，有人对他说"少数民族没有新闻"，这给他留下了很深的印象。"当时确实搞不出东西来，没有东西，人家跟我说这个，也不能怨人家，但我觉得这句话对我不是打击，反而是一种激励。"

不仅是民族新闻的史料很难搜集，对于如何带好新招的研究生，白润生也曾经一筹莫展。"我48岁当的副教授，后来要带'当代民族报刊研究'方向的研究生，我开专业课的时候就只好跟我的两个研究生说'我没东西可讲,最多给你们讲讲新疆内蒙古'。话虽这样说,但不能真不做准备,就这样,我和两个研究生开始了书稿的筹划,我拟大纲,写讲义,他们誊抄,这就是后来出的《中国少数民族文字报刊史纲》。"对于这一段历史,在一篇采访白润生的文章中曾经这样描述:"从此民族大学的教室、图书馆、资料室、窗边林下就多了一大二小三个求索的身影。三年后,两个学生写了两篇有价值的论文,白润生出了一本有影响的专著。这本书在民族地区被奉为圭臬,并先后两次获部委级奖"①。筚路蓝缕,以启山林,不亲历个中冷暖的人又如何领受这寥寥几笔间勾勒的是怎样的一种清苦,怎样的一种执着,怎样的一种坚守。

白润生说,"那时候文章写得不好,这不是谦虚,一是资料很少,二是怎么写也不知道,就有什么写什么,研究也不是很深入。当然,不是说就没有研究,一点儿没有恐怕也出不来专著。但关键是我觉得得有史料,得把史料保存住,否则你自己也没法往下研究"。

然而,除了史料搜集的艰难,少数民族新闻史研究的另一个特殊性还在于:少数民族语言文字的屏障。"我在主编国家'十五'社科基金项目'少数民族语文的新闻事业研究'的最终成果之一《中国少数民族新闻传播通史》的时候,有人交来厚厚一本关于朝鲜族新闻史的稿子,全都是朝鲜文。我就找朝鲜语言文学系的领导、研究生给我翻译。中央民族大学这方面的人才很多,不仅是精通,有些老师在国际上都很有名,他们也很愿意帮忙。这也是我说的,研究少数民族新闻学时遇到任何问题可以随时向他们请教,即所谓'就地取材'。但关键是,翻译完之后还存在一个问题:翻译的差异和核实。"白润生耐心地举出例子,"比如说有一本少数民族期刊,有资料把它翻译成《蓓蕾》,还有的把它译成《花骨朵》,到底应该译作什么?这就需要我们认真核实查对,这方面的工作甚至比请人翻译还难"。

就是在这种困难下,白润生步履扎实地完成了大量少数民族新闻史料的翻译、梳理和研究工作,先后独著或以第一作者身份与人合作出版了14部书,其中最薄的不足10万字,最厚的多达90万字。当年那句"少数民族没有新闻"的说法,早已在少数民族新闻学研究者们的共同努力

---

① 详见傅宁《白润生:手持木铎的采风者》,《白润生新闻研究文集》,中国文史出版社2004年版。

下成为了历史。

值得注意的是,白润生的书很少用"著",大多都是冠以"编著"。对于此,他总结道,"把他人的史料拿过来写到自己的著作中,无疑这属于'编';从众多的史料中分析研究提炼的观点,则属于个人的研究成果,应该称'著'。我主编的几部书并非没有'著',但'编'也好,'著'也罢,即便对别人的文章修改加工得面目全非,也不能在人家的文章上署上自己的名字"。对于今天的这些研究成果,白润生很慎重地说道:"史学著作是对过去实践的总结与概括。这种'总结'与'概括'必须'以事实为基础,以史料为依据',只有这样,新闻史才能弥足珍贵,才能指导实践"。

"我的成果大部分是六十岁以后问世的"

回顾已走过的新闻学术旅程,白润生感慨颇丰。"我 1983 年入门,1984 年进修班结业后登台讲新闻学的课程,1985 年开始形成了要从事少数民族新闻史研究的设想,直到 1988 年我的那篇《先秦时期兄弟民族的新闻与新闻传播》在《中央民族学院学报》学报上发表,标志了我研究少数民族新闻史的开始。1994 年,我出了《中国少数民族文字报刊史纲》,这是一本在国内出版最早的关于少数民族新闻史的专著之一,在学界和社会上都有较高的评价。1996 年我评上了教授,也正是在这前后,开始有人写我的专访了,包括中国青年报、中央人民广播电台、人民日报、中国民族报、中国文化报等等都有记者找到我。1998 年我在新华出版社出版了《中国新闻通史纲要》,宁树藩教授专门写信给我评价说:'颇有见解,深表同意'。此后我又陆续出版了一系列民族新闻史研究的论著,我是 2002 年 6 月 26 日正式退休的,当时已经 63 岁了,可以说,我的成果大部分都是在六十岁以后出来的。"

这是一个很特别的现象,有学者曾经根据 16 世纪到 20 世纪知识分子的学术生产力与学术年龄的比照进行过抽样研究,结果发现五百多年以来,知识分子们发表重要学术著作的平均年龄大约在 35—50 岁之间,并且越往后越趋于年轻化。而对于白润生而言,他似乎是一个特例。除了著书立说之外,2005 年,白润生的《中国新闻通史纲要(修订本)》获中央民族大学"中国少数民族新闻史教学内容改革成果"二等奖;2010 年,他的《中国少数民族新闻传播通史》获第二届国家民委社会科学研究成果二等奖；2011 年，《中国少数民族新闻传播史》获北京市高等教育精品教材奖；2013 年，由白润生主持的国家"十五"社会科学基金项目"少数民族语文的新闻事业研究"最终成果之一《当代中国少数民族新闻事业调查报告》又荣获了第六届高等学校科学研究优秀成果奖三等奖。白润生笑称，"这些成果要是在我在职的时候获得，至少可以评上几级教授了。但我退休时教授还没有分四级评定的制度，现在看来我就是最末等的教授了"。

2012 年 7 月，白润生送走了三位关门弟子，正式结束了钟爱的教学生涯，他说自己非常的庆幸，因为真的响应了当年党和国家向他们这一代人发出的号召——为祖国健康工作 50 年。白润生说，虽然离开了工作岗位，但并非真的可以"一身轻"，他表示自己"依旧孜孜以求，不断用知识和实践来丰富生活、滋养灵魂"。"不是为了评职称，也不是为了要名利，而是为了学术，为了学科建设，为了发展这门学科。我的目的很纯正，这也是我的责任。有一次我到云南红河学院参加第三届少数民族地区信息传播与社会发展论坛，没想到我这个忝列末位的教授居然赢得了潮水般的掌声，'金杯银杯不如百姓的口碑'，有人说我的贡献和我的回报并不一致，但是我没有怨言，因为付出是应该的。我何尝不知道退休后出版多少著作也不能晋级当先进工作者呢？但我认为：'道义至尊，真情最美，正直可贵，奉献崇高'，心理上的平衡比物质上的或其他外来的平衡更可贵。"

"民族新闻学的发展急需人才梯队"

在白润生二十余年的民族新闻史研究生涯中，他总共培养了硕士研究生整整 60 人，他们中有锡伯族、土家族、布依族、回族、彝族、瑶族、蒙古族、哈萨克族、满族、汉族等等，绝大部分学生都来自少数民族地区，而这样的贡献，在整个新中国新闻教育史上都是比较特殊的。白润生说，学术研究就是要"求异"，不能"求同"，就是要创新，要有创见，他对学生的要求也是得有思辨能力，要能够独立思考。"年轻人必须自己掌握了这门学问，才算真正有力量，真才实学、内外一致，这样的人才是有价值的。"

对于学科发展与人才培养的问题，白润生不无忧虑，"新闻传播学本来就是一个小学科，民族新闻学更小，它还没有形成一个独立的学科，就是因为在人才培养方面还没有形成梯队。事实上，目前国内从事民族新闻学研究的知名教授、专家也不是没有，比如中国传媒大学张燕（藏名：益西拉姆），西藏民族学院的周德仓，大连民族学院的于凤静等等，但是毕竟没有形成一个完整的梯队。有一次我去新疆开会，一位老师就对我说，'白老师您都干到这份上了，得有接班人啊'。实际上，要真正把学科发展起来，还得靠人才培养"。

正如白润生所考虑的，中国的民族新闻教育始于20世纪30年代末，1939年，新疆日报社举办了三期新闻技术训练班；1956年，拉萨木汝林卡（今拉萨一中）开了三个班的新闻训练班；1965年，由西藏日报社举办，中央民族学院代培的新闻训练班共培养了47名学员，这些都是我国民族新闻教育的雏形。而比较正规的民族新闻教育还要从1961年中央民族学院新闻研究班的开办算起，直到1984年中央民族学院新闻专业的成立，民族新闻教育的发展才开始蹒跚起步。经过几十年的发展，尽管民族新闻传播学的建立拓宽了新闻传播学的研究领域，但时至今日，其自身的学科基础仍然比较薄弱。

"第一，我们的学科还没有真正独立，民族地区民族院校的新闻学少有从文学学科中独立出来办学的[①]；第二，我们的学科还没有博士学位授予权。虽然现在有一个少数民族新闻传播史研究委员会，但是如何把大家的力量集中起来，如何进一步培养和发展，还是一个问题。少数民族新闻史研究人才的断层，是目前最大的难题。"聊到这里，白润生似乎有些无奈，"我现在虽然退休了，但是比没退休前更忙，这半年来先后到了青海、黑龙江、内蒙古、新疆、南京，还去了一次俄罗斯。有些科学研究，我只能自己去干，没有博士生，也派不出别人来帮我，这不是什么好事。目前国内所有的民族院校都没有少数民族新闻学的博士点，所以说民族新闻学研究的发展还是任重道远，不那么容易"。

今年74岁的白润生精神矍铄、谈笑风生，他说自己的身体是"逆向发展"：年轻时未老先衰，老了却老当益壮。访谈末了时，他感慨道，

---

① 补记：中央民族大学新闻与传播学院于2019年11月15日正式成立，从此迈入了独立发展的新阶段。

"我们这代人确实是党怎么说就怎么做，老老实实听党的话，老老实实按照国家的要求去办。国家的发展必须得靠年轻人，所以我希望现在的年轻人不要去追求过往云烟的虚浮名利，得把青春真正献给自己的国家"。

从贫穷凋敝的旧中国一路走来，白润生不可谓不遍尝了生活的磨砺和苦头，然而透过他对过往的回溯，苦难似乎不是回忆的主题，相反，却满是遍布人生的惊喜、感恩和知足。就像他在少数民族新闻史这片无穷广袤却相对清冷的园地中勤勉、高产与乐此不疲的坚守，相信在中国新闻学术史的集体记忆与书写中，那张属于白润生的画像，纵然平实、谦谨，却终将不会被忘却，不可被绕过。

【白润生简介】

白润生，又名白凯文，1939年出生，河北雄县人，中央民族大学文学与新闻传播学院教授，中国少数民族新闻传播史研究专家。曾任教育部新闻学学科第二届教学指导委员会委员，中国高等教育学会新闻学与传播学专业委员会第五届理事会理事，国家民委少数民族语言文字出版、翻译专业高级职称评定委员会委员，中国新闻史学会特邀理事，中国新闻史学会少数民族新闻传播史研究委员会名誉会长，中国报协少数民族地区报业分会顾问等。

白润生代表作及获奖情况包括：《中国少数民族文字报刊史纲》于1996年获北京市第四届哲学社会科学优秀成果二等奖、1998年获教育部第二届普通高等学校人文社会科学研究成果二等奖；《中国少数民族新闻传播通史》于2010年获国家民委第二届人文社会科学成果奖著作类二等奖；《中国少数民族新闻传播史》于2011年获北京高等教育精品教材奖；《当代中国少数民族新闻事业调查报告》于2013年获第六届高等学校科学研究优秀成果奖（人文社会科学）三等奖等。白润生于1996年获韬奋园丁奖三等奖，2001年主持国家"十五"社科基金项目"少数民族语文的新闻事业研究"和北京市高等教育精品教材项目"中国少数民族新闻传播史"。其生平被收入《中国新闻年鉴》（1997年版）"中国新闻界名人"专栏及《中国新闻界人物》等20多部辞书。

邱沛篁：在团结协作中发展新闻传播教育[*]

邱沛篁的身上有着典型巴渝人的性格：热情爽直，豁达勤勉，人情味重。作为中国西部新闻传播教育重镇的开拓者与创始人，邱沛篁的学术履历几乎映射了四川大学新闻传播学从无到有、从有到优的一路风尘。深厚的人文底蕴，扎实的实务能力，开阔的办学思路，强烈的协作精神，邱沛篁的个人学术风格与川大新闻传播教育的优良传统相得益彰、水乳交融，难怪有人说他是"西部新闻界的传奇""新闻教育的永动机"。

从未满17岁就考入梦寐以求的天府名校，到提前毕业留任校报记者、编辑；从积极参与母校新闻专业的筹建，到历任专业副主任、主任、新闻学院院长；从当年东进复旦大学虚心取经的进修生，到如今弟子云集、桃李天下的知名博导；从打通产、学、研、政，成立新闻学咨询委员会，探索"请进来，走出去"的新闻教育模式，到加强省内院系合作，创立四川省新闻教育学会以及四川省老教授协会新闻与传播专业委员会……邱沛篁的名字始终与四川大学这座德渥群芳的巍巍学府紧密相连。岷峨挺秀，锦水含章，这里既是他一生耕耘的事业乐土，更是他起步追梦的精神家园。

"十七岁圆梦川大"

1939年的初冬，邱沛篁出生在重庆市海棠溪。"我的父亲最早做过药材生意，书法很好，小时候领了新书就用白色厚纸把封面包起来交给父亲，让他帮我们写书名。我上面有四个姐姐，我是家里年纪最小的。我大

---

[*] 本文撰写于2014年。

姐在重庆，今年已经九十一岁了，二姐在山东东营的胜利油田当干部，三姐在军事科学院做医生，四姐比我大一岁，后来去了新疆八一农学院学农。"因为与四姐年龄相近的缘故，邱沛篁四岁多时就被父母安排与四姐一同上小学。"父母一是希望我早点上学，二是跟姐姐一起上学可以方便照顾我。我和姐姐一起上的小学和初中，都是走读。初中时从南岸三公里鲤鱼湾山坡上我的家，走到位于罗家坝半山腰的十七中学，大概需要一个小时左右，每天来回走两趟，虽然比较辛苦，倒也十分愉快。"

1953年7月，邱沛篁从重庆市南岸区第十七中学初中毕业后，又顺利考取了重庆市第七中学。"重庆七中是一所具有优良传统的著名中学，我在那里度过了难忘的三年高中生活。能够从十七中考入重庆七中，并不是一件容易的事，我记得录取名单都是在当时重庆最大的报纸上张榜公布的"，这段过往令邱沛篁兴奋不已。正是这所始建于1758年的百年名校，为邱沛篁奠定了扎实的人文基础，打开了启蒙之门，邱沛篁日后优异的口头表达能力与文字表达天赋，也是在这里初试锋芒崭露头角。

"跨进七中，我很快就感受到了这里的确名不虚传，体会到了它优良的学习环境与学习氛围。学校坐落在沙坪坝嘉陵江畔，有宽阔的操场、整洁的教学楼和幽静的校园。同学们常在树下背英语生词、诵唐诗宋词，琅琅书声回荡在花丛树间，校园显得神圣、安宁。"重庆七中德智体全面发展的教育模式给了邱沛篁很深的印象："记得当时每周举行一次全校学生的周会，听校长陈祚瑗、冯泽生作报告。从国际国内形势、学校的任务与发展、学生品德修养，到要爱护学校一草一木、不要随地吐痰等都讲到了。虽然每次报告不到一个钟头，却使学生开阔了视野，明确了方向，增强了学习的自觉性，收益很大"。不仅如此，邱沛篁的文学志趣也在这里得到了锻炼："我所在的卅七级一班成立了一个文学兴趣小组，几个人在一起办了名为《十月》的墙报，不定期地出版，张贴在教室外面的教学楼走廊的墙壁上。大家又是采写，又是画画，又是编排，忙得很有乐趣。高中毕业前，我写了一篇将近5000字的《黄山游记》，描写了我在假期回到家后与朋友一起登重庆市南岸黄山时所领略到的雾重庆、雾黄山的美妙感受。后来这篇文章刊载在墙报《十月》的显著位置上，当时心里真是说不出的高兴"。

高中三年，对邱沛篁影响颇深的，还有重庆七中的老师们，而这其中最令他感念不已的，便是班主任兼语文老师许怀玉。"许怀玉老师高瘦的身材、净白的脸庞、一双炯炯有神的大眼睛。他讲语文课声音高昂，激情洋溢，给学生极大的感染力，我很喜欢。"正是在许老师的建议下，邱沛篁为自己做了一个重要的人生抉择："高中毕业前夕，许老师在学校大操场上与同学们谈心，亲切地问我打算考什么专业、什么学校？他评价我善于讲演、爱好写作，于是明确地建议我把四川大学中文系汉语言文学专业作为第一志愿。我采纳了老师的意见，并且夜以继日地积极准备高考。不久，我如愿以偿地得到了四川大学的录取通知书"。

就这样，1956年的秋天，邱沛篁以第一志愿考上了梦寐以求的四川大学中文系，成为了班上年龄最小的学生。"我就是喜欢中文，就是想上川大，当我第一次坐上火车，离开家乡，奔向天府之国成都平原的时候，真是有一种说不出的兴奋、激动和喜悦。"

在川大求学的几年中，邱沛篁一如既往地像海绵一样汲取知识、求学问教。"我得到了许多老师的教诲和指点，像张默生、曾君一、陈志宪、杨明照、华沈之、石璞、周菊吾等等，受到了他们功底深厚的学识和严谨治学精神的熏陶。我们几个同学还成立了课余文艺评论小组，成为了省、市报刊的积极作者。母校四年的学习生活，丰富多彩，师恩及同学间的友情永远美好而难忘。"

愉快、难忘、兴奋、高兴、激动、喜悦、美好，这些形容词似乎与那个物质贫乏、生活拮据的50年代相去甚远，但正是它们成为了邱沛篁回忆过往时闪现最频繁的词语。家庭的精心呵护、良好的教育基础、顺利的学业之路、常伴左右的良师益友，邱沛篁潜藏却浓重的浪漫情怀在这些成长背景下逐渐化作了乐天达观的性格与主动热情的处世方式，这位当年满怀憧憬走出山城的少年正一步步地朝着他的人生舞台越走越近。

"我在校报工作了十九年"

1960年，邱沛篁从四川大学中文系提前毕业，被分配到了四川大学校报担任记者、编辑。"我是提前毕业的，我们那一届的本科学制改为了五年，因为上一届还是四年学制，所以到我们四年级的时候就出现了没有毕业生的情况。而学校那时候又需要干部，所以就选择了一些优秀的本科生提前毕业。这在我们那时被称为'吃青'。"邱沛篁接着说，"我们当时不兴个人选择，是学校决定把我留下来的。当时提前毕业的包括我一共有三个学生，我留在了学校党委宣传部，另外一位同学到了成都日报，还有一位同学去了省文联"。

就这样，21岁的邱沛篁开始了真正的职业采编人生，从1960年留任到1979年调离，校报工作的经历为他其后的学术生涯做了重要的铺垫。"我在校报工作了19年，校报可以说成了我另一个更加丰富的大学校与课堂。首先，在校报编辑工作中，我深刻地学习与体会到从事新闻工作必须坚持党性原则、真实性原则的重要性；其次，在校报采访工作中，我有幸采访了校内外许多著名学者、专家、教授和普通师生员工，从他们身上学到了许多课堂上学不到的东西；第三，在校报工作中，我们在校党委宣传部的直接领导下，还成立了对外报道组承担对外报道和宣传川大的任务，先后在《人民日报》《光明日报》《中国教育报》《四川日报》《成都日报》等报刊上发表文章，从而得到了更多的新闻业务学习机会；第四，校报工作使我与党委宣传部、校报编辑部的同志们结下了深厚情谊；第五，我们成立了学生通讯组、采访组、秘书组等，让学生为办好校报做贡献的同时，也培养了他们的写作能力和社会工作能力。"

实际上，19年的校报经历，带给邱沛篁的还远远不止这些。娴熟的采写经验与频繁的业界往来其实更深层次地打开了邱沛篁的工作理念与思路，并对他日后的新闻教育事业产生了深远的影响。正如他所言，"这19年的采写经验对我搞新闻教育起了关键性的作用。为什么后来川大的新闻教育模式改革能够先后获得国家级优秀教学成果一等奖和二等奖，这与我在这19年的新闻实践中积累了经验，跟业界、政界都建立了很自然、很友好的关系有关"。

不仅如此，在调离校报转为一名新闻专业教师之后，邱沛篁依旧保持着记者的本色。"1981年，四川大学新闻专业正式开课，我主讲新闻采访课，当了老师我也不忘自己还是记者，并把新闻实践看作不断提高教学质量和水平以及新闻教育工作不断进步和发展的重要内容与途径。"邱沛篁继续说道，"1979年7月，我有幸在北京采访了著名作家茅盾，发表了通讯《手浇桃李千行绿》。1980年8月至1981年7月，我在上海复旦大学新闻系进修学习期间，七次登门到著名作家巴金家里采访，发表了《金秋时节访巴金》《巴金谈文明》《三访巴金谈体会》等专访与文章。1981年6月，我又受《文学报》委托专程到广州采访了著名作家秦牧，发表了《花城访秦牧》的通讯"。不仅如此，唐弢、牛群、魏明伦、倪萍、谢晋等等文学艺术界的名人都曾接受过邱沛篁的专访,在他的实践生涯中,这些经历已然传为佳话。

同时,在各种教学、科研活动中,只要有机会,邱沛篁都会把自己亲历的事情、见闻、故事采写并报道出来,先后发表了《二进中南海》《聚会新华社》《眉山新貌》《莫斯科掠影》《澳大利亚见闻》等文章。他说:"正是在这些难得的新闻实践活动中,使我从被采访者身上获得了大量珍贵的知识和素材,从许许多多的地方和事件中受到宝贵的文化熏陶与感染,并得到终身受益的教育与鼓舞,进一步尝到了新闻实践的甜头"。

对新闻工作的热爱,让邱沛篁有着乐此不疲的劲头与动力,在教师与记者的双重身份中游刃有余地行走。丰厚的新闻采写经历,又让邱沛篁充满了乐于分享的自信与激情,在勤勉与钻研的工作风格中开拓探索,不止步、不守旧。毫无疑问,这种积极实干的精神既受益于他的过去,也将施益于他的未来。

"我乐意从事新闻教育工作"

谈起四川大学新闻专业的创建史,邱沛篁可以说是了如指掌,如数家珍。"川大新闻专业的诞生,要追溯到30多年以前。其实早在20世纪60年代初,学校就曾有过创办新闻专业的考虑,并在1960年从复旦大学要来了两名新闻系本科毕业生作为师资的基础。但由于当时客观情况的变化,新闻专业没有办成。1979年,教育部正式发文(79教高字第044号文)批准成立四川大学新闻专业,学校多年来的计划和愿望才变成了现实"。

1979年,为了支持新闻专业的筹建,四川大学党委将邱沛篁从校报编辑部调回了中文系,"我的第一个任务就是同当时的系党总支副书记程述章同志一起,到北京、上海等地学习取经"。就这样,邱沛篁开始了一段全新的事业征程。

"从1980年3月9日出发,到4月11日返校,历时一个多月,我们由重庆坐船顺江而下,先到南京访问了南京大学、南京师范学院以及新华日报社、南京日报社。3月23日,我们拜见了复旦大学新闻系主任王中教授,又连续用了三个半天的时间,分别到了复旦大学新闻编辑评论、新闻采写、新闻摄影、基础写作等几个教研室,听取了叶春华、夏鼎铭、林帆等老师的介绍。在上海，我和述章同志还到文汇报社、解放日报社就新闻教育问题求教、取经。4月初，我们又北上首都，到中国人民大学新闻系请教，受到了系主任罗列、副主任秦硅的热情接待和支持。随后，我们又去了北京东郊外的广播学院，学习参观这里的广播电视教学，新闻系主任康荫同我们就广播电视教学的特点和任务进行了探讨。回到川大时，我们手头已经初步形成了《新闻专业筹建计划》。"1980年5月，在学校专门召开的新闻专业筹建工作校长办公会议上，邱沛篁与唐正序、吴梦楠三人由校方任命，正式组成了四川大学新闻专业筹备组。

为了更好地参与川大新闻专业的筹建，1980年9月2日，邱沛篁再次来到复旦大学，开始了为期一年的进修生活，这段经历令他对复旦大学充满了感恩，并称之为"心中的第二母校"。在不懈努力之下，四川大学新闻专业首届本科生和干部专科生近一百多名学生于1981年9月正式入学，邱沛篁陆续承担了新闻采访、新闻写作、名记者研究、新闻采写研究等实务课程的主讲教师，完成了从记者向教师的转变。

1985年6月，四川大学新闻系正式成立，系主任由中文系主任唐正序教授兼任，邱沛篁任系副主任。1990年2月，邱沛篁被正式任命为系主任。1995年，学校成立新闻学院，邱沛篁被任命为首任院长。谈及当年从记者向教师的转变，邱沛篁爽直地说："我很高兴啊，我乐意从事新闻教育工作。因为搞了19年实践工作，我认为要从理论上梳理一下了。而且，我觉得新闻专业是很有发展潜力的，就是缺少教育资源，需要有善于搞教学的人去支持这项事业"。

实际上，尽管邱沛篁满腹豪情，但是在新闻专业的创建初期，摆在他们面前的困难依旧是不小的。"当时，我们只有十平方米的一间教研室用房，办公条件急需改善，在学校领导的关心和省、市新闻单位的大力支持下，我们自力更生白手起家，修建了新闻系办公楼。"从破土到竣工，历时半年，坐落在川大东风楼5幢东面的新闻系办公楼最终于在1986年5月圆满落成。这座四层高，拥有400多平方米空间的办公楼确实为新闻系当年的独立、起步与发展发挥了不可忽视的重要作用。"这是第一步，我们克服了一个很大的困难，也就是办公环境的困难。"

"另外一个困难，就是我们的师资力量不够"，邱沛篁说。为此，1995年新闻学院建立后，作为首任院长的邱沛篁就在师资队伍建设上加紧了工作。"一方面，从高校优秀毕业生中选留了李少军、姜英、夏泽友、李宜鹏、段弘等青年教师；另一方面，又从兄弟院校教师队伍中引进了周啸天、董天策等优秀人才，师资力量进一步增强。"

1998年8月，川大新闻学院再次迎来了一个新的转折点，"学校新一届领导班子决定成立文学与新闻学院，根据干部年轻化原则，我不再担任院长。常言道：天下大势，分久必合，合久必分。新闻学院在合并之后有利也有弊，但现在看来，我们合并后还是不断发展的"。邱沛篁谈道，"和文学院合并以后，有利的地方是我们在语言文学功底和师资方面大大加强了，新闻传播学挂靠文艺学博士点，新增了文化与传媒研究方向，并开始招收了博士生。不足的方面是，新闻传播学科在管理机制上不再是直属学校领导的独立学院编制。当然，格局不会一成不变，管理机制也不能说哪个绝对的好，关键在于适合学科发展"。

2006年，蓬勃发展的四川大学获批新闻学博士授权点，继而又在2011年获得新闻传播学一级学科博士授予权，2012年，获批设立新闻学博士后流动站，使中国西部新闻传播教育在研究生培养层次上实现了零的突破。而早已从行政岗位上卸任的邱沛篁并没有卸甲归田，除了一直担任文化与传媒方向博导之外，他还先后担任了四川大学新闻传播研究所所长和报业发展研究中心主任，在2007年正式退休后又返聘兼任博导，将精力都投入到了教学与研究工作中。

"川大新闻系的发展不是我一个人的功劳，而是大家努力的结果。我们创建学院也是通过一批人的努力，我只是他们中的代表"，回顾这段步履艰辛却充满激情的创业史，邱沛篁强调，"没有学校的重视和领导，没有自身的努力和团结，没有兄弟院校的鼎力支持，没有社会各界的关怀和帮助，我们是不可能成功的"。

"请进来，走出去，我们是开门办学"

在邱沛篁三十余年来的新闻教育生涯中，最令他自豪的便是他们早在80年代就探索开展的横向社会联合办学模式："请进来，走出去"。

"一方面我们邀请新闻传媒单位的老总、老编辑、老记者和社会各界名流来系讲学；另一方面积极组织师生到新闻单位参与新闻实践、社会调查和科研工作，认真抓好新闻专业学生的实习教学，密切学校和社会之间，尤其是和新闻传媒单位之间的联系。"不仅如此，为了使这种办学模式能够定期化、制度化、组织化，川大新闻专业把"请进来，走出去"的亮点进一步落地。1986 年 11 月 15 日，四川大学新闻系咨询委员会正式成立，由时任中共四川省委常委、宣传部长许川任主任委员，省、市一些新闻单位的主要负责人任委员。同时，建立四川大学新闻学社会实践指导委员会，进一步密切加强新闻系与传媒业界的合作。

邱沛篁说道，"我们不是闭门办学，而是广泛的开门办学。我们带出来的学生都很成才，许多人都当上了领导。像 1981 年我担任班主任的 81 级新闻班的学生，现在他们三十个人几乎都成了各个新闻单位的领导或骨干，其中当年的学生班长吴健，如今已是四川大学文学与新闻学院副院长、教授。想受到社会的认可，需要用业绩来说话"。

为了进一步坚持和深化"请进来，走出去"的办学模式，1995 年新闻学院建立后，于当年又成立了新闻学院咨询委员会，四川省委常委、省委宣传部长席义方任主任委员，省委宣传部副部长杜江任副主任委员，省、市主要新闻单位负责人任委员。而更值得一提的是，1993 年，邱沛篁作为第三署名作者的《实行教学科研与社会实践相结合，探索文科教学改革新途径》荣获国家级优秀教学成果一等奖；1997 年，邱沛篁作为第一署名作者的《开创密切社会联系新思路，探索培养新闻人才新模式》荣获国家优秀教学成果二等奖。他本人也荣获了中共四川省委、四川省人民政府授予的四川省优秀新闻出版工作者称号，以及国务院政府特殊津贴和全国首届韬奋园丁奖。

就在"请进来，走出去"的办学模式得到各界的不断认可与推广的时候，这种横向联系的工作思路再一次给邱沛篁带来了启发与推动。为了加强省内高校新闻院系间的互动交流，共商四川新闻教育发展的良策，2002 年，在中共四川省委宣传部、四川省新闻学会和四川大学文学与新闻学院的大力支持下，四川省新闻教育学会在四川大学成立，邱沛篁被推选为会长。在他的组织下，学会每年召开一次学术年会，省内高校的新闻院系以学会为平台，定期交流，关系融洽。

邱沛篁说，"我们把新闻学的学科建设抓起来了，但与此同时，很多不足之处也表现出来了。我们每一年都要沟通、讨论，探索解决对策。所以，在新闻教育建立和初期发展的阶段，我们这一代人起到了重要的作用。我们这一代人的特点就是大家互相帮助，团结竞争，关系都很友好。这一代人把事业发展起来了，对下一代人的要求就是，接下来该怎样提高质量，怎样搞得更精、更好"。

实际上，作为川大新闻教育几十年集体摸索奠定的传统，"请进来，走出去"的开放办学模式也渗透了邱沛篁个人从实践到教学水到渠成的思想结晶。作为四川大学新闻教育的创始人之一，邱沛篁的协作精神与整合意识为西部新闻教育事业在中国新闻教育版图中的异军突起、独树一帜立下了汗马功劳，"只有团结竞争才能共谋发展"，这几乎成为了四川高校新闻院系的共识。而对于这一点，热心豁达、勤勉实干的邱沛篁的确功不可没。

在谈到遗憾或反思的时候，邱沛篁欣慰地说，"新闻专业的一路发展都是很好的，尽管当中还存在一些问题，但我相信这都是可以解决的。发展是硬道理，在发展中出现问题都是好现象。新闻传媒事业在过去的时代中从未受到过这么大的重视，正是新闻传媒地位的提升，才带来了今天新闻教育事业的发展。我们能有今天的整体局面，还得益于这个时代"。

"只要生命不息，就要为新闻事业贡献力量"

1981年4月25日，在邱沛篁五访巴金即将结束的时候，巴金先生欣然为他题词留念。"他在一本精美的笔记本扉页上写道：'学到老！赠沛篁同志，巴金，八一年四月二十五日，上海。'这的确是对我的一种十分珍贵的鞭策和鼓励。"时至今日，三十多年已经过去了，而巴金当年的那句"学到老"还依旧在勉励着已逾古稀之年的邱沛篁："实践让我深刻地体会到，一个人在职工作的时间是有限的，一个人的生命也是有限的，但是他所从事和所热爱的事业是无限的。只要生命不息，我们就要为新闻及新闻传播教育事业不懈奋斗，不倦地学习，不断地贡献自己的智慧和力量！"

1998年8月，刚刚从四川大学新闻学院院长岗位上退下来的第一个暑假，邱沛篁就参加了成都驾校的学习，而那个时候他已年近六旬。这位一度被戏称为"汽车教授"的老先生说："我喜欢开车，这为我后来的工作、学习和生活，都带来了极大的方便，我也确实感受到了努力学习新事物、新技术的甜头"。

正如邱沛篁在学习驾驶技术过程中所流露出的学到老、不服老的精神，退休后的他依旧热衷于不同的社会活动，用他的话说，"我得以与新闻教育界许多老朋友重聚，并结识全国高校新闻院系的许多新朋友，从而学习和了解新闻传播教育方面的新情况、新经验和新问题，增长了见识，开阔了视野，这对我进一步深入进行新闻教育和新闻学术研究都大有好处"。

邱沛篁继续说道，"1998年以来，我连续几届被中共四川省委宣传部聘为四川省舆论研究小组和四川省阅评小组成员。2008年1月，中国高校新闻教育学会聘任我为该会特邀理事，并邀请我先后出席了于2008年11月在湖南长沙、2009年8月在内蒙古呼和浩特、2010年12月在重庆和2011年11月在山东青岛举行的学会理事会。2008年9月22日，四川省老教授协会新闻与传播专业委员会在四川大学成立，我和原四川日报社社长汪兴高共同担任专委会主任，进一步发挥了老教授、老新闻工作者在培养新闻人才方面的优势与作用。2010年5月，我又应邀参加了《四川省报业志（1994—2005）》的编纂工作，定期参加编辑工作会议，具体负责其中一些章节的初稿撰写"。

不仅如此，邱沛篁还继续为党政部门、事业单位承担着各类社会培训的授课任务，"四川省委党校、省新闻出版局、省公务员培训中心，还有全国干部教育培训四川大学基地，这些单位前不久都邀请我去给他们讲课。新闻采写的理论与实践，新闻发言人的艺术，党政干部应对新闻传媒的技巧等等都是我讲授的内容"，谈到此，邱沛篁不无兴奋。正是因为博洽多闻的学识与诲人不倦的精神，邱沛篁在四川省新闻界拥有着极高的尊崇与赞誉。2013年8月，他的新作《新闻传播教育探索——邱沛篁自选图片集》问世，在9月份召开的四川省新闻教育学会暨新书出版座谈会上，中共四川省委宣传部副部长李江对其做出了"倾注心血著书立说，学术研究成就大师"以及"满腔热情解疑释惑，教书育人树立标杆"的高度评价，这代表了四川新闻界对这位德高望重却依旧活力充沛、乐于奉献的老先生虔诚的敬意。

值得一提的是，邱沛篁与学生的感情同样融洽深厚。他说，"我很赞同并且倡导'学生是我师，我是学生友'这句话，互相学习、互相尊重、互相帮助是联系我们师生长期友谊的纽带"。从2000年至今，邱沛篁亲自指导的二十余位博士生如今大都毕业成才，在各自的岗位上正在发挥着重要的骨干带头作用。谈到弟子，邱沛篁难掩骄傲，"操慧博士刚刚被评为教授、博导，蔡尚伟博士已经担任博导几年，蔡敏和严功军两位博士已被任命为重庆工商大学和四川外国语大学的新闻传播学院院长……"可以说，这些学生的成才也成为了邱沛篁向新闻事业不断贡献力量的期许和寄托。

谈到最后，邱沛篁神情庄重，"我觉得最重要的，还是对新闻教育事业有发自内心的热爱，对新闻事业能保持满腔的工作激情。同时，我们要脚踏实地、一步一步地做事，还要注重理论和实践的结合，与媒体多打交道，加强联系。另外，要注意教学和研究的同步，教学当中出现的问题要善于研究，研究中解决的问题要回归到教学"。"最后一点"，邱沛篁特别强调，"我觉得所有新闻人都应该团结协作、宽容大量。根据我三十多年的亲身感受，我们川大新闻学之所以能够不断地稳步发展，就是因为我们一直坚持着团结协作，不搞内讧，与人为善。团结协作不仅是一个团队不断胜利的法宝，也是个人不断前进的法宝。我们川大新闻学的发展就是因为保持了这种精神"。

邱沛篁在回忆自己的学术人生时，几乎如影随形着川大新闻专业发展建设的车辙。他将一生的智慧与才干都献给了这里，这里浇铸了他的心血，自然也凝聚了他无法分割的自豪与热爱。这位生于旧社会，长于红旗下的七旬老人，在漫长而艰辛的过往岁月中保留了激情与色彩，他的回忆里没有不堪回首的怨憾与不满，只有真诚恳切的奋斗与感恩。他在不辞辛劳的探索中，将自己的姓名与四川新闻教育的历史无意圈连在了一起，而他呼朋引伴共同筑造的学科殿堂也必将怀着对他的敬重迎来他所坚信并且期待的更大辉煌。

【邱沛篁简介】

邱沛篁，1939年出生，重庆市人，四川大学文学与新闻学院教授、博士生导师。曾任四川大学新闻系主任、新闻学院院长，教育部全国高校新闻学科教学指导委员会副主任，全国高等教育自学考试指导委员会委员，四川省学术和技术带头人，四川省新闻教育学会会长等。1996年获全国韬奋园丁奖，2003年获全国宝钢教育奖，享受国务院政府特殊津贴。

邱沛篁教授是四川大学新闻传播学科的开拓者和主要创始人之一，其主要研究方向为新闻采写业务及传媒与文化，提出并实践了"请进来，走出去"的教育新模式。同时，他主持并完成了多项国家社科及教育部专项科研课题，先后荣获国家级优秀教学成果一等奖1项（署名第三）和二等奖1项（署名第一），四川省哲学社会科学优秀成果二等奖3项（署名第一），四川省优秀教学成果一等奖两项。代表性专著有：《新闻传播教育探索——邱沛篁自选图片集》《郭沫若与报刊宣传工作》《新闻采访艺术》《新闻写作艺术》《新闻采写与研究》《邱沛篁自选集》《邱沛篁文集》等。

刘建明：执着与勤奋的新闻学探索者[*]

陈　娜：刘老师好，感谢您接受我的约访。首先，能否谈谈您的家庭背景、早年的求学经历以及大学刚毕业后的经历？

刘建明：尽管我在新中国长大，但我的人生有过煎熬的岁月。1942年我出生在辽宁营口市，四岁时母亲因病无钱医治于1946年去世，父亲没有正当职业，没有文化，全家靠他打零工为生，家境贫寒，常常吃不上饭，不久弟弟饿死了。幼年丧母，贫穷导致没有家庭欢乐，更没有父爱母爱和儿时的文化熏陶，从小养成孤独寡言的性格。直到解放后我才能吃饱饭，家里的日子稍有好转。苦难的童年总是在我心里抹不掉，总想，不能让不幸再降临头上，励志改变人生，所以在小学、中学和大学阶段的学习不敢懈怠，常常想一些苦点子锤炼意志。

1960年我考入辽宁师范学院（现为辽宁师范大学），读的是俄语专业，选修英语与日语。老师中有几位饱学之士给我的印象很深。他们讲课旁征博引，妙语连珠，逻辑严密，使我对学问、读书、写作发生了兴趣。不久后，中国同"苏修"展开论战，学校把《人民日报》发表的批判苏共修正主义的九篇评论文章（简称"九评"）列入政治课和政治学习内容。我多遍阅读了"九评"的中外文版，被其中所涉及的丰富的马克思主义知识与理论所吸引，于是我开始阅读《马克思恩格斯全集》《列宁全集》《斯大林全集》《毛泽东选集》和西方哲学、经济学和政治理论家的著作，积累了一些理论知识和逻辑思维，对马克思主义、共产主义运动和社会主义理论与实践有些自己的思考。

1964年大学毕业后，我被分配到丹东市第一中学教书。在农村劳动锻炼一年后又被抽调到"四清"工作队在农村搞"四清"。"文化大革

---

[*] 本访谈录完成于2014年。

命"开始后,我又回到中学,如火如荼的大批判冲击了一切角落,学校更是重灾区。大批判是面镜子,暴露了许多人的肮脏人格。在发了几次牢骚后,我躲进宿舍做了观潮派和逍遥派,开始读书、写作,强制要求参加的批判会我也不发言。我的信条是:为人不能伤天害理,胡说八道,把整人当儿戏。这样,我便成为"文化大革命"的逃避者。正是这个理由,1970年学校革委会把我遣送农村,走"五七"道路,干了三个月农活后,农民却选我当了生产队长。我在农村白天干活,晚上在陋屋中读书、练习写文章,一晃三年过去了。1973年我才回到城市的中学教书。

当"四人帮"倒台后,批判他们的极"左"路线掀起高潮,我几乎每周都写出一篇文章,刊登在《丹东日报》《辽宁日报》的理论版、丹东广播电台的理论学习节目和一些杂志上,做了几个新闻单位的通讯员。1977年末,我调进丹东广播电台当了理论节目编辑和文教记者,走上了新闻工作岗位。

陈　娜:您曾经做过辽宁丹东的广播电台记者和广播电视局局长,是什么样的动力让您先后两次走出丹东,进京求学?人到中年弃官不做,远离妻儿潜心钻研,您的这份人生抉择又是否曾遇到过艰辛或困扰?

刘建明:从事新闻工作后,特别是做了基层新闻单位的领导,我深感有关新闻工作的学识和理论修养严重欠缺,这方面的研究没有任何书籍可读,零星的文章又十分空洞、直白。我想掌握新闻学系统的理论知识和学术体系,遇到了困难。缺少科学理论指导的新闻工作,容易发生各种错误,很难当好党与政府的喉舌,引导受众正确认识现实的变动缺乏理性把握。我感到,同其他社会科学相比,新闻学在我国还没有建立起规范的理论体系,基本属于学术空白。我想去权威学府深造,一方面想掌握这方面的知识,另一方面想做出自己的探索,于是我先后两次报考中国人民大学新闻学的研究生,实现了自己的愿望。

陈　娜:是什么样的契机和渊源让您走上了舆论学与媒介批评学的"学术荒原"去开疆拓土?

刘建明:在中国人民大学新闻系学习期间,我读了很多书,有关新闻学及其相关的近万册书籍都粗读了一遍,个别著作做了精读。我发现舆论学和媒介批评两个领域直接关系新闻传播现象的社会基础和社会评价问题，加强这方面的研究能够加深对新闻理论的理解，有助于指导新闻报道的运作。我在读博士的时候征求导师甘惜分教授的同意，着手研究舆论学课题，把社会主义初级阶段的舆论现象作为博士论文的研究题目。

当开始研究舆论现象时，不得不首先对社会流行意见和人们日常的言谈做些观察和思考，自然就回顾了"文化大革命"和以往历次政治运动的舆论批判。那时处处都有舆论混战，每次政治批判都伴随舆论狂涛，舆论阴谋和舆论攻击在人们心灵中发生震撼。舆论和人心的同构制衡着社会变动，牵动每个人的思想变化。在一个没有舆论学熏陶的国度，不仅假话盛行，而且言论陷害被视为"政治义愤"，诚实的语言可能给人带来悲剧。这样，舆论岂不是需要研究一下吗？我思考着这类现象，为舆论利器的社会效应感到吃惊，也为新闻理论的贫乏和舆论学的缺位深感遗憾。就这样，经过半年的思考和写作，于1986年出版了《基础舆论学》一书。

陈　娜：在中国舆论学领域，您不仅先走了一步，而且迈出一大步，先后出版了八部著作，您能简要地介绍一下您的研究过程是否一帆风顺？您的研究成果究竟产生了哪些社会价值？

刘建明：在1981年我读硕士学位时，就在《新闻研究》杂志上发表了《舆论学初探》一文，今天读起来仍有许多幼稚和不准确的结论。我的舆论学观点是一步步发展的，是个不断探讨、不断演进的过程，无论《当代舆论学》《社会舆论原理》还是《天理民心》和《穿越舆论隧道》的出版，都经受了曲折苦思和意识危机的折磨。有些问题很敏感，提不提出来研究？我从邓小平著作中找到了解放思想的勇气。

我的研究成果，只是个人对学理的孜孜追求，对学界和业界是否有裨益，我个人无法评价。但有十多篇文章给予肯定，被引用的论断有几千篇次，在社会学和政治学界也发生了影响，因为这些论著填补了空白。某些好友告诉我，我的成果对国家决策及其社会机制变革的借鉴意义，远远大于对学界的辐射。从1987年开始我在论著中就强调民意对社会发展的决定作用，对民意的概念、性质和量化做出界定。我在1989年出版的《当代中国舆论形态》一书中提出尊重民意是人民政府和先进政党立于不败之地的基础，此前（新中国成立后）我国学术界没有人研究过这个问题。让我感到欣慰的是，1997年中共中央终于在十五大报告中写上了"尊重民意"的观点，2002年在十六大报告中又以整个段落强调遵循民意的理念，我的研究至少体现了治国方针。

1998 出版的《天理民心》一书，是我在 1995 年完成的《社会主义舆论学：中国的社会舆论与舆论制度》的国家课题的删节稿，对 1949 年后 50 多年我国意识形态与新闻报道中的正误和得失进行了总结，揭示了我国上层建筑、思想建设和社会舆论的关系和表现形式。有人对这本书持批评意见，是因为它提出的一些重大社会问题当时人们还不理解，总是用"阶级斗争"和"社会主义无限优越"的观念判断问题，没有认识到社会主义初级阶段的中国需要社会和谐克服政府体制、经济制度和人们道德上的不足。该书提出的"从舆论和谐达到社会和谐"的舆论机制（《天理民心》7—10 页）、倡导"公正、公平、正义的道德舆论"（《天理民心》307—308 页）、建立"社会痛苦指数、社会挫折指数、社会腐败指数、社会骚动指数"的预警体系（《天理民心》433 页）等重大课题，当时许多人还没有认识到，但后来和今天的国家治理政策表明，这些研究成果对政府工作有重要的参考价值。

陈 娜：您出版了国内第一本媒介批评的研究专著，您那本《媒介批评通论》在十年后（2012 年）又出版了第二版，此外您还相继带领研究生团队撰写了《西方媒介批评史》和《中国媒介批评史》，可以说在中国媒介批评研究方面已经史论兼备。这种学术"拓荒"的意义受到了新闻传播评论者的肯定。那么，同为媒介批评和舆论学研究领域的"拓荒者"，这二者在您学术思想体系中存在什么逻辑关系？

刘建明：媒介批评是媒介的"医生"，是对媒介的评价，更是对媒介"病态"的医治。一个健康的大众传播事业的发展，离不开媒介批评。但我国的媒介批评比较肤浅，最广泛的批评活动是"作品评价"，比如每年开展的评好新闻活动，而理论批评、体制批评、媒介市场批评就很少。业界和学者们对作品的评价往往缺少科学的操作规范和健全的评价标准。在 2000 年前后，西方媒介批判学派的著作和观点被大量引进，但有些学者把这些观点视为媒介批评学，把它同媒介批判理论画了等号，这就在逻辑上混淆了两个紧密联系而又确实是两个不同范畴的东西。我想把二者区分开来。正是以上两种动机，促使我着手媒介批评的研究，把新闻与传播理论的疆域向这个领域扩展。

媒介批评研究的对象是人们如何批评媒介，批评的规则、标准和方法是什么，西方的媒介批判理论的着眼点则是如何看待、认识媒介，二者的侧重点不同。就是说，媒介批评学不单研究专家、业界和政府对媒介的批评，还包括广大受众对媒介的评价，后者主要通过社会舆论反映出来。媒介批评学在一定程度上渗透舆论现象和舆论规则，但它和舆论学并不是相互依存、各为其机理的学科。舆论学不仅是一门新闻传播学科，也是政治学、社会心理学和市场调查学的子类，覆盖的社会研究领域更为广泛。

陈　娜：您能否谈谈甘惜分先生对您的影响？以及在您的学术人生中，还有哪些人与事曾经对您产生过重要的影响？在中国人民大学攻读硕士学位与博士学位的两个阶段中，您最大的收获是什么？

刘建明：到中国人民大学新闻学院读硕士、博士给我印象最深的是甘惜分教授1981年出版的《新闻学基础理论》一书，甘老师有很深的理论修养和犀利的文笔，这本书奠定了我的党报理论知识。如果我要写有关党报理论的文章，除了阅读党的新闻工作文件外，还要认真读一读这本书。此外，甘老师的为人和治学态度给我的影响很大。这位老人今年已经近99岁高龄了，但思维仍很敏捷，对学生诲人不倦。

甘老师是我的博士导师，他指导我们的学业，启发我们积极思考，自由广泛地阅读各种书籍，独立研究问题。在思想修养方面，他总是告诫我们老老实实做人，激励我们忠于祖国和人民，也尽量帮助我们解决自身的一些困难。给我印象最深的是，他人品正直，没有任何市侩习气，敢于说真话，不顾个人的得失而建言献策。

这里不能不谈及我的硕士导师何梓华教授。他是我的新闻学理论的引路人，1979年我读硕士刚入学，对新闻理论一窍不通，何老师的理论课我在不同课堂上连续听了三遍。当时没有教材，这三遍课我把他的讲授内容全部记录下来，等于手里有了一部他的讲稿。何老师的讲课和讲稿注重知识，甘老师的那本书则注重理论，充满思辨。后来我多次反复研读何老师的授课记录稿，为我后面写作《宏观新闻学》一书帮助很大。

在中国人民大学新闻学院另一个收获是，我几乎把资料室所有的书都通读了一遍，重点做了书摘，分门别类地建立了卡片袋。有关新闻学的知识，我掌握了各家之言，把各家的学说和观点汇集成知识库，对我后来的研究很有用。

陈　娜：学界有些人认为，您在学术上经常提出一些预见性的观点，能否举例说明您提出的学说预见是否被实践所证实？还有人说，您的学术观点有很强的实践指导性，不盲从、不迷信，敢于直面真理、挑战陈见，并且您有极其敏锐的批判性和前瞻性。您认为这种能力源自哪里？

刘建明：这些问题都有挑战性，但也是搞学问的人难以回避的。就是说，社会不断发展，学者将面对种种新的研究课题，在学术上不能及时提出新的见解，预言事变的走向，一味地重复落后于时代、脱离实际的理论，学术就一钱不值了。任何真正的学问都有科学的预见性，否则就称不起探索。

但预见不仅要有理论根据，而且要能经受住实践检验，这是很不容易做到的。我这里只举一个例子。随着我国加入世贸谈判获得进展，从1999年到2000年国内新闻学界和业界突然出现"传媒入世"的热潮，发表了几百篇文章预测传媒作为文化产业也要加入世贸：外国以及港澳地区电视台要在我国落地几十个频道，外国电视节目将进入千家万户，外国传媒大亨将到我国来创办报刊和出版社，或投资、兼并我国媒体。一时说得神乎其神。我在《新闻记者》杂志2002年第2期发表了《传媒入世的杜撰》一文，不赞成这种捕风捉影的观点和炒作。《传媒入世的杜撰》一文指出："中国加入WTO的议定书就外国媒体准入和中国媒体进入外国新闻市场没有任何谈判和协议。即使在未来数年，某些西方传媒准许在中国大陆开放，也不是我国加入世贸的承诺。""笔者不反对媒体开放，而是反对弱者向强者奉送财富的开放，反对外国新闻集团垄断中国新闻市场和广告市场的开放。"文章发表后就出来了几篇文章和我辩论，认为传媒入世势在必行，否则就是鸵鸟政策。我国成为世贸组织成员国的五年过去了，十年也过去了，直到今天传媒也没有入世。

我们对媒体和新闻现象的研究，需要认真考察客观实际，了解我国的新闻政策，对理论判断的合理性与后果要做出多种考量。我从事了五年的新闻工作，算是有点实践体验，对研究新闻学理论有很大的帮助。首先养成看问题要尊重实际，看问题的角度要全面，看问题的出发点要遵循党的新闻政策和国家利益。我的学术观点对实践不一定都有指导性，但很少盲从、不迷信，倒是真话，我更喜欢挑战陈见，提出过一些批判性和前瞻性的结论。我认为，搞学问就要有热爱真理、追求真理的一股热情，能不能发现真理又当别论。国家把我们培养成教授，让我们教书育人，就是要探索真理，把有用的知识和新闻报道的基本规律告诉学生和广大读者。从小范围说，这是为了提升传媒理论的科学化；从大范围说，是维护社会公共利益、国家利益和社会公道，这就是我追求前瞻性学术探索的动力源泉。

陈　娜：您说到的上面例子涉及学术争鸣问题，不知您如何看待学术争鸣？能否结合您的亲身经历谈谈看法？

刘建明：学术争鸣是件好事，没有争鸣的学术是死学术，是停滞的学术。学术争鸣不仅能活跃学术空气，而且能给学术界提供新思想，得到一种新观点而茅塞顿开。但也有不好的争鸣，提出的反对意见没有很好思考，对争鸣的问题根本不了解，也不查阅文献和调查，就随便做出结论，结果漏洞百出。更坏的学术争鸣是意气用事，与我不同者必黑，往往夹杂一些不雅的言辞。

我写过一些带有争鸣性的文章，有的是应约稿而为，有的是主动写的。但不管哪种情况，只有重要的理论分歧、对重要情况和发展趋势做出误判或把基本知识搞错了，有贻误读者的后果，我才拿出争鸣文字。究竟我争鸣的对不对，最终由实践和多数人是否赞成来评断，不能自恃高明。对一般不同观点的文章，我不会与之争鸣，应允许有各家的看法，学术有派是正常的。

写争鸣文章是件严肃的事，不仅对反驳的观点要有充足的理论、知识和事实根据，而且在逻辑上能经得住推敲；对涉及的概念要搞清楚，不能有任何无法自圆其说之处。这就需要认真阅读、研究与之争鸣的文章，找到它的错误之处，否则就会破绽百出。在纪念中国共产党诞生90周年时，我应约发表过一篇《中国共产党的宣传家是传播学主要原理的首创者》一文，与我争鸣的人并没有认真阅读全文，把原理和理论两个概念完全混为一谈。认为像张闻天、陆定一、胡乔木这样一些党报理论家谈的都是宣传理论，他们怎么能提出传播理论问题呢？并得出宣传理论绝不是传播理论，党报只能满足党的需要，不可能满足受众需要的论断。他忘记了传播学的鼻祖之一拉斯韦尔就是研究第一次世界大战宣传技巧的，也忘记了党的需要就是人民的需要这一根本原理（如果二者不一致，则是违反党的政策和纲领造成的）。他更忘记了连孔子、柏拉图等古代学者都提出了一些传播思想而受到了当代学者的重视，中国共产党的宣传家怎么就提不出某些传播学论断呢？他还把知识沟和信息沟、把关原理和把关行为视为同一种东西。尽管我的文章引用了张闻天、胡乔木等人的具体论述，但争鸣者根本不顾及这些论述而自说自话。

有人反驳我提出的现代新闻价值理论时说："你提出的不是新闻价值，而是新闻的价值。"我反问，新闻价值这个概念是舶来品，来自英文"news value"，照你的看法，"新闻价值"同"新闻的价值"两个概念有区别，那么"新闻的价值"在英文中是哪两个词呢？他无言以对，只好不再说什么了。学术问题不能随心所欲地表达，不是想怎么下结论都可以的。此处不厌其烦地介绍这两个例子，旨在说明写争鸣文章一定要尊重科学，注意逻辑，同时也要照应对方文章发表的目的与环境。在纪念陆定一发表《关于我们新闻学的基本观点》60 周年学术讨论会上，我发表了《陆定一的历史遗产》一文，后刊登在《新闻大学》上。有人在网上发表批驳文章说，陆定一在 1957 年整过人，你的文章只说他好的一面，这是违背事实的，也是一种不老实的态度。这种争鸣实在可笑，我不得不在同一个网站发表反驳文章正告：中国有句古训，对逝者不言其过，要求在纪念会上批评逝者的过错是不道德的。看来，搞学问不但要有丰富的知识，占有全面的资料，弄清每个概念的来龙去脉，还要有宽容精神和道德修养。

陈　娜：20 世纪 80 年代您博士毕业后，先后在国际关系学院和清华大学任教，两座知名学府的执教经历对您的学术研究是否产生了不同影响？

刘建明：我在国际关系学院任教 9 年，虽然担任国际新闻系主任，但我的精力主要用在治学和授课上，我也要求系里的其他老师都要把教书治学作为第一要务，其他事情再重要也处于从属地位。治学一直挂在我的心上，把全部精力用在学术研究上，其他可做可不做的事都不要去做，可参加也可不参加的会不要参加。我们需要的是时间！是时间！没有时间什么也做不成，杂事一多，一篇文章拖一个月也不能完稿。国际关系学院对教员管理宽松，领导很开明，向来要求教师要务正业，只要做好科研和教书育人工作就称职，这对我投入学术研究极其有利。

1995 年我调入清华大学，兼任中文系副主任，主管新闻专业，我继续秉承科研为先的想法，在建立新闻与传播学院时就主动辞掉了行政职务，利用清华大学图书馆历史藏书浩瀚的优越条件，加强对各门学科的知识储备。学术视野宽广，才会有新发现，不断跟踪学科前沿，才能落实教书育人的职责。清华大学更为重视教学，新闻学院是新建立的科研教学单位，校方为其确定了"面向主流，培养高手"的教学方针。可是，拿什么"面向主流，培养高手"？只能拿出一流的科研成果，才能把教学方针变成实实在在的东西。所以，我的大量著作和几百篇学术论文大都是在清华大学工作的14年中完成的。

陈 娜：作为40年代生人，您如何看待您这一代和新一代新闻学者的集体学术特征？

刘建明：我国新一代的新闻学者总体素质较高，要好于我们那一代人，所处的政治宽松环境更是我们那一代人无法可比的。许多人都很努力，富有进取心，学术成果累累，特别是在引进西方传播学方面有贡献。但很多人缺乏新闻工作实践的体验，对我国的新闻体制和演变的过程不熟悉，对新闻学研究不够深入，甚至对新闻理论不感兴趣。一些学者用传播学理论代替新闻理论，有些院系没有把新闻采访、编辑、写作的研究和教学提到重要位置，培养出来的人才到新闻单位上路慢，同现实的新闻工作需要有很大差距。这都需要我们深思，想法子改进我们的科研和教学。

西方传播学有些原理适用于新闻学，因为它本身就来自新闻学。比如议程设置理论，首先由李普曼在研究新闻报道和舆论引导时提出了理论雏形，1968年美国学者麦克姆斯（Maxwell McCombs）和肖（Donald Shaw）对总统大选中的新闻报道进行定量研究，看到媒体议程同公众议程的相关性，于1972年提出了议程设置的概念。但大量传播学原理不能说明新闻规律，新闻学包含更多的人文因素和政治倾向，依赖所谓"中性"的传播学的"客观分析"，难以对许多政治新闻做出解释，注定产生严重的误导。

另一个令人遗憾的是，对新闻理论的研究忽视严谨的科学性，往往不在科学层面推演理论的逻辑关系，例如因果关系、条件关系、概念延至关系、结论推导关系等等，常常被忽略。这就不成其为理论科学，很难培养人们的新闻思维和认识新闻现象的深度。新闻理论，无疑研究的是理论问题，由一系列概念、原理、论断揭示新闻现象的本质，以科学论证确立新闻实践及实践方式的理性。理论论著没有提出理论问题，没有严密的论证，只是罗列简单的现象，正是新闻理论同其他社会科学的主要差距。这就提出了一个问题，真正的新闻理论究竟来自何处？答案很简单，正确的理论来自新闻工作实践，不是来自马克思主义，更不是来自文件和西方传播学。马克思主义新闻观可以作为党报工作和现今中国新闻学研究的指导思想，但不是新闻理论的源头。"理论来自实践"这个唯一源头，在马克思主义著作中说得非常清楚。

陈　娜：理论学科是任何专业、任何科学赖以成立的基础，确实非常重要。新闻理论研究和新闻理论教学，对培养高水平的记者占有首要地位，掌握新闻理论也是做好采访、写作和编辑工作的必要条件。新闻官员只有掌握正确的新闻理论，才能制定正确的新闻政策，对媒体实施有效而科学的管理。您对新闻理论都做出过哪些探索，有什么成果，能否介绍一下呢？

刘建明：实际上我的很大精力都用在新闻理论研究上，我也总想在新时期政治与思想环境更加宽松的条件下写出一本像样的新闻理论著作，这方面的探索大体有以下几个设想：一是用绝大多数篇幅研究新闻学的普遍原理和一般规律，把党的新闻政策和马克思主义新闻观研究确定为一章的容量；二是把新闻法治和新闻管理纳入研究视野，这是以往"新闻理论"和"新闻概论"的教材从没有系统研究的内容；三是我们正处在社会主义初级阶段，改革开放使经济基础发生了重大变化，意识形态以与时俱进的马克思主义和"立党为公、执政为民"为指导，互联网已成为强势媒体，新闻理论应当体现时代、意识形态的进步和传播工具的新变革；四是新闻理论不仅研究新闻运作的规则和规律，还要探索记者观察和解释事件的法则、方法，指导记者正确的观察世界和阐释世界；五是厘清每一个概念的内涵和来源，归纳、界定知识单元和体系，确定应有的原理，并做出论证。

1991年我出版了《宏观新闻学》（中国人民大学出版社），我的设想初步落实在了这本书中，但还不全面，特别是第2、3条没有体现。这本书强调了宣传、新闻的阶级性和新闻没有商品性，这是不适当的。在当时条件下，对新闻理论教学有严格的政治要求，也只能如此。1999年我又出版了《现代新闻理论》一书（民族出版社），更多体现了上述设想，复旦大学徐培汀教授在2002年出版的《20世纪的新闻学与传播学》（166—168页）一书认为："刘建明的新闻思想，集中体现在《宏观新闻学》和

《现代新闻理论》两本著作中……他创立了新的新闻理论体系"。2003年我出版了《当代新闻学原理》一书（清华大学出版社），全面体现了我的上述设想，对记者如何认识和阐述当代事件也做了深入探讨。第一版很快销售一空，2005年又出了修订版。正如网上的一篇读书报告所说："《当代新闻学原理》是一本大容量的新闻书籍。该书总结了当代新闻活动的基本知识和理论，内容全面，知识背景深厚，注重学科的前沿性和系统性。书本立足于当代政治、经济和文化发展，探索新闻报道及媒体活动的基本知识和理论，提出了一系列新的研究范畴。例如，媒介演变的历史观、新闻事实的模态、新闻报道的世界构图、新闻真实状态和真实度、新闻价值的本义、新闻传播的环境与传播速度、网络时代的信息传播和社会生活、媒介分众化的社会分布、新闻媒介的二度功能、新闻自由的向度、新闻制度与党报的多种类型、新闻发布会的规则、商业化媒体的经济形态和畸形发展、新闻生产及其精神价值等大量新知识与新理论等"。

此外，我还出版了《邓小平宣传思想研究》（专著，辽宁出版社，1991）、《新闻学前沿》（专著，清华大学出版社，2005）、《新闻学概论》（合著，中国传媒大学出版社，2007）、《科技新闻传播理论》（合著，科学出版社，2001）、《新闻发布概论》（专著，清华大学出版社，2004）和《马克思主义新闻观理论基础》（专著，清华大学出版社，2009）等。这些著作力求从新闻宣传实践和受众需要中印证或概括出规律性的东西，从全球化和人类文化发展方向探索新闻报道的规则，也试图在新闻研究的理论化方面做出尝试。

陈　娜：您的新闻理论成果如此宽泛、丰富，而且重视社会发展新趋势对媒介和新闻报道的影响，确实难得。今天看来，传播的全球化和文化、经济全球化一样，是世界发展的必然前景，先进文化及其相关报道会不断扩大传播空间，您对西方的新闻理论是否有研究？

刘建明：不仅有研究，而且近20年来西方新闻理论涌现出一大批著作，对新世纪新闻学的发展和重大理论问题进行了深入探讨。2015年1月中国人民大学出版社将出版我的《当代西方新闻理论》一书，就21世纪新闻学的前沿理论做出全面的引证和介绍，对观察和思考当前中外新闻现象有重要价值。在现实与历史语境下，该书重点引介了国内鲜为人知的200多位西方新闻学者的最新观点和73位著名学者的学术身份，力求呈现西方当代新闻理论的原貌。在第一章介绍了西方新闻理论的新兴学派，第二章就介绍了当代西方新闻理论在全球化、数字化和网络化时代提出的新观点，此后八章陆续演绎了新的理论和学说架构，许多新的概念在我国新闻界鲜为人知。

我认为，我们正在亲历全球化，新闻传播早已超越国家、民族的界线，令许多经济或文化屏障爆裂，强悍冲击了广阔的传播场域。西方对新闻法则的新发现，深入到技术魔力与传统观念的崩塌地带，闪烁着激浊扬清的锋芒。但许多国家都加强了对媒体的控制，媒介体系自身也在重新整合和巨变。回顾一下历史，所有新闻媒介可分为感官互动控制和线性字语控制两类，由低级符号表达向视像表达演进。在网络时代，人类进入媒介化社会，新闻媒介成为社会的路标和窗口，沿着新闻同质化、碎片化、传播人性化、媒介全球化、媒介融合和大数据驱动五个路径向前发展。西方新闻的四种民主模式正在遭遇挫折，媒体与新闻已不是西方民主的保障，对新闻媒介的分析要有全新的视角。

陈　娜：我前后算了一下，您从1985年读博士开始，到现在已经出版了35本著作，还有500多篇论文和文章，科研工作量这么大，需要付出多么大的辛苦！更不容易的是，您的成果几乎都是别人没有或很少研究的领域。您的钻研精神体现了执拗的探索、刻苦勤奋和博览群书的孜孜追求，这也使您有了宽阔的知识面和学识视野，对许多问题都有通达的领悟。不仅如此，网上还可以经常看到您写的有关马克思主义理论、哲学和经济学的文章，都是针对现实紧迫问题的独家之见。不知您的这股干劲来自何处？您的这种学风对您的学生又产生了什么样的影响？

刘建明：我是2009年退休的。作为一名学者，实际是退职没退休，离岗没离位，有许多问题正在研究，约稿也多，为国家的振兴和民族复兴做点工作也是一种快乐。国家培养了我，我应当回报，而我唯一能做的就是在学术和社会思潮方面发表一些粗浅的看法，为各级干部的培训工作讲讲课，为国家的学术和思想建设出点力。这确实需要不断勤奋地学习，刻苦、执拗地钻研，否则拿不出东西来。人云亦云地贩卖别人的东西和旧知识，我深感味同嚼蜡，不愿意这样做，好在各个领域都有大量误读误解和似是而非的问题需要有人去澄清。

我一共带了43名硕士、5名博士，指导本科生论文60余人。在校期间，我对他们要求很严，多用"诚实、勤勉、谦恭和胸怀是做人的要律"来鼓励他们；在学业上不放松管理，写论文要求一字一句地把稿子改好。这些弟子走出校门后，在各行各业干得都很出色。在高校教书的已有五人做了副教授，做国家公务员的已有4人升到局级，在媒体工作的21人中已有16人晋升为编辑或记者，7人为主任编辑或主任记者。他们一直同我保持密切的联系，师生情谊是世界上最珍贵、最神圣的感情。

陈　娜：刘老师，您的回答不仅让我对您的学术成果有了更全面的了解，并且对您学术思想的形成渊源有了更深的思考，相信这些宝贵的财富也会给更多的新闻传播学子带来助益。再次感谢您的答疑释惑。

刘建明：别客气，欢迎常沟通。祝你们一切顺利！

【刘建明简介】

刘建明，1942年出生于辽宁营口，博士，清华大学新闻与传播学院教授、博士生导师，享受国务院政府特殊津贴专家。曾任国际关系学院国际新闻系主任，清华大学中文系副主任，清华大学教授提名小组成员，教育部新闻学教学指导委员，第八届、第九届、第十届北京市政协委员，北京市政协学委会副主任，中国人民大学新闻学院、复旦大学新闻与传播学院、中国传媒大学、武汉大学新闻与传播学院、中国农业大学等八所高校新闻传播研究机构或院系兼职研究员或兼职教授，《北京观察》杂志社编委会副主任。刘建明在报刊上发表有关新闻学、舆论学、传播学、经济学、社会学、政治学和当代中国问题研究等论文五百余篇，出版三十余部著作，曾长期主讲"新闻理论研究""舆论传播学""新闻学经典论著研究""科技新闻"等课程，其中"舆论学"课程于1989年获北京市教学成果奖。

卓南生：研究的起点是找准自我定位*

许多年前，卓南生曾特别强调自己是一位"来自一度被改名为昭南岛的新加坡青年"，这句意味深长的身份表白在他其后几十年旅日生涯的映衬下显得耐人寻味。出生于被日军占领时期的新加坡，求学于战后"国论二分"时期的日本，成名于传达"亚洲心声"的国际时评，那个当年带着满腹疑问负笈东瀛的狮城青年，在执着求索、学以致用的人生旅途中绘就了一幅博学、明辨、善察、慎思的个人画像。值得一提的是，从70年代开始辗转走上的中国近代报刊史研究之路，又让卓南生与同根同源的中国结下了更深的渊源。然而，他时至今日在字里行间对"华侨""华人""华裔"的审慎区别，又不由得让人体察到这位古稀老人的内心深处对政治身份和文化归属的敏感与自尊。

从新加坡到日本再到中国，从政论家到记者再到学者，从观察政界到蜚声报界再到投身学界，卓南生用"吾道不孤"来纪念他羊肠九曲、栉风沐雨的追问之路。而陪伴与慰藉他的，除了高山流水的同道知音，更重要的，是他对真相、真知、真理的求证精神与敬畏情怀。从就读命运多舛的南洋大学到力排众议、选择不被看好的赴日求学，在谈及早年人生转折的最初心路时，卓南生神思凝重："我们那是个不平凡的时代，你必须在这个错综复杂的社会中，对你的身份认同有自己的定位"。

"我们那个时代经历了身份认同的挣扎"

"我出生在新加坡，我的父母是30年代从中国广东省的潮汕到南洋谋生的，先到泰国，后在新加坡定居。1942年2月15日，日军攻陷新加

---

* 本文撰写于2014年。

坡并且改名为'昭南岛',我就是在这两个月之后诞生的。虽然在三年零八个月的日军占据时期,我完全没有什么记忆,但是小时候,家长吓唬不听话的小孩时都会说'日本兵来了''宪兵队来了'。长大一点后,我从左邻右舍或长辈们的聊谈中,从小学同班同学们丧失亲人的遭遇中可以肯定,日军的南侵行为和'大检证'①的屠杀事实是铁证如山的。日军占据时期是新加坡的一场灾难。所以,日本到底是一个什么样的国家?日本人到底是什么样的人?日本兵为什么会来到新加坡?我从小就多少想要了解了。"

"在我成长的五六十年代,新加坡和马来半岛一直是作为一个单元(即马来亚)来讨论的。那时候,东南亚的民族主义可以说是风起云涌,我们不管走到哪里都可以看到群众大会。特别是1955年召开了万隆会议,那年我十二三岁,正在读小学六年级,但是在学校的课堂里,同学们已开始关心时事。1957年,马来亚联合邦获得独立;1959年,新加坡获得自治;1963年,马来西亚成立;1965年,新加坡被赶出马来西亚被迫独立。我从小学到大学经历了这样一个不平凡的时代,所以在那个大背景下,我们这些青年人都很关心政治,因为你不管政治,政治会管你。同时,大家都比较有抱负,都会有一种'梦',都有'理想'——该怎样为新生的国家做一些事情。"

卓南生说道,"我在新加坡接受的是比较完整的华文教育,小学换过几所学校,1956年到1958年读初中,1959年到1961年读高中。我们学生时代的老师基本上都直接或间接地受过五四运动的洗礼,所以像鲁迅、巴金、老舍的作品,我在很年轻的时候都看过。中国的近现代历史和中国文化,虽然教科书中介绍的不多,但基本的脉络还是有所了解的。我从小就比较倾向文科,对政治、经济、社会都比较关心,对记者这个行业也非常感兴趣。万隆会议那一年,我的一位老师每天都会给我们讲故事,讲印尼的苏加诺总统,印度的尼赫鲁总理,缅甸的吴努总统,中国的周恩来总理,我的第一本剪报集就是关于万隆会议的"。

"我们这一代人,是经历过身份认同的挣扎、矛盾和心理斗争的。我

---

① 1942年2月15日新加坡沦陷,从2月18日起一连三天,日本占领军为报复新加坡华侨对中国抗战的支援以及华侨对日军的抵抗行动,在新加坡全岛展开针对华人的"肃清行动"。由于当时凡被审问而获释者皆被盖上"检证"二字,故又被称为"大检证"。当时被逮捕后死里逃生者少有所闻,估计死者不下五万人。

出生的时候是日本'昭南岛'市民；1945年日本走了，新加坡又变回了英国殖民地；1959年新加坡获得自治而非独立，因为英国不太放心；1963年新加坡作为马来西亚的成员后，我们又有了马来西亚的国籍；等到1965年新加坡被迫脱离马来西亚独立，我们又成为了新加坡公民。正是因为这段历史，我们对华侨、华人、华裔分得很清楚，并且能够说得很清楚。万隆会议对我们的冲击很大，所以初中的时候就有许多同学争论，你究竟是中国人、是华侨，还是马来亚的华人？争论的结果是更多的人认为自己既生于斯，就应该留下来为新生的国家去奋斗和努力。当时非主流的思潮就是回到自己的祖国——中国，所以我有一些小学和初中同学（为数不多）悄悄地跑到了中国。"

卓南生停顿片刻道，"我为什么要提到这些呢？——因为在那个年代，经过了二次大战的洗礼和战后的反殖运动，我们摆脱了殖民地的命运，每个人都有了自己的思考，思考自己应该为新的时代、为新生国家做些什么。像'为谁读书？''为何读书？'这些问题，虽然那时候没有很明确地提出来，但是大家心里都在想，都在寻找自己的定位"。

"1962年，我进入南洋大学念政治学，其实我从高二开始就一直想念新闻学，但那时候新加坡的两所大学都没有新闻学方向的院系，并且当时新闻学的书籍也非常贫乏，市面上最多只能找到两三本。我觉得对文科比较执着的人要么学史地，要么学政经，而后者好像和新闻学关系更紧密，是最挂钩的一门学科。当时南洋大学的政治经济学系还没有分家，我是一年之后才转到政治系的。"

在南洋大学学习了两年多之后，卓南生就走上了留学的道路。但他并没有选择当时学位受官方承认的英联邦国家，而是执意去到了日本。卓南生回忆道，"其实我高三时就想过要留学。60年代初，在'科伦坡计划'① 的推动下，日本派专家到新加坡来免费讲授日语，我高中刚一毕业就被学校推荐去学了几周的日语课程；到了南洋大学后也一直在学日语。后来我申请到日本留学，与这段经历也有一些关系"。

---

① 科伦坡计划（Colombo Plan）是世界上第一批援助计划之一，它在20世纪50年代由英联邦国家发起，旨在通过以资金和技术援助、教育及培训计划等形式的国际合作，来加强南亚和东南亚地区的社会经济发展，它是英国在南亚、东南亚推行冷战政策的产物。

"我是带着问题留学日本的"

卓南生解释说,"我之所以选择去日本,主要有几个方面的原因:一方面是在'科伦坡计划'下学过一些日语,我比较感兴趣;另一方面是中学时代看过鲁迅、郭沫若、郁达夫这些有留日背景的作家写的东西,我对日本这个国家很好奇;还有一个原因就是我们当时的青年人对英语世界多少有种抵触感:为什么一定要到殖民地宗主国留学?为什么只有去英国或者英联邦国家才能获得认可?我想走一条别人没走过的路,去看看一个不同的国家。此外,更重要的是,我坚持认为,在亚洲来看亚洲问题,会与去欧美看亚洲问题的视角有所不同。所以,我决定试一试"。

然而,卓南生的留日之路并非一帆风顺,正如他所说的,"对于20世纪五六十年代最早的几批亚洲留学生来说,要走上'留日'这条道路,并不是那么容易。首先,是战争的阴影犹存;其次,是各方对日本学术的评价及留日以后的出路,与其说是正面和乐观的,不如说是负面和悲观的"。

尽管在父兄师长的劝阻下,卓南生还是踏上了东渡日本的求学之路。"我们那时候的年轻人都比较追求梦想,没有太多从现实去考虑。但是亲朋好友们的劝阻也给我留下了一个探讨问题的起点,那就是:我去日本究竟要看什么?我想,我要看的,就是它的变与不变。"

在深思熟虑之后,卓南生萌发了他最早的"问题意识":战后的日本是不是真的有别于战前?日本是怎样看待亚洲的?促使日本国策变与不变的因素究竟是什么?"这些问题对我的冲击很大,我就是带着这些问题留学日本的。并且一到日本,我就培养起了善于观察的习惯。"

1966年,卓南生成为了日本早稻田大学政治经济学院新闻系二年级的插班生。"因为留学日本一直都是少数派,所以早稻田大学的新加坡学生非常少,特别是文科。我刚到日本时,第一年几乎都在学日语,没有拿到什么学分。实际上,我是在接下来的两年时间里修了三年的课程,并且在1969年拿到了本科学位。"

卓南生饶有兴致地谈道,"一个很有趣的现象是,我一进早稻田大学被接纳为新闻系学生的时候,老师就告诉我,这个系要关门了,你是最后一个学生。等到我本科毕业时,这个学科就真的关闭了。这种现象跟日本的特殊情况有关：日本新闻教育与新闻实务界的关系是比较特殊的，日本的传媒机构并不指望新闻教育界为其培养人才，而是希望每个进入传媒机构的新人都是一张白纸，这样就可以比较容易地调教成听话的'雇员'。所以，日本的新闻学并不是一般想象的那么蓬勃发展，在战前日本的主要大学也一直没有新闻系。比如东京帝国大学（现为东京大学）就认为新闻学只是一门实用的学科，并没有深厚的学理，不能够登大雅之堂。因此东京帝国大学只是在1929年成立了一个新闻研究室，直到1949年才升格为新闻研究所。他的创建人就是日本现代新闻学研究和新闻教育的奠基人小野秀雄，他也是我老师的老师"，说到这里，卓南生亦不无自豪。

本科毕业后，卓南生准备继续攻读硕士学位，由于早稻田大学新闻系已经关闭，所以只好转校。最初，他曾考虑师从记者出身的殿木圭一教授。

"殿木老师是东京大学新闻研究所的教授，他会说一点中文和马来文，对留学生也非常好。他在战争期间曾被日本同盟通信社（共同社前身）派往马来半岛，所以我曾向他表示想要研究有关日本占领新加坡与马来半岛时期的新闻史，他说那得去打听是否有足够的资料。但是一个星期后，殿木老师告诉我这方面的资料已经不存在，建议我换个题目。"

结合殿木老师的反应和一名曾目击新加坡沦陷的前《朝日新闻》从军记者，也是早稻田大学新闻系兼职讲师酒井寅吉战后写的文章，卓南生认为："要想从与战前的'亚洲'及'战争'关系颇深的日本新闻学者口中获得相关信息，是不可能的"。[1]

几经辗转后，卓南生只好放弃他最初的研究计划，转而将视角投向了日本学界因为并不关心所以也不会敏感的中国近代报刊史。当然，他最初的关心点，仍然是放在与新马关系密切的近代华文报起源史。1970年，他最终进入立教大学攻读硕士学位，并且师从以研究"瓦版新闻"而闻名的日本江户传播史权威——平井隆太郎教授。也正是在平井老师的引荐下，卓南生有幸两次拜访日本新闻学泰斗小野秀雄，并对他日后的研究之路产生了深远影响。

---

[1] 详情参看卓南生《日本的亚洲报道与亚洲外交》，世界知识出版社2008年版，第5—8页。

"踽踽独行，摸索中国新闻史研究"

"小野秀雄是日本新闻史学的开山鼻祖，相当于中国的戈公振。平井隆太郎是小野秀雄的嫡系大弟子，在平井老师的推荐下，我得以拜访了当时已年逾八十高龄的他。那时小野先生虽已离开了由他一手培植的东京大学新闻研究所和上智大学新闻系，但却退而不休，正在撰写大作《新闻研究五十年》。"卓南生对初次见面时的情景仍记忆犹新，"第一次去，小野先生就从衣柜里取出了用布巾包裹着的他在大英博物馆查阅《察世俗每月统记传》时做的手抄读报笔记。他还拿出了一册私藏的《遐迩贯珍》原件给我看，并且建议我最好从资料较易找到的汉文报刊着手研究"。

正是因为这次见面，卓南生"萌发了步中国报史专家戈公振先生及日本新闻史学者小野先生后尘，前往英国伦敦查寻早期报刊原件及相关资料，以便整理近代中文报史的念头"，最终在"跑遍了日本各大学的图书馆，东京神保町附近的旧书店，东京的东洋文库，东京大学新闻研究所图书馆、明治新闻杂志文库和东洋文化研究所图书馆，并且横跨东西两洋，访遍大英博物馆东方图书研究室，伦敦大学亚非学院图书馆，剑桥大学图书馆，美国麻省皮博迪埃塞克斯博物馆以及香港大学图书馆等等公私图书馆和文献资料收藏中心"之后，他通过翻阅大量的近代早期中文报刊原件，对《察世俗每月统记传》《特选撮要每月纪传》《遐迩贯珍》等宗教月刊和《香港船头货价纸》《香港中外新报》《香港华字日报》《循环日报》等中文报刊进行了考订精详的论证，并先后于1972年和1986年完成了硕士论文《中国近代新闻发生史（1815—1856）》与博士论文《中国近代新闻成立史（1815—1874）》。

卓南生说，"小野秀雄很追求新闻的发生史，戈公振也很重视这一点，但由于戈公振英年早逝，小野秀雄在这方面的成果和影响要比戈公振大些。在一些交叉性的史料中，我发现戈公振还留下不少可让后人探讨的空间。我的研究重点就是解析中国近代报纸从何而来，它与传统的'邸报'等之间的联系性与非联系性，其实就是在小野秀雄和戈公振的基础上去填补或者纠正了原有史料的一些混乱"。

在谈及论文撰写的过程时，卓南生毫不讳言当时的孤寂与隐忧，"我在写硕士论文、博士论文的时候，可以说是完全在孤立的环境下自娱自乐，因为在日本没有任何的中国新闻史专家或者同学可以交流，虽然起步研究的时候我会尽可能地向日本新闻史学界的老师学习严谨的治学态度与方法论，他们也会对我给予鼓励，但基本上就是自己一个人在摸索"。而即便是在论文完成之后，卓南生依旧心存忐忑，"我的研究在80年代末期以前都是孤军奋战，也没有人给我一个正式的反馈。东京大学新闻研究所的内川芳美教授曾对我说，'真正的考验要在中国'"。

幸运的是，内川芳美教授（时任日本新闻学会会长）在70年代末第一次访问中国之后就与中国新闻史学界常有交流，并将卓南生的研究介绍给了中国。有一天，他很高兴地向卓南生传递了一个信息：中国新闻史学界特别是方汉奇先生对卓南生的研究给予高度评价。原来在80年代，卓南生有关中国新闻史几篇论文的日文稿经由复旦大学的张国良教授翻译成中文，先后刊于《新闻传播》（中国黑龙江省新闻研究所）、《新闻大学》（复旦大学新闻系）、《新闻研究资料》（中国社会科学院新闻研究所）等学术刊物上，开始逐渐得到了中国新闻史学界的关注，复旦大学的新闻史学家宁树藩教授更是热情地为他撰写了推荐文。

在获得中日学界广泛认可的同时，卓南生也于1986年9月获得立教大学首个社会学（主修新闻学）博士学位，他也是当时日本新闻学界少有的博士。

"那时候日本对学术看得很崇高，据说早年东京帝国大学要颁给小野秀雄博士学位，但是被他婉拒了，因为他怕玷污了新闻学的招牌。就连小野秀雄都不肯要博士学位，所以他的学生们，其中包括我的老师——平井隆太郎、内川芳美、香内三郎、荒濑丰，也就没有一个人提交博士论文。"卓南生说："当时日本的学术风气非常严谨，因为这些原因，平井老师几次催我提交论文，我都推辞了；香内三郎老师要我把其中的《遐迩贯珍》那篇发表出来，并且学术刊物都为我联系好了，但我还是以必须到大英博物馆补读完整原件为由婉拒了。"

所以，卓南生在1986年拿到新闻学博士学位算是一件比较轰动的事情。

"因为我是社会学研究院第一个提交博士论文的学生，审查答辩的时候立教大学也没有什么程序经验，请来了东京大学的内川芳美和立教大学的三位老师，大家就是喝茶、聊天，讨论要怎么跟出版社谈条件出书，因为百利坚出版社的社长早在两年前就曾从东京打电话到新加坡表示有意出版",卓南生笑谈间举重若轻。

可以想象,从 1972 年开始读博,到 1986 年 2 月完成博士论文,再到同年 9 月获得博士学位,卓南生的留日求学生涯不可谓不艰辛。子曰:"君子以文会友,以友辅仁",卓南生正是以他令人敬服的才、学、识、德赢得了中国学界的尊重。

"与日本相比,中国是另外一种学术气氛"

回忆他与中国新闻史学界的结缘,卓南生说:"1992 年,我来北京参加中国新闻史学会的成立大会,会上宣读了已在日本发表的有关《循环日报》的考究论文,并结识了不少中国新闻史的专家和学者。能和这么多的同行进行交流,对于长期寓居东瀛,在中国报刊史领域踽踽独行的我来说,感受是十分强烈和新鲜的"。

实际上,卓南生真正投身学界是在 1989 年,而此前,他一直在为报社撰写社论和时评。"我从 1967 年就开始写通讯稿,算是比较勤奋的自由撰稿人。1973 年正式加入报馆后,我担负起了新加坡《星洲日报》的社评工作,并且历任《星洲日报》社论委员兼执行编辑、《南洋·星洲联合早报》(简称《联合早报》)社论委员兼东京特派员。"

卓南生继续回忆,"大概是在 1987 年夏天,我那时已经接获香港浸会学院(现香港浸会大学)传理学系高级讲师的内定聘书,可是报馆又准备派我去做东京特派员,考虑到一方面特派员制度是我曾向馆方极力建议设立的;另一方面,我总觉得,只是写评论,没有丰富的采访经验就去当新闻学的老师,心里有点不满足和不踏实。所以 1987 年我选择作为《联合早报》首名海外特派记者,重返东京"。

卓南生说,一年半后他能进入东京大学新闻研究所任教,成为该研究所的首位外籍教师,还得感谢当时已从东大退休到私立大学任教的内川芳美教授。"有人告诉我,是内川教授极力推荐我到东大任教的,因为 80 年代以前日本的国立大学在法律上是明文规定不允许聘请外籍人士,所以我算是一个突破。"当时不仅《朝日新闻》刊登出了卓南生的就职新闻与照片,《读卖新闻》还在头版以显著的版位刊载了有关专访,卓南生一时成为了东京大学"国际化"的象征。

可说到这里,卓南生却难掩遗憾,"从 1989 年到 1992 年,我在东京大学新闻研究所担任副教授的三年间,所里一直都在讨论寻找出路的问题。在东京大学弱肉强食的学科博弈中,作为校内的一个小单位——新闻研究所,必须求新求变才能生存和发展"。卓南生说,"其实,当时新闻研究所虽然只有二十个人,但它却是全日本受到高度评价的研究所之一,因为这里名师荟萃,几乎每一位老师都是新闻学相关领域的最高权威。可是1992年,新闻研究所改组为社会情报研究所,研究的范围和视野扩大了,并且将注意力转向了新媒体与跨学科。2002年,日本教育部认为社会情报研究所十年来成果欠佳,于是就宣布解散了,当年还举行了闭所仪式。尽管有人认为社会情报研究所的命运归结于时代的潮流,但也有人认为,最重要的原因还在于社会情报研究所失去了新闻研究所时期对学科本身的明确定位,失去了研究的主体性。在这一点上,东京大学的经验也许可以作为中国的前车之鉴"。

"我第一次从新加坡来中国是在80年代后半期,也就是在新加坡与中国建立邦交之后。1989年转到东大新闻研究所之后,我还专程去过上海与复旦大学洽谈办学合作",卓南生回忆说,"第一次来大陆时,中国刚刚改革开放,觉得很新鲜,毕竟与我们是同一种文化"。1992年,卓南生再次来到北京,参加中国新闻史学会成立大会,当他看到中国有成百人都在搞新闻史的时候非常兴奋,"我在日本生活了那么久,面对的都是日本学者和学生,我写的中国新闻史基本上也都是给日本人看的,没有对话的环境,更谈不上相互切磋和交流。看到中国新闻学界的盛况,这使得我很想过来"。1994年,卓南生开始在日本京都龙谷大学执教,1998年,他以龙谷大学国际文化学院教授的身份参加了北京大学百年校庆的一次研讨会,"这次行程让我觉得来北大也会很有意思。所以2000年,我利用学术年假,作为北京大学国际关系学院客座教授在这里教了一年书。当时学校安排我住在未名湖畔的'健斋'专家楼,在那里留下了美好的回忆",卓南生欣慰地说道。

"那时候北大学生很想了解世界,我也很想了解北大和中国,所以我们师生之间的关系非常好。当时北大正在筹建新闻学院,在这过程中我也有所参与,包括在《亚洲周刊》《联合早报》上广加介绍,也通过老同学、老同事联系《南华早报》,促成多项合作计划等等。"谈及与北大新闻学院的渊源,卓南生兴致盎然,"2005年,我将自己客座教授的关系转入已经成立了的新闻与传播学院,2010年我提前从龙谷大学退休,将大部分的时间都放在了北大"。

就此,卓南生成为了北大新闻学研究会和北大华文传媒研究中心的核心人物之一。在时任学院副院长,也是研究会副会长兼秘书长,现执行会长程曼丽教授的领导和卓教授的共同主持和推动下,"北大新闻史论师资特训班"和"北大新闻学茶座"两项系列学术活动成为了中国新闻传播学界交口称赞的亮点。

"毕竟我们都是五四运动的受益者,心中还有一份北大情结,我和程曼丽老师有一个共同的梦想,就是将新闻学研究会作为一项事业来发展。我感觉这里和日本相比,又是另外一种学术气氛",卓南生言谈间无比珍惜。

"我希望能在教育界做点事"

正如当年带着问题留学日本一样,旅居中国的卓南生同样对这个正在发生巨变的国度充满了他的观察与思考。

"起初来到中国的时候,我看到的是比较传统的研究模式,基本停留于教科书。用今天的眼光来看,就显得比较单一,比较粗浅。但是我也感受到了这里的知识分子求知欲很强,有很大的动力。再往后呢,我慢慢发现了中国学界的一个特征,就是随着学科视野的扩展,对西方的理论学说有些饥不择食、生吞活剥,甚至造成了历史观的模糊与混乱。同时,中国学术研究的体制与思维也存在一些偏差的问题,比如在过去一切都跟着计划走,而现在呢,一切都跟着市场走,或者围着课题转,学术研究失去了应有的主体性。说得严重些,在某种程度上,学术水平不但没有因为改革开放的到来而提升,相反,中国的知识分子面临着一个更加彷徨与混乱的时代。"

对于这些问题,卓南生深感忧虑,"1968年我刚到日本不久,日本的知识分子就开展了一场针对明治维新百年的大辩论,也就是如何评价日本的近代史,如何看待日本的近代化进程与走上侵略道路之间的关联。可惜的是,1968年正值中国的'文化大革命',有关明治维新的论争没有传到中国,日本学界对近代化的反思没有引起中国知识分子精神深处的共鸣。像中国现在的公害问题、雾霾问题、官商勾结问题等,认真分析,其中不乏日本近代化过程中的翻版。日本当年就是走进了一个死胡同,过于相信近代化，相信武力，导致物质上虽然进步了，精神上却失去了仁义"。

除此之外，卓南生指出："在新媒体的推波助澜下，近年来一部分研究者似乎有从旁支末节中断章取义的倾向，形成了'历史解构'热。这种学风显然有碍学术研究的正常发展和提高，是不应该提倡的"。与此同时，卓南生也表达了他对中国知识分子的理解与敬意。"中国'文化大革命'的过程，我基本上是在日本看到的。从'海瑞罢官'到打倒'四人帮'，'文化大革命'的每个动静我都很关心，'两报一刊'的所有东西，我也非常关注。中国的学者失去了一个十年，但真正的影响可能还不止十年。那时候，我们这些华裔人士在不同的国度，可以自由地吸收知识，写我们想写的文章，看我们想看的书籍，思考我们想思考的问题，是相对比较幸福的。所以我总觉得和中国的知识分子相比的话，我很佩服他们，至少他们在那样的情况下还能坚持做学问。假如我们在某一些方面比他们的认识稍微深刻一些，看到的问题多一些，或者比他们多读了一点书，我真的不认为有什么优越的。相反的是，我认为我们之间可以有一些互补，特别是这些年跟年轻学者在一起交流，我也从中收获不少，挺有意思。"

聊到这里，卓南生不无期盼，"我对自己有过这么一个总结：作为时事评论家，或者作为研究者，在日文世界里和海外华文圈，基本上我能做的事情，我都尽力而为。但是作为教育者，我觉得自己还很欠缺。我46岁才转入教育界，不像方汉奇老师培养出了众多弟子，这一点我觉得方老师是令我望尘莫及的。所以到了这个年纪，还是希望能在教育界做点事。作为教育者，我自认还有一些剩余价值"，卓南生笑道。

在程曼丽、卓南生和能干的青年秘书团的共同努力下，北京大学新闻学研究会[①]自复会以来招收了五届总共一百名新闻史论师资特训班的学员，每一年的暑假，这位谦谦儒雅的老先生都会奔忙于特训班的前前后后，将他几十年来的治学心得毫无保留地传达给来自五湖四海的年轻学者。"师资特训班的学员，不一定是来自名校或者要有很多成果的精英，而是要他们带着问题、愿意求学再过来的。我们这一百位学员来自中国的六十多所院校，我的想法是，提供条件、不求回报，假以时日如果这些学

[①] 北京大学新闻学研究会成立于1918年10月14日，由时任校长蔡元培亲自发起并担任会长，由徐宝璜和邵飘萍任研究会导师，研究会于1920年12月停止活动。2008年4月15日，北京大学新闻学研究会正式恢复成立。

员能在各自的园地里开花结果,我们作为教育者也就心满意足了。"

在谈到育人理念和选才标准时,卓南生强调,"我的第一要求是学生必须脚踏实地地做事,先去大翻书乱翻书,再从中寻找灵感。研究新闻史的学生要去看原件,还得能找原件。第二是必须认真,安心向学同样重要。还有就是我一直教育学生,历史一定要做得很细,只有在别人无懈可击的时候,才有办法站住脚。这绝不是为考据而考据,毕竟只有足够的严谨细致才能保证历史的信度",卓南生语重心长。

"主体"与"定位",是卓南生在谈吐间虽不经意却频繁触及的词语,这与他极力倡导的"问题意识"似乎存在着某种深刻的关联。国家命运的跌宕起伏,个体身份的曲折归属,多元文化的交织撞击,历史定论的莫衷一是……这些在七十余年的过往人生中所经历的一切,造就了卓南生对于"我是谁""我为谁"这些关乎存在与价值的问题保持着慎始慎终的思考。透过他的累累硕果,卓南生的"主体意识"与"自我定位"如影随形般地渗透在他的政论时评、学术研究、教书育人之中。无论是当年在新加坡拒绝盲从欧美风潮的他,还是后来在日本摆脱"国际化装饰品"身份的他,或是如今在中国希图超越自我、实现育人宏愿的他,这位已然功成业满的老者,仿佛从未放松过对自我的认识与诘问。

正因如此,从出发到回首,人们眼中的卓南生,始终一面在彼岸,一面在起点。

【卓南生简介】

卓南生,1942年生于新加坡,新加坡旅华学者、北京大学客座教授、日本龙谷大学名誉教授、新加坡《联合早报》特约评论员。早年在新加坡华中和南洋大学受教育,1966年负笈东瀛攻读新闻学,毕业于早稻田大学政治经济学院新闻系,后获立教大学社会学(主修新闻学)博士学位。历任《星洲日报》社论委员兼执行编辑、《南洋·星洲联合早报》(简称《联合早报》)社论委员兼东京特派员。1989年应聘为东京大学新闻研究所副教授。1994年至2010年任日本京都龙谷大学国际文化学院教授。

主要中文著作有:《日本的乱象与真相——从安倍到安倍》《卓南生日本时论文集》(全三卷)、《日本的亚洲报道与亚洲外交》《中日关系出了什么问题?》(合著)、《中国近代报业发展史 1815—1874》(增订版)、《日本告别战后——亚太新格局与日本舆论导向》《大国梦与盟主论——总保守化的日本政治与外交》《日本政治评论二十年》《汉城 20 年风云录》《日本的政治斗争》《国际问题纵横谈》《从东南亚看日本——一个报人的观察和体验》《从星洲日报看星洲五十年：1929—1979》(编)。

主要日文著作有：《东亚新闻事业论》《日本的亚洲报道与亚洲论》《东亚与日本社会》(合著)、《现代国家与移民劳工》(合著)、《高度信息社会的传播》(合著)、《中国近代新闻成立史 1815—1874》《围墙里的日本国际化》《现代的锁国——从亚洲看到日本的真相》。

赵传薰：不舍初衷成就专业重建梦*

在今天的中国新闻教育界，赵传薰或许并不是一个人人都熟知的名字，但是他的身影，在20世纪80年代那个如火如荼兴办新闻教育的年代里却是异常的精彩与活跃。出生于河北，求学于京津，从童年时代埋下的新闻记者情结，到青年时代接受的新闻科班教育，再到壮年时代挥之不去的新闻专业重建梦想，赵传薰对新闻教育事业的执着热爱和对新闻专业学科建设的殚精竭虑成就了他历久弥新难以掩藏的光芒。事实上，在当下这个学术繁荣、根深枝茂的时代中，人们已经很少会去回想三十多年前那些手无斧柯却披荆斩棘，为开创事业而奔走呼号的先行者们面对的曾是怎样的艰辛；也很难想象创业者们在直面蛮荒挺身而出的坚毅背后，必须超越的体制与观念的壁垒曾是何等的艰巨。然而，当这些情怀与故事在亲历者如数家珍的回忆里重新变得鲜活与生动，人们在对一个时代的铭记中将不仅找寻到心有戚戚的共鸣，也将更加理解薪火相传的意义。

赵传薰，当他以72岁高龄出现在2014年"全国新闻教育杰出贡献奖"的颁奖仪式上，满怀深情地接受中国新闻教育学会对他为天津新闻教育事业所做出的贡献而表达的敬意时，这位旅居海外十余载的华发老人身上正熠熠生辉的，还有他的故事中所代表着的——中国新闻教育事业中兴史上，那一个个真实且不该被忘怀的身影。

"童年的记忆，成为了我一生的追求"

1942年正月，赵传薰出生在河北省抚宁县的一个知识分子家庭，作为家中的长子，从小就受到了父母亲严格的家庭教育，对他的未来寄予了

---

* 本文撰写于2015年。

殷切的期望。"我大概三四岁的时候去了北京,在北京上了两年小学之后就又回到了我的原籍——抚宁县留守营张各大庄。那时候我父亲还在外地工作,我跟着母亲在老家念完了小学,在抚宁二中又上了一年多初中,直到 1957 年因父亲工作调动,一家人随母亲来到了天津。我在天津市第三十六中学完成了从初二下学期到高三的学业,直到 1961 年中学毕业参加高考。"

赵传蕙回忆说,"我从小就有个记者情结。小学三年级的时候,因为我刚从北京回到老家,人还算机灵,又说得一口京腔,老师们对这个京城来的孩子也是高看一眼。正好 1953 年有一大批中国人民志愿军回国,我们县里召开了一个万人欢迎大会,学校就选我代表全县的少年儿童致欢迎辞。那篇演讲稿还是我们老校长一笔一画用楷书写出来的,因为演讲的效果非常好,引起了全场特别的关注。就在我讲话的时候,台下上来一个人,拿着一个方盒子,方盒子旁边还有一个圆圆的带灯泡的东西,他站在我的左前方用方盒子对着我'啪'的一按,灯泡居然一闪,我一愣,他很快又走下台去"。赵传蕙笑着说道,"后来我才知道,那个人是新华社的记者,他手里拿着的方盒子是一台照相机,那个圆圆的灯泡是闪光灯,十几年之后,我也用上这款西德的禄来福来相机了"。在回忆这段细节时,老人眼神中流露出的是历经沧桑后的感慨与留恋,"那个新华社的摄影记者穿着解放初期的皮夹克,很帅气,他给我的童年留下了非常深的印象,从那时起,记者情结就在我心里深深地扎下了根。我没有想到的是,童年的这样一段记忆,竟然成为了我后来一生的追求"。

就这样,1961 年高中毕业的赵传蕙在面临人生转折的时候,于冥冥之中为童年的那份情结洞开了一扇大门。"因为从小学到中学,我经常参加各种宣传活动,演宣传剧、办黑板报、写新闻稿⋯⋯所以当时的中学政教处主任还找我个别谈话,推荐我报考中国人民大学新闻系。"然而令人没有想到的是,将中国人民大学新闻系作为第一志愿的赵传蕙却在阴差阳错间被刚刚创建新闻专业不久的天津师范学院给挑走了。

"天津师范学院从 1959 年就开始操办新闻班,1960 年开始招收第一届学生。那时候天津师院还归河北省招生委员会管,但是天津市委为了向天津市的各家媒体输送专业人才,跟河北省招生委员会取得联系,直接调过来了一批高考学生档案,由老师们精心挑选录取。"赵传蕙回忆道,"据说为了招我们那届学生,当时从高招办要来了上百份档案,最后选了

26 名高考生，再加上 10 名调干生，一共是 36 个人组成了 61 级新闻班"。这段始料未及的经历给赵传惠其后的事业追求埋下了一个伏笔，"虽然学习新闻专业我是喜欢的，但是我最初并不太喜欢师范院校，并且师院当时创办的新闻班还是专科"。赵传惠耐心讲述着一个令他一直放不下的问题，"这里面牵扯到一个国家招生计划的门槛问题。由于专业招生名录是由教育部、人事部、财政部共同制定的，但是国家并不负责专科生，所以在计划经济年代，只有本科学生在毕业的时候才能由人事部分配职位、财政部发放工资、教育部颁发文凭。我们的新闻专业只要不进入国家的专业招生名录，培养的学生就不具备这些资格。这也正是为什么后来在新闻专业恢复重建的时候，我坚持要将它办成本科专业并且力争进入专业招生名录的原因"。

然而没过多久，刚刚创办几年的天津师范学院新闻班却因为特殊的时代原因不得不在 1962 年秋季停办，但是天津市委对 61 级新闻班学生随后做出的一个有利决定，又一次改变了赵传惠的人生轨迹。"当时主要是国家经济困难，大搞调整、巩固、充实、提高，所以报社人员压缩，学生的出路成了问题，专业也就停办了。虽然跟大形势有关，但实际上咱们的办学也跟着走了弯路"，赵传惠介绍说，"天津市委当时做了一个决定，我们 61 级新闻班这批通过高考入学的学生可以在师范学院的文科范围内任意选择一个自己喜欢的专业继续攻读本科。因为我将来想做记者，所以在老师的建议下，就在 1962 年 9 月转到中文系去了。直到 1965 年，我在天津师范学院中文系本科毕业"。

四年学业完成后的赵传惠，以优异的成绩留任在了天津师范学院中文系写作教研室，然而在那个新闻教育万马齐喑的年代，这位年轻小伙子的心中却埋下了一颗火热的种子，他从未甘心自己钟爱的新闻专业就这样偃旗息鼓戛然而止。"从个人的角度来说呢，毕业后我还是很想当记者的。但是，当年新闻班从报社调来的号称'天津日报四大金刚'之一的张虎刚老师，这时已任中文系的副主任，他极力劝我留下来，对我说'留下来咱们一起教学生吧'。那个时候的学生还是比较听话的，无论是从组织安排上也好，还是从与老师的私人感情上来说也好，都是挺听话的。所以我就留下来了，留在了中文系写作教研室。"

就这样，当年那个怀揣新闻记者梦想走进大学校园的赵传惠在时代与命运的安排下最终成为了一名大学教师。然而令谁都没有想到的是，从

1965 年留校任教直到 1980 年亲力主持新闻专业恢复重建，赵传惠果真实现了他从未搁置的夙愿。当几十年后光阴回顾时，他坦言，"这十五年来，我的新闻梦、重建梦，一直都没有断过"。

"十五年来，我的重建梦一直没有断过"

从 1959 年的着手创建到 1962 年的无奈停办，天津师范学院新闻教育事业的挫折是大时代与大环境下的客观结果。然而挫折与低谷却终究消磨不了有心人的志气，赵传惠一直都在等待时机。

"1972 年，天津市人民政府邀请我为市直机关干部进行为期半年的新闻培训，与此同时，天津师院开始招收工农兵大学生。我就和系里面商量，希望能招一个新闻班。当时正值'文化大革命'后期，我因为曾被调到学校的教育革命组工作，与市教委的领导也比较熟悉，就跟他们提起来能不能在天津的各个部队里（当时的教委主任是部队干部，他的秘书则是后来的天津警备区司令杨志华少将），把一些将来有苗头做新闻干事的人才招上来开办一个新闻班。我说我来办这个事情，一定把它办好。没想到这个提议很快就得到了市教委领导和中文系的支持。所以，停办了 10 年的新闻专业在 1972 年又招收了一届工农兵大学生，将近 40 来人，目的就是为部队培养新闻干事。可是当时由于师资力量比较匮乏，除了基础课由中文系的老师来讲授之外，几乎所有的专业课程都是由我来教，包括新闻采访、新闻写作、新闻编辑还有新闻摄影。让人欣慰的是，这些学生在毕业回到部队之后，都发展得很好"，赵传惠面露笑意。

然而，重建事业的开展还是遇到了难以预料的阻力。"1972 年那次恢复招生之后，就没有再继续了，主要还是因为教育体制和教育观念的问题。当时中文系有很多人认为，办这个班是不务正业，是不入流的"，赵传惠颇感无奈。"所以，一直等到'文化大革命'结束，1979 年的时候，我就去找到了当时我们的老校长李继之[①]"，说到这里，赵传惠流露出了

---

① 李继之（1910—1993）我国 20 世纪后期著名的教育思想家和改革家。1935 年毕业于北平师范大学教育系，曾担任河北省文教部部长，1973 年至 1983 年担任天津师范学院党委书记、院长，天津师范大学党委书记、校长。当时教育界曾有"南刘北李"之说，"南刘"指的是华东师范大学的刘佛年，"北李"指的就是李继之。李继之的师范教育思想，不仅提出了我国师范教育改革的新方向，更重要的是他在 20 年前就提出了正确解决问题的方法与思路，对我们今天的师范教育改革仍然具有现实的指导意义。

一份浓浓的敬意。"李继之校长在'文化大革命'以前曾经是河北省的文教部部长，他的教育思想是非常超前的。他认为，师范学院不应该只培养教师而不能培养其他人才。老校长的观念是，要把师范学院建设成为一个综合性大学，他的这个观念和我的想法完全一致。虽然我们俩的年纪相差很大，但是非常谈得来。我跟他提出，希望能帮助我们恢复新闻专业，他表示非常支持，全力支持。他对我说，'你就去办，全权去办，我支持你！'就这样，我从1979年就开始着手这个事情了"。

但是，得到校长的支持只是重建事业的第一步，摆在赵传薏面前的还有更加艰巨的难题。"那时候，人们有一种很强烈的意识，那就是师范与非师范之间有着非常严格的界限。当时教育部有一个师范司，专门负责全国师范院校，另外还有一个高教一司负责全国综合院校的文科专业，高教二司负责全国综合院校的理科专业。我先是直接去找高教一司司长，向他介绍了我们的办学条件，同时又跟师范司的司长辩论师范院校也不是绝对不能办非师范专业的，并且还举出了北京师范大学地球物理专业的例子。"不仅如此，赵传薏补充道，"在这期间，我还获得了中宣部新闻局、特别是负责新闻教育的洪一龙老师的支持与帮助"。谈及当年的满腔热血意气风发，赵传薏言语间充满自信，更不乏感恩。

"我当时一心就想创建一个真正的本科新闻专业，而不再是过去的新闻专科班，不只是重建，还要创建，我要创建一个真正的本科。"赵传薏感慨道，"那时候我才三十七八岁，非常年轻，做事情很有热情。我一直在想，一个人对一份事业是要有梦想的，没有了梦想也就失去了激情。所以呢，正是因为我的记者梦、重建梦，我才对创建本科这件事情一直满怀激情，不管多么难，我都热情似火，笃定信念，无论是奔波劳碌还是废寝忘食，我都一直在坚持"。

"1980年的专业重建，离不开大环境的支持"

功夫不负有心人，在改革开放的发展契机下，赵传薏的重建梦迎来了转机。"我们在1980年之所以能够重建，还离不开当时的一个大环境。改革开放之后，发展新闻教育这项事业，又开始进入了人们的思考范围和议事日程。1979年、1980年、1983年，在胡乔木和邓力群两位政治局委员的倡议下，连续召开了三届全国新闻教育座谈会，一次是在北京大学，一次在中国人民大学,还有一次是在中南海的一个小礼堂,这三次会议我都参加了。"赵传薏记忆犹新,"1979年在北大召开的那次座谈会,全国一共只有14所新闻院校参加,其中就包括我所代表的天津师范学院,并且我们还是全国唯一的一家师范院校。这14所院校中,有7家是还没有获得办学许可的,也包括我们天津师院。所以在1980年的那次座谈会上,我就代表这7家单位做了个发言,呼吁国家尽快给我们颁发'营业执照',支持我们走向正规,支持我们发展新闻教育事业,更好地为国家培养新闻人才"。讲到这里,赵传薏满怀欣慰,"终于,1980年2月我们被正式列入了教育部的专业名录。当年4月,天津市委给天津师院下发了一个正式文件。就在那一年暑假,我们正式招收了80级新闻班"。

谈及这个在天津新闻教育史上意义特殊的80级新闻班,赵传薏难掩自豪。"80级的学生,是我亲自招收来的非常优秀的一批学生,他们的高考分数要比同校同届的其他专业至少高出100分。我当时就想,学生这么好,不能误人子弟啊,可是怎么才能让他们接受到最好的教育呢?所以,就得邀请外援。"赵传薏介绍道,"因为天津距离北京很近,有一定的地缘优势,再加上我们一直和中国社科院研究生院新闻系、人大新闻系、广院新闻系都有着非常密切的联系,和他们各领域的领导、教师都建立了非常好的关系,所以我就经常去各学校拜访沟通,请他们的名师来给我们的学生讲课,像请张之老师讲播音,请杨伟光老师讲广播电视……在当年任课教师的名单上,不仅有一大批中央电视台、中央人民广播电台、中国社会科学院研究生院新闻系、人民日报、中宣部新闻局、中国人民大学新闻系的专家学者,还有天津日报、今晚报、天津电视台、天津人民广播电台的优秀记者、编辑。他们定期来校为学生授课,开设讲座,让学生受到了当时最前沿的新闻理论和新闻实践的教育,给他们打下了坚实的专业基础。他们中的很多人都成为了今天天津乃至全国新闻界各条战线的中流砥柱"。

而除了极力邀请外援之外,面对百业待兴的重建事业,赵传薏感到更加时不我待的就是要尽快培养自己的师资力量,组建起自己的教师团队。而为了这一项工作,他可谓是煞费苦心,甚至不惜"抢人"。

"1980年虽然招生了,但专业教师队伍基本上就我一个人唱独角戏。1981年,马艺和宋世估从中文系的教研室调过来了。1982年,刘卫东和刘鹤文中文系毕业后留到了新闻专业任教。那一年,孙瑞祥又从复旦大学新闻系毕业回津,他本来要分配到天津日报,也被我要过来了。"说到这里,赵传薏还讲起当年他为了留住优秀人才,对时任天津日报社社长、总编同时兼任天津师大新闻专业名誉主任的石坚同志苦口婆心的劝词,"我对他说,瑞祥您就给我吧,虽然我没有接触过他,但是我相信他是一个好孩子。我相信他在您这里十几年或者几十年后会成为一个名记者,但如果您把他给了我,他在十几年、几十年后一定可以培养出几十个甚至上百个名记者。您是咱的名誉主任,您得支持我,是吧?"谈及他当年的一句话对年轻人命运的改变,赵传薏略带歉意却也无怨无悔,"这么多年过去了,瑞祥恐怕也会觉得当初的那种安排还是非常幸运的"。

不仅如此,在短短的几年时间内,赵传薏又在全国各地遴选,陆续从中国社科院研究生院以及自己培养的优秀毕业生中留下了几位突出的年轻人作为专业师资,他用心良苦地为这个急缺人才的初创团队招兵买马,留下了一位位青年才俊充实力量,并且为他们划定各自的教学研究领域,为他们联系各种进修深造的渠道,引导他们走上新闻学的大道通衢。

事实上,赵传薏对专业重建的贡献还不仅止于组织者的身份,在这段艰难的创业史中,他既当团队领跑者,又做学术带头人。因为经常与国内新闻学界、业界的领导、大家、学者们打交道,身为学者型干部的他对于自己的学术研究和实践专长也丝毫不敢懈怠与放松。他撰写论文、著书立说,不仅实现了多科目开设课程,科科出学术成果,并且带领学生和教师积极活跃在新闻和公关实践第一线。在新闻学界,赵传薏很快成长为学术带头人,参与全国 19 所新闻院校统编新闻采访、新闻写作、新闻作品赏析教材的编撰,并担任总主编和分册主编。另外,在人才济济的公共关系学界,他同时兼任中国公共关系协会、中国国际公共关系协会这两大协会的学术委员会委员,并且从首届开始连任多届,直至退休后多年。赵传薏编著的新闻写作、新闻摄影、逻辑学、公共关系学等专著和教材,至今还在一些高校使用;他在著作中对公共关系的定义,成一家之说,被国内业界所公认。1996 年,他荣膺英国国际名人传记中心"新闻学与公共关系学领域杰出成就"荣誉证书,业绩收入《国际名人传记大辞典》。1997年,他应邀赴台湾参加海峡两岸公共关系学术暨实务研讨会,交流公关教育并发表论文。可以说,这一切不仅为他个人,更为天津师大新闻教育事业在其后几十年的长线发展奠定了稳固的基石。

"90 年代的时候,石坚主任曾经和张虎刚老师说过这么一句话,大意是,'咱们真正意义上的新闻专业是传蕙创办的,1980 年是他们真正办出了本科'。"回顾起这句言简意赅却又分量极重的肯定,赵传蕙感慨万千。

尽管如此,草创初期的天津师大新闻专业依旧面临着大环境与小环境的各种考验。"因为那个年代要负责学生分配,考虑到天津市的具体情况所限,新闻专业起初不能招收外地学生,并且隔年招生,后来又因为各种经济形势和政治形势的原因,1986 年之后就再次停止招生了,一直到 90 年代中期才又重新恢复。"面对几经停走、几度挫折的重建事业,赵传蕙抚今追昔,"对咱们天津师大新闻教育事业的前世今生,最清楚的人除了石坚主任、张虎刚老师,还有就是我了。可惜的是他们两位老人都已经不在了"。

"我们未来的事业之路,会越走越宽"

1987 年底,在新闻教育和个人发展的低迷形势下,赵传蕙一度调往南开大学分校着手创建公共关系专业,并再获风生水起。1992 年,南开大学分校并入天津师范大学,赵传蕙再次返回母校,并于 2003 年正式荣休,从此开始了旅居海外与子女团聚共享天伦之乐的生活。

回顾前半生的经历,赵传蕙充满了无悔与自豪,他说,"我过去一直讲,咱们天津师范大学新闻教育事业的历史在某种意义上也就是天津新闻教育事业的历史,甚至在很长的一段时间里,她也是天津新闻教育的唯一。不仅如此,天津师大还是全国高等师范院校中开办新闻专业并且第一个被列入教育部专业名录的院校,她在师范院校中开办新闻学这一非师范类专业,更是颠覆体制的创举。虽然在全国新闻教育的行列中,我们不是第一,但是曾经在相当长的一段时间里,我们是全国师范院校中的唯一。也正是因为如此,我个人在 1984 年 11 月还被评为了首届全国优秀新闻工作者,而在当年入选的 302 位优秀新闻工作者中,只有 4 位是搞教育的,其中一位是北京广播学院的齐越,一位是中国人民大学的方汉奇,一位是广西大学的教师,还有一位就是我。可以说,在师范学院创建新闻专业是很不容易的,国家也认可了这一贡献"。

赵传蕙心怀感恩地说道,"1992 年,国务院又给了我政府特殊津贴待遇,评选我为有突出贡献的专家。在我的这一生中,是天津师大的新闻专业教育了我,也帮助了我的成长,学校和国家都待我不薄,我能为发展新闻专业做这些工作，都是因为执着的信念在支撑着我"。

2014年，旅居海外十余载的赵传惠在天津师范大学新闻专业55周年庆典之际重返母校，并被中国新闻教育学会授予"全国新闻教育杰出贡献奖"。谈及此行，赵传惠难掩真情，"我这次回来也可以称作是感恩之旅，我确确实实很感谢天津师大新闻专业，是她教育了我，使我成长得还算不错。当年跟着我干事业的年轻人现在教龄都有三十多年了，同时我也非常怀念刚才一再提到的石坚主任、李继之老校长、张虎刚老师……他们给了我很多教育、帮助和指导，我受他们的影响很深"。

说到这里，赵传惠对未来的事业也充满了期待与信心。"第一天回来后，几位老师带着我参观了学院，陪着我把楼里的国家级实验室、教学设备、办公环境都看了一遍，我感觉如今已经不是鸟枪换炮，而是换洲际导弹、原子弹了"，他笑道，"我离开之后，当年的那些年轻人在岗位上也是一如既往兢兢业业，干了这么多年，把专业变成了系，又把系变成了学院，我发自内心地感谢他们做出的贡献。同时，从大家的这份心气儿，或者说执着的信念来看，我相信将来还会办得更好。单从师资来说，当年我们费了半天劲才能留住几个本科生，费了半天劲才能请人家给委培几个硕士生，但是现在这么多优秀的博士博士后在这里干事创业，我相信一定会做得更好。过去天津师范学院全校的规模也就三千多学生，但现在咱们一个新闻学院的学生就有两千多了，咱们的新闻教育发展确实太快了，下一步就应该思考如何发展得更好的问题"。他说，"我相信一代会更比一代强，在这个互联网黄金时代，用互联网思维去开拓新闻教育事业和新闻事业，我们一定会走得越来越好，路子会越来越宽，我坚信"。

值得一提的是，2015年4月，经过几个月的深思熟虑与精心筹备，这位天津师范大学新闻专业改革开放以来恢复重建后的首任系主任将自己珍藏了半个世纪的图书及档案资料共计2236册（件）全部捐献给了母校。在庄重的捐赠仪式上，赵传惠这样说道，"今年是我从原天津师院本科毕业50周年，也是我实现新闻梦想的第54个年头。在这样的日子里，我把珍藏了半个多世纪的全部藏书——包括新闻、公关、摄影、逻辑、文学、语言等专业书籍和珍贵的历史档案文献，无偿捐赠给新闻学院、捐赠给我的母校，以表达对母校培养、教育我的感恩之情，以及对师大新闻学院的建设发展尽绵薄之力。今天，我所捐赠的尽管不是什么善本典籍，但它们都是我半个多世纪的积累和珍藏，是我大半生的心血，是我的最爱，它们记录了我的人生轨迹,它们记录了我的学术生涯,它们记录了我的新闻梦想与追求,它们记录了我们师大新闻创业的艰苦历程,它们记录了我们天津师大新闻教育的辉煌与荣光。在整理这些文献和书籍的过程中,我一直沉浸在回忆之中,摸摸这本、翻翻那册,都能勾起我那久远的美好记忆。它们珍藏了我的人生记忆、传承着我的新闻梦想。漫漫新闻路,倾情以求索,我一生的追求,一切为了新闻!"在历史的荡涤下,这位鹤发童颜老者的言语中依旧保存的那份炽热真挚,令人不禁动容。

一代人有一代人的使命,一代人有一代人的担当,当时光把曾经的含辛茹苦推碾成了云淡风轻,唯有历史的亲历者才能真切体味出这其中饱含深意的五味杂陈。大道无垠更求来者,当记忆中的过往将这些原本静止的音符重新奏响,我们会更加明白该如何用坚实的步伐为那些曾经默默耕耘却又渐渐隐去的前行者们报以最大的敬意。

【赵传蕙简介】

赵传蕙,1942年生于河北省抚宁县,天津师范大学教授。1979年,主持天津师范学院(1982年更名为天津师范大学)新闻专业恢复重建,开创天津师大新闻专业本科教育;1980年,任天津师范学院新闻专业教研室主任。1984年,获首届全国优秀新闻工作者称号;1992年,经国务院批准为有突出贡献的专家,享受国务院政府特殊津贴。曾任中国新闻教育学会理事,天津市新闻工作者协会理事,天津新闻摄影学会理事,天津公共关系协会常务副会长兼秘书长,中国公关协会常务理事、学术委员会委员,中国国际公关协理事、学术委员会委员;曾多次出任国家教委社科(新闻)评审专家,天津市社科评审、评奖专家;2006年获中国公关20年杰出贡献奖;2014年获全国新闻教育杰出贡献奖。曾先后教授新闻采访学、新闻写作学、新闻摄影学、公共关系学、基础写作学、逻辑学等课程;出版论著160多万字,并多次获奖。

吴廷俊：机遇·敬畏·反思[*]

与吴廷俊的约访始于2011年，当时中国新闻传播教育史学会在天津召开年会，我本打算借机相约，怎知吴廷俊来去匆忙，未及我开口，他便离津南下。一年后，年会选址广西，我再次携愿而来，吴廷俊坦言被我打动，终于在怡人的巴马县接受了我的采访。令人印象深刻的是，吴廷俊并不轻易允诺旁人的要求，威严审慎自不待言，而若他一旦接纳，便隔阂尽消，赤诚通达。持续三个小时的访谈，吴廷俊畅论学术人生，时而低缓，时而高亢，嬉笑怒骂，通透爽直。更让人感动的是，访谈结束后不多日，他还专门让人寄来书稿与资料供我写作参考。有人说吴廷俊很真，这真，令人感念，也令人敬重。

"全是一些偶然的机遇"

吴廷俊出生于20世纪40年代的一个农民家庭，和许多同时代的学人一样，他们有着诸多相似的经历：出生寒门，年少聪慧，一路求学。新中国的历史造就了这一代人似乎注定的人生际遇，他们忍受过青年时代求知的艰难与前途的迷茫，承受过中年时代转行的压力和治学的清苦，并且在时代的巨变之下默默地完成着深刻的自我重塑。而种种这些，对于吴廷俊来说都不例外。

在谈到过往人生的经历时，吴廷俊总会下意识的用到一个词——"偶然"。在他看来，进入华中工学院（现华中科技大学）任教是"偶然"，走上新闻学研究道路是"偶然"，选择新闻史作为研究方向是"偶然"，出任华中科技大学新闻与信息传播学院院长是"偶然"，甚至当选

---

[*] 本文撰写于2013年。

马克思主义理论工程中国新闻史首席专家也是"偶然"……然而,这一连串的"偶然"之下非但不是他人生态度的散漫随意,却反而映衬了他对命运抉择的不断突破以及阅人历事后的举重若轻。

吴廷俊最早对"历史"产生某种特殊的情结源自于父亲的遭遇:"我父亲在解放前参加过新四军,参加过抗日战争。由于解放战争初期'五师突围'的历史问题,解放后,他成为被'肃反'的对象,受到了不公正的待遇。虽然改革开放后给予他平反,但是这个事情使我感觉历史之真伪真是很不好说的东西,很难弄,很可怕,也很重要。小时候父亲的这段经历潜移默化地影响了我以后的道路"。正是这段"心结",让吴廷俊在以后的人生道路中开始对历史充满了敬畏、反思以及探索欲,只是谁也未曾料到,这个曾经在历史书写中被冤枉过的家庭,日后却走出了一位书写历史的大家。

1964年,吴廷俊从湖北荆州中学考入武汉大学中文系,从此在这个被他看来"既给了我好的东西,又给了我不好的东西"的学府中,度过了"庆幸又遗憾"的六年。60年代的武大中文系正值鼎盛,治学严谨,名流云集,藏书颇丰,底蕴深厚。但是吴廷俊对这里趋于保守的学术环境一直保持着较为清醒的态度,他继承了武汉大学极高的学术品位与学术操守,又反思着因为封闭和内耗而给这里带来的种种问题。很快,一场突如其来的政治风波终究改变了他原本平静的求学生涯:"我感到很遗憾,考了个好大学,却没有正儿八经的念几本书,我们正常学习不到两年,'文化大革命'就开始了,完全没有了学习氛围,我一辈子就是遗憾这个"。

"文化大革命"初期,吴廷俊先是到武大襄阳分校搞"斗批改",后又被派到武汉军区政治部农场当"军垦战士"。1972年,吴廷俊被分配到湖北省沙市三中担任语文教师,如果不是一次偶然的机遇,这个原本在沙市已经小有名气的优秀中学教师恐怕就沿着这条轨迹继续走下去了。

1985年,华中工学院开始创办文科,时任校长朱九思先生开创了国内学界的几个第一,"当时朱九思有三个大动作:一是在工学院里办文科,二是文科招收研究生,三就是在全国网罗人才"。吴廷俊回忆说,当年朱九思为了学校发展到处延揽人才,五七干校,劳改农场,甚至监狱,凡是有学问、有能力的人,不论出身任人唯贤。吴廷俊便是在这个时候进入华中工学院的。

和同时代的许多学者一样,吴廷俊最终走上新闻学研究道路的机缘也是耐人寻味。80年代的中国大陆，新闻学研究正在从历经政治风波后的几近停滞中慢慢复苏，老一代新闻学者开始对"新闻无学论"坚决驳斥，新一代新闻学者逐渐成长并形成规模，传播学的引入又给彼时中国的新闻学研究带来了一片前所未有的全新天地。1984年，国务院学位委员会首次将新闻学列为博士学位授予专业；1986年起，全国哲学社会科学规划领导小组设立社会科学基金，并设立新闻学方向的课题。尤其值得一提的是，也正是在这一时期，人文社科界享有盛誉的"吴玉章人文社会科学奖"开始设有新闻学奖。而这一切，对于当时重新站在人生起跑线上的吴廷俊而言还是一片空白。"当时中文系写作教研室要人，写作是个苦差事，毕竟人家已经磨合好长时间了，我不愿意去。然后又说到1983年刚刚开办的新闻系，我想新闻反正是一个新学科，大家都在一个起跑线上，我就说，到新闻系去吧。"吴廷俊坦言，在那个时期各地都在开办记者通讯员培训班，讲授新闻业务课程的老师们都很吃香，可他却再一次婉言拒绝，"我说我没当过新闻记者，教不了业务课。他们问新闻史教不教，冷门，不好教，我说我就愿意搞这个，我愿意！"说起当时选择专业时的考虑，吴廷俊表露出了毫不掩饰的欣慰。

早在90年代初期，吴廷俊就看到了新闻学学科建设的必要性和紧迫性，"我们和武大是1983年同一个批文办新闻系的，可是武大1985年就有硕士点了，我们到1996年才有，在高等学校不抓学科建设，是站不住脚的"。正是因为这种全局意识和前瞻性，他被当时的新闻系主任程世寿先生看中，任命为主管科研与学科建设的副系主任。从1993年担任新闻系副主任到1998年出任新闻与信息传播学院院长，吴廷俊一直将学科建设作为专业发展的重中之重。在他的带领下，新闻学院于2003年获批新闻学博士点，2005年又获批新闻传播学一级学科博士点，2006年研究生院新闻学学科排名全国第三，稳步跻身全国新闻传播学教育的前列。

吴廷俊主抓学科建设的几年也正是全国新闻传播学教育如火如荼蓬勃发展的几年：1993年至1997年间，全国新闻学教学点五年内实现了翻番；1997年，国务院学位委员会增设新闻传播学为博士学位授予一级学科；1999年以复旦大学博士后流动站的正式挂牌为标志的中国新闻传播教育体系终于完整建立。客观地说，在这样的时代背景下，除了个人能力与威望，更重要的是吴廷俊敏锐地抓住了时遇、找准了方向，才最终带领团队乘势而上。

然而，吴廷俊却始终认为自己不是个当官的料，"我这个人太直了，就是一个啃书本、钻故纸堆的人"。说到这八年的院长生涯，吴廷俊对他的领导、同事充满了感恩。"当时周济校长对我们从大文学院中独立出来很感兴趣，因为我的思路很对他的路，我们本来只想成立一个系，结果校长直接让我们成立学院。有领导的重视，再加上我们的老师非常非常争气，大家真是拧成了一股绳。所以我算是沾了大家的光，这些活儿都是大家干的。"吴廷俊对于华科的感情是溢于言表的，"在一个地方，领导也好、同事也好，支持你，你就应该为这个地方做点贡献。不是说你有什么了不起了就摆摊子、翘尾巴，那没必要。做人都要有良心，毕竟很多事不是你一个人做起来的"。

2006年，早已华发丛生的吴廷俊荣退，在他轻描淡写的过往人生中，那个关于"偶然"的感喟总是被不经意的提起。曼海姆说，思想和信仰不能孤立地看待，而须将其视为一个整体中相互依赖的部分来把握。对于这个阅尽沧桑的老人而言，他当然明白个体命运与时代环境之间不可名状的深刻关联，也正因为如此，我们才能透过吴廷俊一路走来那些偶然与必然的交织，看到人生的多彩与人性的丰富。

"我有三个敬畏"

吴廷俊说，"我活了六十多岁，如果总结一下自己，我有'三个敬畏'：首先是敬畏人生，其次是敬畏师职，再就是敬畏学术"。吴廷俊曾在不同场合跟人谈起过他的这一番肺腑之言，为的就是让后来人更加懂得珍惜与尊重。在吴廷俊看来，敬畏人生关乎底线，敬畏师职关乎责任，敬畏学术关乎操守，但是透过他的心路轨迹，这些诠释里所饱含的还有更多。

如果用一个字来形容吴廷俊，而他也最为认同的，恐怕就是"真"。"'真'倒是可以说，这点我不推辞。因为我这个人太强调这个问题了。没有'真'，也就没有'善'跟'美'，所以说我的缺点、优点都暴露在大家面前了，不掩饰"，吴廷俊直言不讳。在谈到这个问题的时候，吴廷俊回忆起了他为人之子的种种怅憾："我是长子，还有一个弟弟和一个妹妹。1995年我父亲去世的时候，正是第一届华文传媒与中华文化传播国际研讨会开幕前夕，我作为大会主理秘书长，很多事务需要处理。于是，我匆匆忙忙把他送走之后便回来处理会务。我当时心里很不舒服。父亲由我弟弟照顾得多一点,母亲由我管得多一些,所以2005年我母亲去世的时候,我大哭了一场,感觉这一辈子对不起他们,没有尽到一个长子的责任。"

在一个经历过至亲生死两隔的老人心中,生命往往有着太多严肃而不可往复的力量,在面对只此一次的人生中,吴廷俊选择了用"真"这个最简单纯粹也最难以坚守的品性作为叙写人生的大笔,无论是为人子、为人夫还是为人师、为人友,这其中的分量让他语气低缓却又耐人寻味。

在谈到学界谁对他的影响最大时,吴廷俊如数家珍般地回忆起他与宁树藩先生、方汉奇先生、赵玉明先生、丁淦林先生之间亦师亦友的情感,而最让他难以忘怀的还是与方先生之间的几段过往。"比较起来,我跟方先生的交往多一点。我刚开始教新闻史的时候,不知天高地厚地写了一篇文章,题目叫《从归义军进奏院状的原件看唐代进奏院状的性质》,我认为中国新闻史应该从宋朝开始,并且把杂志寄给了方先生",吴廷俊笑谈当年的莽撞,"方先生当时已经是一个很有名气的大家了,他竟然很快给我写了回信,不但肯定我的一家之言,还跟我说到目前为止,全国还有哪些人跟我观点相同,他建议我们联合起来进行研究"。直到现在,吴廷俊都颇为感慨方汉奇的学者胸怀,"太感动了"。

"还有一件事呢,是我当年准备写新记《大公报》历史的时候,我花了4年时间查了《大公报》23年的历史,整理了几百万字的大事记,然后背到方先生那里去告诉他我想做这个研究。方先生说,很好啊,我支持你搞!结果他翻箱倒柜找了很大一包的原始资料送给我。"吴廷俊再次动容道,"我当时感动得一塌糊涂。搞史学的人把一手史料无私地给别人,这是很不容易的。为什么别人那么尊重他,方先生做人做学问真是没话说"。

吴廷俊对于师道尊严极为看重,在他的学生们眼中,无论是为学为人他都堪称严师。2009年他荣获华中科技大学"立德树人"奖,学高身正已然深入人心,但是他至今仍坚持认为他与上一代人之间的距离还有很大,"我经常跟学生反省自己,我做得还不够"。

在与吴廷俊的交谈中,还有一个令人印象深刻的细节,那就是他很避讳被称为"学者"。"我顶多就是一个'学人',从事这方面学习的人。学者嘛,应该得有一套自己的理论和成果,我离这个'学者'还差得远。"

除此之外,吴廷俊对于所谓"著作等身"之类的词汇也带着一丝调侃,"我从不主张著作等身,我也没有著作等身。咱们不是天才,写文章如泉喷涌,怎么可能著作等身呢?"

实际上,这种细致入微的谦逊低调和如履薄冰的学术态度在同时代的很多知识分子们身上都有所体现。而对比他们的学术人生往往不难发现,这一代人身上普遍的谨慎作风绝非某种浅显矫情的姿态,而是真的源自于求学经历所带给他们对学术不同于一般人的理解和要求——"我在武大上学的时候清楚地记得两句话,第一句是告诉我们'非先秦的书不读',因为只有先秦的书才是经典。第二句是'40岁以前不要发表文章',你连书都没读几本,发表什么文章呢?"尽管当年吴廷俊对这些严苛的要求一直持保留态度,但这种扎实的学风却给了他潜移默化的深刻影响。"我总是最钦佩那些有真学问的人,只会嘴巴花花的人我还真看不上。做学问要脚踏实地,追求一个'实'字。"

吴廷俊的"三个敬畏"恰好串联起了那些曾给他留下最深印象的人与事,也因此让我们看到了他心底最珍视的某些东西。孔子也曾说过,"君子有三畏:畏天命,畏大人,畏圣人之言",可见"敬畏"往往出自于智者的感悟和训诫,面对眼前这位长者的娓娓道来,此中真意又如何不让人领受……

"反思,是自觉的想上新台阶"

在新闻学研究领域里,与"吴廷俊"这个名字联系最紧密的恐怕就是"新闻史"和"新闻教育"了。

吴廷俊早年刚走上新闻史讲台时用的就是自己编写的教材,那本被誉为新中国以后第一本以人物为线索的新闻史,就是后来获得湖北省优秀新闻论著一等奖的《中国新闻业历史纲要》。不仅如此,他的《马列新闻活动与新闻思想史》还曾获得首届湖北省社会科学优秀成果奖;而他的《新记大公报史稿》和《中国新闻史新修》更是分别获得第三届和第六届吴玉章新闻学奖,他本人也因此成为继方汉奇先生之后,第二位两获该奖的新闻学者。

吴廷俊对于新闻史学的热爱是发自内心的,因此他对于国内新闻史学的研究前沿也一直保持着高度的关注。他总结说,和其他两大研究领域比起来,这几十年里大体而言,新闻史做得相对好一些。"第一,我们有了一个比较完备、大家公认的专业组织'中国新闻史学会';第二,无论哪一个级别的评奖,我们都出了些大家比较认可的成果;第三,我们有一支比较好的后备队伍。"尽管如此,吴廷俊依旧不无担忧地说,"进入新世纪以后,开始有人对新闻史研究说三道四,这个其实也不奇怪,这是一个学科成熟的反映。我记得2004年在开封一次会议上有人提出:新闻史研究需要反思。在那个会上我也提出:新闻史研究把本体丢失了,要重新找回来,要从关注'媒体干了什么'变成关注'媒体怎么干'"。

讲到这里,吴廷俊还提到了一个非常重要的话题,那就是史料和史观的关系。"研究历史就看你对历史怎么分期,分期就代表了你的史观。为什么新闻史研究到一定阶段后就怎么也走不出方汉奇三部通史的那个框架了?一是你没有对新史料的挖掘,一是你没有新的分析模式拿来解释。"2012年,吴廷俊在他的一篇名为《走出新闻史研究的"学术内卷化"》文章里明确指出,"中国新闻史研究领域存在的最大问题是学术内卷化。所谓'学术内卷化',据美国研究中国史的专家杜赞奇的说法,是指在当下,学术研究不能提供新的知识,无法产生新的边际效应,只是在不断重复自己和别人,缺乏史家通过研究成果所表现出来的真知灼见"[①]。而那本为他赢得第二项吴玉章新闻学奖的专著《中国新闻史新修》,也正是在"框架""体例"与"内容和观点"等三个层面上的创新让人们看到了吴廷俊试图走出"学术内卷化"的努力。

吴廷俊说,"进入新世纪以后,我的学术指向跟过去不太一样了,反思的文章比较多一点。所以,《新记大公报史稿》和《中国新闻史新修》应该说代表了两种风格。前者主要重在史料创新,后者主要是体例上的一个反思。'八面来风''五方杂处''定于一尊'这十二个字实际是我对中国新闻史的重新概括,到现在都还有人说我胆子太大了"。

的确如此,胡适先生曾说,"整理史料固重要,解释史料也极为重要。中国止有史料——无数的史料,——而无历史,正因为史家缺欠解释的能力"[②]。中国新闻史在经历了一段漫长而艰苦的"原始的历史"研究阶段之后,慢慢地迎来了其学者们对于"反省的历史"和"哲学的历史"

[①] 详见吴廷俊《走出新闻史研究的"学术内卷化"》,《新闻爱好者》2012年第12期。
[②] 胡适:《胡适日记全编》(3),安徽教育出版社2001年版。

这两个更高层面的追求。而这种集体性学术旨趣的转移不啻为唤起学术生命力的一种希望，正如吴廷俊所说："反思，是我们新闻史学研究者们自觉地想上一个新台阶"。

不独新闻史研究，对于承担了八年院长工作的吴廷俊而言，新闻教育同样是他满怀热度又满怀忧思的重要领域。

"目前我们的新闻教育存在'两个脱离'：理论与实际脱离，教育与时代脱离；两个'问题'：核心竞争力缺乏，可替代性太强。这些都是很严峻的问题。"吴廷俊的这番话是对过去三十多年中国新闻教育积弊的中肯概括，也是对国内外新闻教育差距的自我检讨。面对这一现状，吴廷俊旗帜鲜明地提出培养学生"新闻理想"与"新闻精神"的重要性："记者要有王者气度、包容、通观，整个世界都在你胸中，你不是省长但要操省长的心，你不是国家主席但要操国家主席的心，这是'新闻理想'；同时你必须不媚钱、不媚权、不媚俗，仗义执言，路见不平拔笔相助，这又是一种新闻精神。这两点是根本，然后才是发现新闻的能力、价值判断的能力、平等对话的能力和驾驭多媒体的能力"。

吴廷俊在聊到这个话题的时候是略带激动的，这与他先前一直保持的缓和平静略显不同。尽管这位纵横新闻教育界多年的大家从未真正成为过他研究了大半生的"无冕之王"，但是他言谈举止、眉宇神情之间流露出的那种激情却让人深深地体察到了他心底对新闻学科、新闻教育和新闻事业的亲近与热爱。于是乎，那种料想不到的倜傥霸气与豪情诗意竟在一位儒雅严谨的学者身上悄悄弥散开来。

采访吴廷俊教授的整个过程是轻松愉悦的，这与他对来访者的信任和关照不无关系。在他看来，我与其说是位来访者，不如说是位求学者，他尽可能地尊重我的好奇、疑问甚至提问的逻辑，以让我更加自如和满意。他的博士生，湖南工业大学阳海洪副教授全程陪同了我们的访谈，而他们师徒之间谈笑互动的平等和默契也让人倍感温馨。吴廷俊说，"我相信后面的人会比我做得更好，就包括你在内"，然后，莞尔一笑。

【吴廷俊简介】

吴廷俊，男，1945年生，湖北天门人，华中科技大学教授、博士生导师，北京大学新闻学研究会副会长兼导师，享受国务院政府特殊津贴。

曾任中国新闻史学会副会长、中国传播学会副会长、教育部新闻学学科教学指导委员会委员、中国新闻教育史研究会会长、华中科技大学学术委员会委员、华中科技大学新闻与信息传播学院院长等。

其学术研究的主攻方向是中国新闻史、网络传播和新闻传播教育。代表性学术著作有《中国新闻传播史稿》《新记大公报史稿》《科技发展与传播革命》《中国新闻史新修》《中国新闻传播史（1978—2008）》等；主持完成了多项国家和省部级社科基金课题，在海内外发表学术论文80多篇。多项成果获省部级以上的奖励，其中《新记大公报史稿》获第三届吴玉章新闻学奖（1997年），《中国新闻史新修》获第六届吴玉章新闻学奖（2012年），《中国新闻史新修》于2011年12月入选国家新闻出版总署第三届"三个一百"原创出版工程，《文理交叉复合型新闻人才培养模式综合改革与实践》获湖北省教学成果一等奖。

郑保卫：在学术人生中追寻新闻理想[*]

郑保卫的人生故事中有一种从容不迫的力量感。这位生于黄河之滨，长于闽西山区的革命后人，自确立新闻理想的少年时代开始，无论其后是迂回辗转还是大道通途，竟不悔初衷地"一路都在圆梦，一路都在坚持"，这也是一位七旬学者对往事满怀诚意的娓娓道来之下最令人起敬的难忘印象。

从"事遂人愿"考取新闻学本科到"柳暗花明"攻读新闻理论硕士，再到"矢志不渝"迈上新闻教学科研之路，从兢兢业业参与创建国际政治学院新闻系到满腔热情执教新成立的中国新闻学院，再到几近耳顺之年重返母校中国人民大学迎来学术生涯新高峰，郑保卫坦言自己一直都"奔走在新闻追梦的路上"。而对于一位年逾古稀的学者来说，支撑这一路"圆梦"的力量，既有对理想百折不挠的坚守，也有对命运永不止步的倔强；既有对际遇乐天知命的珍惜，也有对未来时不我待的使命；既有对家国社会舍我其谁的责任担当，更有一种难以言尽的时代情怀与精神信仰。真源无味，真水无香，郑保卫的学术思想如同他的学术人生，一经展卷，虽平实质朴，却耐人寻味、隽永悠长。

"我出生在苦难的战争年代"

"1945年农历2月，我出生在山东省高青县的一个农村家庭。我的家乡距离黄河只有十八公里，在旧中国，那里不是涝就是旱，老百姓的日子很不好过，当时许多穷苦人都投奔了革命，我的父亲也参加了八路军，我

---

* 本文撰写于2015年。

的孩童时代是在苦难的战争环境中度过的。"郑保卫回忆道,"在我们家乡的郑氏家族中,我是'保'字辈的,当时已经参加八路军的父亲给我取名'保卫',是希望我将来能够加入到保卫民族、保卫国家的战斗中去。好在我出生不到半年,日本人就投降了,家乡人民都沉浸在抗战胜利的喜悦中。然而好景不长,国民党很快又挑起了内战。在我的记忆中,那时父亲依然在外打仗,母亲和家乡的父老乡亲都投入了支援前线的工作中。这些经历使我从小就痛恨战争,向往和平"。

郑保卫真情坦言,"后来家乡解放了,实行土改时家里还分到了土地,乡亲们破天荒拥有了属于自己的土地,大家都感谢共产党,感谢毛主席。因为出生在革命家庭,父母亲给我的都是传统的革命教育,所以从小就培养了我热爱共产党、热爱新中国、热爱社会主义的思想情感,纵使日后遇到怎样的曲折和磨难,这种情感也始终不曾动摇"。在谈及父母亲对自己的最大影响时,他说,"父亲教给我更多的是政治方面的教育,比如要有革命事业心和责任感,干工作要有政治头脑和政治眼光,要多为党和人民的事业做工作。记得父亲在晚年还戴着老花镜给我写信,叮嘱我在工作中一定要把握好政治方向,那时的我已经担任了中国新闻学院研究生部主任。而母亲给我更多的是道德方面的教育,即教我如何待人和处事。她总是叮咛我要有爱心,要讲诚信,要懂得感恩,要学会宽容等等。父母亲对我的这些教育可以说影响了我的一生。几十年来,我始终不忘用这些教诲来对照和检验自己的言行,尽可能不辜负他们的期待,做一个有远大理想、有良好道德、有宽容心态、有敬业精神,愿意自觉为国家、为人民服务的人"。

1952年,7岁的郑保卫跟随母亲离开山东老家,前往福建来与随军南下并留在永安工作的父亲团聚。"我和母亲随着父亲的工作调动先后在永安、漳平、永定、龙岩等地生活,我也依次在这些地方从小学一年级一直读到高中毕业,整整12年时间,由童年到少年再到青年,这是我一生中最难忘的一段时光,它给我留下了太多美好的记忆!也正因为这样,我总是自豪地把福建作为自己的第二故乡",说到此,郑保卫的话语中充满留恋与感慨。

家庭与乡情的影响涵养了郑保卫忠诚坦荡的品格,颠沛辗转的成长岁月锤炼了郑保卫达观耐劳的意志,这位从齐鲁农家走出来的少年很快便迎来了他人生的第一个转折点,并从此开始了对一份初心的执着追求。

"当记者是我最大的理想"

"当记者一直是我的理想。记得1961年初中毕业那年，中考作文的题目是《我的理想》，我写的就是想当记者。在作文中，我阐述的理由有两条：一是我喜欢走南闯北，喜欢旅行，所以新闻工作很适合我；二是新闻工作可以为老百姓说话，为社会与民众伸张正义。后来那篇作文得分很高，在那时的我看来，分数本身就是对理想的一种肯定"，郑保卫记忆犹新，"上高中后，我负责全校的黑板报工作，这不仅使我的写作水平大有长进，还积累了一些宣传工作经验，培养了我对于从事新闻宣传工作的感情"。他感慨道，"1964年是我人生的第一个转折点，那年我从福建省漳平一中高中毕业。在选报高考志愿时，我填写的第一志愿就是中国人民大学新闻系。在经历了苦苦的等待以后，我终于接到了录取通知书，如愿以偿考上了梦寐以求的中国人民大学新闻系。从此，我开始跨入新闻专业之门，踏上了长达半个世纪的新闻追梦之路"。

1965年，新华社投资20万元与中国人民大学共同创办新闻摄影专业，郑保卫和徐光春、赵伟等20名同学成为人大新闻系历史上第一批新闻摄影专业的学生。郑保卫不无自豪地回忆起了当年与同学们挎着相机在人大校园里四处拍照的大学时光。然而，随后突如其来的"文化大革命"却一下子改变了他们原本平静的求学生涯。"当时按照学校与新华社达成的协议，我们20个人是作为新华社代培生培养的，毕业后本可以安排进入新华社工作，正当我们憧憬着成为新华社摄影记者的美好未来时，'文化大革命'爆发了。这使我们的大学生活忽然间脱离了原先的正常轨道，我们稀里糊涂地就被卷入了'革命'之中。"

在闹哄哄的"文化大革命"中，郑保卫转眼间就到了该毕业的1969年（当时为五年学制），然而等待这些急盼早日离校工作的毕业生们的却是推迟毕业的通知，他们被要求同1970届（即"文化大革命"前招收的最后一届1965级学生）一起留校继续搞"斗批改"。"总算熬到了1970年，可令我们失望的是，这时毕业分配已经不能按正常程序进行。根据那时的规定，凡中央直属单位一律不接收大学毕业生。留北京、进新华社或其他新闻单位是不可能了，同学们都分到了外地，我被分到了辽宁大连。而当时辽宁省又有'文理科毕业生必须当教师'的规定，于是我被分配到了大连市第 56 中学当教师。没想到这一干就是八年"，谈及这段经历，郑保卫心情复杂。"这期间，我教过语文、政治，当过共青团书记，最后还做了副校长，被评为市、区级优秀教育工作者。但即使这样，在我内心深处对新闻的热爱与追求却始终没有改变。当时我经常在校内外拍一些照片，还在学校举办过摄影作品展览。另外，有时我也为新闻媒体写些稿件，有的稿件还被人民日报、中央人民广播电台等中央媒体刊发和播出。我一直盼望着有一天能有机会重新实现我的新闻理想。"

幸运的是，已过而立之年的郑保卫竟再次迎来了他人生的转折。"粉碎'四人帮'后，母校的老师给我提供了一个信息：自 1973 年人大新闻系停办并成建制地合入北京大学中文系之后建立起来的新闻专业要开始招收研究生了。听到这个消息，激动得我好几天没睡好觉，我想抓住这个机会，于是开始了考研准备。"难能可贵的是，1978 年，不忘初衷、执着求索的郑保卫不仅如愿以偿金榜题名，并且正好赶上了当年人大复校，北大中文系新闻专业重新回归人大新闻系，他因而又成为了人大复校后招收的首届 108 名研究生中的一员。时隔 8 年，郑保卫再次筑梦人大，并由此开启了一段全新的人生篇章。

回顾这一段经历，郑保卫无限感慨，"那一年，我和童兵、贾培信、林良旗、俞家庆、谷长岭、张涛、冯迈 8 人有幸被录取，而我和童兵又一起成为了甘惜分老师的研究生，研究方向是新闻理论。没想到的是，这竟然成了我后来几十年矢志不渝的专业方向和事业追求"。

1981 年 10 月，郑保卫在顺利完成了硕士学位论文答辩之后，又面临着毕业分配的几种选择："一是去中央机关从政，二是到新闻媒体做业务，三是到新闻院校搞教学和科研。经过反复考虑，我最终选择了第三条路。之所以做这样的选择，和甘惜分老师的建议有着很大关系。他对我说，你都 30 多岁了，学的又是新闻理论，再去当记者已经没有多大意义，还是搞新闻理论教学和研究好。我自己也想，当记者只是去实现个人的新闻理想，当教师则可以帮助成百上千的学生去圆他们的'新闻梦'。因此，我最后选择了到大学教书，迈上了新闻教育的讲台"。回顾起这一番抉择，他推心置腹，也掷地有声。

"三所院校的教学科研经历，是我特有的财富"

自 1981 年正式走上新闻学教学科研之路至今，郑保卫已经度过了近 35 个辛劳寒暑，"这 35 年的新闻教学科研是我一生中最有价值的一段经历，因为它是我朝着中学时代所确立的新闻理想奋力前行、逐步圆梦的过程。从 1981 年我研究生毕业到国际政治学院新闻系当老师开始，到 1986 年任教于中国新闻学院，再到 2002 年调往中国人民大学新闻学院，我在这三所培养目标和办学特色各异的院校，所得到的锻炼和收获也不一样。这些经历都是我特有的财富"。

郑保卫于 1981 年任教的国际政治学院，是公安部于 1978 年创办的第一所正规普通高校，其新闻系的办学方向很明确，就是要培养适合公安系统新闻宣传工作需要的新闻人才。郑保卫介绍道，"我到国际政治学院时，新闻系还在初创时期，教学和日常工作困难很多。我们几个新分配过去的研究生，同从全国各地新闻单位调入的教师一起开始了艰苦的创业过程。写教案、改作业、请老师、带实习，许多工作大家都主动承担。在全系老师和同学们的共同努力下，短短几年时间，新闻系各项工作都取得了明显进展，而且在社会上获得了很好的声誉和影响，毕业生在公安口和新闻界都很受欢迎。我本人在 1984 年初被任命为新闻系副主任，后来又主持系里工作，同系里的老师和同学们克服各种困难，一起创业、奋斗，结下了深厚的情谊"。然而令人始料未及的是，因为种种原因，国际政治学院于 1986 年停止了新闻系的招生，蒸蒸日上的事业就此不得不戛然而止。而恰逢此时，由新华社创办的中国新闻学院向郑保卫发出了工作邀请，经双方协商，1986 年年底郑保卫离开了已经更名为中国人民警官大学的原单位，正式调入了中国新闻学院开始了新的教研生涯。

郑保卫继续聊道，"中国新闻学院也是个新成立的学校，由于其背靠新华社这棵'大树'，有其独有的办学优势"。确如其所言，成立于 1986 年的中国新闻学院由时任新华社社长穆青亲自兼任院长，他为学院确立了"坚持理论联系实际，培养德才兼备人才"的办学方针，这就使得学校的发展能够始终坚持正确的方向，并直接受益于新华社在人、财、物等方面的有力支持。郑保卫坦言，"到中国新闻学院任教，对我个人业务和理论素养的提高帮助很大，特别是这期间学校安排我到新华社国内部当记者，使我对如何从宏观上认识新闻工作，如何把握正确的舆论导向，如何实现新闻宣传工作的改革与创新，有了许多实际感受和体会，增长了很多知识和经验。这对我后来从事新闻理论教学和进行马克思主义新闻思想研究都大有裨益"。不仅如此，1992年，郑保卫还担任了学校研究生部负责人，从此投入更多精力到教学管理和学生工作中去。然而再次令人惋惜的是，这样一个有着鲜明特色和明显优势，正处在发展高峰期，在国内已经很有影响，在国际上也有了一定知名度的学校，却因故于1998年由新华社决定停办，并于2002年正式结束了她短暂的历史。对于这段经历，郑保卫不无感情地谈道，"在中国新闻学院工作的16年，是迄今为止我工作时间最长的一个时段。我很珍惜这段经历，因为它给了我很多锻炼的机会，为我后来的发展积累了很多经验和资源。特别是使我对一家新闻媒体如何自办新闻院校，其优势和特点是什么，不足和困难又在哪里等等问题，有了很多切身的感受和体会"。

2002年春天，在中国新闻学院正式停办后，57岁的郑保卫作为引进人才从新华社调入到中国人民大学，由此开始了他学术人生的又一个重要阶段。"学校聘我担任教育部人文社会科学重点研究基地——中国人民大学新闻与社会发展研究中心的主任，为我提供了一个难得的科研平台，使我得以登上新闻学术的高地。"郑保卫满怀珍惜地介绍道，"这些年，我借助这个平台，组织校内外的专家、学者，围绕新闻学术研究如何为促进学科建设、传媒改革和国家经济社会发展提供咨询服务和舆论支持这一中心任务开展科研工作，取得了许多研究成果，不但扩大了新闻学的学术影响，也提升了新闻学的学科地位，促进了新闻学的学科发展。我想，我之所以能够在人大取得一些成绩和进步，个人的努力是一个方面，而更重要的是中国人民大学和中国人民大学新闻学院这两个平台本身的地位和影响力，这使她具有了其他高校所不具备的综合优势"。

回忆这几段人生旅程，郑保卫数度坦言，"能在这三个不同类型的新闻院校从事新闻教学和科研工作，应该是我人生中特有的一笔财富"。

"重回中国人民大学，助我登上学术高地"

毫无疑问的是，在郑保卫35年的教研生涯中，阔别母校多年后的重返，是他厚积薄发，学术人生达致一个更高境界的关键阶段。正是在这十余年间，郑保卫的学术成果和学术影响力开始绽放，在追梦的道路上，谱写了一段段精彩的华章。

举其大者，在科研方面，郑保卫先后承担了《中国共产党 80 年新闻思想研究》《新形势下提高舆论引导能力研究》《中国新闻传播法制建设研究》《新闻学学术规范研究》《马克思主义新闻观研究》等一系列国家社科基金及省部级重大课题，先后出版专著、编著、译著和教材 20 余部，发表论文数百篇，内容涉及新闻学与传播学基础理论、马克思主义新闻理论与实践、传媒改革、新闻教育、新闻法制、新闻伦理、民族地区新闻传播、气候传播等多个领域，一些论文获国家和省部级奖，在学界和社会上产生了一定影响。在教学方面，郑保卫主编的《新闻学导论》《当代新闻理论》《新闻理论新编》《新闻法制学概论》等著作和教材，亦被多所新闻院校选定为教学用书，产生了良好的社会效益。其主讲的新闻理论课，更是先后被评为北京市和国家级精品课程。

郑保卫进一步介绍道，"特别是在马克思主义新闻思想研究方面，我作为中央马克思主义理论研究和建设工程新闻学教材编写专家组成员和中国人民大学马克思主义理论研究和建设工程新闻学科首席专家，参与编辑和主编了多部教材，出版了《马克思恩格斯报刊活动与新闻思想研究》《马克思主义新闻经典论著导读》《马克思主义新闻思想研究》和《中国共产党领导人新闻实践与新闻思想研究》等著作"。而最值得一提的是，由郑保卫主编的《中国共产党新闻思想史》（2004 年出版）一书，首次系统梳理了中国共产党 80 多年来新闻思想形成与发展的过程，全面总结了党的新闻工作的历史经验和教训，不仅填补了该领域的研究空白，受到学界的积极评价，并于 2007 年荣获了第五届吴玉章人文社科优秀奖。"最近，我又受聘为首席专家，承担由中宣部和国家社科基金特别委托的《马克思主义新闻观》教材的编写任务"，言及此，郑保卫自感责任重大。

更令人没有想到的是，曾经以"保卫新闻学"著称的郑保卫，却在执着坚守传统新闻学领地的同时也开始了与国际传播学前沿接轨的尝试，为中国气候传播研究的启动和推进立下了汗马功劳。"近年来我主持的气候变化与气候传播项目，从新闻与传播的角度介入气候变化研究，在中国开辟了一个全新的学术研究领域。我们从跟踪研究哥本哈根联合国气候变化大会期间政府、媒体、NGO 的传播效果开始，形成了一系列成果。自 2010 年起，我们先后在墨西哥的坎昆、南非的德班、巴西的里约热内卢、卡塔尔的多哈、波兰的华沙和秘鲁的利马举办过多场国际边会，就气候变化与气候传播，以及可持续发展的战略及策略问题展开研讨，并出版了中国第一部气候传播专著《气候传播理论与实践》（中英文对照），在国际舞台上表达了中国学者和民间社会在此领域的立场和观点，受到了国际和国内该领域专家的认同和肯定，产生了重要的学术影响。2013年，我们又与美国耶鲁大学在北京共同主办了世界上首届规模最大的'气候传播国际会议'，把气候传播研究推向了国际前沿，起到了引领作用。2014年，我受中欧社会论坛的委托，作为中方总指导和主持人，同中山大学的团队一起起草了《中欧社会应对气候变化共识文本》。此文本已在2014年年底巴黎气候变化大会上获得通过，并提交给了利马第20届联合国气候变化大会，希望能够为国际社会所期待的2015年巴黎第21届联合国气候变化大会的成功举办发挥一些积极作用"，说到这些，郑保卫如数家珍，不掩兴奋。

不仅如此，作为中国少数民族地区信息传播与社会发展论坛的副理事长（理事长为时任中国人民大学新闻学院院长赵启正），郑保卫还与新闻学院的同事一道，联合全国十几个少数民族地区新闻院校的教师，搭建起了全国少数民族地区新闻传播研究的平台，并通过举办研讨会（已先后在中国人民大学、西藏民院、云南大学、广西大学、内蒙古大学和陕西师大举办了6届）、出版《中国少数民族地区信息传播与社会发展论丛》和编撰《中国少数民族地区新闻传播发展报告》等活动，在我国少数民族地区产生了积极影响，为组建中国民族新闻传播研究团队和形成中国民族新闻传播研究学派进行了有益的探索。

最难能可贵的是，近些年来，作为教育部社会科学委员会学部委员兼新闻传播学科召集人和全国新闻学研究会会长，郑保卫还在维护新闻学学科地位，促进新闻学学科发展，以及在促进新闻教学、学术研究、新闻人才培养、队伍建设，和推动传媒改革、新闻法制与伦理规范等方面都做了一些工作，提出了一些具有建设性的建议和意见，受到了学界和有关部门的关注与好评，被称之为"保卫新闻学学者"。另外，郑保卫还陆续承担了中宣部、国务院新闻办、国家广电总局、国家新闻出版总署、中国记协等单位委托的多项科研项目，如《中国媒体格局变化及传媒竞争力研究》《北京奥运会舆情分析与宣传报道对策研究》《全国广播电视系统职业道德和行业作风状况及对策研究》《新闻传播硕士专业学位设置论证》《中国新闻从业人员资质及准入标准研究》等，其调查报告及研究结论为中央有关部门提供了有力的决策参考和理论支持。近些年，他作为教育部社会科学委员会学部委员兼新闻传播学科召集人，还受教育部委托主持了《教育部社会科学委员会新闻传播学"十二五"战略规划研究报告》的撰写工作，倡导并创建了"中国新闻学与传播学学科发展论坛"，为全国新闻学与传播学学科建设与发展搭建起了全国性的研究平台，组建起了全国性的学术共同体。作为一个学者，郑保卫用实际行动做到了经世致用，知行合一。

可以说，这些年郑保卫极其忙碌，而这份忙碌的背后却是一份乐此不疲的使命与担当。他热爱他的事业，忠诚于他的理想，当回顾往事时，他心中丝毫没有劬劳的怨尤，有的只是愈发轻盈的憧憬与期待。

"我们是承上启下、继往开来的一代人"

当谈及如何评价同时代学者的学术使命与学术贡献时，郑保卫的回答给人以真诚且厚重的感觉。

"我们这些40年代出生的人，大都经历过旧中国的苦难，对民族解放和人民革命的历史与传统有着很深的体验和认知。而作为学者，我们大都是在粉碎'四人帮'以后才得以进入高校和研究机构工作的，是30多年改革开放的参与者和见证者，因此属于承上启下、继往开来的一代人。作为这一代新闻学者，我们比较了解新中国新闻业和新闻学发展的历史过程，知道其中所经历的曲折和磨难、所积累的经验和教训、所留下的资源和财富。因此，我们会更加深刻地体会到作为一个新闻学者所应承担的学术使命和学术责任，会更加自觉地从对历史经验的回顾中去总结和传承以往新闻业和新闻学科发展中所形成的理论与传统，也会更加自觉地从对历史教训的反思中去分析和革除以往那些阻碍新闻业和新闻学科发展的障碍与弊端。回看历史，在改革开放之初，立于新闻改革前沿，走在新闻改革前列，或者说引领新闻改革风气之先的主力，正是以这个年龄段为主体的一批学者。我们当时所做的努力和所取得的成果，对新闻界拨乱反正、正本清源、改革创新发挥了重要作用，这也正是这一代人为我国新闻业和新闻学的创新发展所做的历史性贡献。"

郑保卫继续坦言，"谈到这一代新闻学者的学术遗憾，我想最大的遗憾还是年龄和阅历给我们带来的局限。当新媒体、新技术以令人难以预计甚至无法想象的速度出现，并且给整个媒体格局和新闻传播带来颠覆性变化的时候，能不能尽快地适应并掌握这些新事物、新知识、新技术，从思维方式、工作方式到生活方式都迅即做出调整，而且作为思想者还能不能继续发挥学术引领作用，对这一代新闻学者来说是一个严峻的考验。由于年龄偏大，阅历受限，这一代新闻学者相对于一些年轻学者来说，对某些新事物、新变化往往更加缺乏思想准备和应对能力，其学术视野、知识储备、技术水平等都存在明显的差距。因此，只有更加勤奋、更加努力、更加谦虚地学习新理论、新知识和新技术，才能跟得上时代的步伐，才不会成为落伍者"。

在被问及"这一代新闻学者所表现出的集体特征是什么"这个问题时，郑保卫说，"我想应该是具有高度的学术使命感和学术责任感，有继承传统的鲜明意识，也有改革创新的强烈愿望。在关键时刻，这一代人能够更好地把握新闻学术研究的正确方向，更加深刻地揭示当前新闻现象的本质特征，因而应该是我国新闻学术队伍中的中坚力量。当然，这代人还需要不断学习、不断充电、不断提高，尽可能跟上时代步伐，做到不掉队，不落伍，同时要注意做好'传帮带'，辅助年轻一代学者尽快成长、成才"。

谈到在这一代新闻学者中自己所具有的个性特征，郑保卫答道，"就我个人来说，我觉得作为这一代新闻学者中的一员，大家身上的集体特征我大体都有，无论是正向的还是负向的。当然，由于每个人的经历、阅历都不太一样，生活环境和工作环境也不尽相同，所以也总是会表现出自己的个性特征。我想我的个性特征主要表现在：考虑问题会更理性和宏观些；建设性意识会更强些；学术观点会更稳定些，这和我本身是搞新闻理论研究的有关。这几十年来我积累了较为扎实的马克思主义新闻理论基础，又在新华社工作过十几年，特别是还在新华社国内部当过记者，因此会更加习惯于从国家层面来思考问题，从党的新闻工作的历史传统来认识问题。当然，我也愿意接受新事物、新知识、新技术，愿意思考一些前沿的理论热点问题。我有一个这些年来一直坚持的理念或是原则，即'该坚持的原则要坚持，该解放的思想要解放'，就是说我会毫不动摇地坚持那些我认为应该坚持的新闻工作和新闻学术研究的传统和原则；我也会以完全开放的姿态接受一切新事物、新理念、新知识和新技术，决不把传统当成包袱阻碍自己前进。例如我提出的'保卫新闻学''发展新闻学',前者指的是新闻学要坚持原则、维护传统,后者则强调新闻学要与时俱进、不断创新。另外,这些年我投入很多精力的气候传播研究就是一个全新的学术和实践领域,是需要用新的思维和方法来驾驭的",言及于此,他自信淡然。

这就是古稀之年的郑保卫驻足回望时的赤子心路。面对理想与事业,他竭心尽力,热情而虔诚;面对亲人与师长,他满怀珍惜,敬畏亦感恩;面对自己,他不激不随,精准且冷静。"总之,不忘传统,不断创新,努力尽责,完成使命,这就是我们这代新闻学者始终要坚持的。"郑保卫悦色和颜,云淡风轻。

【郑保卫简介】

郑保卫,1945年生于山东高青县,现任中国人民大学新闻学院教授、博士生导师,广西大学新闻与传播学院院长。曾任教育部国家重点研究基地中国人民大学新闻与社会发展研究中心主任。主要社会兼职有教育部社会科学委员会学部委员兼新闻传播学科召集人、全国新闻学研究会会长、中央马克思主义理论研究和建设工程新闻学教材编写组专家、中国气候传播项目中心主任、中国少数民族地区信息传播与社会发展论坛副理事长。郑保卫为国家二级教授、中央联系专家和享受国务院政府特殊津贴专家。

郑保卫先后主讲《新闻学概论》《舆论学》和《马克思主义新闻思想研究》《新闻理论研究》《中外新闻理论比较》等课程。研究领域涉及新闻学与传播学基础理论、马克思主义新闻理论与实践、传媒改革、新闻教育、新闻伦理、新闻法制、民族新闻传播、气候传播等。独著和主编有《新闻学导论》《当代新闻理论》《新闻长思录》《新闻理论新编》《马克思恩格斯报刊活动与新闻思想研究》《中国共产党新闻思想史》《中国共产党领导人新闻思想与新闻实践研究》《论新闻学学科地位及发展》《新闻法制学概论》《气候传播理论与实践》等二十余部专著和教材,发表论文三百余篇。主持多项国家社科基金、中宣部、教育部、国务院新闻办、国家广电总局、国家新闻出版总署、中国记协等委托的课题,多项研究成果获省部级奖项。主讲的新闻理论课被评为北京市精品课程和国家精品课程。

李良荣：没有理想就不要搞学术[*]

形神矫健，谈吐睿智，风骨清奇，举止可亲，这是李良荣带给人的第一印象。这位新中国著名新闻理论大家王中先生的高足，不仅深得其师真传，继续在理论新闻学的殿堂中勤勉耕耘，并且良弓无改，踵事增华，成为当代中国新闻理论研究领域中又一座不可绕过的高峰。作为20世纪40年代生人，与新中国共成长的经历让这位七旬老人对起伏辗转的人生际遇常怀敬畏与感恩，他在30余年的教学研究生涯中孜孜探索，直道而行，留下了熠熠生辉的学术佳话。

"感恩之心常给我带来满足感和歉疚感"

感恩，是李良荣回溯自己人生时最核心、最动情的词语。"我是个农家子弟，我的整个小学教育都在农村，父亲初小毕业，母亲是个文盲，兄弟姐妹六个，家境很艰苦。在家境如此艰难的情况下，我能从一个农家子弟成长为大学教授，确实永存感恩之心。"

从20世纪五六十年代接受传统正规的教育走到今天，爱国心与责任心成为那个时代赋予李良荣并伴随着他的最深烙印。"这种感恩是感觉到国家对我不薄，社会对我不薄，学校对我不薄，命运对我不薄。这种感恩之心带给我的既有一种满足感，又有一种歉疚感。我总感觉到自己做得不够，对国家、对社会、对曾经培养过我关心过我的人报答得不够。我是从五六十年代走过来的人，我们这批人的基本素质中都有爱国情怀，有责任心，对家庭负责任，对工作负责任，对事业负责任。所以对待工作，我总是一种兢兢业业的姿态。"

---

[*] 本文撰写于2010年，修订于2016年。

感恩让李良荣时刻保持平和的心态，时刻拥有一种发自内心的满足感。"我这个人总体是属于比较传统的，毕竟我们是从非常传统正规的教育中一步一步走过来的。但是我既传统又创新，既保守又不甘于守旧。我内心一直都有种满足感，这种满足感带给我的就是，我从不妒忌别人，不妒忌任何比我有成就的人，不妒忌任何比我有地位的人，不妒忌任何比我有钱的人。我仅仅感觉到我的心态很平和，基本上没有当今社会所具有的那种焦虑感。这也是我整个人生的基本状态。"

真味无源，真水无香。李良荣对"真"字还有着独特的理解。他说，"我还有一个特点，就是'真'——做人很真实，待人很真诚。也许生活中我会说一些恭维人的话，但是在学术研究上，我绝对不会去愚弄别人，哄骗别人，更不会去装腔作势，曲意逢迎。无论是在我的课堂上还是在我的学术著作里，我在陈述自己学术观点的时候，说的都是真心话。我觉得一个人最核心的东西，就是对人生的态度，无论是做学问也好，还是做任何其他事情也好，'真'字都是我一以贯之的性格"。

正如李良荣所言，如果说感恩带给了他满足与平和，那么真实则成就了他周身的魅力。因为满足所以平和，因为平和所以不逢迎，因为不逢迎所以说真话，因为说真话所以回报他的是透彻痛快的人生。

"在我所有的头衔当中，我最看重教师头衔"

李良荣曾先后荣获复旦大学"我心中的好老师"与"我心中的好导师"称号。这意味着他在学生心目中是有口皆碑的好教师。即便如此，李良荣当上教师的心路历程却并不平坦。"我当教师在某种程度上是被迫的，因为在我留校的时候觉得自己不太合适教书，比较适合当记者。"李良荣解释道，"虽然我从高中时候就开始读很多书，但大多是一些文学艺术作品，而真正学术研究的理论功底最早的时候我并不厚实。我的特点是思维非常敏捷，动笔很快，这些都是当记者的优势。我一直觉得当老师将来是要搞学术研究的，至少理论功底需要好，所以就认为自己不太适合，但恰恰就是在这样的情况下让我当了老师"。敏捷的思维判断与倚马可待的动笔能力让曾经的李良荣对于记者这一职业的向往超过了教师，当然这其中还因为他颇为自谦的理论功底和不甚自信的普通话水平。然而就在这种情况下，时代机遇最终还是让他走上了教师岗位。

"既然我当了老师，就必须尊重她的神圣性。当好老师永远是第一位，这是立足之本，做人之本"，李良荣感慨道。"后来我就开始热爱教师这个职业了，你看，当老师多好啊！虽然我教给了学生很多，但学生也带给了我很多。如果说我在某种程度上给了学生一些知识和研究问题的思路，那么学生也给了我青春，给了我生命的青春，给了我学术的青春，学生给我带来了无穷的问题，在这一点上，我还要感谢这批学生。他们总是用一种求知的渴望进入作为我学生的行列，他们有不同的学科背景，总是用最前沿最新鲜的知识带给我很多启发，这就是人们所说的'教学相长'，尽管这话显得老，但这绝不是讨好。如果用商品交易的比喻来说，我和学生是'买卖公平'。从这一点上，我喜欢我的学生"，李良荣笑道。李良荣不愿意把自己理解为是在教导学生，而更愿意将之视作一种与学生的平等互换和交流。他感谢学生给他带来了无穷无尽的问题，感谢学生因求知的渴望而站在他的面前，感谢学生用不同的学科背景，用源源不断的前沿信息和新鲜观点带给他的启发和触动，而这一切对于学生的热爱都源自于他精神深处与学生平视的尊重。

谈到择才的标准，李良荣聊道，"2000年以前考博士生的还比较少，我基本上都是能考进来一个是一个，能考得进来我就带。现在其实我选人也没有什么过于严格的标准或者固定的模式。但是我的学生一定要有事业心，有责任感，这是两个最起码的标准，此外脑子比较灵敏也是我选择学生的重要指标"。而对于成才的路径，李良荣也有着深刻的经历与体会："许多人总是会说，李老师是凭着他的聪明做学问。其实他们根本不明白我是非常勤奋刻苦的，这个你可以去问问新闻学院的门卫，因为在新闻学院待的时间最久的常常就是我。节假日里，整个大楼有时就只有我和门卫两个人。我在这里默默地做我自己的事情，看书、写文章、整理资料……任何事情如果仅仅是凭借小聪明的话，那实在是太容易了。搞学术研究，凭一点小聪明可以写一些小文章，但一定不会有大手笔，不会有非常具有创新性并且值得同行记住和借鉴的观点，因为这是需要非常刻苦才能换来的"。李良荣说，"我不否认天才，但是天才只有那么几个人。对于一般人来说，不付出艰苦努力，确实就是做不出任何成绩。就像马克思所说的'在科学上没有平坦的大道，只有不畏艰险沿着陡峭山路攀登的人，才有希望达到光辉的顶点'。所以通过这么多年我已经深深地感觉到，你读了多少书你就有多少功底。而悟性、灵性，只是画龙点睛的那一笔"。在苦干与巧干之间，李良荣坚持让学生以苦干打基础，以巧干求升华。他欣赏悟性所能带来的登顶的灵感，但更相信"一本书、一本书地去读，一个问题、一个问题地去探索"，才是所有人成才的必经之路。

不仅如此，李良荣对自己还有一个严格的规定：学生信任他，跟了他三年，他一定要让学生有个质的飞跃。"在我所有的头衔当中，我最看重教师头衔。我的学生如果在未来的岁月里不能超过我，那是我当老师的失败，是我没有教好学生。不管怎么说，学生进到我的门下，选我当导师，那是他们对我的信任，我就一定要做得像模像样，让他们感到有脱胎换骨的变化。如果我教出来的学生完全克隆我，或者跟我差不多，那社会怎么进步，那我当老师干什么？所以我的学生，他们可以自由地去发展，当老师也好，搞研究也好，或者从事实践工作也好，但我就是希望他们的成就要超过我。"

李良荣对学生的情感是发自内心的。"我认识很多非常有名的教授，他们对待学生都非常的好。我对学生的所谓好，也并没有刻意地去做什么，我仅仅是觉得当老师就应该这样做，我不求学生对我的回报，我相信师生之间是以心换心的，我的学生对我也都非常好，这就是最原始的想法"，李良荣欣慰并且淡然。

说到这里，李良荣聊起了一段往事，"有一次，一个出版社的责任编辑问我，'李老师，我们这里有一篇文章对你的观点提出质疑，你看要不要登？'我说你们该登就登，不用征求我的意见。我没有总是觉得自己一贯正确的想法，人家对我提出不同的建议，这是多么自然的事情啊。如果我的观点是错误的，人家提出来批评，这是很好的事情。如果我的观点是正确的，能够和大家商量商量，也是很好的。我哪有那么霸道，好像自己一生都正确，别人都动不得，或者自己特别要脸皮，不准别人提出批评意见，一批评就暴跳如雷，对不起我不是这样的人"。

平等与开放，这是李良荣为师之道的一条法则，他不但身体力行地要求着自己，更是润物无声地影响着学生。钱穆先生曾说，"教育重在教人，但尤重在教其人之能自得师。最高的教育理想，不专在教其人之所不知不能，更要乃在教其人之本所知本所能。教者与受教者，自始即在人生同一水平上，同一境界中。此是中国教育思想上最主要纲领"。以诚相待，以心换心，言传身教，春风化雨，那位当年曾无意于从教的年轻人已然升华腾挪，堪为师之表率。

"我的研究比较关注当前的东西"

李良荣的研究取向概括起来就是着眼当前社会,关注亟待解决的现实问题。他认为,新闻媒体为了适应现实的需求总在不断地变化,而新闻学研究也理应针对具体问题,发挥一定的现实指导作用。这一点集中体现在2004年复旦大学出版社为其推出的自选集上。这部自选集涵盖了他从1981年到2003年的研究精华,在从百余篇论文中遴选出来的32篇里,除了少数几篇涉及新闻业务之外,其余都是针对中国新闻改革的研究,并且书名也定为《新闻改革的探索》。可以说,中国新闻改革的探索历程中凝聚了李良荣无怨无悔的心力。

在新闻改革的宏大话题之下,李良荣最为关心的是传媒的制度问题、传媒的结构问题,以及传媒的公共性问题。他说到,"我最关心、最担心的问题就是我们国家的传媒制度建设。所以凡是和我们国家的传媒制度建设相关的领域,我都关注得很紧"。他谈到,"传媒的制度问题关键是处理好政府、传媒和受众或者说与社会这三方面的关系。这三者之间的关系是最根本的问题,包括国家的一元要求与社会的多元诉求。从结构主义的视角来看,制度问题主要就涉及这三者的关系。我认为到了目前,中国新闻改革不在制度上突破的话,就不会有出路。制度上的突破并不是说否认党的领导,或者党不要领导媒体,我认为这在中国是不可能的事情,而是说党要能够更好地领导媒体"。

他进一步强调,"一个基本的问题就是说,既需要党对媒体的领导,坚持党管媒体的原则,这个基础在中国不能改变;同时又需要给媒体更多的自主权,让它们能够成为市场的主体。也就是说不要把媒体弄得死死的,一举一动都要听命于上面。它没有自主性了,也就不会有创造性"。他多次谈到对媒体缺乏自主性与创造性的担忧,认为一旦那样,媒体就沦为单纯的工具,而媒体人也将成为不折不扣的工匠。这是很可悲的事。因此,在媒体如何实现国家一元要求与社会多元诉求的平衡上,他一直在思考制度上的探索空间。"既不能动不动就说党管媒体多么错,这种说法不符合中国国情。同时也不能把传媒业管得太死,我们在这两者之间如何取得平衡,这就是我在研究当中的一个宏观方向。这种制度的实现是需要进行理论探索的。"

关于结构问题，李良荣对当前我国传媒格局太小、太散、太滥表示担忧。他认为，即便成立了各种规模的传媒集团，当前以行政区域划分的占山为王、各地称霸的现象，依旧使国家传媒发展的整体格局表现出碎片化的局限。与传媒制度一样，这个问题同样值得关注与探讨。

而谈到关于媒体公共性的问题时，李良荣不无忧虑地说道，"我们的媒体不断在削弱自身的公共性，不断地在侵犯公众的公共利益。也就是说媒体没有公共性，媒体就没有责任心。所以我不断地说，公众利益是媒体的立足之本，任何时候都必须把公众利益放在首要的位置。看上去，口头上人人都会讲都会说我们是全心全意为人民服务，为公众服务是我们国家传媒业的宗旨，但是现在有几个媒体是真正在执行贯彻呢？所以这也是为什么我不断呼吁和强调媒体公共性的原因。这需要一整套严格的制度来规定传媒必须为公众提供服务以保证公众的知情权、表达权和舆论监督权"。

说到这里，李良荣言谈间充满了反思，"20世纪90年代中期，我提出了传媒业的双重属性问题。使得媒体产业发展可以得到一种理论支撑，可以理直气壮走向市场。当时我用双重属性的办法，是想让传媒既坚持党的领导，同时又能够通过企业化的办法走向市场。但这种商品性其实又丢掉了一个更基本的属性，那就是媒体的公共性"。李良荣坦言："从某种程度上讲，我现在是自己在纠正自己探讨上的失误。现在的很多媒体完全市场化了，不断地削弱公共性，不断地侵犯公众的公共利益。它只对国家负责，只对自己负责，而不对我们公众负责"。为此，到了新世纪以后，李良荣不断地写文章强调公共利益才是媒体的立足之本，并一再呼吁抑制媒体的商品性、商业操作等问题。

值得一提的是，2012年12月，以李良荣为核心的复旦大学传播与国家治理研究中心成立，这是李良荣多年来对中国传媒业与国家发展问题积极关注不懈探索的学术征程中的一个里程碑。研究中心是国内第一家也是唯一一家以"传播与国家治理"为方向的研究机构，整合了新闻传播学、经济学、政治学、计算机科学、管理学、社会学、法学等七大学科团队，以建设一流的新型高校智库为使命，针对当前新传播革命对中国政治、经济、文化、社会构成的现实挑战，围绕传播与国家治理相关重大问题开展系列研究，为国家参与全球治理、重大体制机制改革和政策运行提供全方位的决策咨询服务。截至目前，复旦大学传播与国家治理研究中心已为互联网时代的国家战略需求提供了颇多决策咨询服务，中宣部、教育部、共青团中央、国家互联网信息办公室、公安部网络安全保卫局、国家互联网应急中心、上海市委办公厅等机构都与该中心建立起了长期咨询关系。可以说，这位为新中国新闻改革事业殚精竭虑奔走呼号的学者正矢志不渝地带领着自己的团队实现着紧贴时代、经世致用的学术超越。

"我不认为我是最后一位理想主义者"

曾经有媒体将李良荣描述为"中国新闻学界最后一位理想主义者"。"理想主义者"，李良荣照单全收，而"最后一位"，他却不以为然。"理想可能就是有些乌托邦式的想法，从学术研究来说，我这个人确实充满了理想，但我不认为我是最后一位理想主义者，因为在我们这个学术圈里，有一批人还是很有追求的。可能由于时代的不同，大家所树立的理想标准会不太一样，但是大家都不缺乏理想。我一直讲，没有理想就不要搞学术。"

理想主义，绝不是李良荣佩戴在身上的光环，而恰是他身为学者最本真的风骨和学海生涯最深刻的动力。"没有理想就不要搞学术，因为任何学术研究都是为了探索一种理想实现的可能性，学术就是在追求一种理想，并且提供一种实现这种理想的可行性方案。从某种程度上讲，理论研究就是在追求一种理想。"这是李良荣反复强调的观点，"如果看看我们的历史，中国改革开放三十多年，三十年前我们有没有想到中国会有今天？这是出乎于绝大多数人意料之外的一种成就。我们国家取得了很大的变化，无论是经济领域还是意识形态领域，都要比以前开放多了。三十年对一个人来说，虽然是漫长的，但是对整个人类历史来说，那不过是一瞬间的事情。中国利用这些时间取得了天翻地覆的变化，而未来三十年谁又知道会怎么样呢？这就是我为什么坚持自己的理想，对未来充满乐观的原因"。

在今天的学术圈，为稻粱谋而奔命，为五斗米而折腰已不是什么新鲜事，不少人在现实的压力面前早已不熟悉何谓学术研究的快感，这或许正是因为对理想的忘却。李良荣说："因为有理想的支撑，我就会感觉到，每写好一篇文章就能写出自己的思想来，这是一件很快乐的事情。我做学问不会像有些人那样很痛苦，写文章对我来说一气呵成，非常痛快"。他劝诫青年研究者：千万不要把做学问当作一种苦差事，如果你把它当作一种苦差事，那么学问肯定做不好。"即使在我们复旦大学新闻学院这个小圈子里面，都有许多志同道合者，大家在一起可以谈得很投机很开心。我们在追求上都是一致的。如果说搞学术就是为了稻粱谋，就是为了评职称，那一定没有乐趣。正是因为有了理想的支撑，搞学术才会感觉到一种快乐，才会感觉到因为自己的探索能距离自己的理想又近了一步。我一直都是脚踏实地的在从事那些我认为非常值得的研究，我总说我是在追梦，梦不就是理想吗？"李良荣莞尔一笑。

"没有批判精神就不能够称作知识分子"

李良荣曾经用江湖知识分子、广场知识分子和庙堂知识分子来形象地区分知识分子的类型。在被问及自己所属何者的时候，他笑称，"我既不属于江湖，也不属于广场，我大概属于这三者之间的混合吧。像我这样的，既关心时事，可以说有些广场知识分子的味道。我又愿意埋头做自己的学问，那么有点江湖知识分子的味道。同时，我又想为国家出谋划策，又有点庙堂知识分子的味道。所以我应该算是一个混合型的知识分子。但是这三者之间还有一个共通点，就是对公众与历史的使命感以及对公众与社会的责任感。并且，知识分子的人文关怀与社会责任还体现在对现实问题的关注和批判上，没有批判精神就不能够称作为知识分子"。对于这一点，李良荣的态度十分鲜明。"这里的批判一定不是一种莫名其妙的指责、一种抱怨、一种牢骚，那不是一种严肃的批判。批判是能够敏锐地感觉到并且勇于指出现实当中需要解决的问题，这才是真正的批判精神。"

与理想主义的李良荣相辅相成的是，批判气质的他更显得对于理想的信仰与尊重。他说，社会与国家的任何进步都是因为我们心怀理想，从而不满足于现状，从而思考，从而批判。"社会和国家的任何一点进步总是从不满足于现状开始的，为什么你要搞学术研究？就是因为有现实问题需要你去解决，只有解决了这些现实问题国家才能够发展。所以有一句话说得很好，'成绩属于过去，问题属于未来'。因为现实和理想之间一定是有差距的，所以只要你有理想，那么如何去实现这种理想，就意味着一定要抓住现实当中的问题，这就体现出了我所说的批判精神。如果你觉得样样都好了，看不出任何问题所在，也就是说现实已经达到了你的理想，那你又怎么进步呢？所以问题意识与批判精神在某种意义上又是一致的东西。"

在日常的教学与导学中，李良荣也不时提醒和鼓励自己的学生要有敏锐的问题意识和积极的批判精神，并且告诫学生，知识分子的批判不等同于老百姓的牢骚。"知识分子不应该让自己停留在牢骚层面，老百姓可以发牢骚，但是当学者的不应该发牢骚，如果你把自己仅仅停留在发牢骚上，那么谁来研究问题呢？当学者的应该从老百姓的牢骚当中去获取灵感，知道老百姓对这个不满，所以要去解决这个问题。如果知识分子也是牢骚满腹，那就是混同一般的人，那你不配当学者。所以批判一定是建设性的批判，没有理想的批判就是毁灭性的批判，就是一种破坏。"

"人贵有自知之明"

从1982年留校任教至今，李良荣在复旦大学新闻学院已经工作了三十余个春秋。抚今追昔回首人生心路，李良荣难忘每一位对他影响至深的人。

"在我的一生当中，在学术上给我影响最大的人是王中，他给了我学术的生命。所谓师傅领进门，是他把我领进了学术研究的大门，让我少走了许多弯路。他非常睿智，非常敏锐，不像别人那样死读书，在这一点上我有点像他，继承了他的一些作风，这是在学术方面。在我的人生经历上，我在小学、初中、高中时，一直都是团干部、班干部，所以跟老师的接触也比较多，那些历任的班主任老师也给了我很多好的教育。还有我的家庭，我觉得我的父亲母亲，虽然称不上什么伟大，也谈不上什么杰出，但是他们作为最普通最平凡的中国百姓，他们所拥有的那颗对国家对社会的感恩之心也教育了我。'人贵有自知之明'，我曾经的语文老师就给我讲过这句话，他说，'李良荣啊，人这一生当中只要能做成一件事情，就很了不起了'。我一直记得他这句话，把这句话一直放在我的脑子里。所以你看我的工作简历是多么简单，我大学毕业就到江西工作，江西工作回来以后就回复旦，我这一生就两个工作单位，为什么呢？就是因为一个人一生只需要做好一件事情，不要老想着自己本事很大，样样都能做。人的能力是有限的，我非常明白自己有什么样的能力，所以我就会让自己不要去妄想，我这一生就是教书，搞新闻学，我也从来没有想过要去搞其他什么东西。教书就很了不起了,教新闻学更了不起,虽然所有的学科都瞧不起新闻学,但是我不觉得这样,我有时还会忍受别人对我的嘲弄,但我觉得只要有自知之明,我还是可以做一些事情的。"

李良荣坦言自己在复旦大学有一批关系很好的教授朋友,历史学、文学、哲学、经济学、社会学、政治学等学科的都有。20世纪80年代初,复旦大学党委书记找了一批年轻的人文与社会学科方面的学者,组建了当代中国社会与文化研究中心。身为其中之一的李良荣就幸运地认识了这批人。在和他们的交往中,他学到了很多其他学科的知识。为此,李良荣一直强调新闻学研究要多借鉴其他学科的营养,主张"功夫在诗外"的蹊径。这一点也与他早年从丰富多元的识见中获益良多不无关系:开阔的学科视野是打开研究思路的前提;贴近现实生活的姿态是做出好学问的关键;涉猎广泛给了李良荣对党政机关运作与企业运行流程的充分了解;曾经频繁往来于美国的生活也使得他对于西方社会有了自己的深刻洞察与全面思考。

李良荣说:"我觉得现在我们的一些青年学子,他们读的书可能比较多,外语也比较好,但往往就是对中国社会不熟悉,不了解基层百姓的真实生活,不了解党政机关的现实运作,不了解企业的运营过程。所以他们往往死抠书本,从概念里来到概念里去。他们因为对现实不了解,所以也不能很好地运用理论去解释现实。我觉得我的视野比别人要开阔一点,不是死抠书本。当我到媒体去的时候,我就会知道媒体希望解决什么问题,用什么理论可以让他们明白这一点。我非常明白这些媒体想要获得什么,我非常明白这些媒体他们有什么想法。所以我觉得我所从事的这些研究,都是非常现实的问题,抓的一些问题都是非常现实的,都是最前沿的,也都是令大家最苦恼的问题,这是一般人做不到的"。如其所言,李良荣与国内许多知名媒体的关系非常好,许多社长、总编辑都愿意跟他互换意见,交流想法。在媒体老总求教于他的时候,他每每切中要害、直指锋芒,令人叹服。

人贵有自知,而自知正是因为内心的丰富与饱满,是直面人生的大谦卑与正视自我的大自信,是云淡风轻,是不卑不亢,是不妄言不虚饰,是踏踏实实的行走于人间正道,是用得起无悔无愧来描述自己的人生。真金不需镀,静水自流深,古人以此来形容有真才实学的人用不着无谓的装饰,来比喻内心淡定的人才能走得更远。其实,这也恰恰可以作为对李良荣的真实写照：有知恩图报的责任担当，有循循善诱的师道风范，有信仰理想、勤谨务实的学术追求，也有酣畅淋漓、嬉笑怒骂的至情至性。

"我没有文章是见风使舵的，只按照自己的目标，按照自己的理想在走。所以我写的文章没有什么是追悔莫及的。"回首几十年学术人生，李良荣坦荡从容。

【李良荣简介】

李良荣，1946年出生，浙江宁波镇海人，复旦大学特聘教授、博士生导师，复旦大学传播与国家治理研究中心主任，浙江传媒学院新闻与传播学院院长，浙江大学、华中科技大学、暨南大学等二十余所高校的兼职教授、讲席教授与特聘教授。原教育部高等学校新闻学学科教学指导委员会主任（2006年—2013年），《中国发展报告》（1994—1997年）主笔，全国新媒体领域的领军人物。曾任复旦大学新闻学院副院长（1986—1992），教育部"211"两次重大攻关项目首席专家，曾获得"有突出贡献的专家学者"称号，并享受国务院政府特殊津贴。

在几十年的新闻学研究中，李良荣提出的"新闻产生于事物的变动""新闻事业产生于资本主义商品经济""新闻选择四项标准""新闻工作三大基本规律""新闻媒介的双重属性"等富有开创性的理论主张，获新闻界广泛认可。

范以锦：新闻教育需要多种学术思想的交锋*

两千多年前，孔子曾以"绘事后素"四字来启发弟子子夏，意谓人之内在仁德犹如绚烂色彩之素底，唯有去芜存真的美好基础，才能施足五彩以成繁华。有关于此，后人又由彼及人，引申为历经奇丽辉煌更始知质朴纯粹之可贵的审美意趣，进而对中国知识分子为"天下有道"颠沛奔波却常怀平和淡泊心境的优良传统不吝称道。

静心窥解范以锦的人生智慧，仿佛与此间真意不谋而合。从当年出身农家、遍尝艰辛的华侨子弟，到其后殚精竭虑、辣手文章的优秀记者；从曾经挥斥方遒、锐意改革的报坛领袖，到今日竭智尽力、乐在其中的新闻教官，这位曾被时人以"平民底色"加以概括，极富神采却又平和低调的传奇长者，正是用他最接近本真的平民情怀写就了一页页披荆斩棘、饮尽风浪的事业篇章。而正如子夏当年所困惑的"素以为绚兮，何谓？"当人们每每试图用最华丽的笔触描摹出范以锦浓缩半生的丰盈心境时，又还有什么能比将其一以贯之的"执意纯粹"奉于纸上更贴近他的不凡？正是须臾未忘底色，所以步步锦绣华章，范以锦用最直白的记忆勾连起了他直道而行的多面人生。

"吃苦耐劳对我来说没问题"

广东梅州，这片素有"华侨之乡"美誉的粤东大地，便是范以锦的家乡。早年，范以锦的父亲曾因生活所迫背井离乡前往马来亚务工，范以锦便出生在那里的山区橡胶园。因父亲参加了反殖民主义的工会和罢工斗

---

* 本文撰写于2014年。

争等，1949年范以锦全家被驱逐出境，3岁多的他从此随父母回到了老家——梅州大埔山区。而谈及当年如何选择并考取暨南大学经济系，范以锦的记忆便从家乡开始延展。

"我的小学、初中、高中分别是在大埔县西湖村小学、大埔中学和百侯中学念的。从我们农村的中学考上大学，是不容易的。当时，暨南大学的知名度还没有今天这么大，那时候也不是国家重点大学。高考时，在老师的动员下，我第一志愿报的是中国人民大学，第二志愿就报了暨大。一方面它跟人大有落差，另一方面暨大是侨校，我是华侨学生有加分，对这里比较有把握。"范以锦介绍道，"我们农村的孩子，对未来的志向、对将来从事的工作都没有过多的考虑，文科生无非就是在中文、外语、经济、历史、哲学几个专业中进行选择，我填报了经济系的政治经济学专业，就这样被录取上了。那一年百侯中学有160多人考大学，其中文科考生几十个，最后全部考上的只有十来个人，文科就我一个人被录取了，很不容易"。

而对于早年的经济学专业背景对他其后可能产生的影响，范以锦用"有影响，又不是特别大"来概括。"所谓有影响，就是因为读经济学的经历，让我对经济学的知识有兴趣，我后来担任了南方报业的社长、董事长，除了要有采编的经验，还要有经营管理的经验，讲得直白点，就是不仅要保证内容品质的提升，还要有经济效益。那么我的这种背景会让我去看一些经济运作方面的书，包括国内外的案例，我都会学习。但是为什么又说关系不是特别大呢？因为我是1964年上大学，学制五年，又推迟了一年毕业，正好在'文化大革命'前期到'文化大革命'中期，实际上课程只学了两年，都是些最基础的知识。而且那时候学的理论，也基本都是计划经济的理论，大部分从苏联照搬过来，对我们后期的报业企业环境和市场经济没有很大的联系。当然，它也可以引起我们的反思，让我们对计划经济理论和市场经济理论有个对比。总的来说，这段经历使我对经济领域有了兴趣。"

范以锦继续讲道，"'文化大革命'进行一段时间后，我们就下到农村去劳动了。1968年到1969年，我们以大学生的身份到广东四会农村去锻炼，和农民同吃同住同劳动。除此之外，学校工宣队还带着我们去过广东英德县劳动，也是'三同'。我还去过工厂务工，在街上卖过杂货，在商店里站过柜台，在煤场做过煤球。那时候劳动量很大，在农村吃的比较差，很少油水，也不能放开吃饱。1970 年 3 月，我又到了湖南省洞庭湖西湖解放军部队农场劳动，赶上插秧季节，凌晨三点半起床一直劳动到晚上十点多。不过在这里伙食还不错，粮食、猪肉都有，就是劳动非常艰苦，在这里干了将近半年。不过，因为我本来就是从农村来的，劳动对我来讲是个非常小的事情，吃苦耐劳对我来说没有什么问题，但是"，范以锦强调说，"我就是老想着能快点毕业分配"。他解释道，"我兄弟姐妹五人，当时靠父亲的一份工资养家，才 40 多块钱，我母亲身体不好，在农村挣不到多少工分，我哥哥高中还没毕业就提前回家劳动，家里面确实比较困难。我们的学制是五年，前面的 68 届准时分配了，我们 69 届到了 1970 年还不分配，心里很着急，因为早一天参加工作我就可以早一天减轻家庭的负担了。我们大学生下农村、下工厂劳动锻炼是没有工资的，领取的是助学金。所以我当时最大的愿望就是参加工作，干什么都可以"。

在那个物质条件贫乏的年代，年轻的范以锦曾因梦见一块肥肉而在睡梦中笑醒，这位憨厚的农家子弟对于底层生活的艰辛和百姓生存的苦乐，有着最天然的亲近和最深切的理解，在人间的辛酸甘苦中，身为大学生与身为农民的双重体验正在无形中为他积累起了一笔极其丰厚的精神财富。

"我从没想过会当一名记者"

1970 年 9 月，还在湖南洞庭湖农场务农的范以锦在一次特别的"面试"后，从此改变了自己的人生轨迹。"我们那个年代绝大多数人都不可能留在城市，我也从来没想过自己会当一名记者"，提及其后与南方日报的渊源，范以锦感慨满怀。

"我被分到南方日报有这样一个时代背景，'文化大革命'未结束，南方日报有很多老同志在五七干校还没有解放出来，因为人手不够，所以想到了要招收一批大学生，于是就到暨南大学、中山大学、中国人民大学、武汉大学、华南理工大学来要编辑、记者、工程技术人员。"范以锦回忆说，"1970 年，暨南大学实际上已经被解散了，军医大学从北方搬到广州，取代了暨南大学，学校所在地转交给了军方。我们有部分老师去了中山大学、华南师大、华南理工，但是包括我们在内的 69 届学生还没有分配，所以学校就设了一个留守处，包括军宣队和一些行政人员。当时南方日报找到留守处想要招人，于是他们就提供了一份名单，包括中文系、历史系、经济系的，总共六七个人。因为我1966年就入了党，又是学生干部，家庭成分也比较好，所以暨大就推荐报社的工作人员直接到农场来考察我了"。对于当时的情况，最初还蒙在鼓里的范以锦时至今日依旧历历在目，记忆犹新。"那天我们农场的连长突然叫我到他办公室去，问我插秧的进展怎么样，我就如实回答了。其实当时那两位南方日报的工作人员就在旁边坐着，他们大概是想看看我的反应，觉得还可以，就这样定了。起初我一点都不知道，大概是过了半个月左右才宣布名单，部队这才告诉我那天叫我到连队来是有两个人在旁边观察我。后来被分到南方日报当记者，这是我完全没有想到的"，他坦言。

对于这段几近惊喜的人生转向，范以锦充满感恩，"当时向中文系要了两个，向经济系要了两个，一共四个人同批进了南方日报社。我们当年毕业分配的情况是这样的，组织给你一个表，你就填地点，想到哪里都可以填，像广州、汕头、梅县，或者新疆、北京等等。我的第一志愿当然填的是广州，第二志愿是梅州，也就是我的老家，我只填了这两个地方。后来能够留在广州还是很高兴的，毕竟还是希望平台能大一些。我的不少同学都被分到县里了，有的还分到餐馆里去端盘子，分到商店里去卖杂货。我能留在广州确实非常幸运，也很不容易"。

有意思的是，在"文化大革命"的特殊年代下，刚刚从农场出来被分配到南方日报的范以锦又再次被报社分到农村劳动。"从1970年到1971年，我又劳动了一年。但是这一年不太一样，我挂了一个职务。"范以锦回忆说，"一入职，南方日报就将我们这一批大学生安排到了农村基层去锻炼，我当时是副大队长，相当于村委会副主任。我们这批一共20多个人，有当党支部副书记的，当副大队长、生产队副队长、妇女副主任的都有。锻炼一年回来后，也没有征求我们的意见，就直接把我们分配到各个部门，可能考虑到我是经济系的，我就被分到了南方日报工商部"。

就这样，1971年，25岁的范以锦在辗转等待之后终于开始了他自此耕耘的记者生涯，而对于这个在懵懂中开始的人生舞台，范以锦也毫不讳言最初起步时的困惑与努力。

"其实当记者我一点都不懂，从来不知道记者究竟是怎么写东西的。我当时想，记者要采访，还要写得很快，感到难度非常大，怎么去做，一点都不知道，我就先从模仿开始。"范以锦回忆说，"那时候中国的报纸基本上没有多少了，全国范围的只剩下《人民日报》《解放军报》和《红旗杂志》，广东就只有一份《南方日报》。我就订了一份《南方日报》，一份《人民日报》，两份报纸从头到尾去看。那时候报纸只有四个版，文章又很长，我们写稿的机会不是很多，一个月能有几篇稿发表就很了不起了，所以我就有很多时间去学习，研究究竟怎么写消息，怎么打标题，怎么写通讯。"他接着说道，"我们当时也没有教材，教材被斥为封资修的东西，不能用。所以我只能看一些内部的通报，看看他们的文章是怎么写的，尽管有些文章文风很差，但基本的五要素还是有的。我大概学了一两个月就基本掌握了规律，慢慢感觉到写消息和通讯也不是很难。虽然写得好比较难，但是已经可以动笔写，几乎没有什么障碍了"。

就这样，初出茅庐的范以锦在蹒跚学步中开始了他前路漫漫的职业生涯，从1970年进入南方日报社，到2006年从领导岗位退下来，再到2012年从南方报业正式办理退休手续，这位从山区走出来的农家子弟从此开始了他其后历经42年精彩多姿的报业人生。

"最有作为还是三中全会以后"

"我刚进工商部的时候，主要跑商业这条线。我是年轻的记者，采访的时候我就跟着老同事去，看他们怎么提问，我就旁听学习，练习写初稿。写了一两次以后，我就基本上自己单独采访了。后来有什么问题我就问那些比较老练的编辑记者，基本上一两年的时间，我就成为了领导比较信任、业务也比较熟练的记者。"在报社工商部待了半年之后，范以锦就被派往梅州记者站开始了独当一面的采写工作。

"到梅州记者站以后完全就是独立采访了，那边有老同志，他们都不是集中行动，我们基本上也都是独立采访。我会买些杂志小说来看，起码在文字方面会提升一些。从1972年到1974年，我在梅州记者站待了将近两年时间，后来在报社工商部主任的提名下，我又调回了工商部。回到广州后半年左右，报社根据省里的安排要派工作队到番禺农村，1975年，我跟着工作队又到农村干了一年，一年以后又再次调回到工商部。"范以锦说，"那时候番禺还是个县，从广州过去要四五个小时，这一年又是和农民同吃同住同劳动，不过这些对我来说没关系，我们农村出来的大学生适应得很快，到了农村尽管条件艰难困苦，但都没有愁眉苦脸的，生活得也很愉快。一年之后回到广州,我就亲眼见证了广东省粉碎'四人帮'的大游行"。

对于这段历史,范以锦记忆犹新,"南方日报是广州地区最早上街游行的,拥护中央粉碎了'四人帮',我也参与了上街游行。因为我们是省委机关报,比较早就拿到了相关文件,文件一读完,大家都慷慨激昂上街了。当时老百姓还不知道这个消息,也不知真假,一看南方日报都上街游行了,很多人都跟着鼓掌。粉碎'四人帮'之前基本上搞不了批评性报道,没有这个空间。那时候相当多的文章现在看起来左的痕迹是比较重的,当然也有部分没有这些痕迹。'文化大革命'中的报道是个不断肯定、否定、肯定、否定的过程,昨天明明这样说是对的,明天又变成错的要批判了。所以我们感到一方面很苦恼,一方面也很好笑,就是猜想中央是不是有两个司令部在较劲,那么我们究竟该听哪个司令部的呢?所以最有作为的时期,还是在党的十一届三中全会以后"。

1976年底,范以锦再次被派往梅州记者站并出任站长一职,直到1982年才调回广州,出任广州记者站站长一职。"三中全会之后,农民有了生产自主权,承包到户,农民的生产积极性非常高,我们的报道材料非常丰富,也开始有批评报道了。因为有些干部的思想不通,还在转换观念中,所以这个时候搞批评报道,就是为了冲破思想禁区,支持农民的生产自主权,宣传他们在承包责任制之下的繁荣景象。那时候我经常在农村采访,也经常会住下来。有时候住在公社招待所,有时候住在生产大队,有时候住在农民家里。采访到的素材都是农民怎么拥护三中全会的政策,反映生产自主权、粮食大丰收的良好景象。另外,也会批评某些地方领导干部,因为有些地方领导干部不但对中央的政策不满意,甚至还去阻挠政策的落实,这种批评报道我们都做过不少。"

提及早年因批评报道而受过的委屈,范以锦无怨无悔又颇感欣慰,"我们南方日报的领导层思想非常统一,领导坚决支持解放思想冲破禁区,一定要支持农民取得生产自主权,解放农村生产力。虽然当时县里和公社里有些领导思想不通,也存在两种声音,就是要不要给农民生产自主权,要不要搞大包干?但是南方日报还是旗帜鲜明地支持这种冲破思想禁区的讨论和评论,甚至点名批评某个领导"。谈到南方日报的办报传统,范以锦毫不掩抑内心的自豪。

"开风气之先是南方日报的光荣传统"

"开风气之先是我们的光荣传统,这是南方日报的前辈为我们留下来的基因。像解放初期的曾彦修、杨奇,他们在担任南方日报的总编辑、社长期间,坚定支持批评性报道,勇于向上反映真实情况,杨奇还动笔写了涉及广州常务副市长的批评性报道并且在人民日报发表。他们都是非常有担当的人。可以说,这种责任担当一直留在南方,激励着我们去继承。我一直觉得,其实并不是我们后人有多厉害,我们只不过是传承了他们播种下来的基因。"范以锦推心置腹道,"比如说南方日报的传统之一是对写批评性报道的记者采取宽容和保护的态度,这也是我们开风气之先的一部分。当然,这也和广东的整个改革开放局面有关系。广东面对的是非常善于抢抓新闻的港澳媒体,港澳媒体批评我们的稿件,有时候写得不一定准确,所以我们自己就必须要懂得占领舆论制高点,善于搞舆论监督。我们自己写肯定写得更准确,我们也不应该去回避,否则会有很多不真实的东西流传得更快。因此,在广东这么一个改革开放的前沿阵地,我们的思路也必须走在前沿"。

范以锦介绍说,"当年有个说法,叫'广东水,珠江粮',就是指广东的健力宝和饼干在全国都卖得很好,广东企业很自豪。另外,我们的家用电器也北上,那么我们的媒体在企业的启发下也要走向市场。改革开放前期的广东报业为什么整体步伐比北方快,就是因为广东本身就是个改革开放的前沿阵地。另外,港澳的报纸虽然也有不少问题,但不可否认的是,他们很多优秀的经验、作法都非常值得学习。所以我们也慢慢像他们那样搞厚报,搞多样化,也抢新闻"。范以锦如数家珍道,"全国第一个办周末版报纸的是《中国青年报》,但是,广东是全国第一个办独立发行周末报的地方。为什么会办《南方周末》?就是因为当时的报社领导觉得机关报很严肃,想办一个文化类轻松愉快的报纸以弥补机关报的不足,好让市民在周末的时候,能够享受一种不同寻常的精神食粮。所以最开始办的时候,《南方周末》还不是现在这个样子,而是文化休闲类的。那个年代,发行量也不错,也有市场了,后来因为全国的报纸都慢慢开始搞文化娱乐版了,所以《南方周末》就开始重新定位,转向了时政,关注国家大事,关注国家的未来,关注中国社会底层的生存状况,关注中国的体制改革进程"。

谈到南方的骄傲，范以锦颇为感慨，"我们希望能引发思考，想在新的时期做历史的推动者。这也是我们南方报业一代又一代的领导人将报纸与时俱进向前推进的传统，是时代对我们的要求。所以，我们一方面是'开风气之先'，另一方面也是'得风气之先'。身处改革开放的前沿阵地，感受到扑面而来的清新气氛，观念就会与时代同步"。

正是在南方日报这种"开风气之先"与"得风气之先"的双重氛围下，范以锦的报业人生开始了起转腾挪的发展。1982年，因工作需要，在范以锦从梅州记者站调任广州记者站任站长半年后，又被派往中央党校学习一年。1983年，范以锦进入领导班子，成为了南方日报社最年轻的编委，其后又出任政科文部主任，直到1991年担任南方日报社副总编辑，1995年出任总编辑，2002年担任社长。几十年的报社领导经历带给了范以锦极其丰富的从业体验，他精辟地把办报人的姿态分成了两类：一类是政治家办报，一类是政客办报。当被问及两者最大的不同时，范以锦条分缕析，毫不含糊。

"政治家首先强调的是一种胸怀。作为一个办报人，应该认识到办报纸是有风险的，既不应该受到表扬就飘飘然忘乎所以，也不应该受到了批评甚至处分就灰心丧气。挨了批评，作了检讨，该改正的要改正，该坚持的还坚持，该干好的还干好，做完检讨后站起来继续前进，只有具备这种胸怀，才能把报纸办好。另外，还要有政治家的敏锐，要善于抓住最重要的东西，并且懂得报道时机的重要性。明白一个报道会产生什么样的后果，即使内容是完全正确的，也要选择合适的时机。第三，政治家办报要有大局观念。报道新闻要从国家、社会的稳定和报纸自身的安全来考虑，要有政治家的敏锐，要有政治家的智慧和艺术。我们经常讲要'打擦边球'，我认为擦边球是好球，因为擦边球不犯规，我们为什么就不能把报纸做到这种极致呢？这不但需要勇气，也需要技巧。所以我说政治家办报有非常丰富的内涵，并且这个政治家也不是指一个人，而是一群人，应该是一个团队，一个群体行为。"

"那么政客是个什么特点呢？就是不分是非，一味地盲从，甚至老是琢磨上级的意图，迎合上级的偏好。我觉得这跟下级服从上级，保持与国家政策高度一致的概念是不同的。为什么呢？因为有时候上级的意见也有可能违背党的方针政策和人民的利益，服从上级的领导并非等于不能够反映意见。如果上级提出的要求我认为不对，还应该可以提出我的看法，而不应该去揣测、琢磨，甚至在上级的要求上再度加码以求迎合献媚。所以，我觉得这种做法就是不顾报纸的规律，不顾党报的传统，就是一味迎合官方的政客作法，是不良的风气。"对此，范以锦语重心长地总结说，"我们要遵从的应当是政治家办报，而不是政客办报"。

"宣传有纪律，学术无禁区"

2006年，60岁的范以锦在南方日报社兢兢业业耕耘37载之后，从领导岗位上卸任并开始了出任暨南大学新闻与传播学院院长、教授、博士生导师的全新人生。如何认识并适应从"新闻官"到"新闻教官"的角色转变，是范以锦面临的最主要问题，而有关于此，他不但有着非常清醒的认识，并且在其后的时间里，为这所华南名校的新闻教育注入了新的生机与力量。

"如果要我用一句话来区别新闻媒体和新闻院校之间的区别，就是——宣传有纪律，学术无禁区。宣传有纪律，就是说作为一名新闻官，对国家宣传部门下达的通知我要执行，纪律我要遵守。我可以反映意见，甚至出现反对意见，但常态下都是要执行规定，不执行的情况都是特例。因为我们报纸印出来之后就是白纸黑字，出了问题是跑不掉的，所以你必须要一字一句地推敲和审查，要按照党和政府的方针政策等要求来看有没有违反，所以新闻官对组织的纪律要求是非常强调的。但是学校是什么地方？学校允许自由讨论，希望有学术研究的风气，很多问题都是作为学术问题来讨论，而且这些讨论也不是白纸黑字的会被追究。所以，我从一个很讲究纪律的地方到了一个能够自由讨论的地方，这就是一个很大的变化。"范以锦感慨道，"在有严格纪律要求的地方，你会比较紧张，精神高度集中，心理压力也很大，用我以前的话说，就是一级战备、如履薄冰的感觉。当然，相对来讲我的胆子还算比较大一点的，即便在如履薄冰的地方也会相对淡定，但是对于很多人来讲是会非常恐慌的。可是，无论怎么淡定，你还是会高度紧张，超负荷工作，劳心又劳力。但是你到了学校以后，这是搞新闻教育的地方，如果你不讨论不辩论，不把敏感问题摆出来，很多东西反而是弄不清楚的，也不利于新闻事业的发展"。他强调道，"所以，如果大家都按照统一的口径去做，那怎么能把有争议的问题搞清楚呢？又怎么能推动新闻事业的发展呢？当然，交流也不是放任自流，作为教师也是需要以正确的价值观加以引导的。但毕竟，从'有纪律'到'无禁区'的地方，心情会很舒畅，也不会像以前一样压力那么大，工作起来也很轻松愉快"。

范以锦笑称，"我以前在单位经常写检讨，到了暨南大学以后就不用再写了，也很少有人打电话过来骂你，不像以前，拿起电话就挨批了。教育规律和新闻业界的实际操作是不同的，我们还是要尊重教育规律，这样学校的新闻教育才能搞好。我觉得教育的规律就是老师与学生可以平等地交换意见、探讨问题。不能像新闻工作一样，必须要求学生服从导师，要求学生与老师保持高度的一致，那是不可能的。新闻教育需要多种学术思想的交锋"，他特别强调。

从2006年至今，出任院长一职的范以锦对自己的定位非常明确，"到暨南大学来我觉得很幸运，这里新闻教育的底蕴很深厚，前任多位领导打下了良好的基础，有一批非常优秀的教师，而且学科设置、学科建设也很不错。但是我没有搞过教育，也没有当过老师，所以暨南大学新闻学院对我来说是个陌生的领域，或者说不是我的优势。所以我来之后就对自己说：我只做加法不做减法"。范以锦解释道，"就是说我所想的是怎么把自己的最大优势用来补充暨大的缺陷？因此我就把我在报社的经验和资源带到这里来，解决了新闻学院与新闻实践比较脱离的普遍难题"。

可以肯定的是，范以锦的眼光和方略是正确的。在他的力主推动下，从2007年暨南大学准记者南方训练营开营，到2008年支持常务副院长举办暨南大学传媒领袖讲习班，再到研究生创新基地的建立以及与业界展开的专业硕士双导师制，范以锦的到来为这所历史悠久的新闻院校带来了难能可贵的新风和朝气。如今，再谈起新闻教育，范以锦有着更清晰的思路和定位，"我希望学术研究的前沿意识要提升，新闻人才持续学习的能力要提升，同时新闻教育要积极和业界沟通，根据实用型人才的标准进行有针对性的培养。没有创新能力的'新闻技工'，业界不缺这样的人，但是又有创新能力又有理论功底，善于发现问题、提出问题的新闻人才是很受欢迎的，这也正是我们新闻教育的目标"。

这就是不改本色的范以锦，无论是顺境还是逆境，无论是受到赞赏还是面对质疑，无论是作为一线记者还是身居领导要职，无论是身处新闻媒体还是身处大学校园，实干改革的处世风格，超越精神的热情洋溢，分寸合宜的人生智慧，现实理想主义的精妙哲思都在他的身上聚焦闪现。他身为精英却毫无精英主义的做派，他勇挑道义责任却怀揣平民情怀。带着客家人独特的精神特质，范以锦在中国的南方挥洒出了一段段激情与温情和谐奏鸣的乐章。

【范以锦简介】

范以锦，1946年生于马来亚（现马来西亚），1949年随父母回国，广东省大埔县茶阳镇西湖村人，暨南大学新闻与传播学院院长、教授、博士生导师。范以锦曾任南方日报社总编辑、社长，南方报业传媒集团管委会主任、董事长；中华全国新闻工作者协会副主席、广东省新闻工作者协会主席；中共广东省委候补委员、省政协常委、省政协学文委副主任。其新闻作品多次荣获省级、国家级新闻奖。

1992年，范以锦被广东省委省政府授予优秀中青年专家称号，同年获得国务院颁发的有突出贡献专家，享受国务院政府特殊津贴。2003年，入选新闻出版总署主管的《传媒》杂志中国传媒业"英雄榜"风云人物，入选北京大学文化产业研究所和国家文化产业创新与发展研究基地年度报告，被列为"中国文化产业发展人物志"十五人之一，入选《南方周末》"最具赞许传媒人物"。此外，范以锦还先后荣获"中国传媒年度人物"（2005年度）、"中国报业十大人物"（2005年度）、"十大创新传媒人物"（2005年度）、"最具影响力传媒人物"（2006年度）、"中国传媒产业思想贡献人物"（2006年度）、"最具创新成就传媒人物"（2006年度）、台湾地区星云大师"真善美新闻传播奖"（2011年）、"广东首届新闻终身荣誉奖"（2012年）等殊荣。

范以锦在国内首次将品牌理论引进报业，在其任期内提出"报系理念"，并先后创建了"21世纪报系""南周报系""南都报系"三大报系组织运营结构，提出并实施"龙生龙、凤生凤"的报刊滚动发展模式。2005年10月出版的专著《南方报业战略》是中国第一部系统介绍国内报业（传媒）集团整体战略的著作。

郭镇之：学问的真挚与从容[*]

约访郭镇之教授是一直以来的心愿，这位默默耕耘于清华园的知名学者有着一连串值得称道的求学履历：1979年，她是新中国第一位专治中国广播史的研究生；1985年，她成为新中国最早的新闻学博士生之一；1988年，她完成了首部研究中国电视史的博士论文——《中国电视史稿》，从而成为新中国历史上第一位新闻学的女博士……而在诸多"第一"光环的笼罩下，已是蔚然大家的郭镇之却有着令人印象深刻的温煦与亲和。在一下午的畅谈中，女先生始终坦诚相待，真应了明代李贽的那句，"有问乃答，不问即默，安闲自在，从容应答"。

选择与被选择的学术人生

郭镇之的学术之路有着很鲜明的时代特征，这也印证了早期中国新闻学在教学与研究道路上的崎岖探索。

"1966年我初中毕业，因为'文化大革命'，我没有上高中。中间有8年的时间上山下乡，在国营农场工作，1977年调到云南人民出版社做干事。'文化大革命'当中工农兵学员有个25岁的年龄限制，我以为这辈子没有机会读大学了。可1977年突然一下子高考来了，年龄限制被冲破了。我上大学的时候已经27岁，在班上女生中年龄最大。"

和那个年代的很多有志青年一样，郭镇之的命运在1977年高考制度恢复之后改变了，在谈及这一段过往的时候，她平静的叙述中难掩感恩之情："我是很想上大学的，所以一旦真正能够读大学，就觉得真是幸运，非常珍惜这个机会"。如其所言，在日后人生道路上一次次的选择与被选

---

[*] 本文撰写于2011年。

择之间，郭镇之开始一点一滴地融入那个百业待兴的学术时代。

在关于如何走上新闻学之路的问题上，郭镇之坦言，读新闻系并不是有意选择的。当年还在云南人民出版社工作的她无意间看到《云南日报》上登出北京广播学院编采专业的招生目录，一心想选一个与编辑工作接近专业的她虽然最终如愿考取了北京广播学院，但直到进校之后才被告知已成为一位光荣的"新闻战士"。郭镇之说，"我对新闻不是特别懂。应该说当时对新闻也没有什么感觉，但是我们那个年代的人也不会自我设计，基本上就是'干一行爱一行，学一行钻一行'，这也是那个时代对我们的要求。所以，虽然一开头我对新闻没有什么认识，但是一旦进入之后，就很认真努力地学习"。

郭镇之继续聊道，"我的情况是非常特殊的，我本科没有读完，只读了一年半。因为1979年的时候有一个政策，可以选拔一些在校的优秀本科生提前攻读研究生，这个政策只实行了一年。我在赵玉明老师的推荐下继续在北京广播学院读了三年研究生，所以我没有本科学历，没有学士学位证。但是，我读研究生的时候，北京广播学院还没有获得硕士学位授予权，所以我虽然读书在广院，但最后拿到的是人大的硕士学位。所以说，我们当时处在一个非常特殊的阶段"。

的确如此，"文化大革命"十年中，中国的新闻学研究几乎停滞，直到1977年全国高等学校恢复统一招生制度，新闻教育与新闻科研机构才在社会大环境和新闻传播事业的元气恢复中逐渐步入正轨。但毕竟山河重整、百废待举，郭镇之所经历的这段求学之路也恰是那一段过渡时期的真实写照，历史背景与个人际遇的紧密关联就这样集中体现在了这位女学者的身上。但所幸的是，她其后的学术生涯又再一次地印证了共和国老一代新闻学人在学科建设与学术追求上的不懈努力，而她对自身经历的娓娓道来，又向我们展现了一个新时代的盎然生机。

1984年1月16日，国务院学位委员会下达第二批博士和硕士学位授予单位名单，新闻学首次被列为博士学位授予专业，中国人民大学新闻系和复旦大学新闻系分别获得授予权，并从1985年开始招生，首批博士生导师为甘惜分、方汉奇和王中。博士生培养的开始，标志着中国新闻学的日趋成熟，而郭镇之也正是在这一年秋季成为了新中国最早的一批新闻学博士生，并最终于1988年完成了那篇堪称中国电视史研究经典之作的博士论文。

郭镇之说,"八几年的时候,大家都在'下海',人家说博士又不挣钱,为什么要读博士?但我自己从来没有这样的想法,因为我就是喜欢读书,没有过犹豫,只不过过去没有机会,现在有机会读博士了,我当然会去读,就是这样"。

郭镇之的初衷纯粹且真挚,她几次提到自己对于机会的珍惜和对于读书的向往,但是在时代的变迁与命运的眷顾前,她又表现出了一种耐人寻味的淡定和从容。"那个时候只要好好读书,好好做,好好学,只要优秀,就会被选中,基本上就是被推着走。我当时功课应该说很好,在很多情况下都是被选中的。"而关于这段几次被"选中"的求学经历,郭镇之聊得最多的还是她的两位导师,一位是硕导赵玉明先生,一位是博导方汉奇先生。正是赵老师的知遇之恩让她有机会在北京广播学院度过了早期难忘的求学与执教生涯。而方先生的宽容鼓励,又支持着她在新闻史学的天地中展开羽翼,开辟了新的领地并迈向了新的高峰。

郭镇之谦虚地说,"我们那个时候是没的可选择,所以就一直往前走"。但是,谁又能否认,这种"一直往前走",不是一种令人敬重的选择呢?

历史与理论的两相观照

1988年,郭镇之来到中国社会科学院新闻研究所从事研究工作。也正是在这里,她接触到了刚刚传入中国不久的传播学,并且对历史研究与理论研究的两相观照有了进一步的思考。

"我觉得那段日子真的是特别值得怀念,有那么多时间,没有那么大压力地读书,我那些传播学的底子就是来自这个阶段看的好多英文书。中国社科院新闻所当时在全国是最早引进传播学的重镇之一,他们编写了一本传播学的简介,还翻译了一本施拉姆的《传播学》,而且最早的一个传播学学会也是在那儿设立的。"郭镇之说,正是在中国社科院的这段经历使她对传播学理论产生了兴趣,这也让她无意间走上了新闻传播学交叉学科的研究道路。

"中国的传播学研究应该说有了很大的进步。一说到传播学研究,好像主要是定性和定量两种方法。但也有一些误解。传统的定性方法主要指思辨研究,但传统方法缺少一点科学性、一致性、可验证性。而定量呢,现在有些研究又弄得过于技术化,没有思想,没有洞见。所以我觉得这是很大的问题,这两方面都需要改进。当然这需要一个过程。中国现在已经开始注重方法了,只是好像还不太会用。也就是说,我们还处在一个蹒跚学步的阶段。"

对于传播学,郭镇之曾经自谦地说自己只是一个介绍者,而并非研究者,在她认为理论研究需要与实践知行合一的主张下,其如下看法颇值深思:"我觉得我们现在讲的理论都是理论史,也就是介绍理论的发展,而真正做理论呢,应该要实地去做。比如说议程设置,你得把公众的议程和媒介的议程拿来做比较,其中媒介议程要去做内容分析,公众议程要去做民意调查,这才叫'做'理论研究。而我们现在真正从事理论发现的很少,很多学者实际上是做理论历史,我觉得这样的人只能叫介绍者,而不能叫理论家"。

郭镇之的这种看法与历史学家黄宗智所主张的"从经验证据到理论概念再到经验、实践的研究方法"中所透露出的对于理论的理解所见略同。作为一位清醒且负责任的学者,她看到了理论研究本身与现实关怀的深切相关性,并时刻警惕着拾人牙慧、有史无论的学术藩篱。而郭镇之这种对于理论研究的见解,也同样投射到了她对历史研究的思索之中。

"当年做硕士论文的时候,我学会了怎样去钻头觅缝地找资料,而做博士论文的时候,我实际上学会了对史料的批判性使用,也就是说,我学会了用一种自己的话语来建构我认为的电视史。"正如郭镇之所言,没有经验,何来理论,这便是"论从史出"的价值与意义。然而,倘若只有经验而没有理论,则又将陷入另一种碎片化的局限,为此,郭镇之专门以编年史的梳理为例,谈了自己的看法:"比如我们做编年史,现在可靠的、重点突出的编年史很少,有些单位的年鉴只是大量没有用的东西的堆砌。编年史不是不需要,但编年史不是流水账,它需要一个历史学家的眼光,你看孔子作《春秋》,他也不是事无巨细,而是有眼光、有选择的"。

在这个基础上,郭镇之还就史论研究的方法做了进一步的经验之谈:"史料的搜集、史料的整理、史料的印证、史料的批判实际上都是需要做的,作为一个历史研究者,其实各个方面的能力都应该培养,因为它们都是在历史研究中不可或缺的。我现在对于那种要求你一开始就拿出一个理论框架来的做法,非常不以为然。你一开头可能只带着一个朦胧的目标去接触资料,然后在接触资料的过程中,目标才越来越清晰,然后你会去掉一些东西,或者发现资料不够,总之资料和观点在你的研究问题中将是一个互动的过程,直到最终明确"。

关于这个话题,郭镇之最后语重心长地说:"关键在于,做史论研究既需要考证具体的史实,也需要带着批判性的眼光。我始终希望历史能够给人一种感情上的寄托,也相信历史是可以给人一种认知上的提升的"。

国际视野与中国关怀的结合

除了北京广播学院、中国社科院新闻所、中国人民大学等几个阶段对郭镇之的学术思想产生了重要影响之外,还有一些经历给她提供了宝贵的精神财富,那就是90年代中期她先后到加拿大、美国等名校的访学。这些经历不仅直接为郭镇之提供了国际视野的真实参照,也让她对如何吸收西方先进思想,并结合中国具体国情而最终为我所用的问题,作出了精辟的阐述。

郭镇之毫不避讳当年自己对于前往主流发达国家求学深造的强烈愿望,也谈及了1994年她从新闻所又回到北京广播学院任教也与此不无关联的渊源:"我觉得学术想要上台阶,还是要出国。当年中国社科院因为政治运动的原因,出国的名额都归到教委,并且分到的名额大都不是在主流的国家。后来北京广播学院答应我说,一定让我去美国,所以1994年的时候我就被上任不久的刘继南院长引进过去了"。

郭镇之继续说道,"我1994年回到广院,1995年先去了加拿大,1996年又到了美国。去加拿大和美国都是在新闻系,加拿大的新闻系比较注重实务,操作性很强,美国的新闻系则侧重理论。在加拿大,康科迪亚大学(Concordia University)是我的 host institution,我在那里主要是研究公共广播电视。然后到了美国,在得克萨斯大学奥斯汀分校(University of Texas at Austin)McCombs(笔者注:Dr. Maxwell E. McCombs,议程设置理论奠基人,该校新闻学院教授)那个地方做传播理论的研究。McCombs 实际上不是我的导师,他说只是我的 academic liaison,也就是学术联系人,当然他也是谦虚。我在去之前都不知道他是一位国际知名的学者,对于他和议程设置的关系也不甚了了,主要因为我记不住外国人名。去到那边之后人家说,你怎么联系到了这么一个大牌教授,我说我不知道,是 Severin(笔者注:Dr. Werner J. Severin,美国著名传播学者,其

《传播理论：起源、方法与应用》一书于1999年由郭镇之等完成中文版翻译）介绍的，所以我真的很感谢他们，也觉得自己确实很 lucky"。

正是在这些国际水准的名师名校的熏陶下，郭镇之渐渐有了不同寻常的开阔视野与更胜先前的中国关怀。"我在国外的时候，因为穿得很朴素，一看就是大陆来的。但我还是很自信，因为我觉得我们跟西方人是平等的。但是，西方的理论确实比我们发展在先，所以我们还应该积极地去学习，只是积极学习不等于顶礼膜拜，而是说，学完了之后要懂得为我所用。国际的视野、国际的经验确实会给我们提供很多的参照系，它可以改进我们的观念，扩展我们的视野，让我们看问题看到更多的方面。但毕竟学是为了要用，我们还是要带着中国的关怀、中国的问题去看中国的事儿，并且在用的过程中来鉴别这些理论是不是真正地适合中国，是不是真正地好。我们一方面要有一个开放的心态，另一方面，又要在接纳的过程中伴随着批判的判断。毕竟我们是中国人嘛，最终要解决的还是中国的问题。国外的东西究竟好不好，要看这把枪到底能不能击中中国的靶子。这是我自己的一个体会。"

在谈及这些问题的时候，郭镇之谦虚地说到对普遍道理她可能谈不清，只能说说自己的体会，但正是这些来自切身感受的肺腑之言，流露出了中国学者身上质朴却深沉的考量与忧思：这其中，既有对理论学习的关注，又有对落实实践的重视；既有乐观接纳的姿态，又有理智审慎的警惕；既有不卑不亢的风骨，又有虚怀若谷的谦逊；既有对于先进文化的执着向往，又有对于家国使命的热切担当。一流的学者总是兼具不着痕迹的纯熟、睿智、自尊与悲悯，而这一切在郭镇之的身上都恰到好处的交汇凝聚着。

事业坚守与平台流转的补益

从1978年进入新闻学的大门，到如今学高身正桃李天下，郭镇之先后在北京广播学院、中国人民大学、中国社科院新闻研究所和清华大学之间求学任教，几经辗转，其间虽然不乏波折，但她对自己事业的追求却看得很清楚，并且甘愿为之守护航向。她回忆道，"我记得当年读鲁迅，他在《给一个年轻人写的信》里面说，要想酿造好的蜂蜜，就不应该盯住一个地方，你必须像蜜蜂一样采集各种的花粉，这样酿出来的蜂蜜才会好。我觉得，我所在的这几个单位实际上给了我不同的学术影响，并且大多是积极的"。

"北京广播学院应该是起步的一个地方，我觉得在那里，人际关系是非常亲密的，我是很受照顾的那种情况。但最主要的是，北京广播学院使我从对新闻毫无感觉或者说毫无理性认识的这么一个人到真正进入了这个领域。人大呢，因为读博的时候我已经成家了，没有住在学校，所以，除了跟方老师有一些接触，跟其他老师接触得很少，我一直觉得有点遗憾，没有好好体验80年代的大学校园生活。但是在人大的时候，我看了一些历史学的书，因为当时新闻史的书很少，而历史又是一个比较老的学科，所以那会儿看了一些史学史啊、史学理论啊、历史撰述啊这样的书，实际上对我后来做研究起了很大的作用。社科院呢，对我在传播理论上的兴趣有个引导。另外，那个地方很平等，我记得当时大家互相叫起来都是'陈力丹''郭镇之''卜卫'，就都是这样，非常平等的关系，也相对单纯，那是一个比较好的学术环境。我在社科院待了6年，然后1994年又被拉回广院，2004年的时候到清华。那个时候对清华有一种情结，觉得清华可能是一个很严谨、很正派、很精英的地方，跟我的特点应该比较接近，所以我觉得可能比较合适。"

郭镇之总结起来说道，"其实各个单位都有各个单位的优点和不足，总体上就靠你善于运用吧，扬长避短，用好这些特点。反正多跑几个地方，你就会发现每一个地方都会给你不同的影响，而且这个影响通常还是会有很多积极意义的。有些人说，在高校工作就是因为高校可以混日子，但我觉得大家都是过一生，为什么不过得更有意义一些呢，对吧？所以，我鼓励年轻的学生多流动，吸收到更多的文化营养"。

尽管言谈间郭镇之也偶尔调侃着自己的书生气，但明显的是，她这种对于事业心的坚守与执着是不弃不悔的。她还不无郑重地谈道，"我所理解的事业不仅是一个工作而已，而是一个能够寄托你的理想、寄托你的感情，能够实现你的价值、实现你生活意义的这么一份工作。我所说的事业心也是要真正出于热爱而去从事工作，一方面不能没有热爱，另一方面也不能是因为急功近利的目的而去做这些。只有真的是喜欢做学问，真的是热爱新闻传播的研究，又真的是很努力地去做，我觉得才能够做得好。如果你并不喜欢，那么肯定是不容易做好的，或者你即便是很喜欢，但是很功利，做出来也会是非常使劲儿的样子。我觉得女学者还是可以做得更从容一些吧"。

　　这便是郭镇之回首自己三十余载为事业奔忙的初衷。从当初那个无意间走进新闻学大门的女大学生到如今众人仰慕的新闻学大家，郭镇之把干一行爱一行的时代使命化作了内心深处对于事业的敬重与倾注。无论是坚守还是流转，她珍惜并且争取着每一个学习的机会，并善意地解读着每一段人生际遇。几十年的学术征程涵养了郭镇之大气坚毅的学术品格，让她为共和国新闻学建设挥毫泼墨添砖垒瓦的同时，也为这座百花齐放的学术家园贡献了一份难能可贵的真挚与从容。

【郭镇之简介】

　　郭镇之，1951年生于江苏省镇江市，籍贯江西省吉安市，清华大学新闻与传播学院教授、博士生导师。曾在北京读小学，后移居云南省昆明市。1995年作为"中国—加拿大学者交流项目"的访问学者，到加拿大魁北克省蒙特利尔市的康科迪亚（Concordia）大学新闻系和传播研究系做研究8个月，回国后主要讲授关于广播电视史、外国广播电视及传播理论内容的课程，侧重研究新闻传播学。代表作《中国电视史》，为博士论文的修订文本，1991年由中国人民大学出版社出版，1993年获中国社会科学院新闻研究所建所15周年学术评选学术专著一等奖。该书修订本加入少量插图，列入文化艺术出版社《小艺术简史丛书》，于1997年出版，1999年该书获中国广播电视学会第三届广播电视学术著作评选二等奖。

刘家林：做学术要有大理想[*]

著书立说成一家之言，这是刘家林的事业理想。这位生于50年代初期的农家子弟，穷不坠青云之志，达不隐书生本色，青灯黄卷，以梦为马，将考镜源流、自成一家作为矢志不渝的抱负，抒写了无悔的岁月人生。回忆往昔，刘家林虽嬉笑怒骂、臧否分明，却毫无怨尤、坦荡从容。他从那个倔强叛逆的寒门少年开始，道出了半生相随的性情与信念。不囿现状的灵动，嗜书如痴的执着，行事一力承当，为学心存敬畏，从流连忘返于图书馆的工农兵学员，到焚膏继晷的中文系教师，他继承了荆楚大地的才情与坚韧；从受教于中国人民大学新闻史师资进修班的青涩后生，到潜心南粤淹治通史的中国新闻史学界知名学者，刘家林在矢志不渝的勤勉中，将耐得住寂寞的毅力化作了守得住繁华的惊艳。

"选择决定命运，选择决定前途，选择决定成败，我们这代人都是胸怀壮志的，我们创造了历史，不负于我们的一生。"安贫乐道却又豪情万丈，刘家林用非凡的定力与专注的耕耘讲述了人生故事的无怨无愧。

"我没有虚度人生"

"我生在湖北农村，父母都是农民，家境比较贫寒，我是家里最小的孩子，上面还有一位大我15岁的大哥，其他的兄弟姊妹都夭折了。从小人家就叫我'读书种子'，小学的时候我还跳过一级。12岁那年，我考上了武昌一中，还当上了班级的学习委员。"刘家林快人快语，回忆就从读书生涯开始。

"湖北省有三所非常有名的中学，一个是黄冈中学，一个是咸宁高

---
[*] 本文撰写于2016年。

中,还有一个就是武昌一中。学校距离武汉市区不远,在当时的武昌县纸坊镇。初中第二年,'文化大革命'就开始了,不过县城里没有那么狂热。1968年,我初中毕业后就回乡了,在武昌县范湖中学念高中,那是一块平原地区,旁边有一条金水河,很好的地方。受'文化大革命'的影响,高中学得不是很规整,但还不像许多人说的那么混乱,我也没有怎么被耽搁。"刘家林回忆道,"1971年高中毕业后,我在家乡的余林学校教了一年多语文。结果1972年国家又开始招收工农兵学员,我就去参加了考试,据说最早是要把我分到华东农学院,后来看我考试的文章写得不错,就把我留在了武汉大学中文系"。刘家林坦言,"我19岁上大学,'文化大革命'对我没有什么太大的影响。那时候也是出了许多杰出人才的,像西北大学中文系的贾平凹,北京大学中文系新闻专业的陈力丹,都是'文化大革命'时期的工农兵学员"。

记忆会影响人的爱恨,刘家林审慎地用真实的个体经验力证着某些"主流"历史叙事中无法令其认同的判断。对于国家和时代的步履维艰,他不仅极力维护着自己的感官与理解,这份坚持甚至还潜移默化地影响了他书写历史的抱负与决心。"所以我将来要好好写一部历史,全面客观地反映那个时代。现在很多历史都被颠倒歪曲了,包括对毛泽东泼脏水。新中国一直在不断地探索试错,没有前三十年的摸爬滚打,后三十年哪能发展得那么快。包括我个人,我也没有被耽误。"

可以理解的是,刘家林的这番独白有着对自己个体记忆的坦诚与尊重,而这期间,武汉大学无忧无扰的书海生涯无疑对刘家林产生了至深至远的影响。"大学的那三年,我学得很刻苦,也很充实。2013年,武汉大学新闻与传播学院庆祝三十年华诞,我作为武大新闻教育的创办人之一被采访,当时我用三句话概括了我与武大的感情",刘家林记忆犹新,"第一句话是印度诗人泰戈尔的诗句:天空没有留下翅膀的痕迹,但我已飞过。第二句话是汪峰《北京北京》歌曲里的歌词:我在这里欢笑,我在这里哭泣,我在这里寻找,我在这里失去。第三句话是阿根廷诗人博尔赫斯的名句:我常常暗想,如果真有天堂,那应该是图书馆的模样"。刘家林解释道,"之所以这样说,是因为我、我太太、我女儿,我们一家三口都是武汉大学毕业的。我在这里工作了几十年了啊,以前对它是爱恨交加,但我现在对它只有爱没有恨",刘家林笑道。"我一辈子都对图书馆很感兴趣,从南看到北,我看的东西很多。早期都是看文史方面的,搞古代汉语、古典文学就一定要把文言文搞好，所以我拼命在这方面下功夫。"他不禁感慨，"武汉大学的学风很扎实。那时候图书馆员是一位老先生，他对我很好，很大的书库里面放了一张桌子、一盏台灯、一把凳子，就为了我，我非常感动啊。武汉的夏天热得简直受不了，图书馆只有一个小电扇，有一次老先生让我在里面看书，走的时候他把我忘记了，反锁在书库里，直到中午回来的时候才发现了我，我已经热得受不了了，但是心里面很快活"。刘家林叹道，"那时候并不像人们所说的那么压抑，风景如画的珞珈山，烟波浩渺的东湖，美极了。我们穷得快活，也从来没有因为穷而感到可耻，就是觉得一切都会改变。所以说，武汉大学的学风和传统对我影响很大"。

埋头苦读的刘家林，大学二年级的时候就在《光明日报》发表了一篇文章，他兴致盎然地回忆起了这段过往，不由得提起了当年那份潜藏在心中的梦想。"我19岁的时候就在《光明日报》发表了一篇文章，那是很大的荣誉了。我当时的发表欲很强，潜滋暗长地想成名成家。早期我是想学写作的，包括写剧本、写小说、写楚剧。武汉大学很注重实践能力，也培养出了很多有名的作家，我以前看过很多小说，很崇拜那些作家，一直都有作家梦。"

无论是金水河畔踽踽独行的中学时代，还是珞珈山麓寒窗苦读的大学生涯，刘家林都直言没有虚度。"我上学的时候，读了大量的书，特别是在武汉大学期间，一天到晚埋头于图书馆，对图书馆有很深的感情啊。可以说，整个'文化大革命'期间我没有耽搁，没有虚度此生。"

"著书立说自成一家是我从小的理想"

1975年，面临大学毕业的刘家林迎来了命运的转折。"我们没有选择，都是分配工作。我当时想到中央人民广播电台，但是没有被分过去。学校觉得我这个孩子不错，搞学问能坐得下来，另外他们说我年龄小，有可塑性，所以尽管我其实不太愿意，书记还是找我谈话，问我留校怎么样。"刘家林坦言当年很羡慕班里被分配到中央人民广播电台的那十几名同学，"我们四五个留校的同学想到将来就是教书的老夫子了，心里面很泄气"，他笑称。

然而，令刘家林倍感挫折的，除了职业的分配，还有其后专业的安排。"留校后我是想搞古典文学的，恢复高考后国内第一次研究生考试我就报考了武汉大学古典文学方向，可是初试通过后，学校就不让我参加复试了，因为古代汉语教研室缺人，他们想让我搞古代汉语。"说到这里，刘家林颇感无奈，"我后来就参与编写了《汉语大字典》"。1975年，为改变我国辞书出版落后的状况，国家出版局制定了一个全国辞书编纂规划，决定出版150余种辞书，而这其中规模最大、最难编写的就包括刘家林所提及的这部《汉语大字典》。"那部《汉语大字典》有八卷本，很大部头，是国家重要的文化工程，那上面也有我的名字。从1975年到1983年，我一天到晚在翻查书、找例句、编解释，经历了非常规范严格的学科训练。虽然一开始很枯燥，慢慢也很喜欢了。编了八年字典，打下了很好的古文基础，这对我后来研究古代报刊史都是有好处的。"

"1983年以后我就转到新闻学了。那时候全国的新闻教育青黄不接，但是大量的新闻媒体需要人才。当时武大校长刘道玉从中央开会回来后表示，要发展新闻教育，培养新闻人才。"正如刘家林所言，1983年是中国新闻教育发展史上意义重大的一年，在中宣部和教育部联合召开的新中国成立以来第一次全国新闻教育工作座谈会之后，国家出现了兴办新闻教育的热潮。同年，中宣部委托中国人民大学开办了"新闻理论"和"中国新闻事业史"两个为期一年的师资进修班，为16所高等院校培养新闻教育的后备师资力量。正是在这一背景之下，伴随着武汉大学新闻教育序幕的拉开，刘家林的学术人生再次迎来了转折。

"1983年武汉大学新闻系草创的时候，只有一位中文系的老同志牵头，他叫吴高福。他跟我关系蛮好，说正在组建新闻系，问我愿不愿意过来。"刘家林说，"我当时考虑，这是个新学科，学中文的光搞中文也不一定好。我一辈子都喜欢看报纸，也喜欢听广播，对新闻工作一直蛮崇拜，对新闻史更感兴趣，就觉得教新闻也蛮好"。很快，在吴高福询问其是否愿意参加中国人民大学办的师资进修班时，刘家林立刻同意了。"当时我家女儿刚出生不久，才两岁多一点，我老婆一个人在家带孩子，很不容易。我克服困难，九月份还是去了北京。"而正是这个决定，改变了刘家林的学术轨迹，直到现在。

"当时我们新闻史一个班只有八个人，年龄悬殊很大，老大是白润生，老二是乔云霞，我算小的，我和白润生同睡一间宿舍。"为期一年的进修班，无疑给刘家林带来了极深的影响，直到三十多年后的今天，他在回忆起这段经历时，依旧满怀情感。"当时中国人民大学很重视我们这个班，每个星期天都组织我们坐汽车到外面去采风。每个学员会发一个牛皮纸袋，里面放一个咸鸭蛋、一个面包，还有一个玻璃瓶的汽水，在当时的条件下，这说明对我们非常重视啊。八达岭、清西陵，我们都去过。方汉奇老师跟我们很有感情啊，那时候相机很少见，方老师不知道从哪里搞来一个照相机，还鞍前马后地为我们拍照片。"刘家林回忆，"那时候给我们上课的还有赵玉明老师，我记得他当时比现在胖，寒冬腊月赶来的时候，满头大汗。还有张隆栋老师给我们讲外国新闻史，他讲课不正对着同学，而是对着旁边讲，蛮有意思的"，刘家林笑道。

"1984年回来后我就开始搞新闻史了。我一辈子不喜欢随大流，喜欢单枪匹马。一个人搞出中国新闻通史的，我是第一个，我想历史会自有公认的。"1995年，刘家林倾力完成的上下本《中国新闻通史》由武汉大学出版社出版，这也是新中国历史上第一部由个人完成的新闻通史。"那时候方老师的三卷本通史还没有出，1995年我那本是最早的，有六七十万字。后来武汉大学出版社再版了八次，2005年又出了修订版。在此基础上，2012年又改名为《中国新闻史》再次出版。"不仅如此，刘家林再次凭一人之力，耗十年之功完成的120万字上下卷《新中国新闻传播60年长编》于2010年告竣杀青，他在后记中用"身心俱疲，如释重负"总结了这十年的心路艰辛。刘家林坦言，"《长编》应该是《中国新闻史》的接轨之作，把这两部书接续起来，就成名副其实的《中国新闻通史》了。《长编》出版后，获得了教育部第六届高等学校科学研究优秀成果奖人文社会科学类二等奖、第二届中国大学出版社图书奖优秀学术著作一等奖、广东省首届南岳出版奖一等奖等奖项。不管人家瞧不瞧得起，这些都证明了它的价值所在"。鉴于刘家林在新闻传播教育研究领域的杰出贡献，广东省新闻工作者协会还于2011年向他颁发了第九届广东新闻"金钟奖"，用这项广东新闻界的最高荣誉表达了对刘家林忘我治学精神的崇高敬意。

笔耕不辍的背后，是刘家林不忘初心的志向。"一辈子只教书有什么意思啊，在大学里就要著书立说成一家之言，这是我从小的理想。我不羡慕当官的，也不羡慕有钱的，学习到老，写作到老，奋斗到老，这就是我的生活方式，也是我的人生理念。在学术上最重要的就是要有大的理想，要有学术野心，安贫乐道死而无憾。"

"我们要在中国南方做一番事业"

"从1972年到1997年,我在武大学习工作了25年,之后就到广州来了,在暨南大学工作了18年,我人生最好的时期就在这两个地方度过了。"1997年,43岁的刘家林举家迁往广州,开始了他学术人生的第二个阶段。谈及这其中的缘由,他这样说道,"武汉的书看得差不多了,图书馆的资料有限,经费也太少了。南方人的思路要活一些,另外这里的工资待遇要比武汉高好几倍,气候也不错。一直到现在,我都说广州是我的第二故乡"。

"我调过来后不久,蔡铭泽也从广州师范学院过来了。我们就商量要搞博士点,要搞国家实验室,还要挖人才。当时暨南大学的校长是中国工程院院士刘人怀,他很有眼光啊。我记得他有一次拍着我的肩膀说:'家林老师啊,这个系就拜托你们了,你们把它好好搞,出了问题算我的!我们这个地方很苦,但是我们要在中国南方做一番事业。'你看他说得多好啊!"正如刘家林所言,在刘人怀校长的大力支持下,暨南大学新闻教育自90年代末期迎来了一个飞速发展的阶段,不仅在短时间内汇聚了一批优秀的新闻教育人才,并且在学科建设上百尺竿头突飞猛进,先后于2006年成功获批新闻学博士学位授予权,于2007年获准建立新闻传播学博士后科研流动站,于2008年获评国家级实验教学示范中心……而兴办学院、干事创业的背后,刘家林却依旧没有放下学者的本色。

"从2000年3月到2011年3月,我先是担任了新闻系副主任,后面又是新闻与传播学院党委书记兼新闻系主任、副院长,白天有很多行政工作,但是我一直没有间断自己的学术研究。我们农家子弟很吃得苦。"白天开会,晚上通宵,成为了那段时间刘家林的生活常态,2011年在暨南大学为刘家林举办的《新中国新闻与传播60年长编》研讨会上,女儿刘佩也谈及父亲为了完成这部长篇巨著总是趁夜晚忙里偷闲专心治学的场景。刘家林说,"没有办法啦,我只能在晚上下功夫。我喜欢锻炼,身体好,经常工作到半夜两三点。我总说'生前少睡,死后长眠',说老实话,我确实是很刻苦的"。他坦言,"我现在活着不是为了得到什么实惠,我是在追求信念。人啊,是要有点追求的,有人说很苦,可一辈子搞我喜欢的工作,有什么苦的呢?"

说到下一步的研究计划，刘家林兴致盎然，"我现在还有点野心啊。粤港地区是中国新闻事业的发源地，我要把广东的新闻史写出来。我还是一个人搞，因为团队力量很复杂。我先从当代开始"。刘家林聊道，"我前段时间去图书馆查阅《南方日报》《广州日报》《羊城晚报》的创刊号，只能看到影印本。我就跟管资料的负责人提出要看原件，他说影印本把过去的破旧报纸处理得又好看又干净，何必非要看原件，没见过我这样的怪人"。他解释道，"我坚持要看原件，是因为我要亲手摸一摸，看看当时用的什么纸张，印的是什么样的油墨，选的是多大的开本，编的材料齐不齐，广告呈现是什么样子。你把它处理得干干净净，就不是以前的原汁原味了。我研究报纸是很认真也很麻烦的，要把当代报刊史搞得很清楚，也不容易啊"。

年逾六旬的刘家林依旧思维敏捷，语速急快，行为灵动，更难能可贵的是，他身上还有着丝毫不逊于年轻人的朝气与激情。"我是2012年评上的博导，听从党的召唤，应该是65岁退休，我还在岗。我每天都在锻炼身体，我还有事要做，我要活下去。"回顾过去的岁月，刘家林坦然且自信，"我在学术上是很贪婪的，总是不满足。我到这个世界上来，一辈子总要留下点东西。我们这代人很刻苦，很勤奋，有非常坚定的信念，有非凡的毅力和开阔的眼界。为天地立心，为生民立命，为往圣继绝学，为万世开太平，这份士大夫精神就是我们的追求。对国家充满爱，不负于自己的一生，我们能做的一定都会做到"。

"我以方汉奇老师为我的榜样"

令人感到意味深长的是，在刘家林的回忆中被提及最多的人，就是中国人民大学的方汉奇教授。

"萧军以前这么比喻过自己和鲁迅的关系，他说'我就像一缸豆浆，鲁迅先生就像卤水，他点了几滴卤水，我就慢慢变成了豆腐'。方老师对我们也是一样，他就是卤水，点化了我们，他对我们的影响很大啊"，说到这里，刘家林竟眼眶红润，片刻凝噎。"为什么他能对我们产生这么大的影响，这个说来话长。"刘家林对方汉奇先生的这份感恩之情可谓发自肺腑，对他来说，方汉奇既是引领他走进新闻学殿堂的启蒙导师，又是手把手教给他基本功的授业师傅，更是学高身正、以德服人的精神伯乐。

"方老师的成就是大家有目共睹的,在人大进修的时候,每次上课我们都要跟方老师学点东西,他做学问很扎实,课也讲得清清楚楚。他告诉我们,一堂课四十五分钟要写至少四千字的讲稿,两堂课就最好写一万字。讲课要学手艺人'宽打窄用',讲稿多写一点,课前下功夫做准备,一上台后不能紧张,要有自信。他还提醒我讲话不能太快,说'铁冷了不能打,话冷了可以说'。这些话可能都是他随便偶然说出来的,但是都在我心里扎下了根。"刘家林记忆犹新,"在人大进修的那一年多时间里,我们一天到晚都在一起,方老师的板书,他做的卡片,他的古文修养,他的眼界,他的知识,他刻苦的精神,我们都在暗中向他学习。说句玩笑话,我谁都不怕,就怕方老师。好的老师就是有这么大的感召力啊,人格的感召力,学术的感召力!所以就像萧军说的那样,如果没有鲁迅的点化,他还是一团乌糟糟的豆浆。方老师对我也是一样,正是因为他,我才慢慢变成得方方正正、有模有样"。

刘家林用"与人为善,成人之美"来概括方汉奇先生的人格魅力。"从小我的爸爸妈妈就总说我不行,没有给我很好的心理引导,方老师就不是这样,他总是鼓励我们。有一次我跟他一起开会,他当着所有人的面说'做学问就要像刘家林这样',当时还有一些海外学者在场,我真是不好意思。"刘家林不无感恩地回忆道,"1989年我最早的那本《中国新闻史漫话》出来的时候,请方老师给我题写书名,他横着写一遍又竖着写一遍供我挑选,还谦虚地说自己的字写得不好。我这辈子就是还没有请方老师给我写过序言,我将来一定要下点功夫写出一本好书来"。

而除了方汉奇先生,还有一位令刘家林诚意敬服的,就是中央民族大学的白润生教授。"白润生说起来是我的同学,也是我的老大哥和老师。1983年在中国人民大学进修的时候,我和他同住一间宿舍,他大我14岁,我记得当时方老师叫他'白老师',叫我就是'刘家林'",他笑道,"白润生为人忠厚,很谦虚,很刻苦,很勤奋,文章也写得不错。他曾经跟我说自己一生很曲折,我和他一样,都是穷人家的孩子,我们这辈子都不顺,但也是大顺。2014年他新出了一本《守护好我们的精神家园》,我看后直落泪,很感动啊。白润生虽然是老人,但写文章的笔调完全不同,我们在一起进修的时候他就已经出过书了,当时很羡慕他。直到现在,我都是以方老师,以白润生为我的榜样"。

无论是方汉奇还是白润生,让刘家林由衷敬佩的,是他们高尚的人格与扎实的学风以及淡泊的追求与刻苦的精神，而这份惺惺相惜的认同也恰恰是刘家林自身精神特质的写照。刘家林说，他在 80 年代初期曾经做过一段时间的校长秘书，而仅仅几个月后他便直言拒绝了这份在许多年轻人看来求之不得的工作，理由只有简单的一句——"这不是我的人生"。寡欲专注不求闻达，淡泊名利不改初衷，他得到的恰恰是人生的至大至刚。

【刘家林简介】

刘家林，1953 年 9 月出生，湖北武昌（现为江夏）人，暨南大学新闻与传播学院教授、博士生导师。1975 年毕业于武汉大学中文系并留校任教。1975 年至 1997 年，先后在武汉大学中文系古代汉语教研室、新闻系史论教研室工作。1997 年 7 月正式调入暨南大学任教。2000 年 3 月至 2011 年 3 月，曾任暨南大学新闻系副主任、新闻与传播学院党委书记兼新闻系主任、副院长等职。2014 年至 2019 年任中国新闻史学会副会长。

主要研究方向为中国古代汉语、中国新闻传播史、中外广告史等。先后发表学术论文 30 余篇，独著有《中国新闻史》《新中国新闻传播 60 年长编（1949—2009）》（上下）、《中国新闻通史（修订版）》《新编中外广告通史》《中国新闻通史》（上下）、《中国新闻史漫话》等。参编有《成舍我新闻学术论集》（上下）、《中国新闻事业史新编》《中国新闻史教学大纲》等。合译有林语堂著《中国新闻舆论史》等。

孟建：寻求超学科临界点的突破[*]

"身在江湖却每每心存魏阙"，这是李泽厚对中国历代知识分子极为复杂心态入木三分的描摹，儒家的入世进取与道家的出世退避形成了对立的互补，并且在知识分子们的观念、情感与行为中带来了某种微妙的牵引，甚至演变成一对耐人寻味的矛盾。对于曾兼具社会公职与高校学者双重身份的孟建而言，他坦陈深有同感。这位新中国恢复高考后的第一届大学生，在时代变迁的洪流中，经历了从城市到农村，从农村到工厂，从工厂到校园，从校园到机关，而后又从机关返回高校的辗转轨迹。他把自己经历过的坎坷磨难转化为义不容辞的学术责任，把急流勇退的人生抉择解释为从心所欲的学术自觉，把透彻深刻的洞鉴能力比喻为水到渠成的学术领悟，把创新求变的研究风格升华为经世致用的学术追求。在谈及自己学术人生起点的时候，孟建仿佛是不假思索地用了这样一句话来开启："在中国，即便到了现在，我始终相信教育改变命运"。

"教育改变命运"

1954年7月，孟建出生于江苏省常州市，祖籍山东省泰安市东平县。孟建的父母是曾在抗日军政大学接受过教育的领导干部，家中还有两位姐姐和两位哥哥。1966年，孟建完成了小学学业，而旋即开始的"文化大革命"却突然间改变了这位少年的命运。"1968年我作为'黑崽子'随父母下放农村，当年毛泽东有一个'五七指示'，要求干部去接受劳动改造，于是建了很多五七干校，我们当时去的是常州市办在江苏宜兴山区的五七干校。我印象很深，由于我那时才14岁，让我在干校的伙房里干活，

---

[*] 本文撰写于2014年。

做一些给劳改的干部烧茶送水等事情。非常有意思的是，现在大麦茶都成为一种时髦的韩日饮品了，实际上当年五七干校的干部们就是喝这种用熟透晒干的麦子炒出来冲泡的茶水。"孟建继续说道，"那是一个文化荒蛮的年代，我们家里五个兄弟姐妹，连最小的我都下农村了，哥哥姐姐们当然都没有逃过这场厄运。但是我的大姐对我影响很大，她是老大学生，她坚持主张要我不放弃学习，她说不受教育是不行的"。

1969 年年底，15 岁的孟建回到常州，好不容易进了工厂（笔者注：因为家中哥姐都当了知青，离开父母去了外地，孟建就算在政策之内可以考虑进工厂的人），成为了一名电机厂的工人。由于父母受到冲击和审查，在工厂的八年间，孟建尝遍了各种最苦最累的工种。"记得刚进工厂时拿的是 14 块钱的学徒工资，因为要三班倒，我就花了 13 块 9 毛钱去买了个南京市产的紫金山牌闹钟。至今，这个闹钟还作为纪念留在家里"，孟建回忆道。"在工厂的时候，也许是因为我的家庭背景，特别是受我大姐的影响，我总觉得要坚持学习。受毛泽东的'721 指示精神'[①] 鼓舞，那个年代的许多工厂都纷纷开办了类似于现在的职高或中技的业余学校，为单位培养技术人才。我报名参加了'721 大学'，那时候没有人重视学习，只要愿意就可以去，学校是很破的房子，但开课不久就几乎没人去了。但是我们那时的老师非常好，因为他们都受过苦，都知道知识的重要，说只要有人愿意听，就一直讲下去。就是那样学了一段时间后，正好高考来了。"

1977 年 9 月，教育部在北京召开全国高等学校招生工作会议，决定恢复中断十年的高考制度，以统一考试、择优录取的方式选拔人才上大学。然而这项政策的落实却令孟建与家人陷入了纠结的矛盾。"我们那个年代进了工厂就像是到了天堂，所以父母劝我别折腾了，说他们受了这么多苦才看到我进了工厂，别人想进都进不了。但是我姐姐、哥哥都支持我参加高考。他们千方百计地找一些书给我看，让我总觉得应该继续求学。'教育改变命运'，这句话还是特别重要的。"

[①] 指 1968 年 7 月 21 日毛泽东在《人民日报》关于《从上海机床厂看培养工程技术人员的道路（调查报告）》的编者按清样中加写的一段话，即："大学还是要办的，我这里主要说的是理工科大学还要办，但学制要缩短，教育要革命，要无产阶级政治挂帅，走上海机床厂从工人中培养技术人员的道路。要从有实践经验的工人农民中间选拔学生，到学校学几年以后，又回到生产实践中去。"

正是在这样的背景下,孟建成为了1977年中国570万高考大军中的一员,并最终以优异的成绩被南京师范学院(现南京师范大学)中文系录取。他坦言,"填师范的主要原因是家里没有钱,父母都落难了,经济状况很差,师范学院是不用交钱的。后来媒体报道了我们那届高考的名单和录取分数,我才知道原来我考取一流大学是绝对没有问题的,但是出于各种原因我不敢报,志愿报了也没办法更改。南京师范学院中文系是我的第一志愿,就这样我开始了大学生活"。

时至今日再回忆起那段曲折的过往,孟建的言谈间依旧充盈着复杂的情感,"我实际上就是小学毕业,没上过中学,那时候肯定不知道还能恢复高考,不知道时代会发生这么大的变化,唯一认准的理就是要读书、要有知识。我在工厂时接触过一些宣传活动,出黑板报、写文章,我姐姐觉得我文章写得不错,所以建议我选择中文专业。我通过姐姐给我找来的书自学,并且经常向工厂周围的高中生、大学生主动求教,再加上在'721大学'参加短期培训打下的基础,最终考取了大学。但读上大学之后,我虽然知道会改变命运,可这个命运究竟会改变多少,自己心里并没有底,因为当时整个社会还没有完全形成一个崇尚知识的氛围。只是对我来说,我通过自己的努力实现了一个目标,那种心情肯定还是不言而喻非常高兴的"。

"创新是我贯穿始终的追求"

带着这种发自内心的欣喜之情,24岁的孟建踏上了另一段人生旅程。1978年的中国正在改革开放的春风中探头探脑地求新求变,而孟建贯穿始终的"不甘守陈"的创新意识也在这个时候开始了锋芒初露。

"上大学时,一方面受老师的影响很大;另一方面,由于十年没有高考,我的很多同学大都是四十年代、五十年代生人,他们的思想比较成熟;再加上我自己也有经历、有思想,所以在求学的过程中,我选择了电影这个电子媒体作为自己的关注领域。正好那个时候也有一个背景,高校主张引进一些新兴的艺术形式,所以我的本科毕业论文题目就是《论电影的节奏》。就这一点来说,在我的绝大多数同学都将研究注意力放在文学领域进行学习和研究的时候,我的另类色彩是很浓的。"孟建毫不讳言,"我也因此受过别人的嘲笑,所以我下决心要在新的领域中有所成就、有所建树，只有这样才不会被人诟病"。功夫不负有心人，孟建在大学三年级的时候就在国内电影理论权威期刊《电影艺术》以及《人民日报》等重要媒体上发表了文章，引起了老师和同学们的关注和敬服。对此，孟建坚定表态，"创新是我贯穿始终的追求"。

1982年，孟建本科毕业后留校任教，是最早在南京师范学院开设电影方面课程的教师。说到这里，孟建兴致盎然地提起了一件令他记忆犹新的事情："1982年我留校后，次年就参加了在北京师范大学召开的'全国高校首届影视师资研讨班'。这既是国家对电影教育发展的一项创举，也是我们集中力量向这个领域的一次突围"，孟建如数家珍道，"当时不仅夏衍、陈荒煤、谢晋这些党和国家电影事业的创始人亲自来给我们讲课，并且我们还非常惊喜地在研讨班上看到了一些我们梦寐以求的电影片段，例如《水浇园丁》这些经典珍贵的影片。我还记得，因为是在夏天，所放的片子都是易燃胶片，为防止胶片烧坏，保证珍贵影像资料不受损坏，工作人员还专门运来许多冰块放在胶片旁边降温"。这次研讨班给孟建留下了很深的印象，甚至在某种程度上极大地推进了孟建在电影学方面的研究热情。"当时全国过来的学员在我印象中大概有七八十号人，并且就是在这次研讨班上成立了国家的一级学会——中国高校电影学会（后更名为中国高校影视学会），我是首批会员。当时我们在北京北太平庄照的第一张合影我至今保存着，后来还是我向高校影视学会网站和中国电影博物馆提供的照片"，说到这里，孟建不无欣然。

1984年，因受到一位从南京师范学院中文系调任江苏省文化厅任副厅长的老师颇为赏识的缘故，孟建从南京师范学院调到了文化厅，先在厅里工作，后去担任了江苏省《艺术百家》杂志的编辑。"《艺术百家》这个杂志直到现在在江苏都很有影响，是江苏文化艺术界最好的杂志之一。我们编辑部当时只有三个人，一位编辑部主任，他是著名戏剧理论家阿甲的学生，一位编务，还有一个就是我。主任主要跑北方片，让我跑南方片。作为这本杂志的编辑，我经常到上海组稿，所以在上海戏剧学院任教的余秋雨等这些文化名人都是在那个时候结识的。"

80年代的中国，正是电视艺术起转腾挪的火热时代，为适应形势发展，江苏省很快筹备成立了"江苏省电视艺术家协会"，而正在电影艺术界干得风生水起的孟建，应邀出任了江苏电视艺术家协会的秘书长。"可能是因为我当时已经担任了江苏省电影评论学会秘书长，是影视评论写得最多也很好的一个，所以得到了电视界的关注。担任电视艺术家协会秘书长期间，在我的积极参与下，江苏省很快就凭借《严凤英》和《秋白之死》两部电视剧分别获得了1988年中国电视剧'飞天奖'的最佳长篇电视剧奖和最佳短篇电视剧奖这两项殊荣。在东北题材电视剧长期占上风的年代，这个划时代的突破被媒体誉为'电视又刮东南风'"，说到这里，孟建亦不无自豪。

孟建的创新追求与卓越才干的确是有目共睹的。不仅如此，他在辛勤进行影视理论、评论工作的同时，还积极参与了江苏电视台电视剧、电视小说和电视散文的创作，催生了一大批优秀电视创新艺术形式的诞生。例如改自美国短篇小说大师欧·亨利的《最后一片常青藤叶》以及改自我国著名散文家朱自清的《荷塘月色》，就分别开创了中国第一部电视小说和中国第一部电视散文的新纪元。"我总想走出一条新的道路，不甘寂寞，不甘守陈，当然也不可否认，在新的领域获得突破的机会和可能也比较多"，孟建如是说。

"我在干得最好的时候回到了高校"

令人没有想到的是，在电视事业和自身成就发展得最好的时候，孟建却选择了离开机关，离开媒体，回到高校。"这主要是受我的老师，南京大学董健教授的召唤"，孟建解释道。

董健教授是中国当代文学界、戏剧理论界的著名学者，著作等身，影响很大。董健教授从80年代中后期起历任南京大学中文系主任（1986—1988）、南京大学副校长（1988—1993）。在孟建担任江苏省电视学会秘书长和江苏省电影评论学会秘书长的时候，董健教授就与之熟识并寄予厚望。"董健老师说，南京大学1958年就创办过新闻专业，后来停办，现在想恢复。他建议我回到高校来，对我说了一句：'你就到南大来吧'。"

事实上，在电视事业发展如日中天的时候选择急流勇退确实不是一件容易的事。"我当时是秘书长，年纪也不大，属于处级干部，同事们都很吃惊，多不容易啊，怎么就突然不干了呢？但是我觉得老师是发自内心在召唤我，董健老师有很高的文化层次、很深的内涵，对我也有很真的情感。所以我咬咬牙就到了南京大学。"1986年，经教育部批准，南京大学新闻专业恢复办学。1988年，孟建正式加盟重整旗鼓、百业待兴的南京大学中文系新闻专业，并兼任专业副主任和南京大学大众传播研究所副所长，配合中国写作学会前会长、新闻专业主任裴显生教授的工作。"从最初的专业运作，到不断成熟后在1992年成立新闻系，我在南京大学工作了13年，1996年我被评为教授，2000年获任国务院政府特殊津贴专家。"

2001年，孟建作为复旦大学引进人才，从南京来到上海，加入了复旦大学新闻学院广电系的师资阵营。"当时复旦广电正好非常缺人，张骏德教授是专业主任。与我一同被学校引进的还有浙江大学的黄旦老师，以及半年后也过来了的中国人民大学的童兵老师。我虽然当时很明确是到广电系来，但是我没想到复旦会在2003年就下决心让我这个外来户担任系主任。一来我确实感到复旦很开放、很包容，二来我也感受到了压力，因为复旦大学新闻学院毕竟是中国最好的新闻学院之一。"

复旦大学作为在全国举足轻重的名校，虽然新闻学院实力最强的是在新闻系，但是孟建认为别人不会这么看，对广电、广告，大家还是会用复旦大学的同一把尺子来衡量。为了迅速适应环境，扩展人际视野，打开事业局面，初来乍到的孟建得到了许多朋友的帮衬。"那段时间，我有时候一个晚上最多有三个饭局。赶这些饭局，不是因为我喜欢参加应酬，恰恰我不喜欢应酬，但是我要通过这样的人际场，尽快地熟悉上海，熟悉上海的媒体界。随即，复旦大学引进人才的目的也很快摆在了我的面前：就是要去争取广电的博士点。在大家的抱团努力下，大概是在2006年左右，我们把广电的博士点拿下了。不仅拿下了广电的博士点，而且拓展了一个全新的博士点方向：广播电视学。这个研究方向，彻底打通了广播电视新闻、广播电视艺术等壁垒，实现了一次学科的大整合。"

2003年3月，孟建接手复旦大学新闻学院副院长一职，协助院长分管学科建设，主管学术科研以及学院创收。当被问及身居此职的主要成绩和成果时，孟建谦逊且谨慎地回答，"这个很难说，因为这是一个集体，很多成果不是属于某一个人的，我只能说我们这个集体还是很不错的，我们这个班子是比较团结的。毕竟像这样一个老牌的学院，历史遗留下来的问题比较多，流派也比较多，要协调好这些关系，保证学院在基本发展方向上不受这些因素的震荡，就很不容易了。总体来说，这些年来，我们这个班子没有大的震荡，很好地保证了复旦大学新闻学院这个全国历史最悠久的新闻学院能够做到平稳发展，稳中求进"。

"板凳甘坐十年冷不是唯一的治学方式"

如果说学术领域中大体有两类学者，一类是退居象牙塔、甘坐冷板凳，固守一地，深挖不懈；一类是积极入世，左突右进，紧随前沿，开源求变，那么，孟建显然是属于后者。而至于个中甘苦、得失及利弊，孟建有着对自己非常清晰的认识。

"对于这个问题，我认为可以分几个层面来判断。第一是作为领导你怎么看，第二是作为普通教师你怎么看。我在新闻学院担任过七年的领导，分管的领域也很重要，用一句俗话来说，'为官一任，造福八方'，我起码要对得起这个位置。所以，尽管做得可能不是很好，但是这种责任感始终作为一种内在动力在鞭策着自己。但问题是我还有身为知识分子的另一面，而出世与入世恰恰是中国知识分子最要紧的问题。"说到这里，孟建似乎感触颇多，"这方面我觉得讲得最深刻的莫过于李泽厚先生了，他认为中国的知识分子永远生活在一个巨大的悖论当中，是什么呢？就是一方面，知识分子往往要出世，'散发弄扁舟'，浪迹江湖；但另一方面，知识分子又每每心存魏阙，心忧朝野。很多知识分子最大的痛苦就在这里，所以说这是一个很大的悖论"。

"当然，除了以上两个层面之外，还有一个层面，就是知识分子做学问的方式。以前我们都强调'板凳甘坐十年冷'，在近代，这主要是胡适奠定的传统。这种方式对许多老师影响很大，包括我在内。但是我觉得，这对我不是唯一的影响。相反，我也很欣赏'狂飙突进'的方式，我称之为'立标杆'。"孟建认真地说道，"对于某一些研究问题，时代的快速发展决不允许我们在瞄准它之后先做十年八年的积累再动手。所以对于此类问题，我们必须吸取'立标杆的狂飙突进式研究方法'。也就是说，先奔这一个目标去，在过程中不断吸取其他学科的经验，慢慢完善。而对前沿的不断追逐绝非盲目跟风，需要综合个人的知识体系、社会认知、价值判断，甚至个人性格等复杂因素。这在中国，被认为是屈原的'求索精神'，在西方被认为'老浮士德精神'，这恰恰是我喜欢的方式"。

值得注意的是，在孟建的学术理念关键词中，"创新""领悟""前沿""超越""灵感"等等是其频繁闪现的思想导向。这种强调和导向显然首先与孟建自身的禀赋及其成功的经验不无关系，但另一方面，孟建也比谁都更清楚,这种敏锐异禀的获得,没有孜孜以求的付出和静水流深的积淀,将无疑是无源之水无本之木。

"'悟性'这个词用得合不合适我不敢说,但类似这种能力我始终认为是有的,它实际上是一种综合能力的体现。在我已经历过的学术生涯当中,重大的学术事件、学术变革、学术转折,我几乎都是预先体悟到、捕捉到的。例如我们现在非常时髦的'大数据'概念,我和复旦大学计算机学院、经济学院的两位老师大概在四、五年前就预见到了,我们曾经还专门开了个小型的闭门会。但至于是不是俄罗斯文学中描写的'奥博洛莫夫性格',也就是'醒得早,起得迟',这个我不敢说。但至少,我的心灵验证到了,我的学生足以为我见证,我很珍惜这个。"说到这里,孟建谨慎却真诚。

"人生经历的磨难决定了应当承担的责任"

儒雅谦和、爽朗敏捷的孟建很难被看出已然将近耳顺之年。言谈间,他对"七七级"这个特定名词充满了亲切的情感。他说,"我们这一代人所经历的磨难,我们对社会的认知深度,我们坚韧不拔的品格,这些都决定了我们应该承担更重要的责任。这种责任当然也可以折射到学术上来,'天将降大任于斯人也'的感觉,我们这一代人往往会基于这样的思考"。孟建说,"我很少会去想这个时代欠了我们多少,我们要去攫取什么,获得什么。相反,我觉得我们这代人在社会当中应当成为中坚力量,在学术领域应当承上启下"。

令人印象深刻的是,孟建对于"文化大革命"的回忆是平静且理性的,他甚至没有更多地提及自己遭受的个中坎坷,当他开口谈到这段历史的时候,就已然是一种释怀了。"回顾我一生经历过的事件,影响最大的恐怕还是'文化大革命'。至于自然灾害等等其他历史事件,都比不上这个事件。所以说苦难是最好的老师,中国传统文化中的福祸相依能够解释这个问题,关键在于你怎么去看待它。但是从整个社会来说,'文化大革命'导致多少人才被埋没了,不能因为我个人走到了今天这一步,就说这是件好事,这也显然是不道德的。对于一个时代而言,它绝对是场空前的浩劫。"

他继续说道,"所以你说在学术上,我们这一代人完成了什么,我觉得都不好说。当然，我们这一代人还在路上，也很难说还会有多少贡献。但是我一直认为，我们这些人再有贡献，也就是那么一点儿了。即使是比我们再年轻十年，现在五十多岁的人，他们的贡献有多大，尽管未知数会比我们多一些，但基本上轨迹也就在那儿了。要再年轻十年，他们就更未知了。而真正预测不到发展潜力的，是三十多岁，甚至二十多岁的人。因为时代变化太大了"。

孟建说，"社会的快速旋转对学术的影响，使得当下的学术走向挺难捉摸，你现在很难说我们的老师在研究什么。学术研究也在快速地裂变，有些甚至变得面目全非"。孟建不无忧虑，"这不一定都是好事，关键在于我们如何在这样一个快速旋转的社会中来更好地反思自己，我觉得这很重要。所以我们讲'文化自觉''文化自信''文化自强'，其实还缺一个——'文化自省'。没有'自省'，哪来的'自觉''自信''自强'？也就是说，我们时刻要保持反思，包括对现在的跟风现象和浮躁氛围"。"当然"，孟建补充道，"这些话并不是只跟你们说，我们自己也不能被列到外面去，我们也要反思。所以你刚才问究竟是好事还是坏事，我认为还是比较复杂的问题。对我而言，问题就在于：我还能做点什么？"

"超学科会形成临界突破的力量"

关于下一步的学术规划，孟建娓娓道来，"我一直在思考这个问题，总觉得我这把折扇应该合起来一点了，但没想到现在撒得更开了。换句话说，按理不当院长应该稍微清闲一点了，但我反而比以前更忙了。我现在主要考虑的是要搭建起一个很好的学术平台"。

如今，忙碌的孟建主要担任了国务院新闻办公室省部级新闻发言人评估组组长、复旦大学视觉文化研究中心主任以及复旦大学国际公共关系研究中心主任这三个机构的负责人。他说，"我现在就把这三个平台连成了一个较大的学术平台，让我的学生、我的同事，包括学院内外的老师们都可以到我这个平台里头来。这三个平台也构成了我今后研究的三个方向，比如说国务院新闻办方面，我把它定位为政治传播研究，着重研究我国的对外传播，特别是新闻发言人制度建设；国际公共关系研究中心着重研究公共关系的前沿理论与运作实务；而视觉文化研究中心我也很珍惜，因为它完成了从一般意义上的影视研究到新学科的转向"。

说到这里，孟建充满了自信："在政治传播方面，国家形象研究，包括地区形象、城市形象；软实力研究，包括国家软实力，城市、地区软实力；新闻发布制度研究，包括政府的新闻发布制度、党的新闻发布制度、军队的新闻发布制度，这几个领域我们全都推进了，在全国都是有相当影响的。在公共关系方面，我提出的'强力公关理论'已经被有关学者介绍到了国外，成为了一种全新的公共关系理论。至于视觉文化方面就更不用说了，我们在这方面的研究处于全国领先地位，我们的《视觉文化传播研究》已经正式创刊，而这个领域无论是在当下还是今后相当长的一段时间我都会有所关注。至于还会不会再开辟一些新领域呢？我想很可能还会有，但是我不会再去简单地开窗口了"。

孟建说，"现在我们经常讲跨学科，跨学科固然很重要，但光是跨学科还不行，还有一个词叫'超学科'。超学科不是一般的跨越学科界限，而是学科在高度综合、强烈激荡以后，形成一种临界突破的力量，让学科与学科之间在这里真正地实现化合交融。我就是想在这样一个超学科的背景下，尝试着实现一些重大的突破，这是我最近正关心，也是最想努力的方向"。

实际上，孟建对"超学科"理念的提出，是他几十年来的治学追求水到渠成的集中体现，他把握前沿的敏锐潜移默化地练就了他的学术穿越能力，而善于打通群落、建立体系的学术整合能力，又让人不得不联想到他曾穿插于政界、业界、学界的那段过往。有意思的是，孟建总是担心自己会"醒的早，起的迟"，这或许可以理解为是一种时不我待的人生姿态。毕竟，在他所走过的道路中，其学术整合的使命才刚刚开始，而他在新闻传播学领域中关于"超学科"理念的阐释与追求是否又会成为一个成功的导向和预测？这一切，值得期待。

【孟建简介】

孟建，1954年生，江苏常州人，复旦大学新闻学院教授、博士生导师，享受国务院政府特殊津贴专家。现任国务院新闻办公室省部级新闻发布活动评估组组长、中国高等院校影视学会（国家一级学会）常务副会长、中国传播学会副会长、复旦大学新闻传播与媒介社会化研究国家哲学社会科学创新基地学术委员会主任、复旦大学视觉文化研究中心主任、复旦大学国际公共关系研究中心主任等职。

目前，孟建已出版专著、编著二十余部，代表作有：《网络文化论纲》《当代广播电视概论》《广播电视新闻写作》《广播电视新闻评析》《城市形象与软实力》等。在海内外发表学术论文近百篇，其中有影响的篇目有：《中国大众传播事业的发展与中国社会民主化进程》《视觉文化传播：对一种新文化形态与传播观念的阐释》《中国中央电视台传播价值观的变革》《文化帝国主义的全球化传播与影视文化反弹》《中国电影美学的历史嬗变》等。同时，孟建在新闻传播基础理论研究，视觉文化传播研究，国家与地区形象战略，新闻发布制度体系建设，危机管理与危机公关等方面均有突出的贡献。近年来，孟建承担了多项国家和省部级项目，如国家社科基金重大招标项目"国家形象的建构与跨文化传播战略研究"，国家社科基金重点项目"我国传播力建设的基本理论与实现途径"，国家奥委会重要研究项目"2008奥运会：中国对外形象传播战略研究"，上海哲学社会科学重点项目"2010世博会：上海形象竞争战略研究"，国务院应急办重点项目"重大突发事件的舆论引导与媒体沟通"等，并都担任了这些项目的首席专家和课题组组长。孟建还作为主要负责人帮助国务院新闻办公室编撰了我国第一本国家新闻发布手册《新闻发布工作手册》。

熊澄宇：杏坛国士有奇风[*]

熊澄宇，这位出生于20世纪50年代的赣籍学者曾这样描述自己的半生历程："1968年下乡，当知青、工人、士兵；1977年高考，做学生、编辑、干部；1990年留美，获博士学位；1994年回国，任教授、董事、顾问。党政军民工农商学我全都干过了，我的每一次身份变化都和时代发展连在一起，我的一生就是这个时代的见证"。

如其所言，熊澄宇的人生履历堪称丰奇，他是新中国恢复高考后的第一批大学生，是90年代初为数不多的学成后毅然归国的留美博士，是中国接入互联网时代的第一批见证者和同行者，是清华大学传播学科的首创功臣，是打通研学产管、主持国家智库，高居战略层面推动我国新媒体与文化产业发展的智囊。他超越知识结构壁垒，汲取人文学科、社会科学及自然科学思想精髓，以深厚的底蕴和精准的创见为中国传播学发展立足本土、对话国际沉潜耕耘、开疆拓土；他以敏锐的洞察力和极具前瞻性的视野为国家经济社会发展建言献策，立下了汗马功劳。时至今日，他已成为了新中国新闻与传播学界卓然无二的跨学科战略专家。

熊澄宇说，在今天这个时代里，学者要想找到自己的位置并不易，这就需要坚持，要能在一个更大的格局和空间中去面对人类社会的共同未来。事实上，这种以"全球视野"和"世界交往"为起点的博大胸怀恰是熊澄宇事业升腾的密码，也写就了他堪为国士的分量。

"我愿意不断地超越自己"

熊澄宇生于1954年，1960年进江西省南昌市实验小学，1965年考入

---

[*] 本文撰写于2017年。

南昌市第三中学，1968年下乡插队。经过农村、工厂、部队各三年的历练，1977年底，熊澄宇成为恢复高考后江西师范学院南昌分院中文系的第一届学生。1982年，他考入中国艺术研究院师从我国戏剧史论家郭汉城先生从事史论研究。1984年硕士毕业后，熊澄宇进入中国戏剧出版社工作，直至1990年赴美留学。

"我是自费到美国留学的，初衷是希望寻求一个更好的学术研究环境。当时我报了两所院校，一所是南加州大学的人类学系，一所是杨百翰大学的戏剧电影系，两所学校都录取我了，但是杨百翰大学给我全额奖学金，所以就选择了这所学校，在美国的犹他州。1990年我36岁，觉得既然做学术研究，就希望事业平台更宽一些，我愿意不断地超越自己。我去美国之前已经出版了两本书，一本是《蒋士铨剧作研究》，另一本是合作的《南词叙录注释》。"熊澄宇聊道，"后来我就去到了美国，在杨百翰大学读了四年，拿到了博士学位。我主修电影和戏剧，辅修计算机。"

熊澄宇回忆起这段留美过往，对许多细节仍记忆犹新，"20世纪90年代我出国的时候，带的是打字机，到了美国以后，发现这里已经不用打字机了，他们都是用电脑，我就觉得这个太神奇了！特别是做作业的时候，打字机打错了还得涂抹，但是电脑打字可以直接删改、调整，非常方便。那时候中国还不能上网，但是在美国可以上网，所以就觉得这个网络也太神奇了！所以我就跟我导师商量想辅修，导师说可以，我就这样开始辅修计算机了。我的计算机成绩非常好，几乎每门课都是A，编程的逻辑思维能力也还可以"。

"1994年博士毕业后，我计划回国，不想留下的原因很简单，我觉得美国那个环境不能很好发挥我原有的学术基础。另外一个原因就是我的老师希望我回去，他说自己指导的好几个中国学生都留在国外了，他希望我回去为中国服务。所以当我跟他说想回中国的时候，他非常支持、非常高兴。"熊澄宇谈道，"我在美国的导师，是当时学院的院长，那时有60多岁了，可惜现在已经去世了，我是他的关门弟子，他很鼓励我回国。再加上我自己也觉得，在中国的发展基础要比美国好得多，并且我的研究对象、事业关系、社会关系都在中国，所以我提出了回国"。

熊澄宇介绍道，"我是直接向中国驻美大使馆提出回国要求的，因为我不是公派生，是自费留学，那时候自费留学要求回国的人，他们不太遇到，所以就问我回国有什么条件？当时我没有提出其他要求，就只有一个条件，希望回国之后，能够给我一个 E-mail 账号，就是电子邮箱的账号"。熊澄宇解释说，"电子邮箱账号在今天根本就不是个事儿，你到网上可以随意注册一个，但在当时却很难。因为1994年我回国的时候，中国刚刚接入互联网，当时能够进入互联网的只有两个机构，一个是中国科学院，一个就是清华大学，其他单位都进不了。而且在这两个机构里面，拥有电子邮箱并能够和国外联系的，只有比较高层的院士、课题组，没有私人可以拥有电子邮箱直接跟境外联系。那时候就连私人电话、发传真都是受到限制的，今天的年轻人很难想象那样一种环境。因为我在国外已经习惯了生活在网络空间里面，也很明白网络的意义，它就是跟世界连通的窗口，我担心回国之后断了联系，所以就希望能够给我一个电子邮箱账号，希望回国之后还能保持和世界的联通。后来大使馆说这个要求有点难度，但是他们可以给国内发函征求意见，去问一问、试一试"。熊澄宇欣慰地说，"最后大使馆给我回复，说清华大学答复可以提供给我一个个人电子邮箱账号，就是这样，我带着全家来到了清华大学"。

"我是清华大学人文社会科学学院的第一个海归博士"

值得一提的是，熊澄宇回国之时，正值清华大学恢复发展文科如火如荼之际，彼时清华大学文科百业待兴，求贤若渴，1994年学成归来的熊澄宇成为了清华大学刚刚成立于1993年的人文社会科学学院的一名讲师。"当时清华大学认为我这种复合型的学科背景很符合它们的需求，同时我又是从国外回来的，我是清华大学人文社会科学学院的第一个海归博士。但是回来之后，清华大学给我定的职称和工资只是讲师，而我在出国前就早已是中级职称了，对此清华大学给我的回复是：按照政策只能以应届博士毕业生入职。好在那一年年底学校评职称，我把中级职称之后的学术成果整理出来参评，当年就晋升了副教授。两年之后，1996年，经学校审定，我被破格评为正教授。"

回国执教的熊澄宇积极发挥其学术专长，开始了跨学科科研平台的搭建。"我1995年在清华大学人文社会科学学院里建立了一个机构，叫'多媒体艺术研究中心'，我当主任。那时候'多媒体'是个很新的概念，我主要从事的就是计算机的'界面研究'，也就是研究文本、视频、图片等不同媒体形态如何通过一个合适的界面交互呈现出来，我当时写的文章也主要是谈多媒体界面和电子出版物。我是中国进入互联网时代的见证人，1994年中国接入互联网，1994年我回国，从回国第一天开始，我就在中国的互联网平台上工作。我参与了国内第一份电子刊物——教育部《神州学人》的策划，主持了国家计委第一个多媒体演示及网络查询系统的重大科技攻关项目，主持了科技部第一个国家互联网软科学项目，完成了国内第一部有关信息社会的专著《信息社会4.0》。同时，中国人民银行软件系统的界面标准，也是我参与起草的。我参与了一些央行的软件开发项目，主要负责界面设计这一块工作。"熊澄宇感慨道，"也正是因为这些背景，我后来在清华大学做的学科建设才比较顺一些"。

谈及初至清华大学时如何发挥跨学科资源优势，推动科研平台整合，熊澄宇还特别回忆了两项由他牵头完成的重大工程。

"1995年，国务院正式启动'211工程'，清华大学、北大是第一批接受审核的高校，当时清华大学校长王大中院士提出，我们要用现代多媒体技术来申报，以展现清华大学的能力和水平。那时候还没有出现PPT这种软件，大家主要还是使用胶片、投影来做汇报，所以，所谓多媒体技术就完全需要靠计算机编程来把视频、图片、文字、音乐串联在一起，变成一种交互展示形式。"熊澄宇介绍道，"当时清华大学有很多个机构都在做多媒体研究，王校长带着相关人员走了计算机系、精密仪器系、外语系等等，他们在校内走了一圈之后来到我的多媒体艺术研究中心办公室，那时候我正好在做一个清华日晷的界面，王校长看完后觉得其他院系的技术很到位，但我这里的界面呈现效果很人性化，所以当即决定，由我来负责清华大学'211工程'申报的多媒体展示，而此时距离最后评审只有五天时间了"。

在时间紧、任务重的情况下，在校办、科技处等职能部门帮助下，熊澄宇调动全校资源，亲自撰写交互脚本、指导编程、设计动画、协调音乐创作、选取多媒体素材、采集数据……他说，"那五天，我大概只睡了六个小时，指挥全校不同学科的人来完成这样一项对清华大学而言很有意义的事情。就在评审会的前一天，我们最终完成了。我把做好的这些东西装到一台当时在国内还不多见的Thinkpad笔记本电脑里，送给王校长审定，王校长当时就感觉到很好。"熊澄宇不无欣慰地回忆道，"评审会那天，北大先汇报，用的是胶片投影的方式，清华大学校长第二个上台，拿着一台笔记本电脑，屏幕一启动，立体声交响乐奏起，图片、文字、动画交互呈现，整个效果就不一样了。教育部的有关负责同志当场作出决定，以后各个高校申报'211工程'，都以清华大学为模式。评审通过以后，清华大学专门召开了一个庆功会，贺美英书记对我说，'熊博士，你为清华大学立了大功'"。

"1996年，国家计委发布'八·五科技攻关重点项目：多媒体演示，数据库及网络查询系统'招标，全国许多科研机构和高校都去竞标，清华大学也去了。当时我们拿出申报'211工程'的演示成果，相比别的机构都是在理论上提出各种方案，我们是实际已经做出来了，所以这个标就被清华大学拿下来了，项目由我牵头负责，经费是360万元人民币。"熊澄宇继续介绍，"这个项目最后呈现的是什么呢？就是一个巨大的多媒体数据库，我们最后把所有的信息全部集成到光盘中，可以在任何一个地方的计算机终端上通过授权，查询、演示国家各个领域的科技攻关成果。当时和我配合的包括精仪系制作光盘阵列、计算机系编程序、工艺美院做美术设计、电影学院做视频，这么多专业结合一起，我们才最终完成了这个项目"。熊澄宇总结道，"我的主要优势就在于跨学科的整合，我可以和计算机专业的人士交流，也可以和电影专业的人士交流，还可以和动漫专业的人士交流，只有和他们的专业领域能够对上话，他们才能跟你交流，所以我对这个项目的贡献主要是跨学科整合"。

"我们要从科学的角度来认识传播学的位置"

在迄今为止的诸多头衔中，熊澄宇最为看重的之一，便是其"传播学学者"的身份。作为清华大学传播系的创始人之一，熊澄宇对传播系的学科定位、团队组建、课程建设、教材编写、人才培养、平台搭建等方方面面，可谓事无巨细殚精竭虑，付出了大量心血。回忆起当年开创基业时的执着与坚韧，他无怨无悔，那段艰辛却充实的学科建设之路在他的脑海中历历在目。

"清华大学在恢复发展文科的过程中，校领导召集文科教授前后开过十次座谈会，我参与了其中大概四次。正是在这个大背景下，我也在琢磨自己的发展与清华大学文科发展之间的关系。1997年，教育部正式把传播学列入学科目录，当时我就跟校领导建议，提出清华大学的人文社会科学可以把传播学作为一个重点方向，因为传播学恰恰是一个多学科的平台,信息学、社会学、政治学、新闻学等许多学科都在这里有交叉,我觉得以清华大学在信息科学方面的基础,对办好传播学很有优势。另外,新闻学在中国的历史比较久,复旦大学、人大都有很长的办学传统,地位也比较稳固,但是传播学相对新兴,教育部直到1997年才承认它,所以我觉得清华大学要发展文科,从这个领域切入比较合适。"正是在这个思路下,熊澄宇开始了马不停蹄的学科建设推动工作。"我作为这个事情的主要发起人和推动者,在时任校党委副书记胡显章的支持下,主动找学校有关领导一个一个地谈话。从1997年到1998年,我前后陆续起草了大概70多份报告,最后送呈到校领导那里的可能有一二十份。在1998年2月的校领导务虚会上,大体达成了共识,同意了这件事,然后就进一步论证资源整合的具体方案。"

在各方的共同努力和支持下,清华大学以中文系编辑专业和人文社科学院多媒体艺术研究中心为基础,于1998年10月正式成立传播系,由中文系系主任徐葆耕教授兼传播系代系主任,由熊澄宇任常务副系主任主持工作。熊澄宇坦陈,"不客气地说,我是清华大学传播学科的主要创始人"。

"从1998年成立传播系到2002年成立新闻与传播学院,我们用了四年的时间。在成立学院之前,我们主要是招硕士,直到2003年,我们才开始本科教学。学院成立之初,我们没有设系,而是设了四个研究中心,分别是新媒体传播研究中心,由我兼主任;一个是影视传播研究中心,由尹鸿兼主任;一个是国际传播研究中心,由李希光负责;还有一个媒介管理研究中心,最先是筹办,孙宝寅任主任,直到2004年孙宝寅退休,正式由崔保国负责。就这样,我们把这个平台做起来了。"熊澄宇继续说道,"那么在这个过程中,我们主要做了哪几件事呢?第一个是按照国外的传播学学科设置,把我们的学科方向和课程体系做了一个梳理,基本上遵循了美国和欧洲的学科结构:史论—方法—应用。第二个是译介和编写教材,2001年我编写了一本《新媒体与创新思维》作为研究生的教材,这本书收录了我亲自挑选的西方科学家、思想家撰写的论文16篇,每篇约有两万字,都是直接从原文翻译过来的,这其中有12篇是第一次介绍到中国,当时在国内比较有影响。此外我们还编了一套清华传播译丛,把国外的教材引进过来。另外,我还做了一件比较有意思的事情,就是我从国外文献资料中选了10本书作为传播学的经典文献,文集名为《西方新闻传播学经典名著选读》，对此我还专门写了一篇介绍性的文章，叫《传播学十大经典著作解读》，发表在《清华大学学报》上。这篇文章有两万多字，清华学报的主编破例连载两期才发完，《新华文摘》后又全文转载了。此外我关于传播学科的介绍，还有一篇文章发表在2008年第二期的《新闻大学》上，题目是《中国传播学的形态、业态、生态》"。

"清华文科新建学院有个做法，通常会邀请一位业界的知名人士担任院长，当时的经管学院院长是时任总理朱镕基，法学院院长是全国人大常委会副委员长、前全国人大法工委主任王汉斌。于是我们推荐了一位人选，大家都比较认可，就是前《人民日报》总编辑、时任全国人大教科文卫委员会副主任委员范敬宜。范敬宜做院长，清华大学校党委副书记胡显章做常务副院长，我和李希光、尹鸿分别担任副院长，2002年新闻与传播学院正式成立。"正是在这样的高规格起点之上，清华大学新闻与传播学院开始飞速发展，2003年即设立传播学博士点，2006年新闻传播学一级学科博士学位授予权获批，2011年与山东广电局、深圳广电集团共建博士后科研流动站……"1996年我破格被评为正教授之后，其实就开始带博士生了，我也是我们学院最早开始带博士后的教授。我最早是与经济管理学院合作，在管理科学与工程一级学科指导博士后，现在暨南大学党委书记林如鹏教授就是我那时指导的博士后。后来我们学院也有了自己博士后科研流动站。"

然而，面对当前中国新闻与传播学的发展现状，熊澄宇却保有自己的看法，"从整个学科的角度来讲，我觉得有点不太理想，我们对传播学的认识还是不够，更多的是把传播学放在一个方法论的层面上去思考，但实际上，传播学是一个学科体系，我们需要做的工作就是让大家真正去理解传播学作为一个学科的内涵和外延，从科学的角度来认识传播学的位置。我们总说新闻是内容、传播是形式，内容主导形式，其实它们不是这种关系。我现在的想法是不要把新闻和传播做切割，因为从施拉姆时代开始，一直到后面的大师，他们都是在做学科融合，而我们却一直在做分割。所以走到今天，我认为应该倒过来，应该重新融合"。熊澄宇进一步说道，"作为一个体系的传播学，应该像任何一个学科一样，由史、论、方法、应用这四个方面构成。我和现任院长柳斌杰多次讨论过学科改革问题，我们的改革思路不是跟随，而是引领。我们想把学科重新划分：第一块是史论、方法，不分新闻史还是传播史还是媒介史，全都融在一起；第二块是媒体实务，不分报纸、广播、电视、网络，同样融合在一起，培养全媒体人才；第三块是传媒法规和媒介管理，一个学科应该有一套这个层面的东西，并且需要进一步拓展"。

熊澄宇最后说道，"传媒在不同的时代有不同的功能，我们从人际传播时代进入大众传播时代是一个变化，这个过程的主要特点是个人融入集体、集体融入社会，这是一个求同的过程。那么现在，我们又从大众传播时代进入到分众传播、交互传播时代，这个过程的特点是承认差异、尊重个性、多元并存，这是一个存异的过程。从个体到集体再到国家，这是社会的一个进步，而当国家发展到一定阶段，她能够认识到每个个体、群体的差异，这就是社会的又一个进步。所以我想，我们的学科建设就需要面向这个信息时代，需要基于对传媒的重新解读才能真正完成"。

"总书记希望我们为中央决策提供依据"

而除了为清华大学建功立业之外，熊澄宇还是国内新媒体与文化产业研究领域的知名专家及领军人物。他个人及其团队不仅在互联网领域完成了诸多学术及业务层面的国内第一，并且他本人还长期致力于推动互联网在国家战略和政策层面的发展，为中国当下及中国未来的新媒体与文化产业发展战略部署规划、绘制蓝图。

"我全程参与过六场国家互联网的中美战略对话、中英战略对话，好几次会议都是由我代表中国学者与美英学者对话，我对中国互联网在国家战略层面的发展做过一些思考。这其中有一件事值得说一下，很有意义。在参加了几次政府组织的战略对话后，我提出是不是可以在政府层面之外，在学者层面之上拓展一个对话机制。这个建议得到了美国学界的认同和微软公司的支持。2011年，我作为团长带领中国互联网学者代表团访问美国，参加首届中美互联网学者论坛。我们这个代表团包括了来自清华大学、北大、中科院、人大、南大、北邮等高校的十来位国内互联网专家，美国代表团也是由来自普林斯顿、麻省理工、哈佛、哥伦比亚、西北大学等一流大学的十个左右学者组成，我们在美国普林斯顿大学开会对话，但是一开会就吵起来了"，熊澄宇笑道。

"为什么吵起来呢？美国方面说中国信息控制，信息流通不自由；中国方面说美国网络控制、技术垄断，指责美国政府通过技术平台垄断全球网络。在这种争论的过程中,也就没法对话了,然后我就跟与我共同担任大会们对接的美国普林斯顿大学科技政策研究所所长说,我想做一个发言引导一下大家。"熊澄宇记忆犹新,"那一年正好发生了东日本大地震,我就说,当面临人类共同灾难的时候,我们学者的思考角度是不是可以有些变化?意识形态的问题可以由政府来讨论,商业的问题可以由企业家来讨论,但是学者应该超越意识形态、超越商业利益,去看到人类共同的、宏观的未来。我说今天我们来这里讨论,是不是应该更多地站在学者的角度去讨论一下中美两国人民如何利用互联网一起推动人类社会的共同发展,如何能够对两国人民、两国社会产生更大益处。所以,作为学者,我们不要去争那些我们解决不了的问题,而是要去讨论我们能够解决的问题"。

正是在这样一番讲话之后,二十几位来自中美名校的互联网专家开始了积极的战略对话。"最后我们讨论了整整一天,起草了中美两国学者有关互联网共识的一份文字材料。关于共识,大家也争得很厉害,一些本来非常中性的词,例如'信息自由''信息民主'等等,放在特定环境中就变得非常敏感。所以后来我对普林斯顿大学的教授说,求大同存小异,把所有容易引起纠葛的那些词先拿掉,把我们都能达成共识的那部分东西留下来,然后再一起讨论、修改,直到大家最后都认可。这其中,包括互联网的意义、功能、社会作用,学者应该关心以及合作研究的问题等等,我们都理出来了。后来,讨论的结果发布之后,我们发现,无论哪国学者,无论什么背景,其实大家都在关注同样的问题。这份共识由双方学者签字之后,我把材料发到了国内,经由相关途径直接送呈中央主管领导,后来中央领导作出批示,认为我们做的工作很有意义,希望国务院有关部门积极支持中美学者互联网论坛的后续工作。"熊澄宇进一步说道,"因为中美两国在互联网问题上从来就没有达成过一致,更不要提书面的共识,所以说我们通过民间外交的方式,在敏感的领域里做了一大突破。我们在政府平台之外搭建了一个学界平台,由论坛整合两国的代表性学者和资源,推动互联网的研究和发展。所以我觉得这件事情在国家互联网事业的发展中很有意义"。

除了在互联网研究领域卓有建树,熊澄宇同时还是国内文化产业领域的首席专家以及行业主管部委的专家顾问,多次参与中央相关政策的论证、起草,并于2004年在清华大学创建了国家文化产业研究中心,担任主任至今。谈及中心成立的渊源,熊澄宇讲述起了一段重要的往事。

"2003年,中央政治局集体学习关于文化的主题,当时邀请了两位专家讲课,一位是中国社科院新闻所副所长张西明,另一位就是我,我讲的题目是《我国文化产业发展战略》。中央对我们的讲课内容和现场提问解答都比较认可,当时的总书记胡锦涛同志主持了这次政治局学习,结束后,总书记跟我作了一番个别谈话",熊澄宇详细说道,"胡总书记提出希望发挥清华大学的多学科优势,就文化产业的相关问题进行跨学科、跨领域的综合研究,为中央决策提供依据。他说话的时候,李长春、刘云山几位领导同志就站在我旁边。回来之后,我就把相关情况向清华大学校领导作了汇报,没过多久,有关部门就打来电话询问总书记交办的事情有没有落实。正是在这个背景之下,2004年5月,经校务会议批准,以新闻与传播学院、经济管理学院、公共管理学院、法学院、人文学院、美术学院、信息学院等七个与文化产业研究相关的实体学院为依托,我们建立起了这个校级跨院系的研究平台,由我全面主持研究中心的工作"。

"校务会议对中心的定位主要是三点:第一,为中央提供决策咨询;第二,承担高端人才培养,既包括学历学位教育的博士、博士后培养,也包括非学历学位教育的司局级以上干部和企业领袖培训;第三就是文化产业重大实践成果的经验总结和模式推广。就目前情况来看,我觉得我们各项工作完成得都还可以",熊澄宇对此非常自信。

如其所言,国家文化产业研究中心自2004年成立至今,先后被评为教育部国家哲学社会科学创新基地和文化部国家文化产业研究中心,陆续完成了国家"十一五""十二五""十三五"规划中有关国家文化发展改革规划的起草论证,承接了各部委相关规划的讨论,仅国家社科基金重大项目中有关文化产业领域的课题,该中心就拿下了三项,其中熊澄宇个人主持并完成了两项:《我国文化产业的理论与实践研究》《我国文化产业政策研究》。不仅如此,熊澄宇还先后给全国23个省委中心组授课讲学,为国内多个省市的文化产业发展战略提供决策咨询。2016年6月,他受邀出席在韩国光州广域市举行的亚洲文化论坛和世界网络文化论坛,并于2017年2月受聘为光州广域市文化产业政策咨询顾问官。

"我曾经担任过国务院信息化专家咨询委员会委员,现在担任了国家战略性新兴产业发展专家咨询委员会委员。在今年1月国家发改委公布的《战略性新兴产业重点产品和服务指导目录》(2016版)中,第一次将

'数字创意产业'收录其中,国家将在'十三五'期间要求数字创意产业做到8万亿的市场规模,可见其前景。在当前国际国内的文化产业研究领域里,我们中心应该都算是领先的。2015年,上海社科院对全国的智库做过一个综合评估,在文化领域我们排在国内第二,仅次于中国社科院,这算是一个比较高的位置了。"面对研究成就的声名远播,熊澄宇流露出的是对事业的自信与从容。

"要为国家重大战略做贡献"

谈及时至今日学术研究的使命和追求,熊澄宇缓缓却坚定地说道,"既要为国家重大战略做贡献,又要担负国民经济主战场的责任,同时还应该做学术研究的引领和创新"。

"2016年6月份召开了文化部部长雒树刚到任后的第一次全国文化产业工作会议,应文化部领导的邀请,我在大会上作了一个主题报告,关于发展文化生产力的战略思考,大概讲了两三个小时。长期以来,我一直都在这里领域里参与对策研究,为中央做决策前的咨询,这要比决策后的解读更难,因为这需要把决策的利弊说清楚,或者提供出可选方案,最后由领导去定夺。此外还有一项工作,就是做重大社会实践的经验总结和模式推广。"熊澄宇举例道,"我是云南省政府的特聘顾问,在当时省委副书记丹增同志的安排下,跑了大半个云南省做文化产业调研,从云南现象到云南模式再到云南道路,我给中央写了8万字的报告作总结梳理,主要就是介绍云南怎样通过旅游文化和民族文化来推动社会经济的全面发展。另外我给中央写过一个内参报告,谈建设藏羌彝文化产业走廊的战略意义。也就是在中原文化区和少数文化区中间的一条走廊带,有关在过渡带里面怎样通过文化产业发展来推动社会发展,我当时提了四个核心要点:第一个叫做国家认同;第二个叫做民族和睦;第三个叫产业发展;第四个叫社会安定。首先得解决民族地区的国家认同问题,从历史上去梳理那些少数民族和中央政权的关系,并且要认识到藏族、羌族、彝族的宗教是同源的,找到民族自身的历史渊源和它们的连续性,然后通过产业发展来达到社会安定。后来得知中央领导做了专门的批示,中央有关部门用五个亿资金来启动这个工程"。

作为跨学科战略专家,熊澄宇还谈到了主持编制国家"一带一路"

文化产业规划的重要贡献。"我对于怎么认识国家'一带一路'也提出了一些概念和想法，包括给中央写过内参，大体上中央是比较接受的，后来我写了篇文章发表在2015年第10期《求是》杂志上，题目是《以文明互鉴促民心互通》。主要是说，和古代相比，我们今天提出的'一带一路'在内涵和外延上都发生了变化。首先从空间上看，古代是指以西安为起点，通过西北五省、中亚五国不断向西拓展的一条路；今天实际上是以中国为基础，面向全世界的拓展，海洋到哪里，它就延伸到哪里。其次从时间上看，以前说'一带一路'是从西汉张骞出使西域一直到明代。但是今天的'一带一路'是面向21世纪，它的时间是以今天为起点，面向未来。因此我对'丝绸之路'梳理出的概念就是：历史传承、文化交流、经贸合作、创新未来。这其中最重要的就是创新未来，中国要用这个概念和全世界一起去创建一个全世界人民都能共享的美好未来。"

在对国家重大战略的贡献上，熊澄宇的作为还不仅止于此。"我担任了教育部高等学校教育技术学专业教学指导委员会的副主任，连续三届我一共做了12年。这期间我主持做了好几个重大课题，包括现代远程教育发展战略、中国软件人才培养的战略研究等等。中国软件人才培养的战略项目是由我牵头做的，经过调研，我们给教育部写了一个报告，提出在现有教育体系之外，再建立一个软件学院体系，软件学院依附于现在的大学，但是又有所区别。后来这个建议被教育部批准了，在陈至立部长手上签署的，全国确定建立35所软件学院。这个事情对整个中国教育界的意义很大，因为它等于在现有的教育体制之外开辟了一个特殊的领域，也就是可以按照市场化的方式来进行软件人才的培训，我是这个战略研究项目的第一负责人。"

"第二项战略层面的工程就是把'我国终身教育体系研究'，改成了'我国终身学习体系研究'。当时教育部在讨论终身教育，经过研究后我觉得用'终身教育'不如用'终身学习'，因为教育是一个组织行为，它对所有受教育者来说，是有一定时间、空间限制的。但是学习可以是一个无限的行为，每个人他一辈子都应该学习。所以学习是终身的，但教育不是终身的。后来我在《人民日报》上发表了一篇文章《终身学习与全面小康》，那篇文章发表之后，受到了教育部领导的认可。后来由我主持了教育部中国现代远程教育发展战略研究课题，课题结项后由我主编并出版了专著《中国现代远程教育发展战略研究》。"熊澄宇总结道，"所以，从互联网、文化产业到'一带一路'、软件学院再到终身学习体系、现代远程教育，我做的这种战略层面的研究是比较多的。我在2002年出版的《信息社会4.0》一书中就提出了'信息社会4.0'的概念，并且提出了四个发展阶段，分别是：信息技术、信息产业、信息经济、信息社会。当时那本书由有关部门选送给中央政治局领导参阅。我在书中主要提出了信息技术作为先进的生产力一定会推动社会形态的变化"。

"此外，在新媒体领域我还提出过一个重要观点，就是'节点理论'。我认为今天最重要的不是信息发布者，也不是信息接收者，甚至不是媒介，最重要的是节点。因为在整个媒介系统特别是社交媒体里，每一个人都是整个系统当中的一个节点，这个节点既是起点，又是终点，并且连接成网络。所以，你很难用原来的传播学理论来解释它。这时候就需要我们进一步去完善。"熊澄宇补充道，"对于新媒体，我们现在多数是停留在对现象层面的描述上，还没有建立起新媒体的理论体系，实际上现有的西方传播学理论已经不能够完全解释今天的传播现象了，我应该要提供进一步的思考。作为一个思考者，就要去做这种事情，才有意义"。

"现代社会的竞争就是学习能力的竞争"

2004年，熊澄宇在接受《三月风》记者采访时曾这样诠释他对"学者"二字的理解："学者，本质上就是一个学习的人"，熊澄宇对于学习能力的重视由此可窥一斑。

"现代社会的竞争就是学习能力的竞争，我们每个人每天都要面对不断发生新事物的世界，你怎样认识它？站在图书馆面对浩如烟海的知识海洋，你会困惑这辈子该怎么办？当我们面对未知的未来，你同样会感到无所适从。在这个时候，我们唯一能够做出的选择，就是学习。我们这些做老师的，实际上是在跟学生同步学习，你和他同步，你还要能够指导他，这就要求你的学习能力必须比他强。"熊澄宇说，"我现在清华大学主要开三门课，一门是媒介发展史，从公元前3500年一直讲到今天；一门是新媒体研究，讲可能发生的未来；一门是文化产业研究，就是讲当下。对于我来说，每一次上课，每一天面对学生，都是一次考试，检测的就是我的学习能力。你必须不断丰富你的知识，然后还要去思考，才能够去引导他们。我给政府做咨询也好、给企业做顾问也好，都是在做现场解答，大家面对的是同样一个事实，他们和你在进行同步思考，但是他们为什么需要你的大脑？这就要求你跟他们想的不一样，你能够带给他们启发"。

熊澄宇感慨道，"在现代社会做人文社科的研究，已经不像30年前我读书的那个时代了。那个时候我坐在善本库里面，每天一杯水两个馒头，我就能够很满足地沉浸在古代的信息资源里去获取知识。但是在今天它显然不够。我们需要什么呢？就需要到现实中去看、去交流、去讨论。只有交流才能知道对方的问题、焦虑和兴奋点在哪里，只有通过在一个更大平台上的数据比较，才能够确定自己的坐标"。

不仅是学者，熊澄宇还是一位从教几十年的资深教师，在谈及他的教育理念时，熊澄宇提出了四层境界，分别是：有教无类，因材施教，教学相长，学无止境。

"我简单解读一下。第一个有教无类，就是我刚才说的，我们去衡量一个学生，重要的不是看他掌握了多少知识，而是看他有没有继续学习新知识的能力。所以，到我门下来读研究生的人，几乎学什么专业的都有，学汽车的、学外语的、学计算机的，我觉得都没有关系。但是我一定要亲自面试，要跟他们交流。比如我有一个学生是学哲学出身，在和他沟通的过程中，就觉得他有很好的逻辑思维能力和抽象思维能力，所以虽然他此前从未学过新闻传播，我也觉得挺好。第二个是因材施教，我到清华来教这几十年书，就发现人跟人生来确实不太一样。清华的本科生生源极好，有的人在这方面擅长，有的人在那方面擅长，所以要根据人的情况来进行培养，要考虑到从不同的角度去发挥他的长项。"熊澄宇继续说道，"教学相长也是如此，'师不必贤于弟子，弟子不必不如师'。因为当确定一个研究选题的时候，它一定是属于学术上需要解决的问题才有价值被提出，那么就需要你跟学生同步解决，甚至学生对这个领域的把握还应该超过你，乃至成为这个领域的专家。在教和学的过程中，它是一个相互推动、相互促进的过程，你根据对学术的整体了解来指导学生，学生提出问题又促使你去思考，你跟学生在同时进步。最后就是学无止境，这个不需要我解释，因为对所有人来说，我们都面临着巨大的未知数，都需要学习。我们现在对宇宙世界的认知大概只有25%，很多今天存疑且无法解释的东西，或许只有等将来才能够被验证。整个社会都在不断前进，就像流动的水一样，每个人都做好自己这一段，才不至于变成一个冻结面停在那里"。

对此，熊澄宇还特别向年青一代学者提出了几点寄语："独立思考，批判精神，创新愿望，务实态度"。

"所谓独立思考，就是人作为个体存在的前提，每个人存在的意义是在于你和别人不一样，每个人都需要有自己独立的思考，一个大脑取代无数个大脑的时代已经一去不复返了。特别是对于学者来说，我觉得独立思考非常重要，也就是你的独特性、唯一性。所谓批判精神，是中国几千年来的士大夫传统。什么叫批判？就是责任感，就是家国情怀。我觉得一个社会、一个行业、一个学科不够好，但是我希望它好，这就是一种责任感。第三是创新愿望，光有批判不行，你还要提出解决方案。所谓创新就是你要提出怎么用别人没用过的方法来解决问题，要往前推动，要做得更好。第四个是务实态度，就是说你要把事情做成，必须脚踏实地，在你能力范围之内把事情做实，不能好高骛远，不能去追求做不到的事。"熊澄宇说，"这既是我对年轻人说的，也是我对自己说的，共勉吧"。

熊澄宇坦言，生活中的自己不喜欢进入舆论场，更不愿成为别人关注的热点。他说，"对于我们这个年龄的学者来说，尽可能地是通过自己的文章去发言，而不是通过别人的表述"。熊澄宇早年曾对清代文学家蒋士铨情有独钟，并写下过15万字的研究专著，而最让他欣赏的便是蒋士铨的那句"潇洒一官足，磊落半生穷"，这位乾嘉名士经世致用之奇美人生、腾踔万象之逍遥本色映照出的正是熊澄宇通文达艺、茹古涵今却清心自若、不求闻达的学者风骨。

中国美学中有"澄怀观道"之境，意谓以廓然胸襟悟宇宙灵气。此中真意直指中国人文化心灵的至高审美：以最自由最充沛的身心自我面对虚实一源的大千世界。其意趣中既有佛家之出世空无、道家之超世逍遥，亦有儒家之入世有为，这种境界放在熊澄宇的身上，恰如其分。

【熊澄宇简介】

熊澄宇，1954年出生，江西南昌人，清华大学新闻与传播学院教授、博士生导师，美国杨百翰大学博士，清华大学学术委员会委员，国家文化产业研究中心主任，中国新闻史学会传播学会会长，曾任清华大学传播系常务副主任，新闻与传播学院首任副院长，院学术委员会主任，国务院信息化专家委员会委员，兼任国家战略性新兴产业专家委员会委员，国家互联网发展与管理专家委员会委员，财政部文资办专家委员会委员，文化部文化产业专家委员会委员，教育部教育技术教学指导委员会副主任，中国国际文化交流中心理事，北京大学全球化创新领导力研究中心主任，深圳大学鹏城学者。

主持并完成国家八六三计划、国家重大科技攻关项目、国家社会科学基金重大项目、国家软科学研究项目、全国艺术科学规划项目、全国教育科学规划项目等国家级科研课题。主要学术著作有：《熊澄宇集》《媒介史纲》《世界数字文化产业发展现状与趋势》《世界文化产业研究》《新媒体百科全书（译）》《中国文化产业政策研究》《文化产业研究：战略与对策》《信息社会4.0》《西方新闻传播学经典名著选读》《中国现代远程教育发展战略研究》《蒋士铨剧作研究》《南词叙录注释》等。

刘卫东：学术事业的发展离不开集体力量[*]

在新中国新闻教育版图中，天津是一块坚韧进取、底蕴深厚的热土。1959年，作为新中国成立后最早创办新闻学专业的高校之一，天津师范学院（今天津师范大学前身）新闻学专业的建立，拉开了这座华北重镇新闻教育事业的序幕。半个多世纪以来，几代学人的兢兢业业、不懈奋斗换来了时至今日的大局既定、独具一格。个中甘苦起伏，冷暖得失，无不令每一位亲历者心存怀想，念念难忘。而在这筚路蓝缕的艰辛创业史中，不得不提的便是眼前这位身居天津师大新闻传播学院院长之职十余载的儒雅学者。"天津的新闻教育和天津师大的新闻教育是同时起步的，学院的发展是几代人奋斗的结果，没有集体力量的支持，我们什么也实现不了"，刘卫东发自肺腑，语重心长。

作为土生土长的天津人，刘卫东的学术人生与这座城市充满了千丝万缕的联系，从初识师道尊严而又善良懵懂的童年时代，到逆境中随遇而安而又好学进取的青年时代，再到学术之路苦心沉潜终获局面洞开的中年时代，直至几近耳顺之年的持心若水，洞明练达，每每回忆起过往经历与今日之境的渊源时，刘卫东总是不禁感喟命运的巧合与造化的成全。自1982年大学毕业留校任教步入新闻学大门至今，当年那个对新闻学、新闻理论毫无感知的年轻人已然桃李天下、成就斐然。跟随着中国新闻传播学术事业从百业待兴时的空白迷茫到百花齐放时的繁荣自觉，刘卫东在学术人生中上下求索的每一个脚印，同样印证着中国新闻传播学研究的每一段里程。

作为天津师大新闻传播学院建院以来的首任院长，刘卫东对于这份投

---

* 本文撰写于2014年。

入了毕生心血励精图治的事业始终谨慎自持，他时而反思自省，时而欣喜自豪，他对先行者充满敬畏，又对后继者满含期待，他毫无居功之意，言谈间尽是艰涩岁月中彼此扶携的趣事欢欣。乐学深思，亲和谦逊，刘卫东在他的学术人生里，留下的是一路"敬天爱人"的赤子之情。

"小学的教育对我影响很深远"

"我是1954年12月26日出生，六岁上的小学，1960年入学的时候正赶上国家节粮度荒，全国的粮食都不够吃的，印象中经历过一段非常艰难的生活。我的祖辈是经商的，父亲当过工商联的副主席，但是他喜欢书法艺术，上小学时，我们班教室前面的'好好学习、天天向上'八个字就是我父亲写的。我母亲是一位工人，她对音乐艺术很有悟性。我受父母影响，从小就对文化艺术感兴趣。中学毕业在家等待分配工作的时候，除了爱坐公交车（那时公交车的学生月票是两元钱）出去看天津城市景观以外，就在家里写字、画画、唱歌，乐此不疲。"刘卫东回忆说，"我们家住在天津市和平区鞍山道，我在鞍山道小学上学，就在张园（溥仪在津寓所）正对面。我家的邻居有很多都是教育界和宣传文化界的名流，像天津市文化局的领导，天津日报的总编、记者，还有新中国老一代作曲家、老画家都在这一带住，他们的孩子有许多都是我的小学同学"。

"小的时候，我母亲希望我长大后要上大学当工程师，当科学家，那时候我和她都不太懂什么是工程师、科学家，我就对她说，你放心，我一定会当上的。可惜我父母亲在70年代前后就相继去世了。1978年恢复高考，我上大学后，专门去墓地看过我的母亲，对她说，我终于实现你的愿望，考上大学了"，说到这里，刘卫东难掩思念。

"我在鞍山道小学时有几件事影响了我一辈子，直到现在我还会给研究生们提起这段历史。一是我小学的第一堂课。这堂课的老师是我们的校长，老太太姓邢，身材瘦小，精神矍铄。同学们听说是校长来讲课，手放背后，眼睛睁得大大的。校长走上讲台之后说，'同学们好，今天给你们上第一堂课。'然后她转身在黑板上写下了工工整整的八个大字：我为人人，人人为我。"刘卫东兴致盎然地回忆道，"那时候我们家门口墙上的大标语印的也是这八个字，所以我印象很深。但我们更惊愕的是校长的黑板字，太漂亮了！哇！我们一帮孩子情不自禁脱口而出。校长怕我们理解不了，就用'我爱人人，人人爱我'加以解释。她写下那句话是想告诉我们，你首先要为别人着想，获得的回报会是一样的。可是当时的我还不能理解得这么深，倒是岁数越大，越发体会到了它的深刻内涵。这是给我小学时候留下印象最深的一课"。

刘卫东继续聊道，"还有一位老师给我的印象很深，就是我的班主任邹沛丽老师。邹老师家里是天津有名的大家族之一，据说占劝业场（笔者注：天津第一座集商业、文化、休闲、娱乐于一体的大型综合性商场，始建于1928年）股份最大的就是他们家。那时，邹老师经常带着我们几个班干部去她家里玩。节粮度荒的时候，她还把家里的东西往学校拿。周末还经常组织同学们去街头学雷锋做好事。可惜'文化大革命'期间，邹老师精神上受到了很大的打击"。刘卫东微微叹息，"我在小学时经历了很多美好的事物，但都是在四年级以前。到五六年级的时候，'文化大革命'开始了，我和我的家庭都受到了冲击，经历了一个个的灾难。这就不多提了。我们学校还有一位老师，我至今都记得，他叫张学铭，旧中国天津市市长，是张作霖的次子，张学良的胞弟。'文化大革命'开始以后，他就在学校里打扫厕所，烧煤球生炉子，有一次一个学生竟然把一块烧着的木材塞进了他的脖子里！那个年代，老师都是'臭老九'，何况大军阀张作霖的儿子啦，师道尊严早就没有了，看到这场景，我浑身直哆嗦，心都和老师揪到一块去了"。

在对童年的回忆里，那些刘卫东最难忘的情景几乎都与老师有关，这对于日后考入师范院校、走上三尺讲台的他而言，或许并非全是偶然。然而，一面是令他心驰神往的师道尊严，一面却是令他不寒而栗的难堪境遇，或许连他自己都没有想到，童年时代的斑驳烙印竟会给他未来的人生抉择带来不可往复的影响。"在我们那个年代，毛主席就是我们的偶像，雷锋就是我们的榜样。老师只要说一句话，我们都会跟着响应，你要干点不光彩的事，在班集体里都抬不起头来，大家都是那种心态。所以小学的教育对我是极为深刻的，影响也是非常深远的"，刘卫东娓娓诉说，难掩真情。

"初中毕业后我被分配到文化局"

"我的初中是'文化大革命'期间在天津市五十五中学念的，那个年代我特别感激我的中学班主任,他叫陈源记。"刘卫东介绍道,"陈源记老师是天津师范学院中文系第一届毕业生,1963年到五十五中学任教,据说他是一位印尼华侨。我大学毕业后多次回母校看望过他,对他有一种由衷的感恩。我记得中学毕业后分配工作,那时候最好的工作是'八大员'——公交售票员、驾驶员、邮递员、幼儿保育员、理发员、火车乘务员、商场售货员、食堂炊事员。最好的单位都是到国营企业或者大型工厂,当时班上所有的同学都分配完了,就剩下我一个人,心情可想而知。陈源记老师安慰我别着急,在家等着,结果最后也是他给我的通知,让我去文化局报到。就这样,我和文化打上了交道"。说到这里,刘卫东感恩又庆幸。他不无惊喜地继续回忆道,"更有意思的是,中学的另一位冷吉朴老师,在'文化大革命'期间教师受排挤的年代,我们几个同学私下里和他关系最好。后来他调到北京广播学院工作,我和几个同学还特地到北京看望过他。等到我在天津师大任教以后才得知,冷老师和中国传媒大学老校长刘继南老师竟然是夫妻!后来刘老师经常参加我们和传媒大学一起举办的学术活动"。

"我是1972年去的文化局,到1978年考上大学,在那里前后工作了6年,先后在新华书店和文化局团委。当时接我到书店的领导叫李恩光,学问大,口才好。后来去上大学时欢送我的也是他和一群号称'八大金刚'的年轻伙伴。我们至今保持着近40年的友情,这6年时光也是我最快乐的人生阶段之一。其中有一段时间我作为'天津人民广播电台青年节目'的通讯员,经常到文化局下属的剧团采访,有京剧团、话剧团、歌舞团,还有曲艺团、杂技团、河北梆子剧团、评剧团、泥人张、杨柳青画社,在那里认识了许多老艺术家。在文化系统工作期间,还结识很多书法家和画家,如李鹤年、王学仲、赵半知、王颂余、黄胄、刘炳森、孙其峰、萧朗、董嘉田等。1973年开始恢复夜大学教育,从此我就每天下班坚持到民园体育场附近的新华职大上课。6块钱的学费,单位还给报销,只是那时候也没有多少人去上学。"刘卫东回忆道,"我不挑专业,开什么课就学什么,如《资本论》研究、列宁的《国家与革命》、鲁迅研究、曹操研究、形式逻辑、古典文学、诗歌创作、戏剧创作,还有朗诵艺术、美术字写作等等,我都学过。从晚上6点多钟上到9点半,老师们的课都讲得非常棒,听课人如饥似渴。我的启蒙老师是南开大学哲学系的崔清田教授,他是中国著名的逻辑史学家,治学严谨,出口成章,虽然学生们都很敬畏他，但他和我却一直是忘年之交，我后来上大学也都得益于他的支持。我在新华书店的师傅叫王明远，老人家是一个非常正直善良的人。还有原来在中华书局、三联书店工作的几位老先生，对我影响也很大。他们一直在熏陶、影响着我，经常对我说，卫东啊，有机会就去读书吧。这些出版发行界的前辈给了我很大的鼓励和鞭策"。

1978年7月，还在文化局工作的刘卫东参加了'文化大革命'结束后的第二次全国高考，用他的话说，"没想到阴差阳错就考上了"。"其实1976年的时候，我们文化局有一次上工农兵大学的机会，单位推荐我去复旦大学中文系。不巧那一年唐山大地震，天津也受到了波及，家里老人不希望我离家太远，最后放弃了。这个大学没上我也不后悔，觉得顺其自然，随遇而安。当然，这一年也没闲着。大地震前的7月26日，我买了一台海鸥（4B）照相机，80块钱。地震以后开始学摄影，在临建棚里整夜整夜地洗印照片，所有的洗印设备都是我和同事自己制作的。这期间还结识了摄影界前辈李瑞雨、夏放等名家。没想到1977年邓小平就主张恢复高考了。"实际上，当年在文化局工作的刘卫东，并不舍得放弃喜爱的工作去读书，但是生母的遗愿、师长的鼓励、同伴的建议，外加环境的驱使和求知的本能，让他最终决定去试一试。

"高考结束后，文化局派我去呼和浩特出差，我在呼和浩特打了一个电话给单位，他们告诉我考上了。可是我的第一反应是：不想上。"刘卫东解释道，"经历了'文化大革命'的人一度认为，念师范学院将来当老师是没有社会地位的。我当时也没考虑太多，就是不想上。但是后来有两件事让我渐渐改变了主意"。刘卫东继续回忆说，"当时全国各地都在关注高考，我到内蒙古博物馆参观时，正巧遇见两个讲解员也在讨论高考分数，看到她们正在焦急等待录取结果，又想到自己已经考上了大学，一时间很是自豪。等我回到天津之后又发生了一个波折，让我觉得都走到这一步了，就去上学吧"。原来，因为报名登记的笔误，刘卫东的体检表显示他单耳失聪，竟然意外地被师范学院拒绝录取，好在几经周折，重新复查之后，才又被改为同意招收。"招生的地方就在解放北路凯悦饭店对面，就是天津第一饭店，那天我穿着工作服就去了，我记得一位中文系老师（后来才知道是高守刚教授，还有系主任姚耀老师）问我，你工作这么好，将来上大学当老师，你后悔吗？我回答说，您要是现在让我上，我就不后悔。结果两天之后，我就接到了录取通知书。"

谈及上大学的情形，刘卫东颇为欣喜，"当时的规定是工作五年以上的，可以带工资上大学，我刚好满六年。那阵儿的工资一般就是36块钱，我带着每个月36块钱的工资上大学，上到大三的时候，原单位又给我长了一级工资，42块，在同学中算是富人了"，他笑道。

就这样，24岁的刘卫东成为了天津师范学院中文系78级的大学生，面对命运的安排，无论是迟疑还是决绝，无论是欣喜还是失落，他最终都选择了积极理解，欣然面对。"文化大革命"结束后的恢复高考，改变了一代中国人的命运，刘卫东的人生轨迹也从此裹进了这股洪流，昼夜不舍地奔向未知的前程。但对于他的学术人生而言，一切不过刚刚开始，只是那个时候，他还没有如此深刻地觉察到。

"刚留校时，我不懂新闻理论"

"天津师大新闻专业是1959年创办的，'文化大革命'间停办了十年，直到1980年才重新恢复招生。1982年我大学毕业时，中文系新闻教研室一共只有四位老师，一位是教研室主任赵传惠老师，一位是马艺老师，还有一位是从资料室调过来的宋世偌老师以及从新华社调来的洪敏生老师。我和同班同学刘鹤文一起留校，同一年过来任教的还有复旦大学新闻系毕业的孙瑞祥。"刘卫东坦言，"我那时候对新闻学并没有太多的了解，基本上就是零基础。留校后的第一件事就是被赵老师派到中国人民大学去进修，我是和马艺老师一起去的，我的任务是跟甘惜分先生学新闻理论，马老师的任务是跟方汉奇先生学新闻史。那时候有很多人主张我去学习采访写作，认为搞理论将来会很枯燥，我说这都是领导安排的。没想到，我后来非常喜欢理论，也很适合这条路子"。

1982的秋天，刘卫东在北京开始了为期一年的进修学习，这对于刚刚接触新闻学的他来说，是一次全新的启蒙。赵传惠主任在距离中国人民大学不远一个名曰小泥湾的地方，租了间房子，那间房子也成为了后来师院新闻学专业的青年教师如刘鹤文、刘庆禄等人去北京进修时轮流落脚的地方。"在人大，我主要是听甘惜分老师的新闻理论课，还有何梓华、成美老师的课，另外包括郑兴东老师的编辑学，蓝鸿文老师的采访学，方汉奇老师的中国新闻史，张隆栋和傅显明老师的外国新闻史也都旁听了。不仅如此，我在了解到中国社科院研究生院也有一个新闻系之后，就同时在人大和中国社科院两边听课学习，主要听了沈如刚（新闻理论）、钟立群（编辑学）、王武录（采访与写作）等老师的课。有时候学习得太晚，就干脆住在社科院新闻所的宿舍里。可是说心里话，我还是不太理解究竟什么是新闻理论。"实际上，刘卫东的困惑也是一个时代的集体困惑，被意识形态裹挟得太久太紧的新闻学，历经时局坎坷直到80年代初期依旧未能得到彻底的松绑，学术生命力仍在束缚中等待着释放。"甘老师讲课非常精彩，校内使用的教材就是他写的《新闻理论基础》，这本书是白色封面，最早没有正式出版，我现在都还留着，它不仅是新中国马克思主义新闻理论的奠基之作，也是我接触新闻理论的启蒙书。记得有一次我专程去甘老师在东四十条的家里（原段祺瑞政府所在地），先生给我开列了一个书目，里面大多是马克思恩格斯的选集和传记。我以为马、恩、列、斯、毛的办报思想就是新闻理论呢！这是当时我非常迷茫的认识状态和心结。"

幸运的是，刘卫东的这个心结很快就解开了。"1982年11月，第一次全国传播学研讨会在中国社科院新闻所举行，天津师大派出了刘鹤文老师作为正式代表出席会议。我当时正好在北京，听说消息以后也赶去旁听了。那次会议带给了我很大的惊喜！"刘卫东记忆犹新，"我一下子就觉得西方的传播学很有它的学理特点，尽管我们当时都在批评它抽去了阶级性和政治倾向性，只是专门用来做信息沟通的模式和框架，但这恰恰就是我要找的东西"。刘卫东如数家珍，"在那次会议上，我听到了许多新的概念，像'信息''讯息''受众''阅听人''广告''公共关系'，都是第一次听说。不仅如此，会议还形成了两种明显不同的意见，大家激烈交锋各执己见。有人认为传播学是西方的舶来品，不能全盘接受；还有人觉得这是科学，应该引进和接收。但不管怎样，我从那次会议中萌发了一个想法，就是把新闻与传播结合起来，搭建出纵、横两条人类信息传播的框架，纵向是人类普遍共有的传播规律，横向则是以国别划分的特殊传播规律的合集。沿着这个思路，1988年，我的第一部理论专著《信息论与新闻》由北京广播学院出版社出版，我当时的想法就是找到一个真正能得到普遍认同的逻辑框架和理论模式，可以把散落在各个学科里面的传播学、新闻学的'材料'整合起来，让理论有一个落脚点。我以为这就是包括信息论在内的'老三论'"。

从此以后，刘卫东对理论研究产生了浓厚的兴趣，"这虽然是我在一段时期内的一点肤浅认识，但是我从此爱上了理论研究。我觉得理论能让人站得更高，看得更深、更远，我越发感觉到了理论研究对我有特别的吸引力"，他一再感叹。

"我的学术人生有几个拐点"

从80年代初期的初露锋芒到时至今日的硕果累累，刘卫东的学术人生已经走过了三十余个春秋，当被问及如何划分自己的学术里程碑时，他略带迟疑地答道，"我很难划出清晰的节点，但是就个人来说，有几个标志性的事件可以算作是我的学术拐点"。

"第一个就是我第一次独立出书，也就是1988年的那本《信息论与新闻》，我得感谢王武录教授的直接指导和帮助，一些重点章节武录老师都亲自帮我修改。在这之前，我发表的都是学术问题方面的文章，出书对我来说就是个奢望，所以出版这本书的时候，就像人生的第一个孩子出生那样欣喜，并且还有艰难攀登，终于登顶的那种胜利感和成就感，印象可真是太深刻了"，刘卫东至今仍难抑兴奋。"出版这本书的时候，我跑到出版社校对稿件，印刷厂在河北涿州。那年暑假，大热天来回坐火车去印刷厂好几趟，出书自己还掏了三千块钱，这在当时不算少了，但是我觉得这件事值得，走完这条路之后我发现非常快乐，并且从此以后就激发了我不断去写、不断探索的愿望和动力。"功夫不负苦心人，刘卫东的这部处女作很快就得到了学术界的赏识，作为国内最早使用信息论的基本理论来研究新闻学的专著之一，一举获得了当年天津市哲学社会科学优秀成果三等奖。"它后来获奖我也很意外。因为直到1996年新闻传播学才被国家确认为一级学科，所以1991年领奖的时候都没有我的座位，人家问我是哪个学科的，我回答'新闻学'，对方都很诧异：哪有这么个学科呀？最后，工作人员在紧邻法学组的过道上放了把椅子，我孤零零地在那等待领奖"，刘卫东笑道，"总之这本书让我找到了一个起点，挺高兴的，有了动力和成就感"。

"再有一件事就是我参加过的十几次全国传播学研讨会。到目前为止，每届会议都参加的，恐怕只有我和陈力丹两个人了，1982年在北京，1986年在黄山，1993年在厦门，1995年在成都，1997年在杭州……现在我还保留着第一届会议的记录。就像前面说的，正是传播学让我找到了研究新闻理论的突破口。除此之外，1992 年中央在十四大提出建设社会主义市场经济，这对我的研究是一个重要的拐点。1993 年 5 月，当时由孙旭培任所长的中国社科院新闻所与无锡日报联合举办了'社会主义市场经济与新闻事业研讨会'，专门探讨市场经济中如何推进新闻事业的改革发展，那次会议之后我开始发现，研究新闻学光关注自身不行，还必须要密切关注其他学科，要研究社会生活。所以我后面的兴趣点和论文也都往这方面靠了。这是 90 年代的情况。"

"第三个拐点就是 1999 年底，我出版了《新闻传播学概论》这本书。此前的 1994 年，我还写了《新闻摄影基础》一书。而写《新闻传播学概论》的时候，我家里有老人病瘫在床。我太太为我做出了极大的牺牲，这本书的问世也得益于她和许多人的帮助，这些我都在后记里有记载。后来这本书又获得了天津市哲学社会科学优秀成果三等奖。"事实上，这本《新闻传播学概论》不仅是刘卫东潜心钻研十余载的代表作，也是国内较早一批将新闻学和传播学进行交叉研究的学术专著。"我记得国内最早使用'新闻传播学'这五个字出版的著作，应该是 1994 年辽宁大学中文系新闻专业主任高永振教授在辽宁大学出版社出版的《新闻传播学》。然后就是 1995 年，邵培仁教授和黄旦教授分别在江苏人民出版社和杭州大学出版社出版的两本《新闻传播学》。再就是童兵教授 1999 年在中央广播电视大学出版社出版的《新闻传播学原理》。第五个大概就是我的这本。"1999 年，陈力丹教授为此书写的序言中写道："从本书的结构和内容看，学术化显然是作者努力追求的目标。该书既保留了相当的新闻学的结构和内容，又继承了传播学广泛吸纳其他学科知识的传统，借助各种学科，例如社会心理学、系统论、符号学、接受美学、数理统计、几何空间理论等等来深化对问题的探讨。努力建构自身的学术特色，提出一些新的观点和研究视角，这是这本书的价值所在"[①]。2002 年，中央民族大学的白润生教授曾经评价此书为"跨学科研究的交叉创新、学理与学术的兼容统一、科研成果与教学实践的互为补充，以及方法论上定性与定量的有机结合"[②]，对于刘卫东来说，这是莫大的鼓励。

[①] 参见陈力丹《新闻传播学概论》序言，天津社会科学院出版社 1999 年版。
[②] 参见白润生《新闻学与传播学交叉研究的有益探索——评刘卫东的学术专著〈新闻传播学概论〉》，《新闻战线》2002 年第 3 期。

"再往后呢，就是我发现了政治学与传播学之间的深厚思想渊源，政治学让我感到非常'解渴'。"2007年，年过半百的刘卫东不顾同行好友的善意劝阻，在极其繁忙的工作之余，师从中国著名政治学家徐大同先生的嫡传弟子高建教授攻读政治学博士学位。刘卫东坦言，"其实我之所以读博，最开始是出于学院的整体学科建设考虑。因为学校希望学科带头人最好能有博士学位以积累一些实力，所以我和新闻系主任孙瑞祥老师都考了博士，我读的是政治学，他读的是文学。但是，当我真正从西方政治思想史中寻找到西方传播学的思想发展脉络时，我觉得博士学位本身已经不再重要了，重要的是导师的学术成果对我的启发，我应该好好地去读一些这方面的书"。也正是从这个时候开始，刘卫东的关注重点渐渐从新闻传播学的基础理论转向了更为宏观的研究视域，从意识形态到技术哲学，从文化变迁到媒体理政，从战略文化到信息安全，作为中国学者的大局意识与学术立场日臻纯熟、气象明朗。

刘卫东在他的博士论文后记中这样写道："在相当长的时间里，中国学者常常是由支流切入传播学浩瀚之领域。在传播思想史茫茫'原野'中溯本求源者有之；高举华夏文明大旗，在本土化上奋力潜行者更不乏其人。但是，当我步入政治学殿堂之后，眼前豁然开朗，终于在这里找到了传播学的思想渊薮和学术滥觞。这是我攻读博士学位中最大的学术收获"。而这也正是他不懈跋涉、沉潜七载后的由衷之言。

"学院的发展是几代人集体奋斗的结果"

2003年，天津师范大学新闻传播学院成立，刘卫东出任院长，学院从成立之初的两个本科专业（新闻学、广告学），十几个人的教师团队，发展到今天的七十余名教职员工，六个本科专业（新闻学、广告学、广播电视学、播音与主持艺术、广播电视编导和摄影学），两个新闻传播一级学科硕士学位授权点（学术型和专业型）以及一个戏剧与影视艺术一级学科硕士学位授权点（学术型）。作为学科带头人的刘卫东在此间功不可没，但是他对此却极为冷静低调："学院的发展是集体的力量，是几代人奋斗的结果，绝不是靠个人之力，一个人是什么也干不成的。比如我们专业的赵传蕙主任，他是80年恢复招生以来的第一任主任，在老校长李继之、中共天津市委书记张再旺和天津日报总编辑石坚等同志的全力支持下,是他重新扬起了师大新闻教育航船的风帆。今年是我们天津师大新闻专业创建五十五周年,这五十五年来,如果没有学校和学院上上下下的支持,我们真的不可能发展起来"。

刘卫东的这句话有着深厚的历史依据和情感基础,"我可以掰着手指挨个列举对学院做出过巨大贡献的老师们,比如已经调走的籍祥魁书记,他当年与我搭班,如果没有他的辅助,我就没法集中精力抓科研、搞学科建设。再有就是前几年退休的马艺副院长,他主抓学院的教学,也是学校的教学督导,这些年工作成绩斐然。当然,我们学院能有今天的局面,还离不开几个方面的努力:第一个是历史积淀——几代人的历史积淀,多少人为此奋斗啊,甚至还有几位老师因为过度操劳而英年早逝;第二个是集体力量的支持——学校党政领导班子,现任学院领导班子,还有咱们的全体教师,这里面有许多生动的感人故事,关于这部分,我正在写回忆文章;第三个就是协调好内外上下的关系,如果没有新闻学术界前辈的鼎力提携,没有国内学界同行的无私关照和全力支持,我们这些年也不可能取得突飞猛进的发展。这些都是我一辈子也不会忘记的"。

刘卫东接着介绍道,"我们2003年获批传播学硕士学位授权点,2006年获批新闻传播学一级学科硕士学位授权点,2007年天津师大新闻学专业被教育部授予国家级特色专业,是全国新闻传播类的20个国家级特色专业之一;2008年,新闻传播实验中心获批教育部国家级实验教学示范中心;2009年,学院准备申报新闻传播学一级学科博士点;2010年,广告学专业获批天津市品牌专业;2011年,播音与主持艺术专业获批天津市'十二五'战略性新兴产业相关专业建设单位;2012年新闻传播一级学科成为校级重点学科。目前我们学院有天津师范大学文化传播与社会发展研究所、天津地方新闻史研究所、国际传媒研究中心以及公益影像研究中心等四个校级科研机构。全院教师承担了科研项目近百项,其中国家社科基金8项,国家级横向课题5项,教育部课题6项,省部级课题28项……"他如数家珍,欣慰坦然。

刘卫东回忆说,"记得我上大学的时候,中国作协副主席,写过长篇小说《庚子风云》的著名作家鲍昌,他是中文系的系主任,也是我的老师,他当时就说过,'中文系的系主任首先是一个学术的荣誉,而不是行政的职务。如果你不能在文学上、学术上得到大家的公认,只是看中它行政上的官位,就别上这边来'。鲍昌先生说的这番话给我留下了很深刻的印象，这么多年我一直都在思考他说的'学术荣誉'四个字，告诫自己要当好院长，必须得在学术上锲而不舍，只争朝夕，把学术追求视为自己的生存状态。所以，这些年我从没有离开过我的主线，一直在这个地方守望，甘于寂寞，但我乐此不疲。因为读书、教书、搞研究就是我喜欢的事，读书做学问是一辈子的事，我觉得，挺美！"他笑着说。

不难看出，刘卫东的谦逊平和源自于他内心深处的敬畏情怀——对于教育事业的尊重和对于学术研究的热爱。"一些亲朋挚友问我：一天到晚地忙活，不觉得累呀？我说我不觉得这是个苦事，而是一件乐事，是一份动力。每当我在研究过程中发现一种新的理论来指导我的时候，我就有种特别的兴奋和快感。"说到这里，这位温和的长者神采飞扬。"历史阴差阳错地把我放在了院长这个位置上，就要求我们必须有所作为，才能对得起历史和后人。尽管我们学校不是密苏里和哥伦比亚，不是人大、复旦或北广，但作为天津市重点大学，我们有责任为学生们营造一个大师汇聚的研究氛围和思想碰撞的学术空间。所以我们经常召开国内外重要的学术会议，经常邀请国内外一流的学者和大师，让我们的师生与他们面对面。我今年整整六十岁，有时候回想起自己的过去，会发现有许多有趣的巧合，比如一直在新闻界、教育界和文化界工作，会让我想起与小时候成长环境的契合，有些从小仰慕的大师或名流，现在竟然成为我的老师或同行，这就像命运的某种暗示，偶尔想想总会有特别深的感触。"

伊斯兰教义中有一句这样的话："能敬畏者，必能戒慎恐惧；能不欺者，必能遇事忠诚；能知定分者，必能尽人事以待天命"。作为受党教育培养多年的少数民族知识分子，刘卫东的精神深处始终守候着一片和平与安宁：为而不恃，功成不居。正如他办公室悬挂的那幅欧阳中石先生的题词："持心若水"——随物赋形，宠辱不惊，或许这便是他内心深处最向往的智者之境。

【刘卫东简介】

刘卫东，1954年出生，天津市人，政治学博士、天津师范大学新闻传播学院教授、博士生导师、突出贡献教授（B级），曾任天津师范大学新闻传播学院院长。先后荣获天津市教学名师，天津市精品课程负责人，天津市"五一劳动奖章"，天津市教育系统优秀共产党员等称号。

刘卫东1978年考入天津师范学院中文系，1982年毕业留校并赴中国人民大学新闻系和中国社会科学院研究生院新闻系进修学习，师承学界泰斗甘惜分教授。1995年晋升副教授，并受聘为中文系副主任。1999年任文学院副院长并晋升教授。自2003年新闻传播学院成立担任院长，兼任天津师范大学文化传播与社会发展研究所所长，新闻传播学一级学科带头人。

先后独立或合作出版学术论著、教材12部：《当代新闻学》《信息论与新闻》《新闻摄影基础》《新闻传播学概论》《传播道德论》《新闻心理学原理》《传播理论与实践》《当代新闻传播》《新闻学概论》《新闻宣传文化论》《新闻心理学教程》《政治文化与媒介权力》；参与编纂辞书两部：《企业公共关系实用辞典》《中国市场经济大辞典》；发表学术论文六十余篇。有两部专著先后荣获天津市哲学社会科学优秀成果三等奖；有两篇论文分获第九届中国广播电视协会优秀论文一等奖（国家一级学会），天津市社会科学界学会优秀成果一等奖。

兼任中国公共关系协会（国家一级学会）常务理事、中国传播学会副理事长、中国新闻教育学会理事、中国组织传播学会常务理事、国家广播电视总局社科项目评审委员会委员、教育部新闻传播学重点学科通讯评议专家、国家级实验教学示范中心通讯评议专家、"中国新闻奖、长江韬奋奖审核委员会"委员、《中国新闻传播学年鉴》编委会委员等。

兼任天津市新闻工作者协会理事、天津市广播电视艺术家协会理事、天津市影视艺术协会副会长、天津市社会心理学会常务理事、天津市公共关系协会常务理事、天津市社会科学联合会委员、天津市社会科学规划项目评议组组长。

同时兼任中国传媒大学传播心理研究所教授、党报党刊研究中心教授、博士生指导教师；复旦大学新闻学院"985"基地驻所研究员；郑州大学新闻传播学院穆青研究中心研究员等。

黄瑚：新闻教育要注重实践品格[*]

周国平在一篇描写人性的文章中曾有过这样一段话："只刚不柔便成脆，只柔不刚便成软，刚柔相济，才是韧"。"韧"字，从韦，从刃，联合起来表示"耐割耐划的皮张"，辞典释义为"受外力作用时，虽变形而不易折断"之意。用这个字来形容黄瑚，似乎最好不过。

自1979年考入复旦大学新闻系至今，黄瑚便再没有离开过，他也因此成为了这个集体中同龄人里少有的守望者。回顾几十年风雨，黄瑚总结自己只干了三件事：80年代专注中国新闻史教学与研究方向；90年代转向新闻法规与新闻职业道德教学与研究领域；进入21世纪后先后担任复旦大学新闻学院院长助理、副院长、常务副院长，主持新闻传播本科教学管理与创新改革十余年。作为丁淦林先生的开山弟子，黄瑚的骨子里多少继承了其师遗风，他将自己形容为"随遇而安""允执其中"，却又用35年的治学之路塑造了自己在深根固本中创新求变的坚韧个性。无论是勇于打破传统的中国新闻史书写体例成一家之言，还是率先引进新闻伦理课程体系开风气之先，抑或是推出复旦大学新闻学院"2+2本科跨学科培养模式"力主改革独立潮头，黄瑚凭借着随性不争、孜孜以求、善利外物、甘于奉献的处世之风，用尽心力书写下了一个令人叹为观止的"韧"字。有趣的是，在谈及学术人生启航时的初衷，他坦率地称自己当初选择新闻专业并不是因为新闻理想，"我本来是个热爱文学的青年，进新闻系只是因为高考分数太高了"。这就是黄瑚，坦诚自信，云淡风轻。

---

[*] 本文撰写于2014年。

"父亲告诉我一定要读书"

"我是50年代中期出生的,1955年生人。我们这代人从懂事开始就进入了一段非常艰苦的年代。特别是刚上小学没几年就遇到'文化大革命',三四年级就开始停课。在这样一个史无前例的动荡年代中长大,连基本的文化知识都还没有学到手就开始'闹革命',很多人沾染上了打打杀杀的不良习气,因而在'文化大革命'结束后的一段时期内我们这代人曾获得过这样一个头衔:'文盲加流氓'。这是我们这一代人最大的不幸。"黄瑚回忆道,"我是1963年进入上海市卢湾区雁荡路小学开始念书的。我家就住在卢湾区,我父母有五个孩子,我在家里是最小的,上面还有两个哥哥和两个姐姐。'文化大革命'十年中,家庭教育给了我很大的帮助,所以从这一点看,我还是比较幸运的。我父亲早年在师范学校毕业后做过小学教师和中学教师,后来又到上海的无锡国学专修馆读过书①,他们的校长是前清状元唐文治,学校主教古文。我父亲的古文功底很扎实,所以小时候他教了我许多,我很小起就整天在家里背诗词古文,因此古代汉语基础打得很好。我父亲很有眼光,在'文化大革命'那样动荡的年代他也一直熏陶我们:书是一定要读的"。

黄瑚继续聊道,"我小学读到1969年就自然升到中学去了,当时上海搞中学改革,初高中合二为一,既不叫高中也不叫初中,统称中学,学制为四年,所以1973年我就中学毕业了。中学四年里还包括学工、学农、野营、拉练等瞎折腾活动,教学质量连初中水平都达不到"。说到这里,黄瑚又不免为自己庆幸,"因为我在家里最小,哥哥姐姐帮着带我,在'文化大革命'最开始的三年,我就在家里背古文,受到的都是正面教育。进入中学后,我在外语上花的精力比较多。特别是尼克松访华以后,上海人民广播电台专门有个频道每天播放十几个小时的英语教学节目,从初级英语到高级英语都有。中学毕业后,我就自己购买一些英语教材,每天反复听电台英语,所以高考之前还是打了一点基础的"。

---

① 无锡国学专修馆1920年创建于无锡惠山,是20世纪上半叶培养国学精英的摇篮,抗战期间迁徙于长沙、桂林、上海等地。学校以中国传统文化为教学内容,学术氛围浓厚,在学界传为美谈。

黄瑚不禁感慨道，"我觉得我们这代人在整体上说是很不幸的一代。虽然邓小平一举恢复高考，给了每个人平等入学的机会，只要是被社会耽搁的，不论年龄大小，都可以参加高考。但是当年最吃亏、高考录取率最低的，还是我们这一批人，也就是50年代中期出生的这代人"。他举例道，"譬如当时三十来岁的考生，'文化大革命'开始时他们至少高中已经读完了，只是没有机会继续上大学而已。再比我们小一些的考生，毕竟也完整读了三年初中。恰恰是我们这一代人，接受文化教育最少，文化基础最差，相当于接受了三年小学教育就去参加高考"。

在对童年和少年时代的回忆中，最让黄瑚耿耿于怀的莫过于最好的年华没有用于接受系统的教育，这甚至成了他至今回首这段岁月时去反复丈量幸运或是不幸的重要标尺。在特殊的年代里，身为家中幼子的他，在家人的庇护下已然为心灵守住了一块净土，多少弥补了一些不可往复的错失年华，但这依旧不能挽回烙刻在他心中的点点遗憾。当一位几近花甲之年的学者，在穿越山河岁月的重重障碍终达彼岸之时，抚今追昔的那份惋惜又何尝不令人理解与动容。

"考复旦大学新闻系不是因为新闻理想"

"1973年中学毕业时，我的两个哥哥已经到农村插队落户做农民了，我就留在上海当上了建筑工人，这在当时已经很令人羡慕了。高考是1977年恢复的，实际上是1978年春季和秋季各招了一批，我是到了1979年才去考大学的，这里面最主要的原因是经济问题。因为当时上大学虽然不用交学费而且还有十几块钱的助学金，但我家里当时的经济状况是，父亲已经退休，大哥作为知青只有考大学一条出路，因此我不可能把那时连工资带奖金每月近五十块钱的收入丢掉去考大学。"黄瑚继续说道，"所以，1978年我就直接报考了可以带工资上学的研究生"。

确如黄瑚所言，1977年到1979年，全国参加高考的总人数分别为570万、610万、468万，最终录取人数分别为27万、40.2万、28万，录取率分别是4.8%、7%、6.1%。77级学生于1978年春天入学，78级学生于1978年秋天入学，两届考生只相隔了半年。1977年高等学校招生工作即将结束之时，中断了十几年的全国统招研究生工作宣布恢复，教育部在1978年1月10日决定把研究生报考资格扩大到未毕业的大学生甚至没有读过大学的"同等学力"者，黄瑚就是在这个背景下直接报考研究生的。"结果没考上。其实很正常，当年研究生招生人数很少，被录取的大都是一些老大学生。1979年，工龄满5年的大学生可享受职工助学金待遇，我也就老老实实地去考大学了"，黄瑚回忆道。"复旦大学新闻系是当时文科中录取分数最高的，所以我们班的上海籍同学都是全市前几十名，外地同学也都是各省市前几名。我对高考是很自信的，自忖就算考砸了，名牌大学考不上，一般大学总是能上的。1979年那年是上海高考史上唯一的一次先公布分数再填报志愿的年份，我的成绩很高，大概在全市文科二十名左右，觉得这个成绩报复旦大学中文系有点亏了，于是就报了新闻系"，黄瑚直言不讳，"考新闻系真的不是因为有新闻理想，说实在的，当时对新闻一点感觉都没有。我只是一个文学青年，不可能有这个理想"。

说到这里，黄瑚聊起了刚上大学时印象最深的两位老师。"我记得我们进来后第一门课就是葛迟胤老师的'读报评报'课，他很关心学生，有一次问我平时看报纸吗？我说看的。他又问我最喜欢看什么内容？我说最喜欢看报纸副刊"，黄瑚笑道，"我记得葛迟胤老师听了之后一时哑然，这位热爱新闻研究近乎痴迷的老师不知道该继续跟我说什么了。这就是我当年的情况，真正学新闻懂新闻是进来以后的事"。黄瑚继续说道，"实际上我们这一代人要对新闻入门还是比较容易的，因为我们的政治观念都很强。'文化大革命'十年就是讲政治，你不关心也得关心，因为你不关心政治，政治就要关心你。如果对着干，就要把你打成反革命。读新闻的人必须是关心政治的人，否则是读不好的，永远不会对新闻有感觉"。

他记忆犹新地继续回忆，"当时王中已经出山了，他是位非常倔强的人，至今我还记得他重新上任复旦大学新闻系系主任时的场景。那时候我们刚上大学不久，他在就职大会上慷慨陈词：'我们新闻系要培养一个布鲁诺，不能培养姚文痞（姚文元），培养出姚文痞是我们的耻辱'。王中是老共产党员，说了几句今天人人都听得懂的真话就被打成右派了，吃了22年的苦头，但是他仍不回头，慷慨激昂地要求我们不能随风转，要坚持真理、坚持正义，他这种情绪特别强烈"，说到王中，黄瑚满怀敬意。

"我们这代人比较有吃苦精神，其实讲到底，只要肯吃苦，什么都干得好。所以当年读书的时候，我们的教室、图书馆都是人满为患。大学四年毕业后，我又考上了研究生，我考研的那年应该说是新闻系最难考的一年，公布的招生名额是两个，并强调宁缺毋滥，结果只录取了我一个人。"就这样，当年懵懵懂懂考入复旦大学新闻系的黄瑚，在以优异成绩完成本科学业之后又如愿留下来继续攻读硕士学位。那个起初对新闻学毫无兴趣的上海青年渐渐走出了家庭的指引，摸索了一条属于自己的学术之路。"丁淦林老师那年刚刚评上副教授，可以招收硕士生了，我的本科论文就是丁老师指导的，于是我选择了丁老师，选择了新闻史"，黄瑚平淡而又深情。

"新闻学不重视新闻史是不对的"

1983年，黄瑚成为复旦大学新闻系这一年唯一的一名硕士研究生，从此开启了他学术人生的第一步。"那时候还没有博士点，硕士生就是最高级的专门人才了。考硕士的时候就知道毕业后大都是留校当老师的，因此，我读研究生觉得学好历史和理论很重要，要掌握一门学科必须从掌握它的历史入手。你看学文学的人都很看重文学史，哲学教授、历史学教授也都对自己学科的历史非常熟悉，但是我们新闻学的情况就有点不一样了。新闻学教学与研究不重视新闻史是不对的，这是我们这门学科不成熟的一个表现。学了历史，才能有研究根基，才能有职业认同感。"黄瑚说，"所以我当时想，既然要搞科学研究，以后还要当老师，就得扎扎实实地首先学好新闻史"。就这样，黄瑚成为了丁淦林老师新闻史学研究方向的开山大弟子。

"硕士三年主要是搞新闻史，很扎实地在看书中度过。当年只有我一个人，所以也很自由。当时是导师负责制，研究生的课程都是导师安排的。丁老师给我安排的课程，师生比是一比一，像余家宏老师、徐培汀老师，还有历史系的余子道老师等都单独给我一个人开过课。余家宏老师给我上的是马列原著选读课。至今让我感动的是，当他得知为我上课后，从家里找了两本新闻系自己铅印的马列原著选读，跑了好长的路送到我的宿舍去。碰巧我不在宿舍，他就把书放在我寝室后离开了。老先生那年都已经七十多岁了"，黄瑚谈及此事不禁动容。"我上他的课在时间上很自由，反正他退休在家，什么时候想去都行，我就挑我合适的时间骑辆自行车去找他求教。丁老师给我上中华人民共和国新闻史课，其实一堂课也不讲，就是教我找文献、读文献，让我自己去查阅中华人民共和国成立以后有关新闻史的各种重要文献，最后我们两个合作编写了一本《中华人民共和国新闻史教学参考资料选注》，这本教材编完了，丁老师的这门课也上完了，这门课的期末考试成绩依据也有了。后来这本参考资料作为内部教材，在复旦新闻系用了十几年。所以我们基本上都是以研究为导向学习的，研究生就是真研究，不像现在的研究生，像本科生一样整天在课堂上接受老师的灌输"，黄瑚笑道。

黄瑚说，回想起来，从本科毕业论文研究邹韬奋的《生活日报》，到硕士学位论文研究孤岛时期的抗日报刊，再到博士学位论文研究中国近代新闻法制史论，一路上都是丁淦林老师亲手指导的。"丁老师搞历史有个特点，就是注重填补空白。当年新闻史有很多空白，比较容易做，而且都很有价值。我们可以随便选一个题目，都是前人没有研究过的，非常有意思。1983年到1986年之间，我在新闻史研究领域打下了一些基础，做了许多事情，为了写硕士论文还在上海市档案馆泡了一个多月，天天抄档案，毕业以后我就当老师了。"

1986年，黄瑚硕士毕业后留校任教，从此坚守至今，未曾离开。"80年代百业待兴，新闻系留了很多老师，但是到90年代不少人都走了，因为当大学老师太清贫了。"黄瑚解释道，"90年代中期的时候，学校的工资是1500元，最好的媒体的工资是7500元，差距很大。严格地说，从来没有离开过新闻系的教师就我一个，这里面当然也有机遇问题，但也和我的个性有关系。我为人比较中庸、保守，不张扬，不喜欢冒尖，这点我和丁老师蛮像的"。然而，不独是机遇与性格的缘故，就在90年代复旦大学新闻系教师纷纷转行的背景下，黄瑚却开启了学术研究的另一段征程——攻读博士学位。

"我是1994年读博士的，1998年拿的博士学位，我的博士论文《中国近代新闻法制史论》是法制研究和历史研究的结合，这两块正好是我的专长。我读了四年博士，这也是走不了的原因。1995年我评上了副教授，教学方面还是一直讲中国新闻事业史，这是我的老本行。2001年我出了一本书《中国新闻事业发展史》（复旦大学出版社2001年版），我用了'发展'两个字，就是要强调新闻事业是怎么发展过来的，虽然新闻和政治、经济、文化肯定相互关联，但毕竟不可能完全同步。所以我觉得和革命史同步的历史分期是没有道理的，这本书在这方面就做了一些突破。"关于这本书在体例突破方面的尝试，黄瑚的自我评价比较中肯：

"这本书我用的历史史料并不怎么好,有些历史专著必须在史料上有新的发现和新的突破,这方面我虽然有一点,但却不多。我主要是把它的体例打破了,我的想法是按照新闻事业本身的面貌来做历史分期,所以这本书出版以后还是有点影响的。当然,2001 年出版的那个分期还是比较仓促,我后来又进一步研究,出了一版新的《中国新闻事业发展史》(复旦大学出版社 2009 年版),把它分成四大块,历史分期就更加明确了"。

有关于此,吴廷俊教授曾经有过这样一段评价——"黄瑚'将新闻事业发展规律与社会发展的历史诉求相结合',认为中国新闻史可以分为四个历史阶段:第一个阶段为近代报刊的诞生与初步发展阶段(1815 年至 1895 年),第二个阶段为以民办报刊为主体的民族报业的日趋兴旺与新闻事业的全面发展阶段(1895 年至 1927 年),第三个阶段为两极新闻事业的出现与发展阶段(1927 年至 1949 年),第四个阶段为社会主义新闻事业的建立与发展阶段(1949 年至今)。不论他的分期是否合理,但有一点可以肯定,就是他想力求转换角度,从政治新闻学角度转换为新闻社会学角度"[①]。如其所言,黄瑚对传统新闻史学体例的创新突破是相当难能可贵的。

不仅如此,还有一段史学研究的经历也让黄瑚记忆深刻,"这段时间正好是方汉奇老师主持中国新闻事业通史这个项目,骨干团队就在人大、复旦两个单位,所以我们复旦所有人都加入了。我一开始只是写了一点点,我干完一点丁老师就再给我一点,后来就越写越多。复旦新闻系要数秦绍德老师写得最多,将近 11 万字;其次是我,写了 9.6 万字;我们两个加起来就有 20 万字了",黄瑚对此不无欣慰。

"我编写了中国大陆第一本新闻法规与职业道德教材"

除了一脉相承的新闻史研究,黄瑚在 90 年代初期的一次出国进修经历,再次为他开启了另一扇学术大门。"1991 年我出国进修,去美国夏威夷东西方研究中心进修了一年,回来之后我发现了一个现象,就是西方国家尤其是美国,他们的新闻教育体系当中都有新闻法规和新闻伦理这一

[①] 参见吴廷俊、阳海洪《新闻史研究者要加强史学修养——论中国新闻史研究如何走出"学术内卷化"状态》,《新闻大学》2007 年第 3 期。

块,90年代初期时将新闻伦理作为必修课的美国学校已经有百分之五十了。相比之下,我们只有新闻理论,没有新闻伦理。"黄瑚进一步介绍,"虽然新闻伦理听起来好像是哲学分支,其实不是那么回事,主要还是行为规范。徐培汀老师当年也开过新闻侵权方面的选修课,但都是研究性质的,不是从教学方面考虑。把新闻伦理作为教学体系的一部分在以前是完全没有过的。我发现了这个事实后,就向丁老师提出来这个设想,丁老师当时在做院长,他虽然为人温和低调,但也乐于接受新鲜事物,所以在他的支持下,我下了很大功夫准备这门课程,1994年就正式开课了。如果说90年代我对新闻教育稍稍有点贡献,就是把这个东西引进了"。

黄瑚回忆说,"1994年,这门课先在复旦大学新闻学院作为本科生和硕士生的选修课程。到1998年,又被教育部新颁布的新闻学专业目录介绍中列为本科生的必修课程,叫做《新闻法规与新闻职业道德》。1998年的专业目录修订,丁老师是新闻传播学科修订工作的主持人,他对这门课程是蛮支持关爱的。老实说,这门课程既是我搞起来的,也是在丁老师的支持下做出来的。1998年以后,全国各高校新闻传播学院就陆续开设起了这门课程"。而即便如此,黄瑚仍颇有些无奈,"这些年来,这门课虽然有了,但是对这门课程的重视程度还远远不够,上这门课的老师大都是在学校里属于小字辈的、比较边缘的教师。亏得我是本科教学的分管院长,否则我在复旦只靠这门课也是没人理我的",他笑道,"根本原因还是不重视"。

然而,黄瑚当年引进新闻伦理课程体系的先见之明还是得到了验证和肯定。2014年年初,在刘云山同志的指示下,教育部高等学校新闻传播学类教学指导委员会委托中国传媒大学新闻传播学部承办了"媒介伦理与法规"专题培训,黄瑚与来自国内其他高校的数位专家应邀授课,全国83所高校的120多位教师接受了培训,这一次专题培训将高校新闻传播院系学生职业道德法律教育提到了一个新的高度。黄瑚直言不讳道,"中国还是长官意识比较强,我搞了20年都没人这么重视过,现在领导批了,才开始要推动这件事,包括开设媒介伦理与法规必修课,编写全国示范性教材,改革教学团队发展模式,组织面向全国的任课教师培训等等",对此,他无奈却也庆幸。

黄瑚说,"其实把新闻法这个理念引进到中国来也是要动点脑筋的。用'新闻法'这个词可能会被误解为一部专门的法律,用'新闻法规'

来涵盖各种法律规定的总和是比较恰当的。'新闻法规与新闻职业道德'这个最早的名称也是我和丁老师两个人商量出来的。1998 年我出了一本教材，就是在我的讲义基础上修订完成的《新闻法规与新闻职业道德》（四川人民出版社 1998 年版），不管怎么样，这是中国大陆出版的第一本相关教材。我后来又编写了第二本，为了写得好一点，我组织了一批国内比较有名的新闻学者，我们十人磨一剑，共同编写这本教材，即《新闻法规与职业道德教程》（复旦大学出版社 2003 年版）。这本书后来成了'十一五'规划教材，从 2003 年一直用到现在，大概印了 14 万册，作为教材，这已经很厉害了"。

事实上，直到目前为止，国内有关新闻法规与职业道德的教学及研究还没有形成一个统一的共识，新闻法规、新闻伦理、媒介伦理、新闻职业道德等不同内涵与外延的概念依旧在混用。"学科建设应该把这门课程作为重点建设对象，所以这次中央提出来要重视，我觉得是一件好事，我们应该趁着这个机会做些事情"，黄瑚心存忧虑又不无期待。

"我三十多年也就做了三件事"

从新闻史到新闻伦理，黄瑚也在思考着他几十年学术之路上的某种偶然或必然的关联，"如果一定要说这两者之间的关联，首先应该是他们在研究方法上比较一致，都属于定性研究。另外，新闻史教育本身也是具有伦理教育内涵的，但我不是因为这两者的内在联系才这样研究的，当时根本没有考虑这些，就是因为偶然"。

"我在学术上强调脚踏实地，特别是新闻教育。这个学科一定要面向实践，强化它的实践教育，培养学生的实践品格。我觉得新闻学不应该是一个很理论化的学科，如果把新闻学仅仅理解为写学术文章，我觉得这是一个误区"，黄瑚一再强调，"新闻人才应该注重培养他们的实践品格，这也是我三十多年来的一个最大体会"。黄瑚总结自己道，"这三十多年，前十年我是在搞新闻史，90 年代重新探讨了一个历史分期问题；90 年代以后我就开始转向研究新闻法规和新闻职业道德，编写了中国第一本相关教材；2003 年我出任副院长以后，更多的精力就放在了新闻教学和新闻教育改革上，所以最近我做了复旦大学新闻学院本科教学的'2＋2 培养模式'改革。改革是件很有意思的事情，当然人家是不是理解我，我也没有办法，但是我觉得很有意义"。

说到此，黄瑚饶有兴致地介绍起了复旦大学新闻学院2012年推出的本科教育改革方案。"所谓'2+2培养模式'，就是指本科生第一、第二学年，可以在经济学、社会学、法学、汉语言文学、国际政治、行政管理、电子信息科学与技术等专业中任选一个方向，并按照这些方向的教学计划进行学习；第三、第四学年，再按照新闻传播学各专业的培养方案学习。这不同于复旦大学四大书院以育人为目的的通识教育改革，我们是直接在教书这个层面进行了改革，我认为力度是很大的。从2012年开始，我们的学生一年级二年级都不在新闻学院，他们主要的时间都放在了其他专业的学习上。我一个总的思想就是要跨学科培养，为实践服务。本科教育不就是培养记者编辑吗，学生未来在具体的岗位上所需要的专业知识会比对新闻传播学的专业要求更多，我们希望学生将来至少不会犯常识性的错误"，黄瑚语重心长。

"所以说，我的第三块贡献就在本科教学上了，我干了十几年院长，临近卸任之前，我看到了这项改革的成功，虽然结果最后怎么样我还不知道，但是我认为肯定是对的。当然，对的也可能失败，错的也可能成功，这个就说不清楚了。"黄瑚评价自己道，"我是个随遇而安的人，既然叫我搞了本科教学，别的没什么，至少有一点事实，我干什么都是很认真的，而不是闭着眼睛干。现在我又是在认认真真搞改革，并且我相信整个中国的新闻教育，要数我的这个改革力度最大了"，他气定神闲，自信不疑。

总体来说，初识黄瑚容易给人一种温和绵缓的印象，而真正接触之后就能发现他个性中坚持甚至倔强的一面。相比于有的学者一生大风大浪大起大落，黄瑚的学术人生可谓平淡从容波澜不惊，虽然少了些轰轰烈烈异彩纷呈，却也因细水长流的隽永让人回味无限。作为一名典型的海派学者，黄瑚的精致与优越与生俱来，但这丝毫不妨碍他孜孜不倦、安心定志的求索姿态。从1979年进入复旦大学求学至今，黄瑚见证了那些在不同时代为新中国新闻教育呕心沥血的先行前辈，也亲历了复旦大学新闻教育自改革开放以来的起转腾挪。在守业中求变，在固本中创新，黄瑚的学术人生又何尝不是一个时代学人的心路写照。

【黄瑚简介】

黄瑚，1955年7月出生于上海，祖籍江苏海门，法学博士，复旦大学新闻学院教授、博士生导师。曾任复旦大学新闻学院常务副院长，教育部新闻传播学类专业教学指导委员会副主任委员，中国新闻史学会副会长。1979年9月考入复旦大学新闻系，1986年7月留校任教。在复旦大学获文学学士、法学硕士、法学博士学位。1991至1992年在美国东西方研究中心和夏威夷大学进修，1999至2000年在美国北卡罗来纳大学做访问学者，2003年担任香港珠海书院新闻与传播系客座教授，曾赴香港中文大学、英国诺丁汉伦特大学等境外高校作短期学术访问，赴澳大利亚等国参加国际学术研讨会。

参与数十部著作、教材和大型辞书的编撰，发表学术论文数十篇。其中，代表性专著有：《新闻法规与新闻职业道德》《中国近代新闻法制史论》《中国新闻事业发展史》《新闻伦理学》《简明中国新闻事业史》《网络传播法规与道德教程》等。主编有：《新闻法规与职业道德教程》《新闻传播法规与职业道德教程》《大辞海·新闻分科》等。参与撰写有：《中国新闻事业通史》《上海新闻史》《中国新闻图史》（兼任副主编）、《中国大百科全书·新闻出版卷》《辞海》等。

尹韵公：学术研究是为给历史一个交代[*]

尹韵公有过9年的中南海工作经历，这让他的学术人生有着与一般学者所不同的色彩，尽管他将其择要概括为对"大局意识"和"国家意识"的涵养，但是这段经历投射给他的影响却远比他自我刻绘的还要深远。从1978年考入中国人民大学新闻系至今，这位幼承家学、天赋异禀的青年在其后的岁月中用真才实学书写了一连串值得细数的精彩，每一桩都堪称佳话：无论是震动史学界的"赤壁小战"论，还是被新闻界称为"壮举"的西北万里行；无论是开疆拓土的明代新闻传播史研究，还是观点犀利、见解独到的《光明日报》上纵论三国；无论是执笔世界妇女大会国家报告为中国赢得赞誉，还是推翻定论、挑战权威，重新评价范长江……尹韵公纵横捭阖，步步华章，当年人中骐骥凌云壮志，如今大才盘盘静水深流。

从记者到官员再到学者，从中国人民大学到国务院再到中国社会科学院，尹韵公的志趣抱负与人生轨迹虽然几番轮转，但研究真问题是他一以贯之从未放下过的追求。而更可足观的是，一路走来，他颖悟绝伦却又不图捷径，钟爱史论亦能知行合一，才高气傲而又谦谨敬畏，他将这些看似矛盾的特质天衣无缝地兼具于一身，将满腔家国情怀都汇注在了史海钩沉的一字一词之间。"明月几时有？把酒问青天"，尹韵公在吟罢这首意味深长的诗词之后感慨，"和其他一切相比，学术生命还是更长久的。学术研究的目的，往小处说是为了证明个人的价值，往大处说就是要给历史一个交代"。

---

[*] 本文撰写于2014年。

"在中国人民大学有天天向上的感觉"

"我们家是个文人家庭，我还有一个姐姐和一个弟弟。我父亲在重庆的西南政法大学教过哲学和社会学。因为父亲是教书的，我们家的藏书比较多，所以读大学之前我已经把家里面存有的一部分《二十四史》几乎全部看了一遍。我父亲的个人经历不是太顺，在解放后的'胡风反革命集团案'中被打倒过，所以我1977年考大学时因为这个原因没有被录取。也是因为这个原因，我母亲特别不愿意我考文科，但是我就不听她的话，坚决考文科。我当时还有一条原则，一定要考新闻系，要么人大要么复旦，因为我从小就想当记者。"1977年，怀揣着记者梦想的尹韵公与第一次报考的复旦大学新闻系失之交臂，继续留在位于川滇交界的地质队工作。"当时我在四川凉山彝族自治州的惠林地区，地质队就在大山沟里，那里也是当年红军渡金沙江的皎平渡附近，真是苦得一塌糊涂！就是在那里尝到苦之后，以后所有的苦我都能应付。1978年再次参加高考后我们到县城招办去填志愿，因为不知道成绩怎么样，我有一点儿担心，第一志愿本来填的是北广，但是我们那个县招办主任别人不管，只看我的志愿，二话没说就帮我把志愿表撕了，要我重填一张。他说，你成绩那么高，应该填北大、人大啊？我问他成绩怎么高了？他说，你是我们全省第三啊，前面两个都是理工科，你就是四川省的文科状元。所以我后来填了两个志愿，一个是北京大学中文系新闻专业，一个是中国人民大学新闻系，后来被中国人民大学录取，我至今都很感谢那个招办主任。"

1978年，在地质队摸爬滚打两年后的尹韵公告别四川大山沟来到了北京。"实际上我是非常喜欢人大的，在人大的那种感觉后来再也没有过了，就是天天向上。因为大环境如此，我每天都看书，每天都感到很充实，而且每天仿佛都能听到自己前进的脚步声"，尹韵公无比怀恋地重复道，"我在人大确实有天天向上的感觉，后来就再也没有过了。"

1980年，从小就酷爱三国史的尹韵公在通读三国研究文献并写下了30多万字的读书笔记之后，最终完成几易其稿的论文《赤壁之战辨》，大胆提出"否定赤壁大战，肯定赤壁小战"的观点，并将文章寄给了著名历史学家、山东大学教授王仲荦先生。两个月之后，尹韵公收到了王先生的回信："二十多年来，未见此文，为之拍案不置。不但分析入理，而且文笔精练有力，是好文章！……不图暮年，见此英才"。在王仲荦先生的举荐下，《光明日报》于1981年3月31日以半个多版的篇幅全文刊登此文，一时在史学界引起轰动。"人大好多老师都说，他们教了一辈子书都没在《光明日报》发过文章，那时候报纸版面很紧，这是很不容易的。"尹韵公笑道，"当时王仲荦老师希望我考他的研究生，人大历史系的老师也喜欢我，王老师还专门给人大历史系打招呼，希望他们不要招我，让他来招。但我实际上还是一心想当记者，也就没有选择这条路"。

1982年，在史学领域崭露头角的尹韵公为实现记者梦想继续留在中国人民大学新闻系攻读硕士研究生，并师从蓝鸿文教授专攻新闻采写。1984年，在蓝鸿文和郑兴东两位老师的启发与指导下，尹韵公与同学张征开启了一段不同寻常的旅途：沿着著名记者范长江30年代采写《中国的西北角》的路线，完成了一次80年代的西北行。有关于此，蓝鸿文教授在一篇文章中这样记录道："范长江当年从成都出发，途经川、甘、陕、青、宁、绥六省的48个县市，历时十个月，行程一万二千里，在包头结束旅行。范长江没能到新疆，而去敦煌，就东返了。这次张征、尹韵公基本上沿着范长江西北行的路线走，但到了新疆，而且一直到了中苏边境的霍尔果斯，东返时经宁夏银川到了延安，把西安作为旅途的终点，途经108个县市，采访了51个县市"[①]。"这两个研究生的行动，犹如一石激浪，在新闻界引起反响，有的同志著文，以此来促新闻界的改革。他们的西北行，受到好评，被誉为'壮举'"[②]。谈及这段经历时，尹韵公笑称，"用现在的话说，我那个时候就'走转改'了。重走范长江路线，虽然是拾人牙慧，但是走这一趟对我的锻炼还是很大的，我看到了中国最基层的一面，最贫穷落后的一面，从这一点看，远比新闻采访本身更有意义"。

1985年，硕士毕业后的尹韵公再度面临着人生抉择。"如果不是方先生找我，我可能就去当记者了"，他坦言，"那个年代读博士很不吃香，人家都说'傻博士'，社会风气就是这样。要不是方先生，我实际上没想过要考博"。时至今日，方汉奇先生三次亲临宿舍鼓励尹韵公继续深造的故事已在圈内传为佳话，而尹韵公也对这段经历感念颇深，"有些人不相

[①] 参见《立足改革 勇探新路——指导两名研究生去西北采访的体会》，《学位与研究生教育》，1985年6月。

[②] 同上。

信，不相信方先生三次动员我。我们人大新闻系的老师里头，肚量最大的就是方老师和郑老师（郑兴东）"，尹韵公笑道。1988 年，凭借着《中国明代新闻传播史》一文，尹韵公终于在人民大学完成了寒窗十年的苦读生涯，成为了新中国历史上的首位新闻史学博士。不仅如此，他还在对大量文献爬梳剔抉的过程中，发现了关于明代邸报的重要资料，并于其后陆续发表了《论明代邸报的传递、发行和印刷》《急选报：明代雕版印刷报纸》等文章，实现了中国新闻史研究的一次重大突破。"博士论文我原来还想写清代，其实我也准备了一些东西，但是后来也没有做下来，因为清代的东西太多了。明代新闻史也很难搞，实际上我后来把过去新闻史中关于明代这一段的很多东西几乎都颠覆了。后来方老师写《中国新闻事业通史》的时候还专门给我打开电话，告诉我用了这其中的很多观点"，说到此，尹韵公不无欣慰。

然而令人意想不到的是，当年那个信誓旦旦要做记者的尹韵公却在修成正果之后没有继续实现他的新闻梦想，而是选择到了中南海工作。"很多人都很好奇这一点。说我当初既没有做记者，后来也没有当官从政。我自己也问过这个问题，但我自己也没有答案，完全凭着感觉走"，谈及人生的转折点，尹韵公轻描淡写这样解释。

"在中南海的最大好处就是了解国情"

实际上，对尹韵公而言，放弃记者的理想并不是没有理由。"硕士期间重走范长江路线的时候我就已经隐隐感觉到，我心里面装的很多问题，在做记者的过程中找不到答案。那时候我每天很忙很累，不断写稿，但仍觉得不过瘾，我觉得……有点浅，尽管当时对记者工作的热情还是有的。后来 7 月份硕士毕业后到 10 月份开始读博期间，我又在《光明日报》做了三个月记者，就是这三个月让我彻底对这个行业不喜欢了。当时我是跑教育口，实际上我编发的稿件是最多的，但是我慢慢发现，我每天都是跑跑颠颠的浮在表面上，不能深入地研究问题。"尹韵公继续说道，"我喜欢读书，留下了很多问题，我读大学的时候专门有一个本子列了好几页的问题，有一些我后来搞通了，还有将近一半的问题直到现在我都没有搞通。但是记者工作解决不了我的这些问题，我开始感觉这个工作不适合我。"

就这样，1989年，尹韵公在权衡各方利弊之后走进了位于中南海南区的国务院研究室。"我原来是在新闻处，专门管新闻发布，分别是主任科员、副处长、处长。后来我到了综合处，1995年我已经是国务院最年轻的副局级干部了，那年我还不到39岁。"尹韵公颇感自豪地介绍道，"1991年西藏和平解放40年，李铁映到西藏自治区讲话，那篇讲话稿是我写的，李铁映说这是他看到的关于民族解放讲话写得最好的一篇。为什么写得好呢？因为我下了学者的功夫去写这个讲话，有一本这么厚的《西藏工作文选》，我几乎把它吃透了。后来开西藏工作会议，一说到哪个问题，当时中央是什么提法，这个提法是什么时候出现的，只有我能够回答出来，因为我太熟悉了。所以直到现在，他们统战部搞西藏问题研究，依旧会找到我。由于这个报告给领导留下了很好的印象，1995年第四次世界妇女大会在北京召开之前，我又被委以重任撰写国家报告。当时是全国妇联给国务院打报告，说按照联合国要求，中国一定要出一个国家报告，所以国务院研究室联合外交部、全国妇联、国家统计局等几个部门，由他们提供数据、提供资料，我来根据他们的资料进行取舍整合。这个报告做了一年多，写了两万多字，后来《人民日报》以两个版的篇幅发表了，这也是我们第一次向联合国提供的国家报告。因为这个事我们还到联合国去开会，当时李肇星是驻联合国大使，他对我说这是他们接到的国内送来的报告中，写得最好的一个"。

讲到这里，尹韵公不禁感叹，"我觉得在中南海最大的好处就是对国情的了解，实际上这一点恰恰是我们很多学者所没有的。学者考虑问题有时比较偏激，往往容易按下葫芦浮起瓢，研究问题只照顾到这一头，不考虑到那一头。而在中南海，作为一个核心机关，你不可能只考虑某一个群体、某一个地区、某一个方面的利益，你必须考虑全局的利益，这就逼着你养成怎么样去更全面地思考一个问题，怎么样能把问题处理得更好的能力。还有一个就是，你总得为老百姓办事，你总得思考怎么为老百姓做得更好，中南海就是这样。除此之外，在中南海还有一个名利意识的淡薄问题。你是在为国家做事，不是为个人做事。比如写国家报告，一个字眼都不会说是尹韵公写的，但是我觉得那种感觉非常好，我很享受。而且实际上，中南海有才华的人很多啊，不都是默默奉献吗？像我原来的领导袁木、王梦奎，他们的能力都很强，如果他们要为自己做点事也不是不可以，但他们实际上做了很多事情，都不是以自己的名义。另外，在中南海还有一个国际视野形成的优势，因为了解的情况太多，让我有了维护国家利益的意识，知道了有些事情该怎样去处理，视野的开阔对我观察问题的方式起到了很好的帮助。后来有人也对我说，尹老师你这个经历和眼界是我们任何一个新闻传播学者都不可能有的"。

尹韵公继续说道，"我从中南海的高官身上学到最多的一点就是必须看得远。我当时写第一份材料上去的时候，有一个领导把我叫过去说，尹韵公你别给我写这些花花肠子的理论，我看不懂也不感兴趣，你就跟我说，这个问题你有几条对策建议，每一条对策建议你给我写清楚利是什么、弊是什么。领导关心的就是这个，然后按照这个拍板。但是学者们不会这么考虑问题，学者通常会考虑这个是不是符合我的理论，在学术逻辑上是否讲得通，可实际生活中有些理论往往是说不通的。所以，这些经历都影响了我，让我考虑问题不仅要逻辑上讲得通，而且实际上也得行得通，要经得起时间的检验、历史的检验。所以我曾经开玩笑说过，世界上最大的海是什么海？中南海。世界上最深的海是什么海？中南海。世界上最复杂的海是什么海？中南海。应该说，官场上虽然有一些不可避免的肮脏的东西，但是官场又确实参与和推动了历史发展的某些进程"。

毫无疑问，9 年的中南海工作经历塑造了尹韵公的大局意识、国家意识，开拓了他的国际视野与长远眼光，培养了他分析和解决实际问题的能力，甚至深深地影响到了他其后转身为学者的思维方式与行为习惯。尹韵公在谈及这段过往时，有着一种掩抑不住的兴奋与神秘，仿佛在翻看一本他生命中最贵重的相册，相册中的时光虽已翩然走远，却又刻骨铭心历历在目。

"这辈子做了几件有价值的事情"

1997 年 11 月，在中国社会科学院新闻与传播研究所时任所长喻权域的力邀之下，尹韵公从国务院调入中国社会科学院，历任新闻与传播研究所副所长、党委书记、所长职务。"喻权域先生已经去世了，1994 年我们一同随全国妇联到雅加达访问，有一天下午我一个人躲在宾馆改写陈慕华主席的发言稿，他和几个人到我房间来借我的水壶烧开水，他们就在我旁边聊天。后来喻权域对我说，尹司长你可以啊，人家一心不能二用，我看你是一心能够三用。你看，你在那写你的东西，你还能听我们的谈话，听完你还能回应我们"，尹韵公大笑道，"当时喻权域已经快60岁了，很快就要退了，正在找人接他的班。他就对我说，让我到新闻所来，从1994年开始提了两年多，我一直没有答应，后来他不断跟我提，我说那就试一试吧，没想到他就真办了。他们10月份就宣布了，我11月份过去的"。聊到这里，尹韵公似乎有些无奈，"我当时的顶头上司是国务院研究室主任王梦奎，王梦奎也很喜欢我，他有点反对我走，他说：谁都知道，研究室里面我最喜欢你，你走了之后是国务院研究室的一个损失。他没说是'一大损失'，他说的是'一个损失'，他这个人说话的分寸感很好"，尹韵公笑着补充道。

"社科院有个思想库、智囊团的功能，到这里会有一些上面交办的任务，比如新闻法方面的研究；还有一些就是我自己的史学兴趣，比如对范长江的研究，真正写出文章来也是在这15年。搞研究当然是我喜欢的，但并不是所有的研究都契合我的兴趣，有些也是应景之作。但有些自己不擅长的做了之后也得到了上级的赏识，比如我写过一个内参，后来胡锦涛、吴邦国、李长春都批了，他们中办（中共中央办公厅）有个人告诉我说，一个内参三个常委批，连他们都感到惊讶。"当被问及如何评价自己的学术人生时，尹韵公沉吟片刻道，"仔细想起来，这辈子做了几件有价值的事情吧。可能研究'赤壁之战'算一个，敢于向权威挑战、敢于向既成观点挑战，这跟时代分不开，当时正好是三中全会召开以后，讲究实事求是、解放思想，所以敢想也敢提。后面重走范长江路线吧，也不算，毕竟是走别人的路，但是对我个人锻炼很大。再后面应该就是写明代新闻传播史，这是里程碑式的一个。还有就是发现了明代邸报，这是第四个。第五个应该就是关于范长江西北采访的评价，不是对他一生的评价，是对他西北采访的评价，这也算还清了一个历史的真相。第六个应该是对《大公报》与红军长征落脚点的考证，究竟是哪个报纸给红军提供了信息，过去都说是《大公报》，有的说是《晋阳日报》，这些我都承认他们有贡献，但是第一个应该是《山西日报》"。

在尹韵公较为满意的这些成果当中，最富争议的莫过于对范长江西北采访的研究，尹韵公因为颠覆性的观点甚至导致与硕导蓝鸿文教授公开不睦，连他的博士生黄春平也于其后卷入了这场论战，在发表了一篇试图梳理清楚这场学术争鸣的论文之后，却再次迎来了与蓝鸿文教授几个回合的论争[①]。尹韵公说，"写《为什么不是范长江》时，逼着我看了好多党史、军史。写《范长江前的几位西北考察者》时，我在人大图书馆和新闻系资料室发现了好多史料竟然从来都没有人翻看过，我很伤心啊，怎么能这样做学问……"聊起这段历史，尹韵公欲言又止，五味杂陈，"为什么这么多年我都不想提这个事情，因为还是有些顾忌：毕竟范东升是我的同学。不过，把这个问题彻底挑明了反而也有好处，这样大家都很清楚"。

关于这场各执一词的论争，尹韵公继续聊道，"其实沈谱（范长江夫人）对范长江的思想是最了解的，她一直认为范长江是1936年以后才靠近共产党，她不像有些人那样认为既然他参加了南昌起义就一直对共产党好，不是的，中间也有过游离。那个年代的知识分子都面临着选择的问题，范长江也一样，承认了这一点又有什么呢？我只是把这层窗户纸捅破而已。历史给了范长江机会，范长江没有珍惜这个机会，说到底就是这么回事，其实他也为当年没有上井冈山感到遗憾。我就是把这段时间里面的东西陆续揭露出来了而已"。

在中国社科院新闻与传播研究所工作的15年，可以说是尹韵公学术人生中的黄金15年，除了他引以为自豪的上述几大成果之外，他在这个时期完成的《"喉舌"追考——〈文心雕龙〉之传播思想探讨》《三国时代的新闻信息传播》以及《论中国独创特色的内部参考信息传播工作及其机制》等文章都堪称上等佳作，其中绝大部分成果都收录在了学习出版社的理论文库之《尹韵公自选集》当中，而这套文库汇聚的正是当下中国人文社科界最具代表性的权威学者，堪称一时之选。

2012年2月，尹韵公离开新闻所，开始担任中国社科院中国特色社会主义理论体系研究中心主任。作为中宣部指定的全国七大研究基地之一，"中特"中心承担着为中国特色社会文化建设、政治思想建设、社会道德建设和党的建设进行理论武装和理论创新服务的使命。学以报国，经世致用，这是古往今来中国知识分子们共有的情怀，对尹韵公而言，再一次的转身则意味着一段更加隆重的使命与征程。

值得一提的是，在2014年5月份召开的国家社科项目全体三百余位

[①] 参见黄春平《历史需要宽容还是需要真实？——关于范长江"新说法"争论的思考》，《新闻大学》2008年第1期；蓝鸿文：《我的声明》，《新闻大学》2009年第1期；黄春平：《客观冷静地分析范长江的西北采访——兼复蓝鸿文先生的〈我的声明〉》，《新闻大学》2009年第3期等。

评审专家会议上,教育部长袁贵仁代表中央宣布了成立国家哲学社会科学研究专家咨询委员会的决定,并宣布了首批 30 名咨询委员的名单,尹韵公位列其中。国家哲学社会科学研究专家咨询委员会是全国哲学社会科学规划领导小组决策的咨询顾问机构,委员由全国哲学社会科学规划领导小组聘任,首批咨询委员均是我国哲学社会科学领域的知名专家,有人称其为社科界最高规格的专家委员会,而这些委员就相当于"社科界的院士"。"我是去年 10 月底被通知入选了,但没想到 8 个月后才正式宣布。我是最年轻的三个委员之一",尹韵公不无欣慰。

"希望我的学生们能超过我"

除了自身的学术研究之外,尹韵公从 1997 年至今一共带出了二十余位硕士和博士研究生,而谈及他对年轻学者们的评价与期待,这位严谨治学的导师聊起了他推己及人扶掖后学的为师之道。

"我是很注重中青年学者的,尤其是青年,因为我经常以我的亲身经历来揣摩他们。我大学三年级就给《光明日报》写文章,他们当年扶植了我,为什么我现在不可以扶植青年人呢?实际上后来我才发现,真正有学术闪光点和学术思想的,都是在硕士博士期间和副教授期间,一般到了教授之后,就容易失去动力,很少能出新的学术思想,真的是这样。因为我是过来人,所以我很能理解他们的心情,只有他们这个时候才是最有创造力的时候。人要一辈子保持天天向上很难,真的是很难。"尹韵公的这番肺腑之言,还源自于他在担任《新闻与传播研究》杂志主编时期的切身体会。"我是接手所长的时候同时接手主编的,其实那个杂志在我刚接手的时候,虽然有一点影响,但还没有现在这么大。后来他们告诉我说办成了全国新闻学界的第一,这个我真没想到。当时大家反映作者队伍很小,也没有多少人投稿。所以当年我实际上是发掘了相当多的青年学者,包括还没有形成气候的硕士生、博士生,我就只认作品,不认名人。"尹韵公继续说道,"我经常这样说,我当评委当多了,今天评职称,明天评项目,这个评审委员会那个评审委员会,我们在评别人,其实别人也在评我们,我们在评别人的项目,别人在评我们的良心、评我们的道德。任何实权都是一时的,你要上得去也要想到下得来,你以为你永远在上面了?"

尹韵公语重心长，"我现在也当老师了，过去我们评价我们的老师，也被我们的老师评价，现在我们评价我们的学生，经常以老师的角度来看学生的弱点，但实际上学生也会评价我们，是吧？因为我也是过来人，老师批评学生时会很伤学生的自尊心，所以没有分寸不了解情况的时候，不要乱批评学生。我曾经在人大也被有些老师批评过，虽然后来有些老师也意识到了，以很委婉的方式向我道过歉，我最后也表示理解。但是我觉得，最好不要发生。因为道歉有时候很晚，而对学生造成的伤害往往已经很大了。所以我对学生的批评是非常非常慎重的，我一般不批评，就提示他，提示对他的希望"。尹韵公说，"我相信下一代一定会比我们更强，因为这个时代、这个环境比我们那个时候好多了，而且社会的宽容度也更好了，我估计以后像我曾经遇到的情况不会再有了。老师要对学生有个宽容度，这样自己才能有一个更好的发展空间。所以我跟我的博士硕士生们都这么讲：你们可以挑战我的任何观点，你们要是能够挑战我，就是你们的本事。我倒是希望他们能超过我，像朱光潜也公开说过他不怕学生挑战，只有真正的大学者才会这样"。

末了，尹韵公也不无欣慰地谈道，"总体上来说，我觉得现在做学问比原来更扎实了，这个倾向很好。其实老一代学者做学问还是有比较粗疏的一面，这都是时代环境和各种其他非学术的因素所造成的。如果没有强大的文史哲功底，新闻学是做不好的。包括传播学也是个综合性的学科，没有社会学、政治学的功底，也做不好"。而对于当年挥手告别中南海，尹韵公有着自己的释怀，"和其他一切相比，学术生命还是更长久的。学术研究的目的，往小处说是为了证明个人的价值，往大处说就是要给历史一个交代。当然，在做的过程中，如果你达到了，社会自然会给你一定的回报，但是如果你做不出来，这个社会也不会怎么样。如果我身在官场，也许有很多东西就写不出来了，人总是有一个得失，就看你取什么，舍什么"。

在访谈几近结束的时候，尹韵公耐人寻味地聊起了苏东坡和他的诗词，这位宦海沉浮、率直磊落的一代文豪勾起了尹韵公的颇多共鸣："从中南海出来之后，我读懂了很多文人的诗词，我能够体会他们的心情，比如苏东坡写的《水调歌头·明月几时有》，很多人都把它当成一首抒情诗，后来我才发现这是一首政治诗。苏东坡才气太大，为人说话又太犀利刻薄，所以官场容不下他，不要说那个时代的官场，就是现在这个时代的官场也容不下"。"东坡何罪？独以名太高"，当年其弟苏辙的一番话似乎已将天机道破，而在尹韵公坦言自己与其颇有心灵相通之处时，这种惺惺相惜的慰藉又难免流露出无可奈何的寂寥。三十六年来，那个从西南腹地北上京畿的小伙子如今已是家国栋梁、满园桃李，岁月与性情磨砺了他的锋芒棱角，也织就了他的锦绣光环。"居庙堂之高则忧其民，处江湖之远则忧其君"，也正因如此，他的学术人生走出了自己的轨迹：康济时艰，格物致知，和而不同。

【尹韵公简介】

尹韵公，1956年生于重庆，现任湖南师范大学新闻与传播学院院长、教授、博士生导师。1978年考入中国人民大学新闻系，先后获得学士、硕士、博士学位。1989年进入国务院研究室工作，历任副处长、处长、副司长等职。1997年调入中国社会科学院新闻与传播研究所，历任副所长、党委书记、所长，中国社会科学院中国特色社会主义理论研究中心主任等职。2018年受聘湖南师范大学担任新闻与传播学院院长。

尹韵公历任国家哲学社会科学研究专家咨询委员会委员，国家"万人计划"哲学社会科学领军人才工程首批入选者，中央马克思主义理论研究和建设工程新闻学首席专家，国务院应急办专家组成员，国家社科规划办新闻传播学科组评审委员，国务院学位委员会新闻传播学科评议组召集人，中国新闻史学会副会长，全国记协常务理事，以及北京大学、清华大学、中国人民大学等30余所高校的客座研究员、兼职教授，是中央文宣系统"四个一批"人才工程首批入选人才，享受国务院政府特殊津贴专家。其代表性著作有：《中国明代新闻传播史》《孙权传》《尹韵公纵论三国》等。代表性论文有：《赤壁之战辨》《"喉舌"追考——〈文心雕龙〉之传播思想探讨》《为什么不是范长江》《三国时代的信息传播》《论邓小平新闻思想的历史地位》等。

蔡铭泽：哲思浸润学术人生[*]

蔡铭泽的精神气质里流淌着浓郁的古典气息，这固然与他酷爱中国传统文化并且饱读国学经典不无关联，而更重要的，是他的志趣雅好与他在人生经历中淬炼出的胸襟情怀不谋而合。

从钟灵毓秀的三湘大地，到吐纳恢宏的首善京畿，再到务实勤谨的岭南重镇，善于参悟天人之道的蔡铭泽汲取了每一处的慧根，一路跋涉一路心血地走出了自己的风骨。作为新闻史学泰斗方汉奇先生的早年亲传弟子，90年代中期广东省引进的第一位新闻学博士，以及百年名校暨南大学新闻与传播学院的首任院长，蔡铭泽的学术人生中写满了颇多"敢为天下先"的故事。然而令人称奇的是，这位苦读出身的湘籍学者在他掩藏不住的才情与才干中，却一面有着竭心尽力、不甘人后的执着个性，一面又有着处下不争、急流勇退的人生哲学。传道授业，著书立说；开疆拓土，建章立制；致虚守静，功成不居——无论为人、为学，还是处世、行事，蔡铭泽怀揣着举轻若重的入世抱负，又洋溢着举重若轻的出世情结，既含藏内敛、缜密周详，又潇洒有度、吞吐自如。几十年光阴斗转，从当年农耕山水中的贫苦少年到如今名气斐然的知名学者，蔡铭泽每一步的进退取舍都流淌着某种深邃的哲思。柴米油盐酱醋茶，道德文章天地心，无论拿起还是放下，他虔诚地继承着耕读文化的精髓，不失本色却又早已升华。

"读书，让我在逆境中还有美好的向往"

"我的家乡在湖南省岳阳县的黄金乡书稼冲，这里是湖南省岳阳县、

[*] 本文撰写于2015年。

华容县和湖北省监利县两省三县交界的一片丘陵地带，周围就是洞庭湖，是著名的鱼米之乡。我的历代祖辈都是读书人，父母在家乡务农，家里有兄弟姊妹六个，我排行老三。我母亲去世比较早，父亲一个人养活我们六兄妹很不容易，家里条件一直比较困难。"蔡铭泽的回忆从清苦的童年开始。

"我的父亲在解放前是教书先生，但是这段经历却成了他的历史问题，解放后受到了政治上的压迫，被划为了'二十一种人'。那时候的我很喜欢读书，人也很聪明，但是这种家庭情况，对我产生了很大的影响，就存在读了小学能不能上初中、上了初中能不能继续读高中的这些问题。我父亲虽然不是受冲击的主要对象，但是每次开批斗会时，我都是下面的观众，那种滋味很难受，我就是在这种充满压力的环境中长大的。"蔡铭泽说，"我从小就很喜欢读书，不但读得进去，而且很用功，觉得读书是件很快乐的事情。家里虽然兄弟姐妹很多，条件不太好，但是家人始终支持我读下去"。蔡铭泽回忆说，他虽然没有什么家庭背景，但是始终坚信学习知识文化是一定有用的，他一直没有放弃学习，一直没有放下过书本，直到命运为他打开了一扇希望之门。

1974年，高中毕业后的蔡铭泽先是回老家种了两年地，而后又顶着各种压力辗转华容县做起了民办教师，正是1977年恢复高考让他的人生轨迹发生了改变。"其实1977年刚刚恢复高考那一届我就考上了，当时报的是武汉大学，分数还很高。但是那时候没有经验也不懂事，去县城体检时，我一个人骑着自行车颠了几十里山路，结果造成胃下垂，最后因为体检不合格被取消了录取资格"，蔡铭泽不无遗憾地说道，"好在只过了半年，1978年我又参加了第二次高考"。经过上一次的教训，这一回蔡铭泽更加注意了。"第二年我又考得很好，这次体检我就专门乘汽车提前到县城去做准备。体检顺利过关后，我被湘潭大学中共党史专业录取了"。谈起报考湘潭大学的原因，蔡铭泽记忆深刻，"到湘潭大学有几个原因，一方面是我有位堂兄在湘潭大学教书，他向我推荐了湘大；另一方面是因为湘潭是毛主席的故乡，当时湘潭大学又刚刚恢复创办不久，教育部号召集中力量办湘大，全国好多优秀的图书资源和师资队伍都集中到湘潭大学来了。另外，中共党史专业在当时是个时髦的专业，只有两所大学开设了，一所是中国人民大学，一所就是湘潭大学。在那个年代，感觉学好了党史，可以更好地为党工作，所以我就主动填写了这个专业"。

蔡铭泽继续说道，"进入大学之后，我读书很用功，可惜那时候条件不是太好，有时连教材都没有，就全凭自己的兴趣钻研问题。读本科时，我就开始发表论文了，在 1980 年 10 月 19 日的《工人日报》上发表了一篇三千字的《邓中夏和早期工人运动》，还拿了三十块钱的稿费，这在当时是很不容易的"，蔡铭泽不无自豪，"1982 年大学毕业后，因为我的学习成绩比较好，就留校教书了。那时候有两条出路都是不错的，一个是出去做官，一个就是留在高校。我一直没有当官的念头，就选择了后者"。

事实上，留校后的蔡铭泽依旧没有停止向上追求的脚步。"我读本科的时候，在班上就一直是起领头作用的。后来我也不断上进，1984 年继续考取了湘潭大学的硕士研究生。我的导师是从武汉大学调过去的曹木青老师，他学问做得很不错，我就跟着他研究陈独秀，硕士毕业论文是关于《向导》周报的研究。"如其所言，从 80 年代初开始，蔡铭泽就一直致力于对陈独秀和《向导》周报的钻研，并陆续在《湘潭大学学报》《党史研究资料》《新闻研究资料》等学术刊物上发表研究成果。也正是因为如此，原本攻读中共党史专业的蔡铭泽于冥冥中渐渐转向了新闻史的学术领地。"因为《向导》周报是个文化史的问题，既属于中共党史的研究范畴，也属于党的新闻事业的研究范畴，就这样我转到新闻史这方面来了。"

令人敬佩的是，在早年的求学生涯中，蔡铭泽就养成了勤学苦读的习惯，即便是放假期间，他仍然乐此不疲地流连于图书馆、资料室，一字一句地研读文献史料，一笔一画地誊抄年谱档案。而回忆起那段艰苦攀爬的成长岁月，蔡铭泽感慨颇深，"每个人都是时代的产物，想要完全跳出来，是不大容易的。但是，在个人与时代的分合变迁之中，每个人的命运实际上还是掌握在自己手里。所以，无论时代怎样发展变化，保持着清醒的头脑和奋发向上的精神，我觉得对青年人来说是非常必要的。现在看来，我已经从当年一个地道的农民变成了一个对社会有着独立看法的人，曾经那么艰苦的环境都坚持过来了，我也没有感到多少的困难。就是因为读书，让我在逆境中还有一种美好的向往。在逆境中仍然能向上发展，向外发展。好书好字好文章，向善向上向天然，这或许对当代青年人有所启示。所以，经受了苦难也不要记恨，反而需要感恩，因为这才是一种超脱"。

"人大的优良传统我都记在心中"

1987年，作为湘潭大学青年教师的蔡铭泽顺利完成了硕士学业，而不久后，这位一直没有停止追求步伐的年轻人又迈上了一个新的人生台阶。

"1990年我考取了方汉奇老师的博士生"，蔡铭泽回忆道，"到方老师那里有两个背景，一个背景是1987年我到北京去查阅资料，在西单的一个旧书店买了一套书，就是方汉奇老师的《中国近代报刊史》上下册，我现在都还记得花了七毛九分钱。买回来之后认真拜读了，感觉方老师文笔很好，史料也很扎实。我这个人喜欢抄书，所以就把方老师这本书上写得最好的部分，甚至是整个章节、整个框架，都用很好的本子抄了两大本。他70多万字的书，我大概抄了十多万字"。正是因为这场书缘，对方汉奇先生甚是敬佩的蔡铭泽决定向他写一封信以表达自己的敬意。"后来我就贸然给方老师写了封信，没想到的是，方老师不仅收到了这封信，而且很快又给我写了封非常客气的回信，并且给了我很大的鼓励。再后来，我又对方老师表示希望能够继续跟着他做研究，方老师了解到这个情况之后，也是继续鼓励我。就这样，1990年，我考取了中国人民大学方汉奇老师的博士生。所以说，第一次去北京，买到方老师的书，给方老师写信，和方老师结缘，搞新闻史，考新闻学博士，这些都是偶然因素促成的"，蔡铭泽笑道。

进入中国人民大学之后，蔡铭泽在方汉奇先生的指导下，转而开始对国民党报刊展开了研究。"这个题目是方老师给我点的，因为他知道我的史料功夫比较好，但是这个选题不好研究，一方面是因为国民党党报涉及面很大、范围很广；另一方面是站在共产党的角度来研究国民党党报，的确有难度。"从中共党史到国民党报刊，蔡铭泽接下了一份知难而上的挑战。"做学问我是主张下苦功的。为了研究国民党的报纸，我在北京图书馆看了一年的资料，把北京图书馆能够找到的所有国民党的报纸都看过了，甚至看到眼睛充血。我那时一看到有价值的材料，眼睛就亮了，觉都不用睡了，做了将近八十万字的笔记，所以写起论文来的时候就很轻松。后来台湾的一家出版社出版了我的博士论文，人家认为还是有点价值的"，蔡铭泽不掩欣慰。

1993年，博士如期毕业的蔡铭泽以优异的学业成绩留在了中国人民大学任教，从此开始了新闻学的教研生涯。"我在人大教新闻史，也协助带研究生，当时我已经发表一二十篇文章了。北京的环境还是比较好的，我爱人和小孩的户口都进了北京，这在那时候是很不容易的。我住在人大的筒子楼，经常看到万里无云的蓝天，心情是很好的"，他回忆说。然而，在北京正式落户一年半的蔡铭泽，却因为种种原因，很快又携妻女转而南下，来到了从此扎根驻足的羊城广州。

"到广州来是因为改革开放后不久，尤其是邓小平南方谈话以后，广东的发展很快。我当时有一个标准，要流动就一定要往有高速公路的地方流动。因为高速公路代表了一个地方的经济实力和领时代之先的风气，当时全国有高速公路的地方还不多，北京也没有完全搞起来。再加上广州这边正在招聘人才，一拨一拨的人涌过来，我了解了一下具体情况，觉得在这边发展很不错。"蔡铭泽坦言，"其实我也是舍不得离开北京的，但当时职称问题、爱人的工作问题，还有住房问题等很多现实问题都摆在眼前，我广州的朋友看到我这个情况后，劝我还是赶快过来"。

作为广东省引进的第一位新闻学博士，初来广州的蔡铭泽逐渐找到了施展才干的平台，他于1994年起任教广州师范学院，并于1995年4月起担任广州师范学院新闻传播系主任。"我为什么能在广州师院干得很好呢，除了这边给了我一个很好的发展空间之外，最重要的就是人大带给我的财富。我在中国人民大学经过了5年的学习，人大的优良传统我都记在心中。老师们之间不搞矛盾，不搞派系斗争，大家扎扎实实做学问，彼此都很谦和，让我知道了什么叫'以事业为重'。我做系主任也是做到尽可能地关心大家，团结大家，不争名利，容得下人，一碗水端平，这些都是人大给我的。"就这样，任职广州师范学院后的蔡铭泽不仅担负起了更加多元的身份，并且遵守着自己的行事思路。"我办事是很认真的，要么不做，要做就全身心地投入把它做好，这样大家也很服气。"从组建专业化教师团队，到确立广播电视特色化发展目标，再到建章立制完善教学管理，蔡铭泽在广州师范学院度过了充实且忙碌的5年。

1999年，为了寻求更好的发展平台，蔡铭泽再次从广州师范学院调任到了暨南大学，并且在这里继续开创起风生水起的事业。"到暨大任教还是因为希望学科建设的成就能再高一点。我作为一个中国人民大学的博士，广东省当时第一个也是唯一一个新闻学的博士，为广州师院新闻传播专业的建设尽了力。暨南大学那时候虽然还没有博士点,但我到这里来至少还可以带研究生。我想要继续发展,留在广州师院还是有一定距离的",蔡铭泽并不讳言。尽管从广州师院调往暨南大学的过程中,蔡铭泽经历了一段尴尬的过渡时期,但最终还是顺利完成调任并于2001年出任暨南大学新闻学系主任。

"2001年我担任了暨南大学新闻学系主任,也是从学科建设开始抓起:第一是要把新闻学系升级为新闻传播学院,第二就是要申报博士点。"作为暨南大学新闻与传播学院首任院长,蔡铭泽对暨大新闻教育的发展可谓功不可没。2001年,暨南大学新闻学系升格为新闻与传播学院;2003年,暨南大学新闻学同时成为广东省高校名牌专业与国务院侨务办公室重点学科;2005年,暨南大学新闻与传播学院成功申报新闻学博士点。蔡铭泽不仅实现了当初上任时树立的战略目标,更重要的是,他带领团队奠定了暨南大学在整个华南地区新闻教育领域的翘楚地位。"我的想法就是先把架子搭起来,把目标树起来,让大家都有事做,不要互相整人。我搭下的架子就是新闻与传播学院,树立的目标就是申报博士点。并且,使老的矛盾不激化,新的矛盾不产生,学院按照规章制度办事,处理问题公道和气。到2005年的时候,学院的发展态势就很好了,也为现在的发展打下了一个比较好的基础",对于这份事业,蔡铭泽问心无愧。

"要将新闻史当作思想史来研究"

作为史学背景出身的新闻学者,蔡铭泽对新闻史研究有着自己独到的建树与见解。从1998年生平出版的第一部专著《中国国民党党报历史研究:1927—1949》至今,他独著或参撰了逾百万字的史论著述,其中既包含专题性的报刊史研究,也不乏通史、简史及地方史志。而对于历史学与新闻学这两个学科领域的迥异与关联,蔡铭泽的一番解读玩味颇深。"应该说,它们是一个专门之学和通用之学的关系。新闻学是专门之学,历史学是通用之学。我觉得一个学者,既要有自己精深的专业研究方向,也要有宽厚的通学研究背景。所以,方老师讲得很经典,他说新闻史本身就是一门历史科学,历史学包含政治史、思想史、经济史、文化史,新闻史是包含在文化史中间的一种专门史。因此我是这样认为的,你要用历史学的视野来考察新闻史,这样它才具有史学价值。

但是，如果你仅仅只是把它当成一种历史来研究，那又体现不出新闻史的特色，因此我们研究新闻史，一定要研究那些新闻业务背后的东西，而不能流于表面，不能只关心表面报道了什么，起了什么作用，要深入地对现象背后的社会关系、经济关系、人际关系等等去做思考和挖掘。"

蔡铭泽强调道，"更重要的是，要将新闻史当作思想史来研究，要在一种理念的指导下去研究问题，要站在整个社会宏观背景的洪流中去研究问题，要看到我们研究的不仅是客观呈现的新闻史，还有值得我们反观的那些研究新闻史的人，包括研究者本身的动机、意念及其社会群类都需要被考虑到"。蔡铭泽说，"很多人做历史研究不是为了学问，而是为了歌功颂德、求得生存。所以我觉得历史研究至少需要从三个层面来挖掘，包括个体记忆、集体记忆和社会记忆"。

"所以，任何一门学问都需要一种哲理性、思辨性的东西来作为统率。通过史料，还必须得出一些新的发现，产生新的思辨，并且这种哲理性、思辨性的东西还不能局限于书本本身，要有穿越时空的意义，它不仅是针对现在，也不仅是针对某些专业人士，它还要对后代多多少少有些贡献，这样才有意义。"蔡铭泽饶有兴致地补充道，"所以我现在就发现了很多事情的精妙之处。比如我写书法，就发现了其中的音韵之美，我能感到字在起舞，音乐在起伏，由此我的思想、思路、思维也在跳舞，这是一种非常欢快愉悦的感觉。其实人最好的状态，就是一种不受任何压抑的状态，思想可以自由飞翔，这样才能发现一些别人发现不了的东西。当然，这还需要一个悟性，需要对现实有一定超脱的感知能力"。

说到这里，蔡铭泽流露出了悲欣交集的感慨。"和前一代人相比，我们的知识基础没有他们好，因为他们在解放以前接受了正规的国学教育，打下了良好的学问基础。虽然他们命运多舛，遭遇政治运动不断，但毕竟基础是扎实的。作为前辈，他们起到了他们的作用，并且个别优秀的人物还是很有成就的，比如说方汉奇老师、甘惜分老师。那么和下一代人相比，我们也是有很多不足的，主要就是在我们成长的过程中，经历的社会动荡太多，没有好好地读书，这是时代和社会造成的。但是下一代人就不一样了，你们生长在改革开放以后，享受到知识的开放、传播的开放、思维的活跃，你们要比我们强。我们这代人是被方老师那代人教育出来的，而你们这代人又是被我们教育出来的，我们在这中间起到了一个承前启后的桥梁作用，所以我更希望下一代人里面能够出现一批真正的学者，希望我们这代人能够渐渐被你们这代人超越，包括在思辨性、哲理性方面。"

然而，蔡铭泽也不无隐忧地谈到，"但是，下一代人动不动就是西方的东西，对我们中国的国学和国情了解得还是很有欠缺。有些盲目崇洋媚外的人，习惯把西方的东西生搬硬套进来，甚至对中国的古典文化还存在一种误读和误导，这都是一种悲剧。所以我认为，只有能够穿越时空、横亘古今的人与思想才具有真正的穿透力和生命力"。

说到这里，蔡铭泽聊起了他熟读深谙的《老子》中的精髓，"《老子》第四十八章有一句话最能够反映整个艺术创作、学问之道和民族精神的真谛。原话是：'为学日益，为道日损。损之又损，以至于无为。无为而无不为'矣。就是说，我们得到的信息、追求的知识和学问应该越多越好，但是要想体现一些根本性的东西，就需要不断地抽象、概括。我们现在的艺术创作和学术研究都太浮躁了，追求的东西太多，物质诱惑的东西太多，各种势力的影响太强，真正称得上精髓的东西少之又少"。蔡铭泽感慨道，"所以老子说'损之又损，以至于无为。无为而无不为'。只有遵循规律做事，才能达到事半功倍的效果，我认为这是很有道理的"。

"智慧化生存，艺术化生活"

蔡铭泽对中国道家传统文化有着浓厚的热爱，其浸染之深除了对他的学术思维产生了深远影响，更影响到了他的行政与行事之道。在担任暨南大学新闻与传播学院院长期间，蔡铭泽利用短短6年的时间，带领这个学术团队开创了广东省新闻教育界的一个个新高，取得了一系列具有战略意义的业绩。然而，抱雄守雌、为而不恃，关于在行政岗位上功成身退的抉择，蔡铭泽有着自己的考量。

"从我个人的角度来讲，我感到自己做出的贡献并不多。但是我认认真真做过学问，认认真真干过行政，现在我认认真真地过着艺术化的生活，这样的人，我想还不是很多。所以我虽然是平庸的，但还认为自己是个有特点的人。从暨南大学引进我以来，我都是辛苦做事，对得起她的。当我把大量的时间投入在学院管理上的时候，我的风格是平平稳稳、逍遥自在的。尽管外人看起来我很洒脱、很轻松，但是对于方向性的发展，对于每一个阶段的工作重点、力量的配置、利益的保证、关系的协调，我都会花费很多的心血。所以那时候我晚上睡觉总是不太好,睡得不踏实",蔡铭泽笑道。"我的态度是,老师们都能晋升职称,行政人员都能得到发展,我就好开心。我希望每个人都能发展得很好,而至于我个人,没有太多的追求。"蔡铭泽淡淡地说,"我学过《老子》《易经》,对生活有自己的哲学思考。一个人的事业发展到一定规模之后,如果再继续下去,往往难以抑制自己。我不跟老师们争名争利,这也是人大留给我的传统。再一个,我按照天道而行,相信每个人的发展经历和发展阶段都是不一样的,该做事时要做事,该奋斗时要奋斗,但该收敛时要收敛,要遵循规律,把握好放和收这一对矛盾。另外,我的祖先和家风对我的影响也很深,就是对做学问比较认真,对当官比较淡泊,该做就做,急流勇退,这也是中国历代圣贤的一个聪明的选择"。

说到这里,蔡铭泽也不无自豪地聊道,"做院长的时候,我习惯把大量事务性工作上升到理性层面再把它沉淀下来,并且仍然不断有学术文章发表,我不希望自己碌碌无为。不当院长了,我还有我的追求,就是写书法。我想用精妙绝伦的小楷把我写得最好、最经典的文章全部用宣纸誊抄出来,等将来再出版。我想,这些事情都不是当校长或者当院长就可以做到的"。他毫不遮掩自己的真性情,"我就是干我喜欢的事情,能协作的,我就与人为善,不愿协作的,我就旁观,把自己做好,我觉得这个很重要"。

在总结自己卸任院长之后的生活状态时,蔡铭泽不假思索地说出了十个字:"智慧化生存,艺术化生活"。他解释道,"在当下这个社会里生存是非常不容易的,发展空间的有限和各种竞争的挤压,那是多么的厉害。所以我们身处其中就需要学会'智慧化生存',要能压抑自己的欲望。而至于'艺术化生活',就是要能够做自己喜欢做的事情,不求所成。无所求,方能有所得,这也是我的一个很重要的观点。我对自己也是如此,做任何事情,不去想要得到什么好处,比如写字就一定要成为书法家,做行政就一定要当大官,做学问就要早点评教授。求的东西如果太多,得到的东西肯定会更少。人一定是要凭着一种兴趣,在自然而然的状态下,才能让我们的意志、我们的精神自由地发展。正是因为你无所求,才有可能不知不觉地就成就自己,而精心设计好的一切,往往会出现问题"。

蔡铭泽的精神深处似乎永远保持着两个自己:一个在经验的世界里无怨无悔地耕耘劳作,一个在超验的世界里时时刻刻地感悟反思。作为当代中国新闻学界具有一定影响的人物之一，蔡铭泽在其学术人生之余的哲思空间和艺术园地中，流露出迥异于同时代学者的精神气质与个性魅力，并据此，在这片喧闹繁华的热土中守护着一份独有的宁静。

【蔡铭泽简介】

蔡铭泽，1956年11月出生，湖南岳阳人，法学博士，暨南大学新闻与传播学院教授、博士生导师。本科和研究生毕业于湘潭大学，获历史学学士和法学硕士学位；博士毕业于中国人民大学新闻学院，师从方汉奇教授，获法学（新闻学）博士学位。先后在湘潭大学、中国人民大学、广州师范学院任教。曾任暨南大学新闻与传播学院院长、暨南大学学位委员会分委员会主席、教育部高等学校新闻学学科教学指导委员会委员、中国新闻史学会副会长、中国新闻教育学会常务理事、广东省新闻学会副会长、广东省广播电视协会副会长等职。

蔡铭泽主要从事新闻传播学史论结合研究，已发表学术论文近百篇，出版专著5部，主编教材1部，参撰专著与教材6部。其中，代表作《中国国民党党报历史研究：1927—1949》《新闻传播学》《〈向导〉周报研究》《新时期广东报业发展研究》等获学界好评。教学科研之余，蔡铭泽还将治学、为人、处世之心得著述为文，在《南方日报》《羊城晚报》和《广州日报》等报刊发表，并先后结集出版《新闻细语》与《兴稼细语》等作品集。

芮必峰：我不做人云亦云的研究[*]

　　1977年的冬天，插队在马鞍山郊区红旗公社蔡村大队的知识青年芮必峰正在挖塘泥时，收到了来自安徽大学中文系的高考录取通知书，提及那一刻的心情，他用了"欣喜若狂"四个字来形容。这样的情景，时至今日依旧是上一代知识分子心中热度犹存的集体记忆。作为77级大学生中的一员，芮必峰的命运和所有经历过这段人生转折的人们一样，从此发生了改变。然而，又与大多数人所不同的是，在那个充斥着诸多"不得已"以及"被安排"的年代中，芮必峰的人生轨迹却始终被一种自己把握命运的力量牵引着：桀骜不驯，逆流而上，服从却又不屈从。

　　可以想象，假如没有下放时顶着巨大的社会压力，毅然决然不辞而别备战高考；假如没有留校时坚持己见，选择进入校党委宣传部自此由中文与新闻结缘；假如没有其后果断告别行政岗位，以教师身份投入安徽大学新闻系的筹建；假如没有一以贯之独具一格的行事风格与学术性情；假如没有博览群书另辟蹊径的学术志向与研究旨趣，他或许就不是今天的芮必峰。但是，眼前这位嬉笑怒骂的皖籍学者就这样行云流水地将自己的成长心路坦诚铺展，他的人生故事中所流露出来的主体性意识，与他的学术研究中所关注的主体性问题一样，果决鲜明，深邃犀利。

　　独立的学术思想往往离不开独特的学术个性，"言人所未言，见人所未见"，这是一切创造性活动的开始。当面对关于学术人生的终极追问时，芮必峰不假思索："我不喜欢做人云亦云的研究，这就是我的追求"。

---

[*] 本文撰写于2014年。

"我的高考复习时间只有一个星期"

"我出生在一个很普通的家庭，父亲是一位基层干部，部队转业后在工厂做书记，母亲是一位普通的工人。家里一共兄弟姐妹三人，我是老大，还有一个弟弟和一个妹妹。从小父亲对我要求就很严格，比如我每天都要练字，没写完就得挨揍"，芮必峰开门见山，笑着聊起了自己的童年。"另外，因为父母亲都要上班，所以小时候，弟弟妹妹的吃饭和学习这些事情基本上都是我做主，甚至从很小起我的被子都是自己洗，这也是我印象比较深的"，芮必峰在历练中养成的独立与主见，自小可见一斑。他继续聊道，"我父亲年轻的时候在部队里喜欢抄写一些诗歌、文章，那些笔记本在家里都是公开的，我们可以随便翻看，所以我从小也养成了抄写各种东西的习惯，直到现在我这样的笔记本还有很多。后来教书时我总会随口引用一些东西，学生们说我记忆力好，实际上不是记忆力好，是因为小时候记下来的东西总是忘不掉。所以，凭着小聪明，从小学到高中，我的成绩都是名列前茅，在班上没有落下过前三名"，说到这，芮必峰不无得意。

"可是'文化大革命'当中遇到了波折，大家普遍都不学习了，我也一样。"芮必峰感慨，"现在回想起来，那个时候还是得益于我父亲的严厉管教，我这个性格如果不是他的严厉管教，现在到什么样都很难说"。他笑道，"我父亲其实从来也没有说过对我有什么期待，就是要我好好读书。我小学念了六年半，初中念了三年，高中念了两年，直到1975年高中毕业后，我就下放了"。

谈起下放这段经历，芮必峰饶有兴致，"实际上，下乡对我的影响还是比较大的。我就在马鞍山郊区，当时叫红旗公社，蔡村大队，杨桥生产三队。我们生产队的情况还不错，只是知青跟社员是同工不同酬，男知青七分工，女知青五分工。虽然刚下去的知青确实干不过社员，但是我总觉得有些不公平。我原来是理科成绩不错的学生，后来为什么慢慢转向文学了呢，就跟这段经历有些关系"。芮必峰解释道，"下放时，我们虽然干农活同工不同酬，但是我如果给大队写的稿子能在广播站播发，生产队就给我记十分全工。那都是贫下中农干不了的活儿"。芮必峰笑称，"我最得意的就是不仅公社经常播我写的广播稿，郊区广播站也播过我的稿子，郊区是当时农村最高的行政直管单位,当时那真是轰动"。就这样,年底分红时,芮必峰用辛苦赚来的工分换到了七百多块钱,而除了这笔巨款之外,能说会写的芮必峰很快就当上了当地的小学教师。

"1976年,我在蔡村大队杨桥村小学教书。当时我们是一个人承包一个班,语文、数学、音乐、体育全教。恢复高考的消息传下来以后,我们村上的二十多个知青,成绩稍微好一点的都请假回去复习了,有的提前两个多月,有的提前一个多月。我因为做小学老师,走不了,生产队也不让我走,结果一直坚持到临考试前的最后一个星期。"芮必峰回忆道,"我当时觉得自己的期望值还是比较大的,因为从小学到高中,平均水平在那里,因此我特别想回去复习。看到别人都回家了,心里面更是非常的着急。所以到最后只剩下一个星期时,我毅然决然,不辞而别就走了"。正是这个大胆的不辞而别,给芮必峰惹下了意料之中的麻烦。"高考结束后当晚我就赶回了生产队,希望能把这个印象给慢慢扭转过来。可回去之后就立马被告知,教师不给当了,还给我派了最脏最重的活儿——挖塘泥",芮必峰苦笑道,"我们马鞍山有个老火车站,火车站旁边有个池塘,多个公厕通到这个池塘。冬天水枯的时候,我们就下去把塘泥挖出来用拖拉机运回去肥田,奇臭无比,我就干了几个月这个活儿"。

关于参加高考的这段经历,芮必峰最念念不忘的还是父亲对自己的鼓励,"我的高考复习时间只有一个星期,当时压力很大,我考前给自己弄了一张表安排这一个礼拜的复习时间。可是第一门数学就把我考懵了,一道微积分的题目根本不知道从哪里下手。我本来打算放弃不考了,父亲对我说,'你干个事情要有始有终。不管干得好干得坏,都得干下去'。就这样,坚持下来以后,后面语文、史地、政治也就越考越顺手了"。芮必峰说,"我的高考录取通知书就是在挖塘泥的地方收到的。当时我穿着父亲抗美援朝时留下来的一件破棉袄,腰间扎着草绳,脚上是一双大胶鞋。有人给我送来了通知书,我打开一看,是安徽大学!当时真是欣喜若狂,把锹一甩,走了,我不干了!这就是当时的真实经历",说到这里,芮必峰爽朗大笑。

77级大学生是新中国教育史上的一个特殊群体,他们不仅是一届大学生的指称,更是一个重要的历史符号与时代拐点。芮必峰在三十多年后不禁感慨,"就是结构体制决定了你,运作机制决定了你,没有什么选择"。回首往昔,这喟叹中又何止是他一个人的命运缩影。

"留校办报纸是我接触新闻的起步"

1978年春季（笔者注：77级是1977年冬季考试，1978年春季入学），芮必峰如愿进入了安徽大学中文系就读，他说，"上了大学之后，也没有什么特别的志向，就是为中华之崛起而读书，这是当时非常真实的想法。我在班上算不上刻苦的，我们寝室所有的同学天天到图书馆占座位学习，我因为在下乡时养成了抽烟的坏习惯，所以就在寝室里看书。我们班有一个同学，入学时连英语二十六个字母都认不全，等到毕业的时候，他已经可以翻译英文小说了，这四年里他从来没有睡过一个午觉，就是争分夺秒地学习。和他们相比，我是非常惭愧的"。尽管如此，芮必峰的才气在那个年代已经崭露头角，1981年他就在安徽省知名刊物《江淮论坛》上发表了《也谈〈女神〉与"泛神论"》一文，初出茅庐就旗帜鲜明地表达了与时见不同的文学评论观点。

"我大学论文做的就是郭沫若研究，《郭沫若文集》我从头到尾翻读了几遍，郭沫若的很多诗我都能背诵，他的历史剧和散文我也读了很多"，芮必峰说道，"我一直都非常感谢大学的现当代文学老师刘元树教授，这位老先生对我的帮助比较大，我的毕业论文就是他指导的，也是他帮我把文章推荐给了《江淮论坛》"。让芮必峰念念不忘的这位刘元树老师与芮必峰成为了忘年交，"我们毕业的时候，刘老师建议我留校搞现代汉语，因为当时中文系最缺现代汉语老师，但是我拒绝了"。激情澎湃的郭沫若研究让芮必峰对看似平淡的现代汉语毫无兴趣，他最终被分配到了安徽大学党委宣传部负责校报出版。"这就是我接触新闻的起步"，芮必峰不忘强调。

1982年，从校报工作开始，芮必峰懵懵懂懂地走上了最初的新闻工作之路。"我们校报麻雀虽小五脏俱全，尽管一个星期只出一期，但是从组稿、改稿、划版、排版、校对直到最后的发放稿费，我全都干过。正是这一年让我对'新闻生产'的全过程有了了解"，芮必峰笑道，"尽管当初还没有'新闻生产'这个概念，但我就是从这时候开始熟悉这些的"。

值得一提的是，80年代初期的安徽大学在新中国新闻教育逐渐复苏的大环境下也悄然开始了重整河山的大计。1980年，经省教委（现教育厅）批准，早在1958年重建时就计划开设新闻系的安徽大学，在历经政治动荡的止滞之后被获准重新开办新闻专业，并于 1984 年经国家教委（现教育部）批准正式招收本科生。就在这百业待兴求贤若渴之际，芮必峰的人生轨迹再次被改变了。

"当时我们中文系的系主任徐文玉老师，专门找到学校行政楼三楼的党委宣传部，就在办公室里直接跟我谈，问我愿不愿意回来帮他一起办新闻专业。我犹豫再三：一方面，'新闻无学'的思想已经在我脑海里根深蒂固；另一方面，既然留在高校，就要'搞教学不搞行政'的思想也一直影响着我。最终，我还是决定回去了。"芮必峰说，"当时学校宣传部部长是不同意我走的，但是我晓之以理动之以情，我对他说了这样一句话：'我希望你把我当作自己的孩子来看待，如果我是你的孩子，在这个关键的选择当口上，你是会把我留在这里，还是会放我走？'他大概被我这句话打动了，结果放我走了"。

然而，离开了宣传部，面对接下来的事业，芮必峰却用了"筚路蓝缕，惨淡经营"八个字来形容。"1983 年，我们那里基本上还没有专业教师，当时从安徽青年报调过来一位老师，叫王中义，他是复旦大学新闻系的毕业生，也是第一任的新闻专业主任，后来又陆续调来了两位教师。我刚到新闻专业就被派出去进修了，1983 年到 1984 年在中国人民大学新闻系进修班学习，1985 到 1986 年在复旦大学新闻系进修学习。"

谈及最早接触新闻学的感受，爽直的芮必峰连吐苦水，"那时候的新闻学根本谈不上知识体系，我在人大进修时托朋友去北大图书馆借了几本书，还都是新闻业界人士写的那种文集。甘惜分老师给我们上课时拿的是中国共产党新闻工作文献汇编，给我们布置的课外参考书都是《马克思传》《联共党史》《列宁传》等等。'新闻无学'这个观点我一直坚持着，直到 1986 年从复旦进修回来以后才慢慢发生了改变"。

"两个原因促使我重回复旦大学读博士"

一提及复旦大学，芮必峰的情感溢于言表，"从 80 年代中后期开始，我跟复旦大学的联系就比较紧密，这里的批判意识和学术气氛很浓，跟我的研究取向很接近"。而在几十年千丝万缕的联系中，有两段经历和一个人尤其令芮必峰满怀感念，这两段经历分别是 1985 年至 1986 年在复旦大学的进修学习以及 2006 年至 2009 年在复旦大学的读博生涯；而那个人，就是与芮必峰亦师亦友的李良荣教授。

"我最早跟李良荣老师打交道是很有意思的。当时我在复旦进修,李良荣还是个讲师,戴着副眼镜,一头的浓发,非常潇洒",芮必峰谈笑风生地回忆起这位与他情谊甚笃的师友,仿佛其人就在眼前。"我第一次跟李老师谈话就是批他那本《新闻学概论》,我跟他说这本书的逻辑框架哪些地方有问题",芮必峰笑道,"我是带有挑衅性的,结果李良荣有时跟我解释,有时就笑一笑。我以为自己会给他留下很不好的印象,结果我们却越走越近了"。芮必峰提到的这本书就是由李良荣执笔,由福建人民出版社于1985年出版的《新闻学概论》,当年这本书被作为国家教委指定教材在五年内再版了十余次,芮必峰也因此书而与李良荣结下了深厚的情谊。

时光荏苒,2006年的秋天,曾经执拗地坚持"新闻无学"的芮必峰在20年后再次回到复旦大学并正式师从李良荣攻读博士学位。此时的他,不仅年近半百,并且身兼安徽大学新闻传播学院院长一职。在繁重的工作压力中抽身而出全心读博,他坦言,这样的动力主要来自两个方面的原因:"第一个原因是我做了这么多年的行政,感觉自己基本上没有时间看书,所以特别希望能有一段时间静下心来读书。另一个原因就是,我觉得既然从事新闻学研究,就要把学位拿到头,这样我也就没有什么遗憾了。就是这两个原因,此外无他"。

事实上,在芮必峰云淡风轻的描述中,真要做到身居要职却甘守寂寞也绝非易事,个中甘苦恐怕只有亲历者才能体会。"我就住在复旦大学北区学生宿舍,基本上一年半的时间都在那里。我的博士论文写到六万字的时候推倒重来,当时心里急得要命,但最后我还是比其他人都要早交一些。为了完成毕业论文,2009年大年初六我就赶回了复旦,当时北区清静得只剩下猫了",回忆起那段清苦的日子,芮必峰无怨无悔。"如果说1986年在复旦进修时,我完成的只是从中文到新闻的转折,读书也像只没头苍蝇一样。那么2006年再次回到复旦以后,我读书就开始变得有计划了,一些之前想读而没有时间读的书,像帕森斯、莫顿、斯宾格勒等等这些,我都是带着问题有系统地去阅读了。"

从1987年接任安徽大学新闻专业主任,到1998年担任新闻系主任,再到2003年出任安徽大学新闻传播学院第一任院长,直至2013年主动向学校请辞院长一职转任学院党委书记,芮必峰对安徽大学新闻教育的发展建设可谓功不可没，但是，他在字里行间所流露出的却是满腔的书生情怀。"很多人都不明白，其实做院长这个工作，是相当程度上的牺牲，尽管它在学术资源的调配权利方面可以让我去实现一些专业理念或者个人价值，但是也占用了我大量的科研时间。我现在的成果相对而言并不算多，大多数的时间都在行政工作中牺牲了"，芮必峰不无遗憾。

正因为如此，复旦大学读博的3年时光令芮必峰倍加珍惜。2009年，他在那篇最终完成于复旦大学北区研究生公寓7号楼402室的博士论文后记中这样写道："'文章千古事，得失寸心知'，无论拿出的文字留下了多少遗憾，写作中的酸甜苦辣想来每个经历过的人都有深切体会，那是一种值得珍藏并细细品尝的滋味。对于我来说，这种品尝除了能加强对学问的尊敬，还能加深对自己的认识，进而促进对别人的理解。"可以看出，写下这段话时的芮必峰早已不是当年那个笃定"新闻无学"的狂傲青年，而在他静水深流的文字中间，中国新闻传播学的飞速发展也在斗转星移中倏忽翻阅，甚至让人无法分辨究竟是时代映衬了个体，还是个体成就了时代。

"我是国内最早研究芝加哥学派的人"

从1983年开始从事新闻理论研究至今，三十多年来，芮必峰的研究兴趣及成果主要集中于中西方新闻传播思想、新闻专业主义和新闻生产等几大领域，尤其值得一提的是，芮必峰还是国内新闻传播学界最早研究芝加哥学派的人。

"1989年之前，我基本上都是处于摸索阶段，厘清一些核心概念，梳理一些理论脉络，所以说，90年代之前的研究成果很少。直到有一次我们在兰州参加一个学术会议，李良荣领着我去拜访甘惜分先生，那次拜访给了我很大的触动。"芮必峰回忆道，"当时甘老师兴致勃勃地给我谈了他的'多声一向论'，并且告诉我他专门给胡乔木写了封信，提出能否在中国一两个大城市中办一张不代表任何党派，允许发表不同声音但是坚持社会主义方向的报纸，可是胡乔木告诉他现在还不行。我清楚地记得，甘先生操着他的四川话说，'你们看，这么点的一道门缝他们也不让钻'。我在甘老的惊人转变中看到了他反思的力量，于是回来以后我也增加了动力，开始有意识地接触社会学，并且注意到了芝加哥学派，后来对传统传播学流派的奠基学说提出了质疑"。

的确如此，从 90 年代中期开始，芮必峰陆续发表了《人类社会与人际传播——试论米德和库利对传播研究的贡献》（1995）、《传播观：从"自然主义"到"人文主义"——传播研究的回顾》（1995）、《西方"媒介哲学"评介》（1996）、《人类理解与人际传播——从"情境定义"看托马斯的传播思想》（1997）、《健全的社会与健全的传播——试论弗洛姆的传播思想》（2003）、《人际传播：表演的艺术——欧文·戈夫曼的传播思想》（2004）、《你我交往使社会成为可能——齐美尔人际传播思想札记》（2006）、《传播学的视野——读 E. M. 罗杰斯〈传播学史〉札记》（2006）等一系列学术论文，从米德、库利、托马斯到弗洛姆、戈夫曼、齐美尔，从符号互动论、社会互动论到拟剧理论、情境定义，再到社会几何学、形式社会学，芮必峰早在 90 年代就从人际传播的内涵入手，开始了一条不同于经验学派的传播学治学之路。

"施拉姆自从 1982 年向中国介绍了他认为的传播学四位奠基者之后，国内绝大多数学者都沿袭了施拉姆的观点，但我觉得这是有欠公允的。我认为米德和库利的研究相比拉斯韦尔、卢因、拉扎斯菲尔德、霍夫兰更贴近传播学的研究问题本身，我们对于传播学的思想应该重新认识。"正因如此，芮必峰说道，"我从 1994 年前后就开始陆续发表文章阐述我的观点，在国内关注芝加哥学派的，我应该是最早的一个人"。

除了对芝加哥学派情有独钟之外，芮必峰自 90 年代以来的研究兴趣还包括新闻理论的基础核心课题。"我后面做的都是些非常基础的理论研究，主体间性一直是我关注的问题，我就是想把新闻学研究引向一个更具理论深度的基础性研究领域，比如我在 1994 年发表的《试论新闻传播接受者的主体性》，我和陆晔去采访宁树藩老师，整理出来的《关于新闻学理论研究历史与现状的对话》（1997），还有在那之后写的一篇一万八千字的《新闻本体论纲》（1998），包括 2004 年发表在《新闻大学》上的《新闻与新闻报道》，这些都是我非常愿意做的基础性研究。"

进入新世纪，芮必峰的研究兴趣又从早期的基础性理论研究转向了视野更为开阔的新闻生产、媒介权力以及新闻专业主义等领域，这其中既有着他个人学术旨趣的转变，也与求学复旦大学的经历有关。2009 年博士毕业以后，芮必峰陆续发表了一系列高质量的学术论文，包括《新闻生产与新闻生产关系的再生产——以"宣传通知"及其执行情况为例》

(2010)、《描述乎？规范乎？——新闻专业主义之于我国新闻传播实践》(2010年)、《媒体与宣传管理部门的权力关系——以"命题作文"为例》(2011)、《新闻专业主义：一种职业权力的意识形态——再论新闻专业主义之于我国新闻传播实践》(2011)、《新闻学研究中功能主义取向和方法之思考——以"新闻专业主义"为例》(2012)等等，这些文章基于跨学科的宏观视野对媒介权利及新闻生产所进行的深入探讨，也显示了芮必峰学术研究功力的再一次升华。

2013年，芮必峰从院长职位上卸任，他说，"现在的我已经是完全进入了另一个境界，我并不是有意识地去做些什么。无功利地读书，无功利地写文章，这本身就很快乐"。

"我们这一代人的使命就是承上启下"

三十余年弹指一挥间，在被问及贯穿始终的学术追求究竟是什么时，芮必峰不假思索地答道，"我不喜欢做别人做过的东西，我不喜欢做人云亦云的东西，我觉得每一个研究成果总要有一点自己的思想，没有自己的思想就不要写文章。这就是我的追求"。他补充道，"其实做学问呢，并不是要求大家都有一样的共识，或者都有一样的孜孜以求。我觉得在这个群体里面，一个时代能有三五个有学术领悟力的领军人物就很不错了。无论哪个国家、哪个时代都是如此"。

在谈及育人理念时，芮必峰毫不犹豫，"新闻教育就是要培养'顶天立地'的专业精神。所谓'顶天'，就是要有新闻理想，要有比较高的理论素质和人文素养。所谓'立地'，就是要把理论用到实处。中国的新闻教育长期以来总是悬在这两者的中间，要么讲理论把实践丢掉了，要么讲实践又忽视了理论。所以我提出来要'顶天立地'，理论要有理论的高度，应用要落到应用的实处，这也是我长期以来从事新闻教育追求的东西"。

他继续说道，"我们这一代人的使命恐怕就是做到了承上启下，其他也根本没做什么。所谓承上，就是纠正过去新闻传播学的那一套左的，完全无学的，拍脑袋的，没有经过任何学术训练就可以进来胡说八道的学科历史；所谓启下，就是希望你们这一代人能够从我们留下的这些东西当中受到一点点启发"。

如今的芮必峰每天都活跃在微博上，积极地与外界保持着联系。他说,"开微博完全是一个偶然的机遇,我的一位研究生帮我注册维护之后,有人说这微博语言不像是老芮的风格,我就干脆自己接手了。慢慢地我也觉得微博很有意思:第一,你可以不经过其他人对大家直接发言;第二,你可以了解很多主流媒体上看不到的信息;第三,既然是研究媒体,你必须有所介入才能有所体验",芮必峰优哉游哉,神情自若。

时至今日,芮必峰几乎每天保持着晚上看书,白天休息的生活习惯,我行我素地享受着读书所带来的精神愉悦以及远离尘嚣的思考状态。这位特立独行的学者一度被中华传媒网评为"中国最有影响的新闻传播学者之一"。而在被问及对这一评价的看法时,他说,"那都是民间的讲法,我也只是尽自己的一点微小的力量,做的时间长了一点,年纪大了一点,其他也没有什么。我是有自知之明的,这不是谦虚,我自己也没有做出些什么,只是比有些人更加清楚,不敢胡乱去说,如此而已",他笑一笑,便不再置评。

【芮必峰简介】

芮必峰,1957年出生,安徽省马鞍山市人,文学博士,安徽大学新闻传播学院教授、博士生导师。曾任安徽大学新闻传播学院院长、党委书记,教育部新闻学教学指导委员会委员,中国新闻教育学会理事,安徽省第九届、第十届、第十一届政协委员,安徽省记协常务理事等。2008年获宝钢教育基金优秀教师奖;2009年获"全国优秀教师"和安徽省教学名师荣誉称号;2010年成为"马克思主义理论研究和建设工程"教育部第二批重点教材《中国新闻传播史》课题组首席专家;2012年获安徽省先进工作者荣誉称号,并获省级教学成果奖特等奖;2013年12月获首届全国微课大赛二等奖,并获安徽省"十佳教学能手"称号。

芮必峰主要从事于新闻传播理论教学研究工作,先后在全国重要学术期刊发表学术论文六十多篇,出版教材和学术专著三部,主编"21世纪新闻传播学丛书"和"当代新闻传播学系列教程"各一套。同时,主持国家社科基金重点项目等省部级以上项目若干,主持国家级精品课程《新闻学概论》,担任新闻学国家级特色专业和新闻学省级重点学科负责人,曾被中华传媒网评为"中国最有影响的新闻传播学者"之一。

潘忠党：学术研究应摒弃实用主义[*]

2010年5月，潘忠党教授从大洋彼岸远道而来，为复旦大学新闻学院博士生授课。应笔者之约，潘教授于此期间接受了访谈，并有了一番愉快的交流。潘忠党的学者气质很鲜明，自主与批判的意识，独立与反思的情怀，亲和与健谈的性格，这些特点在他身上汇聚得不失色也不过分。无论是谈及学术经历，品评学术环境，还是表达学术观点，他的深邃与真率给人留下了深刻的印象。

国际视野　中国情结

陈　娜：1996年，您曾经专门撰文评价过大陆与港、台地区传播学研究的特点。时隔十多年，您再对比一下这几个地区，将如何评价？

潘忠党：大陆跟15年前相比有了很大的不同，整个学术界的学术氛围、学者的知识面都有了长足的进步、巨大的发展。首先，跟20世纪90年代中期相比，我们引进了很多研究论著，而这与曾经译介的大多为课本教材不同。其次，我看到现在有一些年轻学者以不同的研究取向，出了相当规范的经验研究，有些文章甚至拿到国外做量化研究的期刊上去发表也不差，我觉得这就很不错。再次，现在年轻学者当中基本上形成了一种共识，就是要能提出问题，要研究真问题。所以，整体来讲非常好，整个学术风气更加开放，学术资源、话语资源更加丰富，并且有一批敢于突破的年轻人，我觉得是很有希望的。

台湾尽管有些学者做得很不错，但总体而言，格局较小，即便是研究台湾自身的问题，能够对理论的发展建构有启示的研究，依旧很少，所以

---

[*] 本访谈录完成于2010年。

我在1996年一篇文章中对他们的评价到现在依旧适用。造成这种状况的主要原因，大概是因为台湾社会较高的商业化程度和明显的世俗文化特征，使得学者们容易浮躁，而不能腾出足够的时间静思、读书。

香港则比较复杂。整体上看，香港与台湾有相似之处，比如人才训练比较整齐，学术做得相对规范，同时由于它介于中西文化之间，所以视野比较开阔。这几年香港有了些不同的发展，主要表现在自己创办了传播学专业刊物，不再过分依赖于西方的学术平台，因而具有了一定的学术自主性。由于很多香港的传播学者也并不是香港本地人，背景比较多元，所以所谓香港本土的特征很难概括，至少对我这个非香港人来说是如此。

从整体上看，国内的传播学研究的状况依旧是学者没有一张安静的书桌，这其中有政府的干扰又有市场的诱惑。这些因素都对学术有着某种程度的侵蚀和瓦解。同时，有不少研究者缺少对学术的尊重，而是把它当作一种敛财获利的手段，我觉得这就很糟了，因为它直接导致了你选择什么样的题目来做，选择什么样的方法来做，并且以什么样的形式来呈现你的研究成果。这种趋利的目的、动机及思维逻辑的正态化、正常化，对于学术界来说，是一件可怕的事情。

陈　娜：从您已有的研究成果中可以看出，您对中国传媒业的关注和把握是积极且深刻的，能否谈谈这种中国情怀的内在驱动力？

潘忠党：我小时候生活在乡下，村子里面有条河，夏天的时候我们就成天泡在水里面玩。中学的时候，每年春天都要支持农村的春耕，我们会下乡去采茶、插秧，这种接地气的经验，是很重要的。因为哪怕你离开中国很久了，但是你对中国的感受，对中国的直觉都来自于这片土地。这种乡土气息不会改变，对我来说，不仅仅是无法改变，也不愿意去改变，这成为了我自己的一部分。所有的中国人，无论是身在中国，还是在其他国家，无论是学什么专业，只要他是中国人，他的视角始终会在中国，这是逃避不了的。哪怕是那些在日常生活中对中国好像已经很隔膜的人，他会送孩子去学中文，也会在家里装上一个卫星天线收看中国的电视节目，还会在网上下载中国的东西，大家聚会时也是谈国内的八卦新闻。这是人的本性，是毫无疑问的。

从做学者、搞学术研究的角度来看，当你的研究对象是中国的时候，一个基本的常识性认识是，你在西方所得来的这些理论、方法都只能作为批判的武器，或者说仅仅是你分析中国社会现象的可以利用的资源。你自己心里边应该很清楚，分析中国的现象，不是为了说给外国人听，或者验证某个外国人的理论，而首先是要满足自己的好奇心，也就是要问自己，我对中国真的了解了吗？我这样分析有道理吗？其次是要看我的研究对国人、同胞到底有没有起到一些启发性的作用，这就是我的标准。

陈　娜：您曾经谈到过在美国做传播学研究所遇到的主流学术圈对中国问题不甚关心的尴尬，这种现象现在是否依旧普遍？您在国外，是以研究中国问题为中心，还是两者兼有？

潘忠党：我觉得这是在任何一个国家都存在的情况，就是对他国、他者的不够关心。因为在日常生活中不在他国，所以不了解。美国的这种倾向恐怕会比欧洲国家更严重。像英、法、德等国，对中国研究还是比较关心。英国现在就很突出，好几所学校都开办了"中国媒体研究中心"。美国很长一段时间以来对中国不太关心。它不仅仅是对中国不关心，对其他国家都不关心。就相当于中国人很少关心如老挝、越南等国家。近些年，中国开始变强大了，美国意识到了从经济贸易、文化往来、国际关系的角度来讲，中国成为了它必须要了解的大国，所以开始关心了。

我在美国起初从事的是基础的传播理论、舆论、媒介效果研究，也用过同样的理论资源和方法做过中国的研究，比如说写过媒介与文化价值观念的变迁等文章。但是我没有把这些定位为所谓的"中国研究"，而是把它们当作传播效果研究的一部分。就相当于中国是一个个案，美国也是一个个案。我用英文写过关于"中国的媒介体制改革"的文章，在美国、英国的期刊上发表过，但是那个取向跟在国内不一样。在国内主要是剖析现实问题，然后有那种介入、主体参与的取向。而用英文写的落脚点是在于理论的建构，就是说中国这个个案给我们从理论上来理解一个体制发生变迁的机制与过程会有什么样的启示，所以立足点是不一样的。

摒弃实用主义　坚守学术自主

陈　娜：您曾经在一些文章中明确提出对于学术"自主性"和"独立性"的坚守，尤其是学术研究应该保持对权贵、教条的警惕，作为学者如何才能做到这种"独立自主"？

潘忠党：我们的体制内存在的一些问题对于真正的学术有着某种程度的摧残。作为学者，我们应当反思的是，这种体制如何可能？这就需要对自己开刀，所以我说，批判体制我们都能做，但是批判自己却很难。

我觉得我们缺少一种学术的独立，一方面是因为我们被逼得要得到学位，要评职称，所以就必须去做出一些东西来发表在所谓的核心期刊，至于这些东西是否真的帮助我们提出并解答了一些实际的问题，则在其次。更糟糕的是，我们很多情况下是在考虑什么是业界关心的，什么是现在时髦的，失去了靠自己来提出问题并且解答问题的独立判断的能力。我比较欣赏曹锦清的《黄河边的中国》，因为他看到了中国的实际情况，提出了真问题。而我们现在一提到学术，就只在乎是发表在核心期刊，还是权威期刊，或者引用了谁谁谁？可是，这些到底有什么用呢？

真正的学术应该解决真问题，正如陈寅恪所提出的"独立之精神，自由之思想"，而我们现在已经逐渐失去了这个。作为学者，我们没有一种共同体的意识，单纯对体制有抱怨而没有任何具体做法，只能说明我们依旧是体制的参与者，我们推脱不了责任。

我们能做的主要有三个方面：第一，要看选择什么样的问题和课题来进行研究，这是我自己根据学理根据兴趣可以控制的；第二，要对写出来的东西精益求精，要言之有据、概念清晰，不能乱来；第三，如果带学生的话，不去使唤学生、训斥学生，而是帮助学生、支持学生。不管体制如何，这些是我们可以而且应当做到的。总之，用一句我曾经和一位学生聊天时说的话，就是"以出世的态度做人，以入世的态度做事"。

陈　娜：那么您认为学术研究要做到"独立自主"，在当前的环境下最大的障碍是什么？

潘忠党：我曾经在美国的时候看到一个纪录片，这个纪录片讲的是美国的太空项目，有一帮人在研究宇宙形成的过程。美国的太空项目有很多，因为是联邦政府给的钱，所以联邦议员们总得要问这个问题，"你这个研究对我们经济发展有什么用啊？"但是这位科学家说，"我们做研究根本不是为了有什么用，我们就像一个顽皮的儿童，就是好奇，仅此而已"。相比之下，我们现在的情况是，对学术没有起码的尊重，在大学的教育、设计、发展思路上完全是一种实用主义的取向，这是我接受不了的。

1995年我在北大，那时候校长为了要建"211"大学，请我们这些海外归国人员座谈，我当时的一个想法就是，破除实用主义，这很关键。或者说，我们可以有经世致用的思想，但不能以实用为初衷，不能以近利为目的。遗憾的是，实用主义现在甚嚣尘上，不但没有消退，反而更有强化的趋势。

陈　娜：那么，实用主义倾向对促进学术的繁荣有好处吗？

潘忠党：从一定程度上也许可以这样说。第一，学术研究的经费增加了，这是好事情；第二，提高了学者们的积极性和收入、福利，这是好事情；第三，改善了学者们的研究条件，这也是好事情。可怕的是，在实用主义泛滥下，资金、权力的力量得到强化，并有收买学者、学术的意味。

在中国做到学术自主很难，因为要在学界扎下根来，总要评职称、写论文、申请项目，正是权力压榨下的金钱诱惑，把你套到那个圈子里去，所以你要在这里生存，很难招架得住。

其实我们在学美国的学术评定体系，比如CSSCI这个量化的指标，就是从美国学来的，但是我们学的是皮毛，我们把皮毛弄来之后，将它跟政治权力结合起来，变得极其可怕。首先，在美国，职称评定的程序和标准是建立在一个信念基础之上，就是保护学者，保护学术自由、言论自由。也就是说，让学者们在自己这个圈子里面自我评价，政府不得干预，大学行政部门也不得干涉。学者同行评价认为合格的人，一旦获得终身任职，就意味着除非他犯法，学校不能够开除他，这就是保护学术自由。第二，整个评审过程全部都是学者们自己执行，也就是业内评价。有一个教授委员会、学术委员会在一起来看所有的评审材料，看一个人是否已经达到这个标准。这其中没有名额限制，合格就可以，这就不会造成利益冲突，所以与国内有着根本制度的不同。

陈　娜：您曾经说过传播学要走出"学以致用"的藩篱，走进"学以启蒙"的天地，也就是强调对于基础理论性研究的重视。而您自己的研究却更大多数关注现实问题，这两者之间是否会有矛盾？

潘忠党：这两者之间其实没有矛盾，就是说立足点当然应该是现实的社会，因为你生活在现实当中，都是要着眼于一个问题，试图为我们理解现实的社会有一定的启示。但是，你解答这个问题的目标并不应该是为了完成某个政策制定者，或者营利性组织交给你的任务。而应该是，这个问题在现实当中给我们的理论提出了一个挑战，所以我就要从理论上来搞清楚这个问题，因为只有搞清楚了，才可能对其他的人继续深入探讨带来某种角度的启示。

举个例子来说，我们社会科学界，也包括传播学界，什么时候开始关注的中国西部？那是在政府提出西部大开发的20世纪90年代中期。如果是以论证西部大开发这个策略而去考察西部的话，那么你考察的必将是"我们如何开发西部"。但是我更关注的可能是什么？是西部为何被忽略掉了？这是我的问题。我这些问题可能也会跟西部开发的策略联系在一起，但是会有一些基本的人文关怀和价值取向，基本的平等、公正、正义等价值观念在里面，所以说这两者不矛盾，基本落足点是一致的。

我也反对那种纯粹思辨的研究，不是说这样的研究不好，而是说思辨的研究只是一种路径，但是我们国内有一种倾向，就是以为纯思辨可以罔顾现实。罔顾现实有时候就让我莫名其妙，中国的现实是这么回事吗？所以说从事思辨是一种路径，跟从事经验的研究是两条不同的路径，但有一点是相通的，就是你的根要扎在现实中，要接地气。

学者情怀　平等对话

陈　娜：2009年在安徽大学芮必峰教授的博士论文答辩会上，您也与他就"新闻专业主义"进行了相对激烈的讨论。对于这次意见交锋，您当时的想法是怎样的？

潘忠党：我跟芮必峰是老乡，私交很好，我们也都是差不多年龄的人，而且他在国内已经是一个卓有建树的学者，我是想利用这次答辩会做一个平等的学者间的相互交流和对话。我对他提出了一些非常尖锐的质疑，因为我知道他是有这个承受能力的，而他也理解我为什么这么提。首先，他的博士论文应该有更大的超越，但为什么没有？其次，他在运用新闻专业主义理论的时候，在我看来有过于机械的地方。第三，对新闻专业主义的理论阐述要从中国"可行性"的角度出发，这个立场我理解但我不接受。芮必峰的答辩很机敏，我们最后相视而笑。

当然，我对学生不会这样，我觉得对学生不应该这样，因为以这样尖锐的方式来提问的话，很可能一下子就把学生打晕了。只有在与学者平等对话的时候，我才这样。我不会在乎所谓得罪人，因为我觉得真正的学者都会理解这一点。比如我曾在深圳的一次学术会议上，讲话很尖锐，当时在场的有些学者对我的发言不满意，在会议上也提出了一些不同意见，但这丝毫不会影响我们之间的感情。我们就是在谈问题，真正的学者会知道谈问题是对事不对人的，这当中丝毫不会包含相互轻视。当然，肯定会有人暗地里有其他想法，但也没有办法，那或许是他缺少包容的心态。

陈　娜：在您心中，是否有最难以忘怀的精神导师、学术导师？

潘忠党：两位老师对我最重要。一位是我高中时候的语文老师，也是我的班主任，她也姓潘，是无锡人。潘老师的字是全校公认的漂亮。给我印象特别深的，是有一次我们班干部到她办公室去开会，我到得早了一点，看到门开了便先进去了。进去之后发现在她的桌子上有一张纸，用非常漂亮的小楷写着"本学期计划"，其他的我都不记得了，只记得其中有一条："每天写 50 个字的大楷，写一页宣纸的小楷"，这当时给了我很大的触动。老师的字在我们那时看来已经是很好很好了，可是她居然还有这种勤奋练字的劲头，那种学无止境，没有顶点的精神很让我感动。

另外一位是我在美国的博士生导师麦克劳德。麦克劳德很有名，却是极其低调的人。他对什么东西都会有一种问题意识，都会说"你为什么这样想呢？为什么会是这样呢？"在他退休的时候，我们给他办了一次专场学术研讨会，我们几个学生几乎异口同声地认为麦克劳德的特点是，他从来不正面回答你的问题，他总是以提问的方式回答你，你去思考他的提问，你想通了，也就解答了本来的疑问。我跟他关系非常好，那个时候我们几乎天天见面，见面就在一起什么都聊。有的时候他会拿着一本书，或者拿着一篇文章过来问我，"看过这个没有？你看看，再给我讲讲你怎么想"。他就是用这样的方式，对我影响很大。我之前讲的学者的那种独立性，学术研究的非功利性，以及对待学生应该是一种什么样的关系，都是从他那儿得来的。

陈　娜：您能否透露一下您最近的研究兴趣和关注点？

潘忠党：我的兴趣比较广泛，经常是一时兴起就写了起来。像中国新闻改革当中所建构的"法团主义"模式，传播的公共性问题，以及从体制的角度对新闻专业主义和新闻从业人员的策略性抗衡进行反思等等都是我曾经关注过的问题。

而我关注的另外一个议题，是跟央视春晚有关的"民族主义"，包括民族主义的叙事结构有什么特征，为什么它这么强调共同性，还有它的逻辑是什么等等，这些都是我觉得比较有意思的。再比如电视片《河殇》《走向共和》《大国崛起》，我觉得这里面有一种一脉相承的、很难让国人保持心理平衡的大国意识值得研究。我感兴趣的大多是那些潜藏在我们潜意识当中的东西。我希望能够了解它们是如何通过媒体的内容呈现出来，并得到进一步强化的。

【潘忠党简介】

潘忠党，1958年生于北京，安徽黄山人，美国威斯康星—麦迪逊大学传播艺术系教授、博士生导师，浙江大学传媒与国际文化学院思源讲座教授，复旦大学新闻学院长江学者讲座教授。1982年毕业于北京广播学院（现中国传媒大学）新闻系，1983年赴美求学，先后获得斯坦福大学传播学硕士学位和威斯康星—麦迪逊大学传播学博士。曾在北京大学人类学和社会学研究所从事博士后研究，先后在美国康奈尔大学、宾夕法尼亚大学、香港中文大学任教。

李彬：以中国为中心，以中国为方法*

李彬在一篇文章中提及近代中国学术思潮的三种取向："以中国为中心，以西方为方法"（中体西用）、"以西方为中心，以西方为方法"（全盘西化）、"以中国为中心，以中国为方法"（中国道路）。某种意义上，这个过程也暗合了他个人峰回路转、渐入化境的治学进阶。从1984年执教于高校新闻院系以来，这位如今已逾天命之年的"77级"大学生始终贯彻中西并重、史论结合，不仅在学术上焚膏继晷、苦心孤诣，而且在探索之路上日益明确地追寻中国气派的学术担承。

80年代为正（见山是山，见水是水）、90年代为反（见山不是山，见水不是水）、清华10年为合（重又见山是山，见水是水），李彬如此评价自己的学术人生，可谓有反思超越而并不孤立割裂，有持之以恒而并不故步自封。他知道"不亲历，有些东西化不成自己的"，所以在他娓娓道来的文风中流淌的既是忧深思远的学术洞见，更是他几十载博观约取的心路凝萃。他认为，"中国新闻传播学的想象力、创造力、生命力，归根结底有赖于对中国历史实践与思想理论的系统关照与深切把握，并奠基于高度的文化自觉和文化自信"，而在他自己的学术人生从西土回归中土、从借鉴走向开创的正反合三部曲之间，又何尝不是完成一段从"自发"迈向"自觉"，从"彷徨"抵达"自信"的跋涉路途……

教书育人，亦师亦友

2014年春季学期某个周一上午，在李彬的学院办公室，我与几位清华博士生一道同他进行了一番学术访谈，这也是他为博士生开设《新闻

---

* 本文撰写于2014年。

传播与社会变迁》课程的时间。李彬不愿多谈个人的阅历,说自己一介书生,无非读书、教学、写书而已。但从他的《清潭杂俎——新闻与社会的交响》一书可知,他心中神往岳麓书院的"惟楚有材,于斯为盛",钦佩左宗棠的"身无半亩,心忧天下"。在我们两个小时的交谈中,除了师友、学生、学问,他谈得较多的个人经历就是"知青"。

"回忆起来,对我一生影响最大的,还是在农村的那段经历。我是'文革'后期上山下乡的,就在豫南的淮河边上,加上县乡中学待过的一两年,总共三四年的样子。说起来也不长,但后来梦中最常浮现的就是那段时光,对我的影响现在好像越来越大,正如本期专栏文章《立足中国土》①所表达的。人文社会科学说到底离不开对社会人生的认识、了解和把握,即所谓知人论世,没有感同身受的经历,没有家国天下的情怀,学问也就难免苍白贫血,少气无力——气是气象,力是力度。"

李彬是"文化大革命"后的第一届大学生,1982年大学毕业后,在新疆公安厅政治部工作了两年,1984年调入了新组建的郑州大学新闻系任教,如今已经整整30年了。提起30年的教研经历,他觉得郑州大学一半,清华大学一半。"郑州大学期间更多还是在积累,读书、思索、练笔,当然还有备课、教书。"李彬回忆道,"第一次开课是在1986年春季学期,课程是《外国新闻事业史》,而听课的学生中就有现任《新闻爱好者》主编郭玲玲,比她低一届的王君超现在已是我的同事,清华大学新闻学院教授。我那时候就很热爱教学,喜欢学生,'好为人师',将一点读书心得与学生分享,而学生对我也比较认可。按照当年的授课要求,上课前首先得写出讲义,少则十多万字,多则二三十万字,为此给我一个学期的时间备课,这在现在看来不可思议,因为现在的年轻老师刚一工作就同时开几门课,还没有足够的备课时间。《外国新闻事业史》的课程讲义我是用钢笔一字一字写出来的,而且三易其稿,而这部讲义就是20年后付梓的《全球新闻传播史》"。

"1995年,我考入中国人民大学,师从方汉奇先生攻读中国新闻史的博士学位。这个转向对我来说是非常大的,等于让我从外国转入中国,从理论转入历史,成为我人生与学问的一次重大转机。没有这个转机,也就不会有我今天的学术自觉,所以现在想来觉得非常庆幸。1998年博士毕

---

① 参见李彬《立足中国土——从〈乡土中国〉到〈黄河边的中国〉》,《新闻爱好者》2014年第5期。李彬于2013年4月起在《新闻爱好者》主持专栏"新闻与文化书谭",此为专栏文章之一。

业后，我调任中国青年政治学院新闻与传播系任系主任。2001年又有幸调入清华大学，我记得5月18日来人事处报到，办完一应手续后，工作人员将校徽与工作证交到我手上，那一刻终生难忘。想起小时候玩无线电，装收音机，自学清华大学自动化控制专业编写的《集成电路》一书，还曾幻想将来就上这所大学，尽管那时根本不知道清华大学在什么地方。而如今，自己真的成为这里的一员，怎觉得人生如梦，而且美梦成真了。"

30年来，世事沧桑，白驹过隙，李彬正如他自己在一部书稿的后记里写到的：不变的是书生本色，坚守的是人间正道。作为他自谦的一介书生与中才之人，李彬不愿多谈个人的阅历，而更乐意谈师长、谈学生、谈学问。谈到各路学子，他总是压抑不住欣悦之情，"清华学生确实不一般，很不容易'对付'，他们给你摆下一盘盘高难度的思想棋局，要想赢过他们让他们心服口服，可不是一件轻松的事儿。为此，清华十余年，我读了上千种书吧，许多也是重温，包括《资本论》《共产党宣言》《鲁迅全集》《资治通鉴》《史记》等经典，同时开了十来门新课，还吭哧吭哧写了几本小书，可以说都是在回应各路学生的问题，也算是教学相长"。李彬聊起了一段令他记忆颇深的教学经历，"当年9班（99级）有位学生。我是他们的班主任，也给他们上中国新闻史，课程上完后，期末按照常规出卷子、考试，这个学生正经的试卷没怎么答，而洋洋洒洒地写下了几千字的一封信，说我们背这些报刊名称、记这些新闻事件有什么用？字里行间不无激愤和尖锐，这对我刺激很大，也激发了我重新探索和思考新闻史的授课思路与体例，从而有了今天的这门国家精品课"。

在新中国百花齐放各领风骚的新闻传播学者中，李彬的著述无疑是别具一格的，其中最受读者喜爱的便是他的文字从无佶屈聱牙的生涩之感，反而每每予人含英咀华的酣畅愉悦，其文深入浅出，其势举重若轻，往往将学问轻松点化于诗意之间。而这种读起来犹如耳畔叮咛抑或促膝谈心的对话感，恰恰得益于他的著述多源自直面学子的传道授业。30年教坛上下答疑释惑，诲人不倦，竟聚沙成塔，蔚然大观。不过他对此并不觉得有什么了不起，认为相较于人类精神文明的历史长河，自己没有什么能够"藏之名山，传之其人"的东西，如果说有什么值得一提的话，那就是一直青睐并力图追寻一种有思想的学问和有学问的思想。

"三史""三论",更上层楼

谈及30年来的教学科研,李彬用"三史""三论"概括了自己呕心沥血的治学所得。"三史"是指他的《唐代文明与新闻传播》《全球新闻传播史》《中国新闻社会史》;"三论"是《传播学引论》《传播符号论》《新中国新闻论》。

李彬说道,"1993年,我出版了处女作《传播学引论》,这得归功于郑州大学新闻系老主任项德生教授,因为他很早就意识到了传播学研究的学术意义,鼓励我开设这门课,才有了一点研究及成果。引论的初稿有40万字,也是用笔一字一句写出来的,出版的时候压缩了一半,基本上都是自己理解和消化的东西,而自己不甚理解、也未消化的东西就删去了。十年后出了增补版,再过十年即2013年,又在高等教育出版社出版了第三版。《全球新闻传播史》虽然出版于2005年,2007年还荣膺国家精品教材,但基本框架、主要内容与核心思路还是源于80年代开设的《外国新闻事业史》课程讲稿,初稿约有二三十万字。每一轮讲下来,我都又重写一遍,出版之前还进行了大幅度的调整、修改和增删。从80年代的著述看,我的学术兴趣主要在传播理论,由此兼及西方新闻传播业,这种为人作嫁的理论移植或经验照搬,后来无法满足自己的探索兴趣,于是90年代初,思想触角开始从经验学派延伸到了更具历史人文气象的批判学派,《传播符号论》一书就是这种思路的余波"。

"90年代末的博士论文《唐代文明与新闻传播》,是自己学术人生的一个反转。因为在方汉奇先生门下受业后,思想与学术发生了根本性转向,一方面自西徂东转向中国,开始关注安身立命的这方土地,一方面聚焦社会历史,思考文化政治。不过,当时还处于一种自为状态,后来才达到某种自觉状态。"李彬说道,"如果说博士阶段还只是初步理解静态层面的历史与逻辑的统一,那么动态层面的理论与实践的统一是在清华才豁然洞明的。《中国新闻社会史》和《新中国新闻论》两本书,就是以上认识的阶段性成果。前者是基于在清华开设的《中国新闻传播史》课程,更是一部授课内容的记录整理稿,先后出了三个版本,反反复复修改不下十几二十遍",李彬补充道。

数易其稿,一版再版,一方面可见李彬的著述在读者与学子心中的口碑；另一方面也足见其千锤百炼、精益求精的治学态度。他承认，自己的文稿一般都得经过十来遍打磨才敢出手，有时二三十遍修改也不足为奇。他觉得自己这方面有点像贝多芬，莫扎特谱曲是一挥而就，而贝多芬则是改来改去，世人听贝多芬好似行云流水，一泻汪洋，殊不知他孜孜矻矻像个苦行僧。他继续说道，"尽管'三史''三论'是在不同情况下，由于种种因缘际会而自然形成的序列，但其中又存在一以贯之的共通之处：它们均属新闻传播的史论领域。如果说变化，主要是这些年日益关注中国的社会变迁与新闻传播。作为中国学者，你的想象力、创造力、生命力，最终还得体现在对中国问题和中国实践的把握与认识上。清华有'行胜于言'以及'不唯上、不唯书、不唯洋，只唯实'等传统，这些也带给了自己境界的洞开与认识的飞跃"。

作为出生于 50 年代末、起步于 80 年代的学者，他感受到的是不同于前一代学者和后一代学者的时代机遇。"在没有前一代学者遭遇的政治运动和后一代学者面临的学术压力之下，我们这一代人更需要学术的纯粹和学术的定力。像方汉奇先生、丁淦林先生这一代学者，一方面做学问有大家气象，一方面他们的人格魅力，他们的人生境界更值得我们这代人去认真地学习、继承和发扬。"

吾爱吾师，心念旧恩

提到老师，李彬难掩真情。"我走上新闻学之路，有三位老师对我的影响最大。一位是我在郑州大学读书时的老师彭正普，一位是我在暨南大学进修时的导师梁洪浩，再一位就是我在中国人民大学读博时的导师方汉奇。尽管新闻学的这条路自己并不是一开始就很明确、很坚定，其中各种各样的磕磕碰碰、曲曲折折在所难免。但是回想起来，正是这三位老师对我的专业成长起到了关键作用。"

"彭正普老师是复旦大学新闻系毕业的，'文化大革命'前被分配到洛阳的一所中学教书，1976 年郑州大学开办新闻专业方向，调来了一批师资，彭老师就是其中一位。他是新闻科班出身，对我们这些当时有志于或无志于新闻专业的学生影响很大。比如，他经常利用节假日带我们去郊区拍照片、学摄影，我的一张照片还获得学校首届摄影大赛的一等奖。再如，彭老师特别喜欢和学生交流，我上学时还是毛孩子，懵懵懂懂，在班里算是小字辈，时不时被他邀请去家里做客。那时住房很紧张，彭老师的书房很小，他坐在椅子上，我坐在床边，师生俩几乎膝盖挨着膝盖，他开玩笑说，'这就叫促膝谈心'，给我留下难忘印象"，李彬笑道。"更重要的是，当时新闻学学术研究开始活跃起来，复旦大学新闻系编过一个内部刊物，叫作《外国新闻事业资料》，彭老师因为是复旦毕业的，有条件搞到这些资料，就很慷慨地借给我们看。如今有很多书刊看不过来，而那时候是没什么东西可看，能参考的资料非常少。也许因为这些缘故，我最早对外国新闻事业产生了兴趣，后来成为《外国新闻事业史》的主讲老师。"

"1984年，我作为郑州大学新闻系的青年教师被派往暨南大学新闻系进修，负责指导我的就是梁洪浩先生。梁先生今年90高龄，春节前还给我寄来一封信和一张照片，字体依然刚健有力，其中附有一首诗，第一句是：'少年流亡路，一生两从戎。'"李彬介绍道，"梁老师曾经两次携笔从戎，一次是抗战时期，给中国远征军的美国顾问当翻译；一次是抗美援朝时期，作为新华社记者奔赴前线。这让我想起清华学子、也曾是远征军将士的赖钟声，在给友人信里的一番话：'此生最大的慰藉，便是国难当头，日寇猖獗之时，我能够挺身而出，愿以血肉之躯，报效国家'。'文化大革命'期间，梁先生参与翻译的名作《光荣与梦想》，在新闻界和读书界提起来都是脍炙人口的"。李彬说，"在暨南大学进修一年，梁老师给我最大的影响就是专业方面的系统训练和严格要求。他当时专门为我制定了一个非常详细的进修计划，有一二十页之多，其中还包括百余种参考书目。他对我说，'我是按照中国社科院新闻系研究生的标准来要求你的'。我自来读书最集中的有那么几段时间，其中一段就是这一年"。除了专业方面的影响，李彬还谈道，"老一代知识分子那种强烈的爱国意识、家国情怀，对我的影响可能是更重要、更潜移默化的。这种鲜明的精神烙印不可避免地会对你产生辐射，所以我后来的研究也好，著述也好，关注的问题也好，都自然受到了这方面的影响"。

"第三位老师就是方汉奇先生，我在其他地方和文字里多次谈过。方先生和人大的校风、学风，如果用一个词来形容就是'实事求是'，关注真问题，研究真学问。此外还有一点对我也是潜移默化，那就是朴实自然的文风。你看看方先生的文字，很干净、很朴实，既明白如话，又耐人寻味，清水出芙蓉，天然去雕饰。毕业十多年，方先生依然关注我的学业，不时给以提点,就像日前发表在《新闻爱好者》上的拙文《边疆,边疆!》,方先生看到后不仅高度称许,而且还提出很好的修改意见,如文中还可以提及茅盾的《白杨礼赞》和蒙古族报人萨空了的名作《从香港到新疆》等。"除了三位授业恩师,让李彬感念的还有原郑州大学新闻系颇具政治眼光的项德生主任和原暨南大学对他关照有加的吴文虎主任。"出身中国人民大学新闻系的项老师是那种大气、朴实的气象,而出身复旦大学新闻系的吴老师则是那种灵动、机敏的风格。他们颇能代表新闻学的京派与海派。我在专业上的成长,正是受惠于这样一批师长前辈的教诲与提携。"

如果说彭正普带给李彬的是专业视野的开阔与启蒙,梁洪浩带给李彬的是家国情怀与严谨的治学态度,方汉奇带给李彬的是实事求是的治学精神与清通朴实的学术风格,那么李彬从三位恩师身上所汲取的营养也恰恰印证了他在学术人生之路的不同时期所完成的自我突破与拾阶而上。他曾说过,"每一代有每一代的使命,每一代也有每一代的作为,而每一代人的学问人生都跟他的成长、经历和背景息息相关"。这话中或许既包含了他对恩师们学术性情与治学风范习得养成的敬意和理解,也包含了他对自己学术成长路途中曾经对他扶携点化过的人事时空透彻的接纳与感恩。

学问化境,两个"统一"

当我让他用一句话来概括30年的治学所得时,李彬提到了马克思的解释世界与改变世界:"解释世界的化境在于历史与逻辑的统一,改变世界的精髓在于理论与实践的统一"。

"在方先生门下读书时,我逐渐体味出一个道理:学问不在于引经据典、学富五车,也不在于构建浑然一体的自洽理论,而在于历史与逻辑的高度统一。历史是指人们的所作所为,所思所想,古往今来实际存在或发生的现象,均可归入历史;逻辑则是指林林总总的理论体系、思想认识、观点主张等。换言之,历史是事物或社会的演变过程,而逻辑是对这一过程的思想再现、理性把握、价值判断。单纯讲述历史与单纯阐述理论已属不易,而将两者高度统一起来则更难。"

确如李彬所言,恩格斯有段名言:"历史从哪里开始,思维进程也应当从哪里开始,而思想进程的进一步发展不过是历史过程在抽象的、理论上前后一贯的形式上的反映;这种反映是经过修正的,然而是按照现实的历史进程本身的规律修正的,这时,每一个要素可以在它完全成熟且具有典型性的发展点上加以考察"①。一句话,历史是特殊的经验,逻辑是普遍的抽象,有历史而无逻辑是鸡零狗碎,有逻辑而无历史则是凌空蹈虚。李彬继续说道:"追求历史与逻辑的统一乃是天下学问的共性,有抱负、有建树的学者无不孜孜于逻辑层面的事理与历史层面的事实相互吻合,区别仅仅在于吻合的程度"。

经年累月的沉淀与思考,让李彬后来又有了更进一步的领悟。"2001年调入清华,我的学术生涯渐入佳境。这十年既是收获渐丰的十年,又是眼界洞开的十年。我逐渐认识到,除了历史与逻辑的有机统一这一静态层面的意义,学问还有另一方面的价值,就是动态层面的功能。如果说静态层面的意义在于解释世界的话,那么动态层面的功能则在于能动地改变世界,也就是说,好的学问还必须是理论与实践的统一。"而谈到这里,李彬几度凝思,追忆起了清华大学新闻与传播学院已故的首任院长范敬宜。

"为什么我对老院长心有戚戚,惺惺相惜,就是因为他的那种情怀、那种情结。我们可谓忘年之交,相见恨晚……"李彬语调缓慢,若有所思。"当年农村基层的那段经历使我对社会人生,对中国的国情、民情有一种感同身受。这种感情几十年一直延续,潜意识也好,无意识也好,成为了治学研究的一个底色。而范院长写过一首诗,里面有一句我很欣赏:'念白云深处千万家,情难抑',他心心念念的也是千家万户的普通百姓、寻常人家。正如清华大礼堂旁边闻一多塑像上镌刻的那句名言——'诗人主要的天赋是爱,爱他的祖国,爱他的人民'。"李彬停顿一下继续说道,"从2001年我邀请他为清华第一个新闻本科班做开学讲座,到2002年他正式出任院长,再到2010年溘然长逝,我觉得上天留给他的时间太短了。出师未捷身先死,长使英雄泪满襟。相信有朝一日文化自觉与学术自觉成为新闻传播的普遍共识,中国特色、中国气派、中国风格的新闻传播成为独树一帜、独领风骚的鲜明事实,我们会对他的所作所为、所思所想有更多真切的领会与认同"。

李彬对范敬宜院长的情感不仅源于院长放眼天下的闳放情怀与冲淡平和的处世心境,更重要的还在于他为清华大学新闻学院留下的精神遗产:

---

① 《马克思恩格斯文集》第2卷,人民出版社2009年版,第603页。

如果有来生，还是作记者；离基层越近，离真理越近；放眼九百六十万平方公里，而不是天安门周边巴掌大的地盘；多吃文化的五谷杂粮，少服精神的维生素……李彬说，"半生荣辱，历经磨难，可他从不将个人得失挂在嘴边，而总以先祖范仲淹'居庙堂之高则忧其民，处江湖之远则忧其君''先天下之忧而忧，后天下之乐而乐'的精神自我砥砺"。

"实事求是"，是谓历史与逻辑的统一；"言行一致"，是谓理论与实践的统一。时至今日，两个"统一"成为了李彬治学处世念兹在兹的向往之境，并将其化作了一种更深远的支撑与期许："学问不是敲门砖，用它来图个名、谋个利什么的，而是我们安身立命的根本。我一直记得清华新闻9班的一位学生在毕业典礼上说过的三句话：历史使命感、社会责任感、职业荣誉感。我想，这也应该是身为学者心无旁骛去信守的"，他语重心长。

"十个关系"，正本清源

除了认识论与方法论的统一这些普遍意义上的领悟之外，李彬对新闻传播学的学术使命以及当下的研究前沿和学术环境还有着自己清醒的认识。"这个问题可以归结为两个关键词——文化政治与文化自觉"，他强调道。

"什么是文化政治？中国社会科学院美国研究所所长、社会学家黄平有个很生动的说法：新中国前30年解决了挨打问题，后30年解决了挨饿问题，未来30年则应致力于解决挨骂问题。而挨骂问题涉及的正是文化政治以及相应的文化领导权问题。简言之，文化政治是关乎人心的东西，是安身立命的根基。举例来说，眼下网络、微博、新媒体什么的貌似火爆异常，也乱象丛生，上上下下普遍以为这是高科技、新技术问题，其实这只是问题的表象，纷纷扰扰的表象下面乃是文化政治与文化领导权问题。这一点看看美国就清楚了。新媒体、高科技本来最早缘起于美国，而且目前最发达的也是美国，可美国怎么没有这些一惊一乍的事情呢？归根结底就在于有强大的文化政治作支撑，有高度认同的核心价值观，所谓众志成城。"李彬讲道，"如果说文化政治是现代国家的现实形态以及正当性根基，那么文化自觉就是谋求自立于世界民族之林的现代政治共同体的精神状态。这是费孝通先生晚年提出的思想概念，他指出，文化自觉是生活在一定文化中的人,对其文化具有的自知之明,对自身的过去、现在和未来保持清醒的定位与认同,从而既不妄自尊大,也不妄自菲薄"。

谈及这一点,李彬对当下学术界现状不无忧虑。"中国经过了近现代一百多年艰苦卓绝的奋斗,风风雨雨、曲曲折折走到现在,可以对自己有一个比较自觉的、清醒的理解和认识了。包括我们安身立命的价值体系,我们自己的道路,我们自己的发展模式等等,这里面包含了许多的话语体系。要实现民族复兴的中国梦,没有一套自觉的意识,没有相应的文化体系作为支撑,怎么可能呢?近代以来,我们先以中国为问题,以西方为方法,也就是所谓中体西用;后来又以西方为中心,以西方为方法,也就是胡适一路的全盘西化和当下的普世价值;随着中国的和平发展以及道路自信、制度自信和理论自信的觉醒,如今我们应当并且也可以立足自己的历史实践走自己的路,包括经济的、政治的、社会的、文化的模式与经验等,也就是所谓以中国为中心、以中国为方法。"

李彬举例说道,"19世纪上半叶,美国立国还不到半个世纪,美国文化之父、思想家爱默生就以一篇里程碑式的《美国学者》(*The American Scholar*),揭橥了美国文化的'独立宣言',表示不再影随欧洲,照搬照抄,由此拉开了文化自觉以及民族文化复兴的序幕。相比之下,当代中国貌似学术的普世情怀其实更多映射着一种自我殖民的文化心态。读书人本来应该最是一批先知先觉者,就像数千年来那些'为天地立心,为生民立命,为往圣继绝学,为万世开太平'的精神先贤"。有鉴于此,李彬屡屡提到当代中国的"两次思想解放":一次是真理标准大讨论,从而回归实事求是的传统;一次是新世纪以来日渐涌动的文化自觉以及相应的学术自觉,用费孝通的话说,"自觉的目的在于自主"。毋庸讳言,无论自觉还是自主,新闻传播研究还任重道远,有些状况与趋势甚至南辕北辙。当年王明等"二十八个半布尔什维克"的话语逻辑是马列主义如此如此,所以中国革命就该如此如此;而如今时兴的话语逻辑是,西方或美国如此如此,所以中国实践以及新闻传播就该如此如此。今年,赵月枝在接受香港中文大学《传播与社会学刊》访谈中论及的一些问题同李彬不谋而合,更是值得深思,令人警醒:"最可怕的是传播研究中'去政治化'的政治和新自由主义意识形态下的'集体政治无意识',即把西方反共意识形态内化为自己的意识形态,把美国冷战时代的传播学当作'客观'的社会科学,把新自由主义意识形态有关市场和国家的一系列假设及其政治目标——建立资产阶级宪政理想国和与之匹配、但被隐去了其（资产）阶级性质的、事实上也只是个'历史范畴'的'公共领域'——当作规范性研究前提"①。

正因如此，李彬开始了"以中国为中心，以中国为方法"的尝试，致力于探究中国社会与新闻传播问题，尤其关注新中国的新闻业与新闻学。在他看来，新中国不仅成为不可忽略、无所不在的历史存在，而且由于承袭五千年文明史、一两百年近现代史，而实际上成为了举世瞩目的中国现实。为此，他陆续发表了一系列文章，包括2013年为《新闻爱好者》开的专栏"新闻与文化书谭"，2014年又在《山西大学学报》发表了八万言的《试谈新中国新闻业的十个关系》，对六十余年来的新闻业做了一次正本清源的辨析与解读，并在此基础上完成了一部书稿《新中国新闻论》。"我现在正在打磨《新中国新闻论》，想从总体格局与宏阔背景上厘清一些结构性命题，破解单一化或教条化的认识框架，特别是非黑即白、非左即右的思想桎梏。由此透视新中国纵横交错的新闻脉络及其层峦叠嶂的社会动因，希望能够更加全面、系统、深刻地揭示新闻业六十余年来的风雨历程，为中国特色、中国气派、中国风格的新闻业与新闻学提供一点思考与思路。"李彬介绍道，在这部新著中，他以"正编十论：理论与实践的十个关系"和"副编十论：历史与现实的十个话题"为框架，并在"正编"中对"变革与延续""新闻与社会""现代与传统""中国与世界""政治与业务""新闻与宣传""内宣与外宣""中央与地方""内地与边疆""史实与史观"这十对既宏富又微妙的重大问题分别进行阐发，以期厘清新闻传播事业与中国社会历史变迁之间相互勾连的复杂图景。

"这可以说是我在清华的一个思想结晶，也是30年来教学、研究、著述中不断求索的核心问题。而这些问题既源于现实世界与新闻实践的激发，也来自各路学子与学者的砥砺。当然，历史实践还在深入，历史反思也在延续，我对新中国新闻业'十个关系'的探究，也只能说是'以中国为中心，以中国为方法'的一次尝试。"对此，李彬颇为慎重，字斟句酌。

---

① 赵月枝、邱林川、王洪喆：《东西方之间的批判传播研究：道路、问题与使命》，《传播与社会学刊》2014年总第28期。

北京大学法学院教授朱苏力将20世纪70年代末进入高校读书，80年代初进入学界的这批人称为"80学人"。在为《中国人文社会科学三十年》（生活·读书·新知三联书店2009年版）一书写的序言中，他对此做了这样的描述："在过去的30年间，这批人在人文社科的各个学科领域内，不仅是其中最生动的力量，起到了推动学科发展的主要角色，而且许多人已成为各自学科的中坚——甚至已达15年之久。因此，这批人无论如何都应当对过去30年人文社科的发展承担主要责任。这批学人在下10—15年间仍可能继续在中国人文社科学界占据支配地位，由于人文社科学术人才和影响力发生的相对滞后以及中国人迷信的'姜还是老的辣'，不论这批人还有无学术潜力，或有，又能有多大的实际表现，其影响力都还可能继续上升，并通过他们的学生对中国未来更长期的人文社科学术的研究产生影响"。

不用说，50年代末出生，70年代末求学，80年代从教的李彬也是"80学人"中的一员。而他在过去30年间为中国新闻传播学所做的努力，也暗合了朱苏力对"这批人"的群体判断，既包括光荣与梦想，又包括局限与缺憾。如果说30年前的李彬还是站在新闻传播领域左顾右盼，跑沙跑雪独嘶，东望西望路迷；那么今天的他已是登高望远，站立中国社会巨流变迁的潮头，俯瞰新闻传播的潮起潮落，希图洞悉其与天下大势有机勾连的知名学者了。

在学问之境中，有时毫厘之差，已然霄壤千里。

【李彬简介】

李彬，1959年生，新疆乌鲁木齐市人，法学博士，清华大学新闻与传播学院教授、博士生导师，兼任中信改革发展研究基金会咨询委员与资深研究员、澳门科技大学人文艺术学院博士生导师，曾任河南大学黄河学者，获聘天津师范大学、宁夏大学、山东师范大学、西北政法大学、原西安政治学院（现国防大学政治学院西安校区）、吕梁学院兼职教授或客座教授。获第二届"范敬宜新闻教育奖之良师益友奖"；清华大学研究生"良师益友"、优秀班主任一等奖；主讲"中国新闻传播史"课程获得清华大学、北京市和国家精品课；《全球新闻传播史》获得国家精品教材；《中国新闻社会史》（第二版）获得清华大学优秀教材一等奖和北京市高等教育精品教材;《唐代文明与新闻传播(修订版)》获得北京市哲学社会科学优秀成果二等奖,并获得国家社科基金中华学术外译项目资助。

主要著述包括:《传播符号论》《传播学引论》(第三版)、《新中国新闻论》《新时代新闻论》《唐代文明与新闻传播》(修订版)、《全球新闻传播史》《中国新闻社会史》(第二版)、《清潭杂俎——新闻与社会的交响》《水木书谭——新闻与文化的交响》等;主编《马克思主义新闻观十五讲》(第二版)、《大众传播学》《欧洲传播思想史》等。主要译著有《关键概念:文化与传播研究词典》(第二版)。

魏然：做学术研究必须对理论有创建[*]

20世纪80年代初，传播学作为西方的前沿学科被引入中国，"跨学科"这一术语给沉寂多年的国内新闻学界带来了生机。三十余年来，新闻传播学者们开始了一段既欣喜又艰辛、既热情又审慎的学术旅程，中国的新闻传播学也在摸索与碰撞中渐渐展开了一幅气象可辨的版图。然而，与国内大多数传播学者们所不同的是，在这场集体性的学术探寻中，有一批人是在西方国家完成了他们较早的学术启蒙与严格的科研训练。魏然就是其中一位。这位如今已经在美国获得终身教席名衔的华人传播学者，在将近30年的学术规训与历练中形成了华洋兼容的研究旨趣与路径。而更为重要的是，复杂交汇的跨文化背景与辗转中西的求学经历带给他更多的，是对"异"的清醒以及对"同"的追求。

"做报道是用事实说话，做学术须有理论导向"

1980年，作为恢复高考后招收的第四届大学生，魏然考入了上海外国语学院（今上海外国语大学）英语专业，并且在大三时选择了攻读六年制的本科双学位。"我是教育部第一批双学位学生，研修国际新闻学专业和英语专业。国家招收双学位的背景是刚刚对外开放，各方面急需懂英语也懂专业的复合型人才，新闻界也面临这个突出问题。"魏然回忆道，"我记得很清楚，当时广播电视局干部司的一个副司长到上外做攻读双学位的宣传动员，他们说我们现在对国外了解太少，要加强国际新闻的报道，但是驻外记者需要复合型人才，得又能采访、又能翻译、又能摄像、又能开车，而外语学院的学生是最有机会成为'全能记者'的。当时有

---

[*] 本文撰写于2013年。

两个学校搞双学位试点,一个是北外、一个是上外,叫做'一加一双学士',我们的待遇就相当于研究生",魏然的语气平静却自豪。正是当年这样的求学经历与专业背景,让魏然在学成之后顺理成章地进入了当时人才稀缺的国际新闻工作领域。

1985 年,魏然被分配到央视国际部实习,1986 年开始正式担任记者。魏然介绍道,他曾经参加过《动物世界》《外国文艺》等进口栏目的译制工作,并且参与了早期央视英语新闻频道的创建。而这段专业记者的经历却给后来走上学术研究道路的魏然带来了另一种反思与比照的空间,用他的话说,"做记者看问题比较务实、比较具体;而做学问是反过来的,需要对个别现象进行普遍归纳。做记者的逻辑和做学术的逻辑不太一样,简单地说,就是做报道是用事实说话,而做学术须有理论导向"。在魏然看来,做记者和做学问需要面对不同的写作方式、不同的对象、不同的要求,这种逻辑的迥异曾经给他带来过转型的艰难和困惑,但至今想来也帮助他拥有了横跨实务与理论的双重视野。"新闻传播学是一个很关注实务的学科,当年做记者的经验对我还是有帮助的。现在看到一些问题就会想到记者是怎么去考虑的,联系起理论来也不会那么抽象。如果没有做过记者,有些问题也许就会觉得无从衡量,比较混乱",魏然说。

1988 年,魏然离开北京前往英国威尔士大学深造,从此走上了学术研究的漫长征程。跨文化的背景以及新闻工作的实践经验让他很快就对有别于国内广播电视体制的英国广播公司(BBC)产生了浓厚的研究兴趣。"因为自己的背景是做电视新闻记者,对新闻业务有过足够的培训和经验,所以在国外进修以后,会经常反思媒体对社会的影响以及媒体与政府的关系。而 BBC 其实是我对电视台认知的一个全新了解,我发现了一个完全不同的理念,比如说新闻专业的价值判断、媒体的独立空间以及 BBC 的管理运作模式和专业精神,从中我开阔了视野,知道了做事情(即报道新闻事件)是有不同方法的。"

正因为如此,魏然当年的硕士毕业论文就是比较央视与 BBC 针对同一事件的电视新闻报道的异同。"我当时选择的事件是苏联总书记戈尔巴乔夫对中国的访问,想通过这一事件,看看央视同事们的报道和 BBC 的报道有什么差异。因为两个媒体在组织形式、运作流程、采访方式、记者的培训背景等各方面都是不同的。我通过深度访谈、分析新闻解说词、比较新闻报道的图像和文字,同时对比新闻的制作流程、制作标准等等,结果发现国内的报道和 BBC 还是有很多共同之处的,这是我觉得蛮有意思的地方。就是说,两国虽然语言文化不同、体制背景不同,但是新闻报道还是有共同性的,而我认为这个共同性就来源于新闻报道的专业性。"

尽管研究的过程和结果让魏然觉得"蛮有意思",但是他坦言,硕士研究只是分析了新闻报道的本身,却没有涉及媒介对社会影响这一部分。"硕士时只是对 who said what(谁说了什么)这部分有研究,而 to whom with what effect(对谁产生了什么效果)这部分还没有涉及。我后来想要把研究继续做下去,我的英国导师说,那你就要把书继续念下去。于是,我就在导师的鼓励下申请到美国的大学去念书。比较幸运,美国印第安纳大学新闻学院录取我去读博士。在印第安纳念书的时候,我对媒介社会效果方面的研究和训练的机会更多了。"

从 1990 年到 1995 年,5 年的美国读博生活给魏然带来了极其重要的影响,也正是在这段时间基本奠定了他其后二十多年的研究方向和学术路径。"我在美国接受了更加科学、严格的实证训练。我的导师对我影响特别大,他叫 David Weaver,是提出著名的传播效果理论'Agenda Setting'(议程设置)的 McCombs 和 Shaw 的第二代弟子。做他的学生就受到他研究兴趣和研究方法的影响,我们当时有很多关于媒体与政治传播的议题可以做,同时我还在印大的商学院接受了更多的社会科学量化研究的训练。"魏然很感念这段求学时光给他带来的帮助,"我觉得自己受益最大的就是博士班的几门方法论课程,它们从高层次的、实用的角度,帮助我从知识的来源、知识的建构、知识的发展等方面让我对传播学有了更多的了解,同时,我的研究方法的训练也更加的扎实"。

魏然继续聊道,"在印第安纳的时候,还有一位老师对我影响很大,她叫 Chris Ogan,是一位非常能干、非常出色的女教授,她的研究专长是'传播科技'。我曾经跟她修读过几门传播科技的基础课程,也一起合作了一些课题,慢慢我对传播科技的兴趣也比较大。当时的新媒体传播科技包括现在已经快淘汰的录影机、录像机,还有刚刚出现的卫星电视。我们一方面从传播科技的角度研究,另一方面从传播效用的角度研究,我多年的研究兴趣基本上就是这样两个范畴"。

在美国印第安纳大学读博期间让魏然受益最深的研究方法与新媒体这两大领域也成为了他保持至今的两项研究专长,这也让我们看到了受美国主流研究学派影响至深的他与国内同时期成长的新闻传播学者之间的相似与差别。就像他自己说的,"关于为何做学者,如何做学问,以及长期的学术生涯的规划,有些是自己可以控制的,有些是自己不能控制的,各种因素组合在一起,我就走上了今天做学问的这条道路"。

"学术的成就来自于方法论的严格训练"

在谈及国内外传播学研究现状差异的时候,魏然一针见血地指出:"国内国外不同的一个地方就是社会科学方法论的训练和研究典范的树立。从研究工具到理论框架,从研究设计到实证调查,这一切都首先需要系统的、高强度的训练,而这个在国内可能做不到,这就是最大的区别"。

说到这里,魏然回忆起他当年在印第安纳大学选修的一门"高级研究方法论"课程。"我们的课一个礼拜要念两百页的文章,念完后要选中其中一篇进行点评,每个人轮流做,这种高强度的训练对我来说是受益最大的。这门课后来的期终大考进行了6个小时,从早上8点到下午2点才结束,如果老师不让停的话,我们大概还可以考到4点甚至6点,因为你必须把一个学期学到的东西都用出来。比如其中有一道题目是让你设计一个问卷,你得考虑怎样把要访问的问题设计得比较中立、客观、科学,这就需要根据理论性的概念进行原创思考。再比如关于什么是新闻自由,要求你设计五个能够把它问出来的指标问题。或者测量生活的幸福满意度,要求测量出来的结果要有规范性、有效性等。然后,还要看你怎么去分析"。魏然感慨地说,"我今天的学术能有所成就,就是因为受过方法论的严格训练,在这其中,我们还需要对学术研究最核心的哲学性问题有比较深刻的认识,才不至于为了做学问而做学问,也就是那种只见树木、不见森林的研究"。

由于先后担任过几家国际主流的新闻传播大众期刊编委的缘故,魏然对国内新闻传播学研究的整体水准及其与国际间水准的差距有着较为中肯的认识:"从我的印象中,国内传播学者提出来的传播学研究选题都非常好,选题有敏感性,也非常切实,比如新媒体、微博、社交网站等等,这些方面和西方基本上都是差不多的。但是,不少国内学者的研究只局限于做单一事件的描述,却超不出这个单一事件的局限,也就是说只告诉你研究的现象是什么,却说不出为什么,或者现象和理论上有什么相关性,以及哪个理论能解释此现象。毕竟，我们做学问的最终目的是理论的创建，因为理论终将成为我们日常生活的一个最重要的知识来源，所以，只有创建而不是描述，才是对学问的最终贡献"。

不仅如此，魏然还坦率地说道，"国内的很多文章还有一个问题：就是意见很多、观点很鲜明，但只是如此而已。我们每个人都有观点，但仅有观点是没有太大价值的，做学问的关键是要通过严谨的方法收集大量的数据，通过理论指导，科学的分析、系统统计数据之后再得出结论，而这一点，国内还缺少一个对传播学方法论进行系统培训、规范和运用的学术文化"。在谈到不少亚洲学者的投稿往往因为英文写作的语言弱势和学术规范性问题而被无奈毙掉时，作为美国首位华裔传播学期刊《大众传播与社会》主编的魏然说，"不过，我现在看到国内有一些年轻学者，英文也比较好，读的英文文献也比较多，写出来的东西也开始比较像样了，有理论导向，有数据，有论证过程，比较符合英文写作的习惯，这是一个很好的起色"。

对于学术人生的苦乐，魏然显得很平静，"做学问是一件苦差事，要耐得住寂寞，不能急于求成，不能跟风，因为学术需要很扎实的东西，它不但看你的投入，而且也看你的产出，它不是比聪明和比速度的龟兔赛跑，而是比坚持、比耐力的马拉松赛"。魏然回忆起当年在美国读书时，和他同班的五个同学起初都比他厉害，但现在却没有一个人比得过他的论文发表量以及科研能力。"有时候我们开学术会时彼此遇到都会很感慨，可见社会科学的成功不是靠灵感，也不是靠小聪明，而是靠真正的耐心与坚持。"回首近三十年的学术生涯，魏然坦言，"你进步最快的时候往往是被别人批评最多的时候，如果别人都说你好，你是不会进步的，所以，做学问是一个很苦的历程。但是，相对于其他职业选择，比如做生意，或者做官"，他淡淡地说，"做学问却更适合我的喜好"。

"我很希望帮助国内青年学者建立学术规范"

多年以来，魏然与国内学术界都保持着较为密切的联系。1995年博士毕业后，他曾在香港中文大学任教5年，那里活跃的学术交流氛围让他结识了许多大陆的优秀学者。"美国毕业后我的第一个工作是在香港中文大学教书，它是中西方交界的一个点"，魏然说，"当年出国还不是很容易，因为语言不通，有些人认为出国没什么收获。而到香港，一来很近，二来可以讲中文、查阅一些中文资料，大家都很乐意来。那时候每隔三个月，中文大学就会邀请一位内地的新闻传播学院的院长或者院领导过来做访问，国内很多大学的新闻学系主任、院长我都认得，每次开会都能遇到很多老朋友，所以我跟国内的渊源非常久，也非常的深"。

2000年，魏然从香港中文大学前往美国南卡罗莱纳大学任教至今。他说，国内有些人也许会认为中国学者去美国写文章、做研究，论文的题目都应该是写中国，这完全是一种误解。"做学问是应该以理论为导向的，广义地讲，理论是不分文化也不分社会的，理论是一种比较规范、比较客观的表述。因此，学术应该是一种对研究理论的比较公开、比较自由的选择。"

如今，魏然已经是南卡罗莱纳大学终身冠名的讲座教授，这是美国大学对全职教员中拥有崇高学术地位与重大研究成就的学者的认可，而更难能可贵的是，他还是第一位获此名衔的海外华人传播学者。魏然说，"我们这些人在海外待了很久，虽然不能讲是功成名就，但至少现在可以从心所欲来去自由地选择做学术研究了。我个人对国内新闻传播学科的发展还没有做出什么太大的贡献，所以，我有一个理想，就是帮助国内的青年学者建立一种学术规范，把国外标准化的学术规范引进到国内，特别是引进到传播学界来。中国有很多学者非常优秀，文笔也非常优美，但就是研究与写作过程不够规范。我并不是说量化研究是唯一的路径，但是量化研究在西方社会科学中是主流，而且只要通过训练，每个人都可以学得到。所以，把美国主流的学术文化、主流的学术标准、主流的学术规范介绍到国内提供给青年学者作为参考，我觉得这些事情都做起来将是我能给中国传播学界做的贡献"。

恰如魏然的心愿，2009年，中华人民共和国教育部聘任魏然为"长江学者"，2010年7月，上海交通大学传媒与设计学院聘任魏然为"长江学者讲座教授"。尽管坦言当年申请时的淡然，但魏然对这个身份非常珍惜："长江学者就是一个契机，让我能有比较固定的时间回国内做讲座、做课题，包括完成很多其他形式的学术交流。比方说我刚跟张国良老师合作了一个关于手机新闻的课题，同时我和传媒大学很早也有合作，现在是他们的校外兼职博导和特聘客座教授，每次过来也都很方便"。

不仅如此，魏然还希望借助一个有海外背景的学术团体为国内提供更多的交流与协助。"这个团体叫做'国际中华传播学会'，1989年就成立了，它的发起人是现任香港城市大学讲座教授的李金铨博士，我是现任会长。学会主要是由在美国的华人新闻传播学者组成，同时也有一些对中国传媒感兴趣的美国学者参加。我做会长的两年以来，一个工作重点就是积极吸收国内学者参加一些国际化的会议，同时也帮助国内的新闻传播院校召开国际会议。我们是非常国际化的一个学术团体，会员有两三百人左右，大家在美国生活工作比较久，对国内外的环境都相对了解，这个学会就相当于一个中介桥梁。"

对此，魏然说道："做学术是需要有团体的，要互相影响、互相支持，否则个人做研究就不会那么顺利，甚至做不下去"。

"做学术研究要每次有一点创新"

魏然对学术研究的创新有很高的期待和要求。"理论是希望有创见的，做学术研究第一要有理论性，只有描述而没有理论的文章是没有价值的。第二，重复使用理论也没有什么太大的价值，比如像议程设置这个理论，已经存在了四十多年，如果你总是原封不动地重复，就会过时。做学术要每次都有一点创新，对所使用的理论有所创建，尤其是扩展和充实这个理论，这样做出来的成果，价值才能更高，也更符合顶尖级刊物的要求。我认为将这两个层面结合在一起，就是我们做学术最核心的东西。"

尽管非常强调学术研究的创新，但魏然却并不认为学术研究存在某种"中国模式"。"首先我非常理解这个问题的提出，就像人发展到一定阶段，越成熟就越自信，国内有这种情绪、需求、表述都可以理解。但是，提出这个问题本身就是一个'问题'，是对知识体系建立的一种误解。如果我们觉得西方的铁路、火车、汽车都是很先进的东西，可以直接拿过来用，那么我们需不需要有'中国模式'的铁路、火车、汽车呢？人类是需要承认共性的，社会科学是全人类共同的知识财富，它的建立、存在和发展同样需要尊重和符合人类的共性。"魏然说，"'中国模式'的学术研究应该是一种政治需要，而不是学术需要。政治和学术是不同的范畴，如果把政治当成学术，就不对了"。

和许多个性鲜明甚至略带张扬的学者所不同的是，魏然的风格始终是温和平静的。他的谦恭与低调很容易让人想到中国传统知识分子的形象，而他的学术甚至信仰却是开放并且西化的。访谈那天他穿了一件黑色的T恤，左胸口印着红色的INDIANA UNIVERSITY英文字样，那是他的母校，也是曾给他的学术人生带来过最大影响的地方。魏然说他当年的上外同学有的或者已经成为了知名主播，有的或者做生意发了大财，有的或者当上了大领导，而他却认为，大概只有做学问的人生更适合他的个人喜好。

在美国实证主义传播学派的影响下，魏然持重严谨的性格帮助他在历经考验的学术长跑中耐住寂寞，不舍初衷，并最终有所成就。他说，人在不同的年龄，人生的体验和期待是完全不一样的。而如今，已经过了知天命之年的他，或许正在回首往昔的过程中完成着对自己的坚守和超越……

【魏然简介】

魏然，1962年出生，祖籍河南，美籍华裔传播学者，博士，美国南卡罗来纳大学新闻与大众传播学院终身讲座教授、博士生导师，曾任国际中华传播学会会长。2009年获批教育部"长江特聘教授"，2010年7月受聘上海交大"长江学者"讲座教授。魏然是香港大学、中国传媒大学、天津师范大学与河南大学的客座教授，香港城市大学海外学术评鉴委员以及香港大学海外评审委员。同时，他还担任美国《大众传播与社会》（SSCI）学刊主编，新加坡《亚洲传媒》特约主编，美国《传播学年度报告》编委以及其他六份美国和亚洲的传播类学术刊物编委。

魏然先后于1986年获上海外国语大学英语和国际新闻双学士学位，1990年获英国威尔士大学新闻传播学硕士学位，1995年获美国印第安纳大学大众传播学博士学位。他曾在中国中央电视台担任记者，在香港中文大学新闻与传播学院担任助理教授，并在新加坡南洋理工大学传播与信息学院担任高级访问学者。

魏然的研究专长为新媒体、传播效果研究以及国际广告。他是国际上手机媒体研究的知名专家，多次获得美国新闻与大众传播学科杰出论文奖。他共发表近一百五十篇论文（其中 SSCI 论文约有五十篇）、专著章节及若干部专著。根据传播学论文的引用排名，魏然博士属于大中华地区最有影响力的前五名学者。他近期发表在国际顶尖新闻传播学学术专著中的研究成果包括有《政治传播综览》《国际广告研究综括》和《国际传播研究综括》等大型传播学文集。

张举玺：苏俄媒体研究
是中国发展的镜鉴[*]

中原之谓，被华夏民族视为天下中心，自古这里就是中华文明的发祥地。河洛文化内蕴深厚，根深枝茂，不仅孕育了一大批先哲圣人，更涵养了她恢廓大度、海纳百川的礼义之风。张举玺便是从这里走出来的新闻学者。

作为当下新闻学界为数不多的留俄学者，张举玺以中俄比较新闻学为框架的研究视阈，以及依此而奉献出的一大批学术成果，不仅是他厚积薄发的研究专长，更是他时不我待的研究使命。当年寒门苦读的学子，从农村到城市，从中国到苏联，从记者到学者，从海外漂泊到回国报效，从风华正茂到华发丛生……国门洞开后的辗转轨迹究竟带给了他什么样的豁然景状？大国转型的影影绰绰又留给了他何等的吐纳忧思？他在中俄比较的气象万千之间做着哪些方面的耕耘游走？不同文化与不同身份的交叉映射又催生了他怎样的学术关怀？这一切，引人深思，更令人好奇。

自2005年归国并执教河南大学至今，张举玺带着他近20年的旅俄体验在全新征程中披荆斩棘，他坦言，"回国后，从业界新闻采写的经验思维到学界科研逻辑的理性思维，我经历了痛苦的转型和巨大的压力"。而回国后之所以选择继续研究苏俄媒体，他解释道，"除了精通俄语的优势之外，更重要的是，我希望苏俄的巨变历程能成为中国发展的一面镜鉴"。就此，一段与中俄比较研究的不解之缘，在张举玺的回忆中铺展开来。

---

[*] 本文撰写于2014年。

"我转到新闻领域是非常偶然的"

"我出生在豫北山区,长在一个很穷的山村。那时候,农村的孩子想要走出大山只有两个途径:一个是参军,一个就是考学。'文化大革命'时,一批'右派'成员被遣送到了我们村里劳动改造,他们的到来对山区孩子来说可是件不小的事情。课余时间生产队长总是派我们去跟他们一起干活,晚上他们会给我们讲一个个有趣的故事,这些都对我们产生了很大的影响",张举玺说。"我的启蒙导师叫赵文福,曾在外交部做翻译,后被下放到了我的老家务农,平反之后他去了黄水中学教英语。我上中学时他正好还在那里工作,他一见到我,就说我有学外语的天赋,非要我跟着他学英语不可。受其影响,我这个连普通话都不会讲的农村孩子慢慢对学习英语产生了兴趣",张举玺饶有兴致地回忆。

"1977年恢复高考后,考大学成了我走出山沟的机会与梦想。1981年我从辉县一中成功考入兰州大学外语系英语专业。由于特殊需要,学校临时决定从英语专业挑选一些高考成绩好、年龄小的学生,分配到俄语专业去学习。我就是其中之一。当时班上很多同学都是用俄语直接考上大学的,而我却连一个俄文字母都不认识,学习进度跟不上,压力很大。为此,还一度跟系主任闹过矛盾,甚至想过要退学第二年再考。尽管最初对学习俄语不感兴趣,但是心里却明白,就算从头开始学习俄语,也是一条不错的出路。退学再考,在高考升学率特别低的情况下,一旦考不好,就只能回去继续当农民啦",张举玺笑着说。

"第一个学期,我用课余时间先后读完了托尔斯泰的《复活》《战争与和平》《安娜·卡列尼娜》等几本俄苏文学名著,被其中主人公们的命运深深吸引了,心想着要是能用俄语阅读这些名著该多好呀。于是,随后就开始全力以赴,几乎把所有时间都用在了对俄文的学习上。到二年级下半年,我就可以借助词典去读俄文原著了,这才发现俄文原著中有许多奥妙和优美的文学意境是翻译家没法表达出来,而干脆漏译了的。从此,我开始迷上了俄语和俄苏文学。"张举玺称,直到现在自己都一直在使用着俄语,俄语水平和母语水平已不相上下。无意间的专业调整,让张举玺阴差阳错地走上了学习俄语之路,并从此对这个专业有了更深的迷恋与热爱。同时,这一切也在不经意间为其随后的人生轨迹埋下了伏笔。

　　大学毕业后，张举玺作为机械工业部的翻译与商务代表，从事中苏两国机械科技合作与商贸工作。"我从1986年开始就因工作需要，经常往返于中苏之间。苏联解体，俄罗斯独立之后，由于双方开展了多项互利互惠合作业务，我们就在俄罗斯设立了代表处，开始常驻，一年至少要在那儿工作上十个月。中国的机械工业和兵器工业体系是在苏联的援助下建立起来的，但是由于随后中苏在意识形态领域产生了分歧，苏联从70年代初就全面对中国实行技术封锁。苏联解体后，我们急需搞清楚苏联在70—80年代其各项技术都取得了什么发展，哪些技术是需要我们学习和引进的，我作为商务代表的首要任务就是从海量信息中筛选出哪些信息是我们需要的。我每天要接触到的资料小至汽车配件、钢铁型材，大到热电矿山装备，甚至还有大量的退役坦克、飞机和军舰等资料，时间一长，对苏军的兵器装备竟然耳熟能详。于是，每每回国休假，我都要被动接受国内新闻界朋友所布置的作业，写写与苏联兵器有关的军事文章。但是，刚开始写这些稿件时还根本摸不到头脑。"说到这里，张举玺略显无奈。"说是写，倒不如说只是帮他们整理出一些书面材料来，由他们挑出感兴趣的部分，添个头加个尾，中间把我整理出的内容用上。后来，他们给我布置的作业逐渐涉及经济、能源、中俄关系、政治社会等领域，写的稿件越来越多。我从刊发出来的稿件中逐渐悟出了新闻稿件是由标题、电头、导语、正文和结尾组成的。在写作过程中还要善于突出事实，使用直接引语，巧妙使用背景材料等等。为了掌握这些规律，我主动去书店买了有关新闻理论、新闻写作等方面的书籍。"

　　如其所言，从90年代开始，张举玺就陆续为《南方日报》《南方周末》《21世纪环球报道》《21世纪经济报道》《青年参考》《中国画报》《外滩画报》《第一财经日报》，以及俄罗斯的《路讯参考》《世纪日报》《消息报》《莫斯科华人报》《商旅生活》等报刊提供各类新闻稿件。这期间发表的新闻作品多达两千余篇。"我做特约记者大概是做到1996年前后"，他回忆说。这段特殊的经历，不仅让原本从事商务工作的张举玺渐渐对新闻采写的实践和规律有了更深的经验与体会，甚至悄然地影响到了他其后的人生选择。

"作为记者，我很想系统学习新闻学"

"决定在俄罗斯攻读学位应该是 1999 年底，2000 年春天我开始申请学校。那个时候我的派驻任期已满，因为工作压力太大，回国后跟原单位解除了继续派驻的合同，希望可以去学校读书。由于我当时年纪已经不小了，35 岁在国内考研也不现实，于是就想到还是去俄罗斯读。"谈及重返校园后的艰辛，张举玺记忆犹新，"刚到俄罗斯去读书的时候，还是挺难的。因为对俄苏文学的偏好，我选择了俄罗斯国立普希金俄语学院。其实，做了很长时间记者，我很想系统地学习新闻学，但是普院没有新闻专业，导师就推荐我去研究报刊语言学，并选择了这个方向。我在一年半之内读完了该校图书馆馆藏的 400 多本报刊语言学方面的图书，最终完成了我的硕士学位论文《维纳格拉达夫的研究风格及方法》（笔者注：维纳格拉达夫是苏联时期著名的语言文学家，其在学界的地位相当于中国的郭沫若）。普院当时的校长叫卡斯塔马洛夫，是维纳格拉达夫的得意门生。在我论文答辩的时候，他专门出席并提问我，'你一个中国人，怎么敢研究我们的学界泰斗呢？'我说'这没什么，我只是对他的学术著作感兴趣'"。然而令张举玺没有想到的是，这份努力与自信所给他带来的，竟是另一扇学术殿堂之门的开启。

"2002 年 6 月份，我的硕士论文答辩之后，普院的校长和我的导师就一起为我向俄罗斯人民友谊大学校长写了一封推荐信，推荐我去到那里攻读新闻学博士学位"，张举玺的脸上充满欣慰。"俄罗斯人民友谊大学是一所国际性大学，在俄罗斯的大学中排在前三到五名。这所学校实际上是 1961 年赫鲁晓夫专门给亚非拉国家建的，培养出了很多国家的总统、总理和部长。"确如张举玺所言，这所被誉为"世界政治家摇篮"的俄罗斯著名学府，不仅为全世界特别是亚非拉国家培养了大量的专业人才，并且在毕业生中还先后诞生了十几位国家元首和几十位部长大使。"我在这里继续读了三年新闻学专业，这期间我发表了十多篇论文，300 多篇新闻作品，还在俄罗斯人民友谊大学出版社出过两本书，一本是《新闻写作技法》，一本是《新闻理论基础》。2005 年 6 月，我顺利通过了博士学位论文答辩。"张举玺继续介绍道，"读博期间我主要是研究俄罗斯报刊风格。当时导师对我说，你光研究俄罗斯媒介意义不大，最好是做中俄新闻学的比较研究，这样你的学术空间会非常大。正因为如此，我最终确定选题并且完成了博士论文《中俄现代传媒文体的相同与区别研究》"。

从学习俄罗斯语言文学到研究俄罗斯报刊语言，再到从事中俄传媒文体比较研究，张举玺的学术研究之路看似偶然却又一脉相连。"在俄罗斯拿博士学位是很难的，好在我是驻站记者，学新闻学专业，成果也比较多。你看，导师在我毕业论文上的签名留言是：希望你越来越成功。"张举玺轻轻翻开博士论文的扉页，神情中流露的尽是寒窗苦读后的回味与甘甜。

值得一提的是，异乡漂泊二十载的张举玺在这段难忘的旅俄生涯中不仅经历了事业与学业的攀爬积累，更为重要的，是他亲身体验了新闻工作从懵懂的实践经验走向自觉的规律反思的艰难升华。"我原来在新闻采写过程中留下了很多的问题和困惑，但是在开始读新闻学之后一个个都在课本上找到了答案"，他笑着总结道。这位学俄语出身的谦谦学者，在几十年如一日的勤勉深思与笔耕不辍之下，已然渐渐地将人生的一个小窗口推展得豁然明亮。

"从业界到学界，我经历了痛苦的转型"

张举玺与河南大学的渊源要追溯到十年前的一次考察。"2004年11月，俄罗斯高教部决定与中国高校合作，于是派了几个考察团到中国。我当年是作为代表被编到了其中一个考察组，重点考察的就是河南大学。河南大学虽然不是'211'高校，也不是'985'名校，但在国外是比较有名气，因为它曾经是中国三大留学培训基地之一，与清华留美预备学校、上海南洋公学齐名。河大的人文社科有着深厚的历史积淀，我当时就被这里的气氛吸引住了。"张举玺回忆说，"2005年10月底回国后，我作为归国博士到河南省劳动人事厅，现在应该叫人力资源和社会保障厅，留学归国人员服务中心报到。人家一看我是做记者出身的，就给我开了一个派遣证，派我去河南日报报业集团上班。河南日报报业集团人事处负责人见我拿着派遣证前来报到，很高兴地说，'我们特别需要你这样的博士来做记者。按照省政府规定，你这样的海归博士，我们得给你安排一个处级领导岗位。现在已经是年底了，你先回家休息，等过完春节再来上班吧'。而就在我在家休息期间，河南大学派代表前来邀请我到河大工作。

鉴于在考察期间留下的美好印象,我很快就同意了邀请,并在2005年11月正式到河南大学任教"。

毫无疑问,受聘河南大学是张举玺学术人生的一个重要转折。然而,或许连他自己也没有想到的是,这个转折再次让他经历了一段非常艰难的转变过程。"在业界,40岁是个很尴尬的年龄,于是我想要转型,想把之前的新闻实践经验拿到课堂上传授给学生,但是这个转型过程却是很痛苦的。"张举玺回忆道,"我在国外虽然也发表了很多论文,但国外的论文风格和国内不太一样。比如说文体,国内一般是三段式:概念、问题、对策。而国外会直扑主题,选择一个大的案例来佐证观点。回国后我最初投出去的稿件大多是石沉大海,后来觉得一味投稿也不是办法,就去资料室一边看期刊一边琢磨,一个多月之后才明白了这里面的区别。再有一个就是申报课题,国内申报课题要有前期成果,我当年刚回来的时候申报的第一个国家社科基金项目就是'中俄现代新闻理论比较研究'。这个研究命题我虽然在国外的成果有很多,但在国内的成果却是一片空白,所以第一年没有通过。随后,我坚持不断地写论文和发表论文。直到第三次申报,才成功获批。2011年我申报的自选项目'新闻自由化与苏共亡党关系研究'又再次获得了国家社科立项"。回味这一路甘苦,张举玺感慨颇深。

而在被问及俄罗斯的新闻从业经历对自己身份转型的影响时,张举玺说道,"我现在转到学界已经将近十年了,现在的这个基础还是在业界时打下的。如果没有在业界丰富的从业经历,想转型到学界,恐怕是要忍受更多苦难的。回国后,我几乎就没有休过节假日",对于此,他解释说,"也不是因为什么外在的压力,主要是想把自己多年在国外的体验与思考尽快总结出来,都是自己给自己施压"。

张举玺在回忆这段身份转变的心路历程时,始终淡然平静,言谈间虽不乏难以言尽的困惑与苦恼,但更多的依旧是支撑着他的动力与坚持。

"我把俄罗斯当成一面镜子"

在谈及中国与俄罗斯在新闻工作、新闻学术研究以及新闻教育方面的异同时,这位熟谙两国国情的学者侃侃而谈。"我先说第一个,俄罗斯的新闻环境是很自由的,他们一般实行媒体负责制和新闻工作者负责制,虚假新闻在俄罗斯是不多的。比如说,我去采写这个稿件,结果发现这个稿件是个虚假稿件，一旦引起新闻官司，报社可能立马就把我开除了。虽然看着自由，但整体环境都很谨慎，很敬业。我曾经给《21世纪经济报道》写过一篇文章，题目是《用中国"斧头"开发俄罗斯森林》，意思是引进中国劳工，开发西伯利亚森林资源。可是国内的编辑却把它改成了《中国"斧头"与俄罗斯森林》。很快，俄罗斯外交部就有人找我谈话，说我'这是在煽动民族仇恨'。于是，我马上把原稿发给他看，这事才不了了之。可见他们的新闻环境更讲究真实准确，故意捏造的新闻在俄罗斯还不多见。"

张举玺继续介绍说，"关于他们的新闻学术环境，目前俄罗斯的大部分学者还沉浸在对苏联新闻自由问题的思考中，至今都没有形成一个共识。我一直都在关注俄罗斯的新闻学新著，从目前掌握的情况来看，大部分学者对这个问题思考得比较多。比如，他们会很好奇地问，中国也是照搬前苏联模式，为什么中共越来越健康，国家越来越强盛。我告诉他们，因为俄国人好搞极端，而中国人则习惯于循序渐进。不仅如此，苏共从来不敢正视自己的腐败问题，而中共一旦发现自己错了，总是善于勇敢纠正自己。所以我告诉他们说，中国共产党虽然是从学习苏联模式中走过来的，但是这个学生要比老师高明多了。到目前为止，我感到俄罗斯新闻学界还没有完全从阴影中走出来"。

"还有一点，俄罗斯学界认为大众传播媒介的主要功能是传播信息，而国内环境则普遍认可'既要传播信息又要把握宣传'。所以，俄罗斯回归的是媒介本身的信息传播功能，而中国媒体则强调既要尊重闻规律，又要重视宣传规律。另外，苏联解体后，俄罗斯在新闻理论方面一部分稀里糊涂地继承了苏联的遗产，另一部分却是照搬西方。比如我们在课堂上讲的新闻敏感源自于社会实践，而在俄罗斯课堂上却会强调说，敏感来自于神的暗示。"

关于俄罗斯的新闻教育，张举玺继续介绍道，"俄罗斯的新闻教育在课堂上更注重实战，比如一年级主要学习报纸媒介；二年级学习广播媒介；三年级学习电视媒介；四年级时你如果对报纸感兴趣，就去报社实习，对电视感兴趣，就上电视台。至于互联网技术，这是每个准记者都必须掌握的，是一种基本技能而非职业方向。俄罗斯新闻院校中的教育模式基本就是这样，除非个别会有些顺序的不同"。

在被问及自己的学术理想时，张举玺毫不讳言地说，"我是把俄罗斯当成一面镜子，之所以要研究苏联和俄罗斯的媒体，主要是希望他们能起一个镜鉴的作用，给我们照照衣冠，理理思路。我们要吸取他们的教训，不能再走他们的老路。所以我研究的主题之一是：为什么苏联共产党被新闻界出卖了？而我的答案就是：因为它没有遵守党性原则"。说到这里，张举玺神情十分凝重，"不管怎么改革，媒体始终就是给执政党服务的。执政党不去管，自然就会有别的党派去管。苏共吃亏就吃亏在这个问题上。我经历了苏联的解体过程，所以我特别想把苏联晚期，以及后来俄罗斯媒介的真实情况展现给中国学界，让大家都看看。苏共已经吃亏了，我们不能再走他们的路子。所以在我主持的第一个国家社科基金项目'中俄现代新闻理论比较研究'中，课题组就强调指出，我们的新闻改革不管怎么改，党性原则都不能改。如果改掉了，主体性就不存在，媒体为谁服务的问题就会出现混乱。所以，媒介的党性原则不能变"。

聊到这里，张举玺不禁感喟，"我们都是在这样默默无闻地做着自己的事情，把自己的经历和思考一点点地变成成果。我不敢说这些成果有多高的价值，但最起码我们在很认真地竖起一面镜子。从旁边经过的人也许第一次不会注意到这里有面镜子，第二次也许还没发现镜子的存在。但是，时间长了，次数多了，就总能发现这里有面镜子，总会主动走过来看一看，照一照，检查检查自己的衣帽端不端正。最终还是能起到一种潜移默化的作用"。

"中俄比较研究难在人才与共识"

正因如此，张举玺对于在当下中国从事中俄新闻学比较研究的甘苦，是了然于心的。"我们其实有很多困难，第一是形不成团队，第二是达不成共识。这样一来就没有什么影响力。大家可能只知道河南大学有个老师，从俄罗斯留学回来，是做中俄新闻学比较研究的，仅此而已。"他补充道，"尽管国内已经有一批学者在做相关方面的研究，但是真正成规模、成体系，像我这样把自己定位到中俄比较框架中去做的，还不多。这些年我们也在着力培养人才梯队，并且是有计划地去培养。我希望再过若干年，能吸收一批从俄罗斯或者是从独联体国家归来的学者从事这方面的研究。总之现在的研究环境是：经费不是问题，资料不是问题，最难的还是人才"。

对于下一步的研究计划，张举玺坦言，"只要是有精力、有能力、有时间的话，该做的还是要去做的。比如积极申报国家课题，课题方向上还是围绕中俄比较研究，虽然这是很小的研究领域，而且已经做了两个国家级项目，但仍然觉得有很多东西是不够的。比如中俄现在是战略合作伙伴，又是上合组织的两个发起国，除了军事上的合作、政治上的合作、经济上的合作，我们应该怎样去开展更加广泛的合作？这些领域都是很值得研究的。所以我愈发感觉到力量太有限，即便有了一个研究团队，但力量有时还是集中不起来，只能说力所能及地继续做一些事情"。

即便面临着诸多困难，张举玺依旧展望着中俄比较新闻学研究在中国新闻学研究视阈中的发展前景。"我们希望能够在国内成立一个俄罗斯传媒研究中心，目前有几所高校筹划着要设立这个中心，有些高校也找我沟通过，建议把这个研究中心放到他们那里去。关于这个中心，谁挂牌我都支持，但关键是你挂了牌得有人才，得有团队。因为一旦挂了这个中心，它不能徒有虚名，要对中国学界，对我们国家有用。"对于此，张举玺心怀期待，更满怀责任。

在中国新闻学的代际视野中，60年代出生的新闻学者是特点鲜明的一群人，他们中的不少佼佼者在国门洞开的时代背景中得以走出国门，去吸收不同于前辈们的学术营养，张举玺就是其中的一员。所不同的是，在学术源流与意识形态的影响下，绝大多数在那个年代下出国求学的"60后"学人，大多数选择的是以欧美为主的发达资本主义国家，而张举玺则因为人生的种种机缘，带着鲜明的留俄印迹回到了中国。正如河南大学王振铎先生所评价的，"此前的我国学者们还不习惯或不喜欢对横跨欧亚、既西又东的苏联大解体，对俄罗斯抛开14个加盟共和国，独自大复兴、大转型、大变革这一极其复杂的社会历史现象同我国相提并论，相互比较。对于这个大背景下的俄国新闻体制、传媒法规、新闻政策等重大新闻理论问题尚未进行更多的深入思考，在有点不屑重视或者畏难的情况下，张举玺先生独具慧眼，率先做出自己的研究课题，获得了一系列的比较研究成果。这些成果，不能不说是他针对这既与西方有别、又与中国不同的苏俄新闻实践与中国新闻实践进行立体化的交互对比，从而理出新论新说的，因而也是富有开创性的"。

当然，也正如张举玺所担忧的，中俄新闻学比较研究在各方面因素的受制下，如今依旧面临着各种主客观的难题。然而真正令人望而却步的，除了有语言、国情等各方面问题的制约之外，在人才与共识匮乏的问题之下所深藏的，恐怕还有俄罗斯不同于欧美主流新闻传播学发展地位的现实，以及中国在新闻传播学学术路径选择方面的整体性偏倚。也正因为如此，我们更须对这位沉着大气的中原君子，对默默无闻坚守在这方园地中的学术团队为这一项事业所尽的每一份心力表示应有的敬意。

【张举玺简介】

张举玺，1964年出生，河南辉县人，新闻学博士、现任郑州大学新闻与传播学院院长、教授、博士生导师。历任《莫斯科华人报》首席记者、《南方日报》报业集团驻俄罗斯记者、河南大学新闻与传播学院院长、河南大学学术委员会委员、河南大学传媒研究所所长。1985年本科毕业于兰州大学俄语专业，2002年硕士毕业于俄罗斯国立普希金俄语学院报刊语言学方向，2005年博士毕业于俄罗斯人民友谊大学新闻学专业，同年任教于河南大学，2016年调入郑州大学，长期从事新闻理论与实务、国际新闻传播研究。

先后在国内外媒体发表新闻作品2000余篇，在国内外学术期刊上发表论文五十余篇，在国内外出版《中俄新闻文体比较研究》《中俄新闻功能比较研究》《中俄现代新闻理论比较》《中俄教育管理体制比较》《俄罗斯大国转型之道》等著作十余部，主编《新闻写作新编》《新闻采访与写作新编》《新闻理论基础》《实用新闻理论教程》等教材五部，主持完成国家社科基金项目"中俄现代新闻理论比较研究""新闻自由化与苏共亡党关系研究"，以及其他省部基金项目等十余项。

赵月枝：不做自我异化的学术[*]

在希腊圣城德尔斐的阿波罗神庙上镌刻着一句名言：认识你自己。相传苏格拉底一直将其奉为人生箴言，并依此为希腊哲学注入了新的生机。而这句话也成为了继苏格拉底之后，一直贯穿西方哲学发展的主题：人类的历史就是一部不断"认识你自己"的历史。

这本是一个古老且遥远的话题，却不知为何在我做完对赵月枝教授的访谈之后盘旋不去。在长达四个多小时的对话中，这位身份多元的华裔传播学者展现了惊人的逻辑思辨能力以及鲜明的话语主导意识，她敏锐地拿捏着自己在不同文化语境下的话语角色，从始至终，她的语言表达都流露出了与她的学术研究极为相似的风格：敏感，警觉，执着，透彻，或许还有着她未尝愿意承认的：强势。而在她侃侃而谈的背后，似乎还有一种令人印象深刻的意识在贯穿始终，那就是她对于主体性问题的一针见血。赵月枝说，"整个学术不就是主体性和人的问题吗？批判者只有把自己的主体放在里面才能做到完全彻底的批判。如果你的学术都不敢碰自己的生活，那么难道不是一种异化吗？"

"我的世俗人格和学术人格是一致的"

不同于那种将"个人生活体验与学术分开的中产阶级专业主义意识形态"，赵月枝笃信"个人因素与学术研究的相互建构关系"，这也让人们在她的不同文章中看到了她毫不避讳的家庭出身：饥饿而死的外祖父，身为农民的父母，绝望自杀的表妹，少年打工而落下腰疾的弟弟，作为"留守儿童"的外甥，对儿子无限歉疚的妹妹，以及改革开放后作为中国

---

[*] 本文撰写于2013年。

留学和人才政策的受益者与跨国知识精英的自己……赵月枝说,"当其他人把他们学术的阶级立场隐去,把资产阶级的知识立场当作普世立场的时候,我偏偏要把我的知识立场亮出来。我这样做,一部分是出于无奈和对知识霸权构建的警觉;第二是出于批判学者在方法论、认识论上的自觉;第三,我想说明我的世俗人格和学术人格是一致的,所以我很坦然"。

正如赵月枝所言,每个主体都是被生活过程所构建的,然而很多研究却在隐去的主体性中掩盖着知识生产中的权力关系,于是话语霸权轻易地产生。不过,"作为一个知识分子,如果只能从自己的经历里出发,就不配声称在公共领域占一席之地。因此,你要有能力去反思和超越自己,这就首先需要把自己言说清楚。"

在学术与生活之间,赵月枝继续袒露着身为学者的赤诚:"有人同情我太累,说我太把学术当真了,说我不知道生活和学术的分野。我知道生活有生活的逻辑、学术有学术的逻辑,但我的学术情怀和我的生活理念是一致的。当你的工作让你去说谎,而你在生活中却可以照旧,这实际上是很可怕的,我宁愿相信我的人格跟我的抱负是不能分裂的"。

关于赵月枝在学术与生活上的纯粹,黄卫星曾经在《批判知识分子的角色建构》[1] 一文中这样写道:面对她自己从中国最底层的农民阶层到跨国知识精英阶层的经历,面对无法招架的学术邀请和中外学者希望调用她的学术资源的各种请求,面对来自家人和朋友的各种求助要求,面对自己几乎沦为学术"奴隶"的既劳累又快乐的生活状态……她调侃说,现在终于从个人生活层面明白了《红色娘子军》中那句著名的台词:"无产阶级只有解放全人类,才能最后解放自己!"于是乎,面对我的来访,这位爽直的学者同样单刀直入:"我甚至可以理解你来找我,也是为了完成你的学术,从这个角度上讲你是带有工具目的的。但如果我们谈的是学术的共同理想,我既满足了你的学术目的,也满足了我希望把自己的批判学术跟你分享的目的,那么这个功利便和抱负是一致的。或者如果今天我的谈话影响了你,使你对批判学术有了新的理解,如果我的学术生命在你的学术生命中有哪怕百分之零点几的延续,那么我也就值得了"。

美国政治哲学家约翰·罗尔斯曾在他的名著《正义论》中这样说道:

---

[1] 李彬、黄卫星:《批判知识分子的角色建构——从传播学批判学派学者赵月枝的学术风格谈起》,《山西大学学报》2011年第6期。

"永恒的观点不是一个从世界之外的某个地方产生的观点，也不是一个超越存在物的观点，毋宁说它是在世界之内的有理性的人们能够接受的某种思想和情感形式。心灵的纯洁，如果一个人能得到它的话，也许将看清这一切，并且将根据这种观点把一切做得轻松自如"。或许，这种乌托邦式的理想标准也恰恰应和了赵月枝对自己世俗人格与学术人格之间的定位，尽管理想主义有时仅仅被作为一种追求现实的方向，但大多数时候，谁又能不向这种"心灵的纯洁"致以敬意呢？

"我的知识反哺面临着污名化"

赵月枝的学术话语总是弥漫着一种深思熟虑的警觉，"我文章中的修饰定语很多，因为它是一种更严谨、更准确和更具逻辑关系的表述，我是为了防止被简单化的解读，实际上这也是被'妖魔化'给练出来的"。正如她所说的，赵月枝有自己的苦恼："我的知识反哺面临着污名化、简单化的障碍，我现在就缺真正批判我的学术对手"。

这确实不是矫情，在赵月枝几次三番所提到的"污名化"一词的背后，是她面对国内学术场域的某些无奈："首先我是农民出身，没有知识分子血统；第二我的学术跟别人不一样，我搅了别人的'清梦'；第三，在一个男权主宰的学术界，我还是一个刚性十足的女学者。知识场也是权力场、名利场。公共领域为了利益和偏见党同伐异，有时没有什么学术标准可言了。污名化作为一种手段，已经开始了赤手空拳的肉搏。所以呢，出于性别，出于阶级，出于学术立场，我和我的批判学术成了某些人污名化和八卦的对象"。谈到这里，赵月枝略显激动："曾几何时，身份论被认为是极左思维，而现在偏偏有些人，一方面批判极左；一方面自己的思维又是如此僵化，用简单的阶级决定论来看待我的身份和学术立场——你已在西方过上了资产阶级生活，有什么资格回来谈马克思主义和批判学术？"赵月枝说："我每次回来都告诉自己，不为谣言所扰，但就是有人颠倒黑白，把我的观点反着读，以迎合他们自己的观点"。而更让赵月枝哭笑不得的是，"一方面，有学者把我污名化为'只批市场不批国家'；另一方面，我的一些研究成果反而又被国家'截流'了。所以这倒是形成了一个无意之间的合流。如果自己不去解读我的文章，而只是把别人的误读拿过来问我，我会觉得是对我的不尊重"。

回顾这些年回国工作的经历，赵月枝谈到了她因为不被理解而产生巨大压力的两次"情感爆棚"，一次是在杭州西湖边的号啕大哭，一次是在北京中山公园社稷坛前的痛哭流泪。赵月枝直言，有好心人曾向她转达过别人对她的质疑，"都去了加拿大了，还回来做什么？"而与此相关的各种猜忌和流言，让"污名"这个来源于古希腊社会和基督教传统的词语带给了关注"系统世界"构建的赵月枝更多的敏感与警觉。

"即便如此，我永远抱着一种可以相交的、开放的态度，尽我的一切去争取对话，而不是去树敌。但是作为一个平凡的人，有些情感终究是自己要面对的"，赵月枝的话耐人寻味。

"国内的学术场域对我很有吸引力"

2009年，赵月枝受聘为中国传媒大学长江学者讲座教授，这使得她每年有更多的理由和更好的条件在国内从事学术活动。赵月枝说，她现在满腔热情的在国内，除了作为华语传播学人所承担的历史责任，主要就是冲着这里有很多人愿意与她对话。她强调，对在国内学术圈得到的滋养、灵感、支持和理解，她是非常感念的，而这也正是她的重要学术动力所在。

"我觉得国内这个学术场域还是挺有意思的，尤其是最近十年，我认识了一些让我非常佩服的、有理想、有追求的学者。我发现这里有一个学术共同体，不仅是在传播学领域，也在思想界和整个学术界。一个是同龄人里面有一批对学术有严肃追求的志同道合者，另一个是有不少喜欢跟我交流的年轻学者，比如像你"，赵月枝笑言。

无论是授课、讲座、暑期班培训，还是成立工作坊、设立学术论坛、参加学术会议，赵月枝兢兢业业地完成着她所能做的分内分外事。她几次认真地强调，"我愿意回国内来做很踏实的工作""我真的是来脚踏实地做我的学术的"。而她也的确为这一初衷付出了坚实的努力。

"最早给黄旦老师'黄埔一期'（第一期复旦大学新闻学院暑期学校）讲课的时候，我是上下午连讲了三天。中午、晚上还有学生跟我一起吃饭，直接就又把论文提纲给我看了。有一次讲完课程去我妹妹那儿，吃了很多高蛋白的东西，结果体力消耗到根本不能承受，进了医院急诊。还有一次我去复旦讲课，因为对方组织得比较晚，我是临时把行李寄存在首都机场，人直接去了上海，讲完后再回到北京做该做的事。"赵月枝说，"我也不想把自己说成多么献身学术，但是我每次回来是有非常高学术热情的"。

在众多志同道合者之中，赵月枝对复旦大学吕新雨的钦佩敬服溢于言表。"我们传播学跟社会科学界、跟思想界是没有对话的，大多数时候是在自己的圈子里自言自语，而新雨是我们当中不多的能与外界对话的人，在我参加过的一次国外顶级学术论坛上，她是国内传播学界唯一的代表。她对于知识共同体的追求非常真诚。"赵月枝在谈及吕新雨的时候有一种让人印象深刻的惺惺相惜之感，"我一直倡导政治经济学和文化研究相结合，正是因为注重客体和主体二者融合的框架，这也可以理解我和新雨的合作，我从某种角度可以被认为是关注客体结构出身的，而新雨搞美学出身，她的研究更多从主体性问题切入。我们都希望能在同一平台上做一些脚踏实地的事情"。

可喜的是，在支持吕新雨成立了复旦大学当代马克思主义新闻与传播研究中心并友情出任该中心学术主任，以及参与了复旦大学几次学术活动以后，今年7月，由赵月枝作为发起者之一的传播政治经济学论坛暨中国传媒大学传播政治经济学研究所成立仪式即将启幕，这也可以看作是赵月枝与国内学术共同体合作的一个里程碑。她说，"国内的学术场域对我很有吸引力，让我很兴奋，我也希望能够超越中国和西方的话语流动去提供一个第三者的视角，所以对这个话语空间，我很珍惜"。

"我是以批判赢得他们的尊重，而不是迎合"

赵月枝谈及她在北美的学术师长时，同样充满了感恩。"在我们传播政治经济学，也就是批判学派里面，我得到了很多学术长辈的提携和培养，从最早的达拉斯·斯迈思（Dallas Walker Smythe）与赫伯特·席勒（Herbert Schiller），再到丹·席勒（Dan Schiller）。当我还在南加州圣迭戈任教的时候，赫伯特·席勒虽然已经退休了但还在教课，第一次见到他，我提到自己在研究中国的电讯业，第二天我就在自己的邮箱里拿到了他给我的关于中国电讯业的一份剪报，这件事特别让我感动。"即便如此，赵月枝接着说，"年长的学者们对我有提携，我们也有自己的学术共同体，但我也不会因为他们的提携就盲目地赞成他们的学术。李金铨老师曾有篇文章批判我说：赵月枝'响应'西方批判学者的'号召'。听起来我有点像'盲目的知青'，但实际上，即便是批判学派里面最有影响的学者，我也会和他们平等地讨论和批判，我是以自己的批判赢得他们的尊重，而不是迎合，我绝对不会去迎合"，赵月枝自信且坦然。

赵月枝聊到了他曾经和丹·席勒的一次辩论，而这位美国传播政治经济学名家正是那位曾经对她关照有加的美国批判学派鼻祖赫伯特·席勒的儿子。"当时他还在加州大学，我已经回到温哥华，他有一个关于数字资本主义的理论框架，邀请我与他合作写一篇论文，起先他可能期望我的中国研究在这个理论框架里演绎，但我更强调中国的社会和历史维度以及这些层面对数字资本主义逻辑的调节。我们讨论得很激烈。最后丹·席勒对我说：赵，你说服我了，你做这篇文章的第一作者。所以说，我和这些学者之间，如果说我得到了他们的尊重，那不是因为我是他们的'本土信息提供者'，而是因为我真正以平等的身份去跟人家交流和对话。你越是依靠贩卖人家的理论框架到中国来为自己获取资本，或者靠着别人的光环来映照自己，越是不会长久。我就是这样与西方的所谓大家们处理关系的，而恰恰是这样，别人会更尊重你"。

"我觉得最重要的是晚辈"

赵月枝从师长那里得到的帮助也潜移默化地影响着她和晚辈或是与学生之间的关系。"我是这样一个人，虽然我对学术很有热情，但是我不会把自己的学术研究强加于人。我是尊重主体性的，我会跟人家说有这样或那样的可能性和学术文献需要面对，但是我绝对不会像有些导师那样让你做什么就做什么，我认为这是利用你的权力关系把自己的学术强加给别人，我不会这样。"

在对学生的启发和引导中，赵月枝总是努力让他们找到个人的主体性，"也就是学术要对他的个人生活有意义，而不是人云亦云"。赵月枝直言不讳地说，有一次她在伦敦上空的飞机上读到了一位她所尊重的传播学前辈对她误读的论文，她当时难过得恨不得跳下去。"科林·斯巴克斯（Collin Sparks）后来安慰我说：'如果那些人刻意地去边缘化你，那么他们自己反而会被边缘化'。从那以后，我更强化了对学术晚辈一个很重要的原则：就是我会非常非常全心全意地去扶持学术晚辈，把我自己的一切，不能说献给，而是放在对学术晚辈的扶持上。"

说到这里，赵月枝回忆起了当年在广院时的生活，"当年我在读研究生的时候，看着在校园里穿梭的一群群艺术和播音主持类俊男美女，同宿舍一位同学说了一句话：广院辈有人才出，各领风骚小半年。我觉得这句话是非常好的。就像你说的，我们此时意气风发，正在学术的巅峰，但是要记住：长江后浪推前浪，各领风骚小半年。你要知道自己只是个学术的传承者和探索者，而不要把自己当作一个霸主。所以说，我会尽全力去扶持年轻的学者，这里面当然有两个道理：第一是你想压都压不住人家，这种打压是徒劳的。第二是你只有尽自己的力量去扶持人家，去赋权人家，去给人家学术营养，去把人家培养起来，你所钟情的学术事业才会壮大。我就是这样想的，所以至今我可以非常骄傲地说，我对年轻学者投入的心血是非常非常多的"。

赵月枝介绍说："我培养的不仅是我自己嫡系的学生，只要是国内的年轻学者，我都会尽自己的一切力量去扶持。因为这是一个共同的学术事业的问题，而这项学术事业、这条学术道路只有更多的年轻学者加入了，做研究才会有意义。我觉得最重要的是晚辈，而当我们这个批判传播的学术共同体越来越大，我们的学术生命也就值得了！"正是基于这样的理念，赵月枝联合吕新雨和台湾的冯建三教授组建了一个叫"传播驿站"的以年轻人为主体的批判传播英文文献译介团体，希望带动年轻学人在批判地译介西方前沿学术的共同学术劳动中，从一字一词开始，在一步一个脚印做学问的过程中，建设学术共同体和确立学术主体性。这个团体的三十多名学人目前正在同心协力翻译一部叫《马克思回来了》的批判传播学最新论文集，并在2013年7月份接着传播政治经济学论坛在中国传媒大学围绕这部著作做第一个"传播驿站"工作坊。

批判的起点：认识你自己

与赵月枝的访谈是一段奇妙的旅程，她的身上似乎有着一种强大的透视能力，让你无法回避那些在现实生活中容易被隐去因而也相对"安全"的主体存在，她对我说："因为你的研究不是面对我的学术，而是面对我的人，所以我就变成了你的研究对象。今天虽然是我在对你夸夸其谈，但其实你才是这场话语的主导者，而我其实是被动的"。面对她眉头微蹙的冷峻，我不得不承认，她甚至比我更清楚我自己的存在，在这位批判学者的眼中，"话语权力"无论是在"系统世界"里还是在"生活世界"里都似乎无处遁藏，也无需遁藏。

访谈过程中，除了庞大信息量的学术话题，赵月枝不经意间提及的另一个话题同样令我好奇：关于丈夫和女儿。然而一个更重要的细节是，在她理性思维贯穿始终的侃侃而谈中，唯独在谈及家庭的时候，她的语气才变得柔和温煦，甚至有一些因为怀想而略带迟缓的陶醉："这个夏天，我们一家三口在三个大陆。我老公一个人在加拿大，那天他通过电话，用钢琴给我弹了一首《我爱你中国》，再用吉他给我弹了一首《北京爱情故事》里面的主题歌《滴答》，最后对我说了一句——汇报演出到此结束"，说到这里，赵月枝禁不住笑了起来。"我的女儿在法国参加暑期班，因为她从小就学法语；在加拿大上大学的第一年，我让她学阿拉伯语，我并不想把她培养成什么精英，我有意没有把她送到私立中学去接受所谓的'贵族教育'，我也没有逼她考美国常青藤大学，让她学法语和阿拉伯语是希望她能够超越中文和英文非此即彼的二元话语和思维世界。她作为一个少数族裔在加拿大生活，会碰到很多身份认同方面的问题。我就这一个女儿，她将来喜欢做什么就让她做什么。"

苏格拉底说，"认识你自己"就是一个解蔽的过程，祛除外相的遮蔽，揭示灵魂的本真，从而才能达到生活与生命的和谐。赵月枝所坚持的"知识分子的社会责任和个体内在志向的统一"从某种意义上与这种哲学起点不谋而合。事实上，不明白主体的意义，又谈何认识客体乃至世界呢？

"我不做自我异化的学术"。在一切学术超越与批判反思的背后，或许赵月枝想做的，恰恰只是自己的主人。

【赵月枝简介】

赵月枝，1965年出生，浙江省缙云县人，加拿大皇家学会院士，加拿大国家特聘教授，加拿大西门菲莎大学传播学院副院长，全球媒体监测与分析实验室主任，全球传播政治经济学加拿大国家特聘教授，中国传媒大学长江学者讲座教授。研究领域包括传播理论、传播政治经济学、全球化与传播、意识形态与话语理论、媒体分析等。

赵月枝1980年考入北京广播学院新闻系学习，1984年毕业，同年考取赴加拿大公费留学资格。1986年进入加拿大西门菲莎大学传播系攻读研究生课程，于1989年和1996年分别获得硕士、博士学位。1997年至2000年在美国加州大学圣迭戈分校传播系任教。2000年9月重返母校加拿大西门菲莎大学任教。2004年开始任全球传播政治经济学加拿大国家特聘教授。

主要著作包括《传播与社会：政治经济与文化分析》（中国传媒大学出版社，2011）；*Communication in China: Political Economy, Power, and Conflict*（Rowman & Littlefield, 2008）；*Global Communications*（Rowman & Littlefield, 2008）；*Democratizing Global Media*（Rowman & Littlefield, 2005）；*Media, Market, and Democracy in China*（University of Illinois Press, 1998）；*Sustaining Democracy?*（Garamond Press, 1998，中译本：《维系民主？西方政治与新闻客观性》，清华大学出版社2005年版）等。

胡正荣：追寻最具解释力的学术体系[*]

伦敦北郊的海格特公墓，长眠着一位伟人：卡尔·马克思。在他陵墓下方的碑石上镌刻着一句举世闻名的墓志铭："哲学家们只是用不同的方式解释世界，而问题在于改造世界"。从解释世界到改造世界，这两句话几乎浓缩了马克思一生的理想与实践，也吸引着其后无数的智者与英雄前赴后继。

对于一直在追寻最理想的学术体系来理解与推动中国媒介现实的胡正荣而言，他的宏愿中同样潜藏着一位学者在面对世界时，那种最本真的冲动与最终极的追求。作为新中国杰出的第二代传播学者，胡正荣的学术人生渗透着时代际遇与个体命运交相辉映的烙印：开放、多元、务实、融通。他说，"没有普世的学术体系，我想找到一个对中国最具解释力的理论融合体"。这就是他执着坚持的学术理想，尽管他比任何人都清楚，要实现这个理想，并不容易。

"我最早讲的课是社会学"

1982年，因为中学老师的一个建议，原本想学外语、外贸类专业的胡正荣考入北京广播学院，懵懵懂懂地成为了编采专业的一名学生。"其实上广院是一个偶然的机会，我当时想报的学校没有理想的专业，老师说，'你平常不是朗读挺好的吗，应该上这个学校'。我就这样报考进来了。"刚上大学的头两年，胡正荣对专业一直没有产生太大兴趣，直到大三时才发生了改变。

"三年级的时候，广院有一位刚刚毕业留校的年轻教师，在课堂上讲

---

[*] 本文撰写于2013年。

到外国有一门学科叫做传播学,我发现这个学科的视野很广泛,和社会学有关、和政治学有关,还有历史学和心理学方面的知识,这么庞杂、丰富、多元的内容一下子把我的兴趣调起了。从那时起,我就开始到图书馆借传播学的书看。"让胡正荣没有想到的是,正是这个不经意间引发的兴趣,给他的学术人生打开了一扇意想不到的大门。

"当时我们学校已经有几本传播学的书了,包括美国社会学家梅尔文·德弗勒(Melvin L. Defleur)那本英文原版的 *Theories of Mass Communication*。说实话,那时候并没有完全看懂,但是却因此对传播学产生了很大的兴趣。"令人称奇的是,初出茅庐的胡正荣在看完德弗勒的书后,竟勇敢地给当时还在迈阿密大学任教的作者寄去了一封信,讨论书中的某些观点。而更让人惊叹的是,随后德弗勒不但回信了,还同时给胡正荣寄来了一本研究中国传媒的著作供他参考。这段经历给了胡正荣很深的影响,"德弗勒的回信对我个人未来学术方向的暗示与鼓励是难以估量的,我觉得这个正面暗示一下子激励了我,如果他当时给我一盆冷水的话,我可能也放弃了"。

1986年,胡正荣本科毕业后留校,1988年正式走上讲台的他又遇到了一个新的拐点。"刚开始我想讲传播学,但是那个时候有一种观念,认为传播理论就是新闻理论,两个差不多,没必要再开这门课。因为之前看过几本社会学的书,后来又从头到尾去旁听了一门中国社科院社会学研究所的课程,于是我又提出要讲社会学,系里决定让我试试。就这样,从1988年到1993年,全校的社会学都是由我来讲。"如果说德弗勒的回信给了胡正荣一次鼓励和召唤,那么连续数年的社会学授课经历则带给胡正荣难能可贵的学术积淀与思维训练:"社会学训练了我的思维角度,为什么后来我喜欢从社会学角度去看问题,比较关注社会矛盾、社会变迁等等,绝对是受了那个阶段讲授社会学课程的影响"。

不得不注意的是,与同时代成长起来的传播学者相比,胡正荣这段自称为"误打误撞"的学术旅程显得有些与众不同。"我觉得整体而言,中国的传播学研究在学科背景上存在着一个遗憾,就是现在的传播学者们之前要么是学新闻的,要么是学中文的,这个比例大约会占到百分之八九十。其实我们真正做了传播学之后就会发现,传播学所要用的理论体系、研究框架、思维逻辑,大多数反而是来自社会学、政治学、经济学、心理学、语言学,甚至包括后来的文化研究、政治经济学等等。也就是说,学科交汇越多，传播学才越容易出成果。而我们整个传播学研究存在学科背景的结构性遗憾，并且这个遗憾直到现在依旧存在。"胡正荣接着说，"当然，有些人已经意识到这一点了，一些其他学科背景的学生也在走进传播学的研究领域，我认为这是对的，也是必须的。我们可以看看国外，比如我上次参加的那个爱尔兰大会①，与会的学者不是学政治学出身，就是学经济学、心理学，当然也有新闻传播学，反正学什么的都有，总之，学科之间越交叉，才可能越有创新"。

"我的优势介于海外学者与国内学者之间"

80年代的北京广播学院曾经培养出了一批走出国门继续深造的优秀学子，他们当中的很多人如今已成为了国内乃至国际上的知名学者，并且对中国新闻传播学的发展起着中流砥柱的推动作用。与同时代的他们相比，胡正荣自称"土生土长"，而这位从90年代起就频繁出入国门、孜孜追求国际化的本土学者，却对自身的学术定位有着非常清醒的把握，并且还有着与之相应的，对学术责任的理性担当。

"在整个中国新闻传播学的华人学者这个圈子里，包括国内的学者和海外的学者，我跟他们确实有些不一样，我有点介乎他们之间。为什么这么说呢？一方面，我是国内传播学界里国际化走得最远的人之一，因为我出国比较早，语言条件也比较好；另一方面，跟海外的学者相比，我虽然没有像他们一样接受过严谨的学术训练和拥有更优越的国际化平台，但是我比他们更了解中国现实，并且能够获得更多的有关中国研究的一手资料。"胡正荣坦言国内社会科学的学术根基与研究方法较之国外相比要单薄许多，缺少系统的海外教育经历也是他无法更改的遗憾，但正因为如此，他更加清楚自己想要超越的以及应当坚守的分别是什么。

"我出国开会也好，讲学也好，基本上都是跟海外的主流学术圈打交道，我的语言能力和学术话语让我可以与他们直接对话。同时，这么多年下来，我也一直跟国内的传媒决策者、管理者、从业者都保持着一线的交往，他们会跟我谈内心最真实的感受。换句话说，与海外的学者相比，我

---

① 2013年爱尔兰都柏林举办的 The International Association for Media and Communication Research 年会，IAMCR 创立于1957年，是世界最大的传播研究国际性学术组织之一。

能够听到、看到、了解到最真实、最一手、最符合中国实际的素材和资源。我的优势恰恰介乎于海外学者与国内学者之间。"

正如他所说的，1994年，因为出色的德语水平，胡正荣争取到了由"德国之声"举办的为期两个月的"新闻与时事报道"培训班的资格，在那个出国机会异常珍贵的时代先后走访了德国多地。这是他生平第一次出国，也是带给他极大触动的第一次。从那时候起，胡正荣产生了强烈的国际意识，并且在"走出去"的意愿下开始了愈发频繁的国际学术交流。将近20年间，他先后走访了德国、英国、加拿大、瑞典、美国、比利时、爱尔兰、韩国等许多国家，通过参观考察、合作研究等多种形式，得到了前所未有的学术滋养与视野开阔，胡正荣说，"学术只有放在国际性背景下才可能有更大的发展空间"，这是他的心得，也是他的标准。

尽管如此，胡正荣对学术殖民主义与西方话语霸权同样保持着相当的审慎与警惕。"我对西方的东西全盘接受的阶段应该是在十年前左右，那是第一次在加拿大做长期的访问学者。因为之前对西方并不了解，我开始大量阅读西方社会学、政治学、经济学、传播学的书，我发现学术流派简直太多了，框架、模式、理论、方法也非常的多。那时候真的觉得好有营养，感觉特别有收获。但是，那个过程会过去的，因为你不能光吸纳，你还必须要反思，'学而不思则罔'，你终究是要把那些理论拿过来解释中国的。"

正是在反复思考如何解释中国的过程中，胡正荣开始了最初的反思。"有些学者试图用一套成型的海外理论来解释中国，我有时候觉得不是太管用，因为他们分析的那些根本不是中国的现实。换句话说，有些学者完全是为了迎合他们理论的有效性而找一些中国的案例来说明问题，但是那些不能够证明他们理论的，甚至和他们的理论相反、相悖的大多数的中国现实，却被他们省略、忽略掉了。"胡正荣继续谈道，"2005年我在哈佛大学肯尼迪政府学院做了半年research fellow（研究员），2006年我又作为英国威斯敏斯特大学勒沃霍姆访问教授[①]在英国待了半年，回来之后我就越来越反思一个问题——如果完整地把西方那套东西搬过来究竟适不适用？而这恰恰是每一个海内外学者都必须要反思的问题。"

---

① 勒沃霍姆访问教授 Leverrhulme Visiting Professor，勒沃霍姆基金会专门资助文化教育，每年资助不到20位全球一流学者访学英国。

胡正荣深有感触地说道，"我们应当承认中国确实没有形成自己的传播学理论体系，但如果真的把西方的那一套直接拿来解释中国的现实，至少从我个人的角度来看，在很多时候是隔靴搔痒的。因为我了解那些理论中所描绘的情形在中国根本不是那么回事儿。所以这几年国际学术界也在探讨这个问题，有人提出 de-westernized communication（传播学去西方化），正是因为现在的金砖国家、发展中国家，具备自身发展模式的已经越来越多，很难把西方的民主、自由等等套在中国的环境下。尽管我们也不反对民主、自由这些概念，但是这些概念在国与国之间、文化与文化之间的差别确实是太大了。所谓'淮南为橘，淮北为枳'，这种情况非常普遍。所以这么多年下来，我几乎就游走在这两个群体之间，双方的营养我都在吸纳，因此我也时常困惑：我究竟要用什么样的体系来解释中国"。

"学术研究就是寻找最具解释力的框架和方法"

胡正荣曾经把自己的学术道路划分为三个阶段：1986 年至 1995 年是受到"传播学召唤和学术起步"的几年；1996 年到 2003 年是完成博士学位攻读并且在国际视野的推动下实现"学术研究上路"的关键性进阶；而 2003 年以来则被他称为是"远未完成的国际化"。对于第三段依旧在路上的征程，胡正荣对自己还有着更细致的解读。

"如果细分的话，2003 年到 2006 年应该算一个吸纳、咀嚼、回味的阶段。我开始把在国外学习到的东西应用到我的研究中去了，所以这个阶段中我发表的一些论文和我过去的学术立场都不太一样，我自己也认为我的学术视野变宽了。"正是在这几年间，胡正荣先后发表了若干具有转折意义的代表作，包括 2003 年的《后 WTO 时代我国媒介产业重组及其资本化结果——对我国媒介发展的政治经济学分析》（笔者注：发表于《新闻大学》，2003 年秋季号），英文论文 The Post-WTO Restructuring of the Chinese Media Industries and the Consequences of Capitalization（笔者注：发表于 Journal of the European Institute for Communication and Culture. 2003，Vol. 10.4），以及 2005 年的《我国媒介规制变迁的制度困境及其意识形态来源》（笔者注：发表于《新闻大学》，2005 年春季号）等等，这些文章的出炉真实反映了胡正荣在理论框架的融合与创新方面所做出的尝试以及他对日益明朗的学术理想所付出的努力。

"刚开始读博的时候,我也是什么热研究什么,没有形成自己的一套理论。2003年从加拿大访学回来以后,对批判学派的东西开始接触比较多,所以后来做研究的时候,我的框架基本上都是从批判的角度来做,大部分采纳了政治经济学的东西。但是与此同时,我也不排斥意识形态分析,也不排斥文化研究。我认为学科是交融的,研究方法是交融的,框架体系同样如此。做社会研究绝对不能单一化,必须要多视野、多角度的分析问题,所以对我来说,有解释力的东西我都要用。"

"为什么说国际化的阶段仍是未完成的呢?就是因为我前面提到的反思问题。我已经吸纳了国际化的一部分东西,虽然不能说很成熟或老道,但我总在想:我吸纳的这些东西是否管用?当它不管用的时候我们应该怎么办?毕竟,传播学的研究是要有地方性特点的,将西方通用理论当作一把能开所有锁的钥匙是不可能的。所以我考虑的是,能不能有一套框架和体系,可以对中国的现实做非常有力的解释?应该说这是2006年以后我一直在思考和寻找的东西,但是还没有答案。不光是我没有答案,世界各地的学者们都没有答案。所以,学术研究其实就是不断寻找对现实最具解释力的一套框架和方法,而这恰恰是最令我困惑的。"

实际上,这个令胡正荣感到困惑的问题还有着更为深刻的背景。"新闻传播学的研究就各国来说体系是不一样的,你不承认都不行。这和我们了解传播学有批判学派和经验学派的区别是相似的。像美国以实证为主,非实证的他们根本看不上。而欧洲有文化研究学派、政治经济学派,他们却认为并非一切都可以测量。再比如法国的后现代和德国的后现代也都不一样。经济学里同样有芝加哥学派、凯恩斯学派。心理学还分实验心理学、精神分析等等。西方仅仅政治理论就有很多,包括马克思主义、社会主义,还有女性主义、环境主义、自由主义、保守主义等等。所以说,世界上没有一套放之四海而皆准的普世学术体系,没有的。"胡正荣认真地说道,"如果说哪个国家的新闻传播理论已经有现成的东西,并且做得很成熟,我们就直接拿过来用,这绝对是自我矮化和奴化,反而不是科学的态度"。

"所以,虽然不可否认各国文化之间有相通之处,但是任何文化和经验也存在着本土差异。谁敢否认地方性经验和地方性知识是不存在的?我认为那就不是一个严谨的学者",胡正荣笑道。

"我们这一代人的使命是铺路"

胡正荣对于个体命运和时代环境之间的关联时刻保持着清醒的认识，这很容易让人感受到他发自内心的谦谨自持。他曾说，他个人的发展受惠于难得的历史发展机遇，他在事业上施展才华的 20 年，正是北京广播学院大发展的 20 年，是中国媒体大发展的 20 年，也是中国社会大发展的 20 年——"我出生在一个很有利的时代，简单说，生逢其时。"

"我是一个很幸运的人，当然也不排除个人的努力，了解我的人都知道我是很勤奋的，因为不时刻准备着，机会来了也不会属于你。但是我幸运的地方就在于，我进入这个圈子很早，上大学就对这个领域有兴趣。我第一次参加全国传播学研讨会①的时候，算是年龄最小的。当时与会的包括戴元光、段京肃、李彬、郭庆光、张国良等等，我和他们的年龄小的差六七岁、大的差十几岁，所以说我很幸运很早就进入了这个圈子。当然，在我眼里，我们都不是第一代传播学者，北京广播学院的苑子熙、中国人民大学的张隆栋、复旦大学的郑北渭，这几位老师真的是在国内三所高校里最早引介传播学的。我们不能苛求那一代人的知识结构怎么样、外语水平怎么样，虽然他们并没有做深入的研究，但最起码他们那时候已经开始介绍了，我始终认为一定要尊重老一代学者。"

正如他所说的，从 1978 年传播学正式引入中国算起，早期的传播学研究者为学科的建立和传播学教育的开启立下了汗马功劳。这些人当中，除了胡正荣所提到的苑子熙、张隆栋、郑北渭几位元老之外，还包括复旦大学的陈韵昭，中国人民大学的林珊，中国社会科学院新闻研究所的张黎、徐耀魁等一批资深学者，并且逐渐形成了南北呼应的两大学术阵地和几个代表性的学术共同体。作为老一辈领军人物，他们对早期中国传播学的贡献可谓功不可没。

说到这里，胡正荣用了一个非常形象的比喻："如果上一代人完成的使命是引介的话，我们这一代人的使命就是典型的铺路。我们不指望马上就建高楼大厦，因为我们这代人由于自己的学科背景、学识经验各方面的

---

① 1993 年 6 月，第三次全国传播学研讨会，由中国社科院新闻研究所与厦门大学新闻传播学系在厦门联合主办。

原因,只是在引介的基础之上做了铺路的工作,也就是使传播学在国内先初步建立起来了,并且确立了它的学科地位。但至于是不是奢华、有没有修饰,那个先不谈,我们的使命就在这儿了。所以说,如何让传播学更有实力、更加丰富,并且被社会科学的其他学科认可,我们还有很长的一段路程,这还需要下一代来完成"。

"做一个对社会有直接干预的学者"

对于"学者"这个身份,胡正荣对自己有着非常明确的诠释与定位:"每个人都有自己不同的看法,但是从我个人的角度来说,我愿意追求做一个对社会有直接干预的学者。我想,即便是出世的学者,他们也是希望对社会有干预的,尤其是做社会科学。没有书斋里的政治学家、经济学家、社会学家,至少我个人的价值判断是,传播学者还是入世一点好,要能对这个社会的传播行为、传播框架起到一种积极推动的作用"。

或许正因为此,胡正荣所承担的研究课题都保持了对媒介现实积极推进的一贯倾向,例如1996年立项的国家社会科学基金项目"社会主义市场经济下的广播电视(含有线台)管理研究",1999年和2000年分别主持的国家广播电影电视总局项目"广播电视发展战略研究"与"西部开发中的广播电视发展战略研究",2000年国家人文社科重点研究基地北京广播学院广播电视研究中心重大项目"全球化、信息化背景下的广播电视发展战略研究",以及2002年再次获批的国家社科基金重点项目"21世纪初我国大众传播媒介发展战略研究"等等。"做一个积极入世的学者",这在胡正荣的学术人生中并非一句功利的表态,而恰恰是他用一以贯之的坚持和真才实干的钻研来兑现的承诺。

"因为这样一个价值取向,所以在做研究的时候,我也倾向于做这样的课题。虽然我也不排斥做纯学术的研究,但是这些东西更能对当下中国的传播实践产生干预。尽管媒体、政府不见得会完全采用我们的建议,但是这对他们的决策或多或少会有一点影响,所以我觉得这至少是我们当下这一代学者应该做的事情。"

说到这里,胡正荣聊起曾经的几段经历,"我们早些年做过一个研究海外传媒集团的课题,还有后来给总局做的一两个项目,这些中宣部领导都做了批示,当时的中宣部副部长徐光春把我们叫过去谈话,让我们感到他们愿意倾听不同学者的声音。此外，我们也参与过很多总局的决策过程，比如他们要对某一类节目进行管理之前，也会听听我们这些学者的意见。包括我们对地方媒体也做过一些特别有针对性的研究，像内部改版、组织结构调整，甚至全媒体架构等等。后来我们发现其他一些台也在按我们的模式做。慢慢地你就会认识到你的研究不敢说改变，但起码是能帮助现实向前推进一点。我觉得这样挺好，作为学者，应该有干预社会的使命，尽管不敢说这是唯一的，但也是应有的使命"。

"不要把学术的批判性带到工作和生活中"

除了学者身份之外，胡正荣还一直承担着繁重的教学管理任务。1994年，28岁的他出任北京广播学院新闻系副主任；1998年，还在攻读博士学位的他升任校教务处处长；2005年，改任校研究生院常务副院长；2006年，不惑之年的他正式担任中国传媒大学副校长，而在此之前，他还以34岁的年龄被誉为中国传播学界最年轻的博士生导师。毫无疑问，胡正荣最令人惊叹的，还有他多元身份的整合智慧。

"在很多场合我都说过，做管理者和做学者，在很多情况下是极端冲突的。做管理者要学会圆润，要协调和处理好矛盾，要懂得平衡，还有的时候要有时间设计，注重轻重缓急，管理工作是需要技巧的。而学者却不是这样，学术研究要求一针见血，要对现实有及时反应。学者必须非常独立、非常批判，见到不顺眼的必须说出来，这与管理者有很大的差别。总而言之，管理者是处理矛盾的，而学者是发现矛盾的，所以游走在这两个角色之间，有时候会有快分裂的感觉"，胡正荣笑道。

"好在我28岁就当新闻系副主任了，在这方面还有些磨炼。我的原则就是做事不琢磨人，尤其在行政管理岗位上，我始终给自己这样的定位。某种意义上我更倾向的是能不能把事儿做成，以事为本、就事论事，找到症结、不扯闲话。所以我喜欢用简单的方法去处理一些问题。"

除此之外，胡正荣还谈道，"我觉得还有一点特别重要，就是要保持一个好心态。好心态就是要宽容一点、豁达一点、开放一点。千万不要把学术的批判性带到工作和生活当中，我一再说这句话。其实一个好的学者往往就是学术是学术、工作是工作、生活是生活。学者一定要在学术上保持高度的批判、高度的敏锐、高度的一针见血，但如果在日常生活中这样，就没法与人相处、跟人生活。所以我一再强调不要把学术的批判性带到生活和工作里来，只是这点并不容易做到"。

胡正荣是一个很特别的人，他的语言表达和他的行事风格一样：精准、高效。尽管他一直以国际化和前沿性的高标准不断审视并反思自己的学术道路，但是即便今天再翻看他十余年前接受的访谈和撰写的文章，仍然不得不佩服他敏锐的洞察力和富有创见的高瞻远瞩。这源于他的眼界，更得益于他的智慧。

访谈的最后，胡正荣不忘谈到对年轻一代的期待："第一是要国际化，当你拥有全球的视野和眼光的时候，很多问题便会一览众山小；第二是要接触中国的现实，你不了解中国，又怎么能做中国问题的研究呢？"

他顿了顿，"简单地说，就是既要顶天，也要立地"。

这是他的期盼，也是他的写照。

【胡正荣简介】

胡正荣，1966 年 5 月出生于宁夏银川市，文学博士、教授、博士生导师，现任中国教育电视台总编辑。历任中国传媒大学研究生院常务副院长、中国传媒大学副校长、中国传媒大学校长，教育部人文社科重点研究基地广播电视研究中心主任，国务院学位委员会新闻传播学学科评议组召集人，教育部新闻传播学类专业教学指导委员会主任委员，国家留学基金委评审会委员，中国人民外交学会理事，北京市社会科学界联合会常委，北京市新闻工作者协会理事，国际传播学协会（ICA）会员，中国广播电视学会学术委员，中国人民大学《国际新闻界》编委，中国传媒大学《现代传播》编委等，2017 年当选为中国视协第六届副主席。胡正荣是美国哈佛大学肯尼迪政府学院客座研究员（2005）、英国威敏大学传播与媒介研究中心勒沃霍姆访问教授（2006）、英国威敏大学荣誉博士（2011）、新加坡《亚洲媒介》编委、韩国汉城大学《传播研究》编委、英国《全球媒介与传播》编委等。

主要研究领域为媒介研究（包括媒介发展战略、媒介政策与制度、媒介管理等）、传播政治经济学、新媒介等。讲授课程有"新闻传播学理论研究""传播学理论""媒介研究"等。主持并完成国家发改委、国家社会科学基金项目、教育部人文社科重点研究基地重大项目、北京市社会科学基金项目以及国家广播电影电视总局人文社科项目多项。

结束语　学术精神寻踪：历史书写的另一种尝试

一

　　自新中国成立至改革开放之初，中国新闻学受到历史、政治、社会等多方面发展因素的制约和影响，曾一度陷入了"新闻无学"的低谷。尽管造成"新闻无学"这种说法的原因是多重的，例如有人认为所谓做新闻不过就是新闻工作经验的堆砌，有"术"而无"学"；还有人认为新闻工作缺乏自身规律，不过就是对上级宣传精神的领会和遵照，是附属于政治学或文学的子学科而已。然而造成所谓"新闻无学"之说一度甚嚣尘上的根本原因，还在于新闻学迟迟没有形成自身独立的学科理论体系，即便在其中摸爬滚打多年的新闻学者对于新闻学的学科边界和理论核心都可能语焉不详、莫衷一是，其学术精神的涵养和树立境状便可想而知。

　　改革开放以来，伴随着新闻学术理论体系的不断夯实以及新闻学科建设的日益完善，"新闻无学"的说法时至今日已经逐渐销声匿迹，至少远没有了早先的喧沸。几代新闻学者的坚实付出正在慢慢打消人们对新闻学曾经的偏见和误读。在中国新闻学逐渐实现重建、复兴并一步步成长为"参天大树"的同时，其研究主体的学术精神也在经历着不断的磨砺和塑造，并且在学术环境的日益变迁之下呈现出了自觉追求、自信坚守的全新气象。

　　不难判断，当代中国新闻学者学术精神的流变一方面受到社会文化与价值观变迁的影响，另一方面也与当代中国新闻学科的发展相辅相成、互为映射。换句话说，从微观层面看，成长环境、时代背景、社会转型等客观因素所带来社会文化与价值观的多元分化涵养了新闻学者个体学术精神的异彩纷呈；而从宏观层面看，随着中国新闻学科建设的不断繁荣，特别是伴随着传播学的引入与融合,中国新闻学者对于新闻学科的主体性认知也愈发清晰理性,新闻学术精神恰如新闻学科地位,从曾经的模糊、攀援逐渐走向了自觉、自信。

可以肯定,学术自觉、学术自信又是反之得以促进时至今日的中国新闻传播学蓬勃发展的精神基石。而继承中国特色的新闻传播学术传统,了解中国特色的新闻传播学术版图,掌握中国特色的新闻传播学术思想,巩固中国特色的新闻传播学术命脉则是达致学术自觉、自信的关键。中国新闻传播学者的成长轨迹与中国新闻传播学术发展的历史流变如影随形,作为影响和推动学科发展的主体,新闻传播学者既受到不同时代下学科发展的影响,又实际参与了学科的建构,在个体命运、群体认同、社会变迁等一系列因素的作用下,正是不同时代的学者在继承与巩固中奠定了中国新闻传播学的学术基因,也在反思与突破中影响着中国新闻传播学的学术流变。尽管学者们记忆中的人生过往不能代表历史发展的全貌,但却从另一个侧面反映出了他们心中对于时代环境与学术生命之间关联的诠释。

"曼德拉的一位外孙女曾经说过:整个世界都以曼德拉的名字来看待我们,而忽略了我们其实彼此之间有着十分庞大的差异。但我们必须接受这种差异。"[①] 这段话用在本书的意旨中,似乎同样恰切。在中国庞大的人文社会科学体系中,新闻传播学的发展往往也是以一种整体的状貌进行着与其他学科之间的较量与对话,而新闻传播学者也容易被作为一个独立的学术共同体在更大的学术场域中争取着属于自己的一席之地。然而正如这位曼德拉的后人所说的一样,当世人以相同的标签去看待他们的时候,却忽略了他们之间实则存在的巨大差异。他们既是具有普遍意义的一代代中国知识分子的缩影,同时更是独一无二且不可复制的个体命运的主角。他们记忆中的人生故事与家国命运一道,跌宕起伏,峰回路转,耐人寻味,因此,要描摹中国新闻传播学赖以依存的价值核心,追寻中国新闻传播学学术追求的鲜活灵魂,学者的学术人生无疑具有重要的挖掘价值。

正因为如此,本书以三十位当代杰出新闻传播学者的学术人生为切入,通过他们的人生经历、求学之路、治学经验及其对中国新闻传播学的建树与反思等,具体地、生动地、实际地呈现出不同代际之间学术追求、学术风格、学术成果的传承与突破,试图以"私人叙事"旁证"宏大叙

---

① 连清川:《曼德拉家事》,"腾讯·大家"专题,2013年12月9日。

事",力求保存一份立体而丰满的思想资源,勾勒出一幅历史与逻辑相统一的鲜活画卷。

二

本书的三十位受访学者分别出生于20世纪10年代到60年代,在家庭环境、成长背景、治学经历、研究旨趣、学术见解等方面的差异,可以用蔚为大观来形容,而经由不同历史际遇所造就的他们,对各自在学术道路中的贡献与遗憾、经验与忧虑、困境与突破的记忆和表达,也彰显了鲜明的个性特征和时代烙印。

第一,学术人格与政治人格始终紧密相连。徐培汀先生曾经说过,"中国新闻学研究从一开始就与政治有着千丝万缕的联系"[1]。这一点,从三十位受访学者的个体经历中亦可见一斑。中国新闻传播学者的学术人格与政治人格始终紧密相连,他们的学术思想、命运轨迹几乎与中国的政治环境密切关联。当然,政治因素对于中国新闻传播学者的影响在整个学术界并非特例,学术与政治之间的关系也绝不能脱离历史地、割裂孤立地去看待,尽管这期间同样存在着追随与反思的不同面向,但无可否认的是,无论活跃于哪个时代的新闻传播学者,他们的学术命运都有着一条相似的逻辑,那便是直接服务于或是受制于政治环境,而这一影响也直接投射在了他们各自的学术思想与研究成果之中,并作为一个时代的产物被永远地保留了下来。

第二,学术轨迹从"曲折坎坷"到"百花齐放"。总体而言,受学科建设轨迹的影响,早期中国新闻学者的治学轨迹大都历经曲折。新中国成立后,新闻教育的一度中断以及其后的恢复重建,使得不少新闻学者曾经经历过"半路出家"的辗转。一个比较常见的情况是,一部分学者是从文史类的专业背景中转型投身新闻领域,甚至直接参与了各地新闻学科的初创。这些相近的学术轨迹在某种程度上也影响到了他们日后在新闻学领域中的学术专长、思维方式乃至学术思想。

时至今日,新闻学的学理基础早已从注重采写的语言文学框架中脱离出来而迈向了更加宏富的社会学、政治学、管理学等社会科学和历史学、

---

[1] 徐培汀、裘正义:《中国新闻传播学说史》,重庆出版社1994年版,第272页。

哲学、美学等人文学科乃至心理学、计算机等理工学科的复合式体系框架，学界也逐渐出现了一大批由多元交叉学科转入新闻学，或是经由新闻学转入这些学科继续深造、广泛涉猎的学者队伍。学者们个体层面上学术轨迹的转变与中国新闻传播学术发展的整体脉络互为呼应，也正因如此，新闻传播学在迈入新世纪以来愈发呈现出了在学科交叉、学术交流等方面百花齐放的勃勃生机。

第三，学术路径重思辨而轻实证。受到中国传统文化与新闻学科自身发展阶段的影响，国内新闻学者在学术路径上往往存在重思辨而轻实证的特点。与绝大多数在国内接受学术启蒙的新闻学者所不同的是，以中国的改革开放为契机，较早走出国门，先国人一步与国际学术前沿接轨的一批新闻传播学者，在研究方法等方面受到了实证路径较为严格的训练，并且他们对于国内学界与国际学界在学术规范方面尚存在的差距大都有敏锐的认识。不仅如此，这些有着扎实海外求学经历的学者在国外取得优渥学术待遇之后回到国内从事学术反哺，大多都肩负着一种责无旁贷的使命感。

当然，西方学术场域的规范性训练以及在模式、原理等方面的贡献对于认识中国国情和解释中国现状并不一定就存在先天且必然的优势。大多数新闻学者在学术视野趋向国际化的过程中亦形成了对于西方世界知识体系与中国接轨的自觉反思，并愈发展现出了理性的辨别能力和审慎的选择能力，这一特点体现在改革开放之后才开启学术生涯的新闻学者们身上尤为明显。一代代中国新闻传播学者在传统治学路径的传承与发扬下，也正在寻找着一条兼容并包、择善而从的学术路径，并在对西方学术殖民的话语抗争中不懈探索着具有中国特色的学术气象。

第四，学术代际之间具有鲜明特征。一个明显的规律是，三十位出生于不同年代的学者们展现出了相对鲜明的代际特征，其整体精神风貌能体现出既传承又迥异以及既具个性又具共性的时代痕迹。

以甘惜分、方汉奇、丁淦林、赵玉明等为代表的老一代学者，有着根深蒂固且忠诚不贰的精神信仰，在特殊年代中历练出来的人生经历锻造了他们吃苦耐劳、任劳任怨、服从大局的品质。这一代人有着极强的政治意识和集体观念，自我意识相对较淡，家国情怀强烈，奉献精神较强，乐于服从，甘于牺牲，兢兢业业。他们对工作有着炽烈的事业心，对国家有着强烈的责任感。更重要的是，他们受缚于时代，又感恩于时代。在他们的个体命运中，映衬着家国命运的流变轨迹，烙刻着历史造就的集体情怀。

与上一代人相比，20世纪40年代出生的新闻学者受时代环境的影响展现出了更为多元的精神特质。例如刘建明、吴廷俊、李良荣、范以锦等，由于在其思想成熟的年代受到改革开放等时代变革的影响，他们经历了前所未有的思想解放和命运轨迹的重大改变，因此，他们在思想深处往往对历史、社会、政治等方面会产生自觉的反思与批判。但与此同时，受成长环境的影响，他们的精神深处又无法摆脱传统文化以及制度环境在其启蒙时期对其精神人格塑造所起到的关键作用，因此这一代学者们身上往往兼具着较为复杂多元的学术性格，在传承与创新中负重前行。

对于50年代出生的新闻学者而言，高考改变命运的人生际遇几乎映射在了他们每个人的身上。在云南做编辑的郭镇之，在电机厂做工人的孟建，在文化局做干事的刘卫东，在上海做建筑工人的黄瑚，在四川凉山做地质队勘探员的尹韵公，在湖南省华容县做民办教师的蔡铭泽，在安徽省马鞍山郊区插队的知识青年芮必峰，等等，莫不是在1977年恢复高考之后彻底改变了自己的人生轨迹。正是因为这段命运的起伏转折，时代留给这一代人的是尊崇教育、务实顽强、时不我待的使命与追求。

对于60年代出生的新闻学者而言，他们的命运契机则更鲜明地体现在以中国国门洞开为契机，率先闯出大陆，开始了与西方学术传统接轨的历史叙写，而这样的机遇对于比之代际更早的学者们而言是不可复制的。毕业于上海外国语大学英语专业的魏然先后在英国威尔士大学和美国印第安纳大学新闻学院深造；毕业于兰州大学俄语专业的张举玺先后在俄罗斯国立普希金俄语学院和俄罗斯人民友谊大学专攻报刊语言学与新闻学；从北京广播学院考取加拿大公费留学资格的赵月枝进入加拿大西门莎菲传播系攻读研究生课程；擅长德语的胡正荣自90年代始游学访学多国，从此洞开了一片国际视野。当然，并不是说出国留学经历是每一位60年代出生的新闻学者的绝对共性或必由之路，然而时代环境与客观条件的铺垫让这一代学者在学术资源的享有和学术视野的拓展等方面的确呈现出了与之前代际学者的较大不同。时代环境与个体命运之间的紧密相连时刻都在彰显并且在学者个体命运的普遍与特殊之间互为映射。

第五，学术情怀的优良传承。本书所记录的三十位新闻传播学者中，既有年近百岁的学界泰斗，也有德高望重的学术领袖，既有蜚声中外的精英学者，也有桃李芬芳的教坛楷模，既有开疆拓土的学科建设专家，也有锐意突破的教育改革先锋，尽管其出生年代、成长背景、求学经历、学术旨趣等各有不同，但是他们几乎都兼具着一个共同的情怀，那就是对于学术事业的热爱，对于国家民族的忠诚，对于时代使命的责任。有关这一点，无论是直抒胸臆，还是含蓄流露，几乎在每一位学者的身上都能够体现。理想和信念就是支撑着他们站在知识殿堂和精神高地屹立不倒的基石，换句话说，若没有深切的爱国情怀与对家国命运的责任担当，也将无法真正成就这些学者们在事业道路上的建功立业，而学术情怀的优良传承则恰恰构成了这个群体穿越时空的集体画像。

第六，学术论争由"显"至"隐"。在当代新闻传播学术史上曾出现过几次重要的学术论争，从20世纪50年代关于新闻学属性的甘惜分与王中之争，到90年代针对新闻学基本概念的张允若、陈力丹、孙旭培等人与中国社会科学院新闻研究所所长喻权域之争，再到赵玉明与黑龙江省退休干部陈尔泰关于谁是"中国广播之父"的争鸣，以及潘忠党和李希光就传播学和传播人才培养方面的认识差异，蓝鸿文和尹韵公关于范长江西北采访性质定论的争议，等等，这些学术论争本身也客观反映了新闻传播学自身艰难攀爬的发展历程。有幸的是，本书所记录的人物中有不少都是历次学术论争的亲历者和见证人；然而遗憾的是，另有许多亲历者都已作古，对当时情境的细节印证已无从追溯，相关研究难以避免的怅憾也即在于此。

无论如何，穿过文献史料的记载，当这些曾经处于学术论争漩涡中心的学者们再次回忆起那段"激情燃烧的岁月"的时候，许多文献资料中从未显现过的线索、细节，以及历史亲历者在回忆那些曾令他们念兹在兹、心潮澎湃的争鸣时所流露出来的态度、情感、坚守、反思，都成为了重新书写这段历史的重要佐证。年近百岁的甘惜分在谈及与王中的争鸣时，依旧难掩激动的情绪。年逾八旬的张允若在回忆当年他所参与的几场新闻理论界的重大论争时，同样略显激动。赵玉明对早年关于论争"中国传播之父"的几次回合历历在目、记忆犹新。尹韵公提及因范长江研究而与蓝鸿文教授的公开不睦，依旧心意难平。

值得注意的是，新中国的新闻传播学在经历了几十年来的停滞、沉淀、复兴之后，迎来了一个相对稳定的发展时期，与早年相对浓厚的学术争鸣环境所不同的是，21世纪以来，学者与学者之间就学术问题公开的、直面的、激烈的学术争鸣现象越来越少，新闻传播学科在日新月异的媒介社会发展态势之下进入了一个跨学科、多分支的阶段。在学术团体、学术会议、学术交流从主题到形式日益丰富多元的今天，学术场域的人情味愈发浓郁，学者们之间有关学术论争的话语形式和表达方式从显性趋于隐形，从直接趋于间接。而这些现象和变化对于梳理与认识新中国新闻传播学术史的流变与状貌，都无疑具有重要的史料参考价值。

  总而言之，在时代变迁与社会发展的宏大背景下，中国新闻传播学迎来了全新的发展契机，而通过将个体作为历史叙事主体的技术逻辑为学术精神的钩沉寻踪找到了一个有价值的突破口。穿越时代巨变，兼具中国特色的新闻传播学术体系、学科体系、话语体系正在形成，当代中国新闻传播学者的集体面貌与个体特征同样在一步一步地走向并且融入中国人文社会科学学者之林。相信在不久的将来，中国新闻传播的学术史册中一定会留下更多以个体记忆为视角记录下来的"中国故事"，中国特色、中国风格、中国气派的学术体系、学科体系、话语体系也终将在越来越多的"中国故事"中得以确立和彰显，并为后世留下不可替代的史料资源。

后　　记

2013年5月,河南日报报业集团旗下的学术期刊《新闻爱好者》为我慷慨辟出专栏,邀请我每月一篇每篇约万言撰写学术人物访谈。这是我推进学术史研究的一次重要契机:一方面刊物发行的紧密周期使我不得不进入一个高强度运转的节奏中,另一方面这个国内新闻传播界广为人知的平台也给我提供了一个难能可贵的窗口,让我在一试身手的同时对这种写作方法究竟是否可行得以做一番窥探。果然,质疑者有之,赞誉者有之。我照单全收,均以为然。

没有想到的是,专栏开张一年后,我竟于某日收到了方汉奇先生亲自发来的信息:"陈娜:你的几篇人物研究,知人论世,发潜搜幽,既有美思,又有文采,清新俊逸,风韵天然,读竟醰醰然,尚有余味,是文史结合的佳构。我十分赞赏。希望能够早日汇辑出版,以扩大影响。江山代有才人出,各领风骚若干年。这样的文章,其实还可以继续地做下去。老夫于此有厚望焉"。当我在反复咀嚼领会这番话语的殷切真意之后,一种难以名状的感恩与欣慰在心中腾跃而起,这短短的百余字寄语更似对我在风萧马嘶古道上踽踽独行的一份礼遇,让我在犹疑难定之际竟有了一股"虽千万人吾往矣"的动力:学术研究任重道远,方先生寄厚望于此,我不该再生踌躇。

2017年,我在湘西吉首参加第六届新闻史论青年论坛之际再次遇到了卓南生老师,自2013年入选北京大学新闻学研究会第五届新闻史论师资特训班以来,卓老师一直对我的研究非常关心。此番重逢,他提出可将书稿收录于"北京大学新闻学研究会学术文库",我听闻后喜不自胜,感念非常,更对"汇辑出版"又多了一份信心。

书稿能得以最终问世,要感谢的人有很多,准确地说,每一位与我促膝而谈的受访者都于我有知遇之恩,而每一条对我提出的谆谆建言都是我常思在心以求突破的梯台。感谢清华大学李彬教授点石成金一路提携，感谢河南日报报业集团郭玲玲副主编不拘一格委我重任，感谢方汉奇先生、赵玉明先生、卓南生先生、白润生先生、马艺先生等诸多学术前辈对我个人成长和书稿进展的殷切关注，感谢我的母校天津师范大学和复旦大学予我以温厚的成长环境，更感谢我的家人日复一日对我以无私的护佑和无限的付出。此间点滴，没齿难忘。

最后，谨以此书向溘然长辞的甘惜分先生、丁淦林先生、赵玉明先生致以由衷的敬意与哀思。哲人其萎，积厚流光，彬彬济济，大道同源。

陈　娜
2020 年于津南

北京大学新闻学研究会学术文库

主编：程曼丽 ［新加坡］卓南生

① 《中国报学史》（1927年商务版影印本） 戈公振
② 《东亚新闻事业论》 ［新加坡］卓南生
③ 《〈蜜蜂华报〉研究》（简体字版） 程曼丽
④ 《北大新闻史论青年论衡》 毛章清 阳美燕 刘泱育 编
⑤ 《北大新闻学研究会复会新篇章》 刘扬 李杰琼 崔远航 编著
⑥ 《北大新闻学茶座精编（第1辑）》 李杰琼 李松蕾 编
⑦ 《北大新闻学茶座精编（第2辑）》 陈开和 刘小燕 吕艳宏 编
⑧ 《中国近代报业发展史1815—1874》（增订新版） ［新加坡］卓南生
⑨ 《日本在华首家政论报纸〈汉报〉（1896—1900）研究》 阳美燕
⑩ 《半殖民主义语境中的"断裂"报格：北方小型报先驱〈实报〉与报人管翼贤》 李杰琼
⑪ 《中国新闻学的筚路蓝缕：北京大学新闻学研究会》 邓绍根
⑫ 《方汉奇文集》（增订版） 方汉奇
⑬ 《宁树藩文集》（增订版） 宁树藩
⑭ 《新时代新闻论》 李彬
⑮ 《新时代中国新闻事业的"内"与"外"》 刘扬
⑯ 《从国际传播到国家战略传播——程曼丽研究文集》 程曼丽
⑰ 《报人曹聚仁（1900—1972）的报刊活动与思想研究》 贺心颖
⑱ 《大道同源：当代中国新闻传播学术精神寻踪》 陈娜